학교폭력 예방 및 학생의 이해

김이영 · 김용성 · 문은주 · 이기용 · 이안근 · 이은희 공저

수양재

머리말

우리나라에서 학교폭력이라는 말은 1995년 현 "청소년폭력예방재단"에서 사용되기 시작하였으며, 1997년경부터 정부기관 및 매스컴에서 학교폭력이라는 용어를 공식적으로 사용하기 시작하였다. 최근 청소년기의 다양한 문제들에서 이슈는 학교폭력의 문제이며, 그 정도가 점점 심해지고, 폭력의 유형도 다양해지며, 지속적으로 이루어지고 있다는 특징을 가지고 있다.

교육부(2021)의 학교폭력 실태조사에서 피해학생은 2019년 6만 명에서 2020년 2만 7천 명으로 감소하였다가 2021년 3만 6천 명으로 다시 증가하였으며, 가해학생은 2019년 2만 2천 명에서 2020년 9천 명으로 감소하였다가 2021년 1만 2천 명으로 증가한 것으로 나타났다. 이처럼 청소년기의 학교폭력은 가해자와 피해자 모두가 청소년인 경우가 대부분이기 때문에 그 문제가 심각하다고 할 수 있다.

학교폭력은 학교내 · 외에서 학생을 대상으로 발생한 물리적 · 심리적 · 구조적 폭력 등에 의하여 신체 · 정신 또는 재산상의 피해를 수반하는 행위로 정의된다. 학교폭력을 예방하고 가해자와 피해자에게 도움을 주기 위해서는 우선 학교폭력에 대한 정확한 지식을 가지는 것이 무엇보다도 중요하다.

따라서 본 책은 학교폭력을 예방하고자 하는 간절한 바람에서 시작되었다. 물론 학교폭력의 가해자와 피해자 및 목격자들에 대한 개입방법을 소개하여 현장에서 학교폭력으로 고통받고 있는 학생들에게 실질적인 도움이 되는 방법에 대한 기술도 포함시켰다. 이런 이유로 본 책은 총 11장으로 구성되었다.

1장 학교폭력의 이해에서는 학교폭력의 개념, 특성, 유형 및 실태에 대해 소개하였으며, 2장 학교폭력의 원인에서는 생물학적 이론, 심리학적 이론, 사회환경 이론 및 가정환경과 학교환경이론으로 나누어 학교폭력의 원인을 기술하였다. 3장 학교폭력에 대한 법률적 이해에서는 「학교폭력예방 및 대책에 관한 법률」, 학교폭력에 대한 법률 적용 사례, 학교폭력 관련법 및 제4차 학교폭력 예방 및 대책 기본기획에 대해 소개하였고, 4장 학교폭력 발생 시 지도방안에서는 학교폭력 대응 및 사안조사, 학교장 자체해결제 및 관계회복, 조치결정 및 이행에 대해 기술하였다. 5장 학교폭력의 가해자와 피해자 및 방관자에서는 학교폭력의 가해자, 피해자 및 방관자의 특성 및 개입방안에 대해 소개하였으며, 6장 학교폭력 학부모교육 및 상담에서는 학부모교육 및 상담의 필요성, 학교폭력에 대한 학부모교육, 학부모 학교폭력 예방교육 프로그램 및 학교폭력 학부모 상담과 사례에 대해 기술하였다. 7장 문제행동유형과 학교폭력에서는 비행과 학교폭력, 정신질환과 학교폭력, 대중매체와 학교폭력 간의 관계를 소개하였고, 8장 국내 · 외 학교폭력 예방교육에서는 학교폭력 예방교육의 필요성, 우리나라의 학교폭력 예방 프로그램, 외국의 학교폭력 예방교육 프로그램을 기술하였다. 9장 학교폭력 예방을 위한 지도에서는 자아존중감 키우기, 감정조절하기, 갈등해결하기 및 문제해결을 돕는 의사소통기법 사용하기에 대해 구체적으로 소개하였으며, 10장 심리검사의 활용에서는 심리검사의 조건, 표준화된 심리검사 및 학교폭력 가해자와 피해자를 대상으로 실시할 수 있는 아동 · 청소년 병리 검사 도구들을 소개하였다. 그리고 마지막 11장 학교폭력 예방을 위한 인성교육에서는 인성교육의 개념 및 필요성, 인성교육의 실천방안에 대해 자세하게 소개하였다.

본 책은 학교폭력에 관련된 가장 최근의 개념과 정책은 물론 사례별 상담기법과 예방법에 대해 설명하고 있다. 따라서 일선에 있는 교사나 학교폭력에 관심이 있는 일반인들의 참고자료나 교재로 용이할 것으로 생각된다.

본 책을 통해 학교폭력이 예방되고, 치료되어 이 땅의 청소년들이 행복하고 건강하게 성장하는 데 작은 밑거름이 될 수 있기를 간절히 기도하며, 끝으로 수양재의 사장님을 비롯한 출판을 위해 애써 주신 모든 분들께 진심으로 감사드립니다.

2022년 7월

저자 일동

차례

Chapter

01

학교폭력의 이해

배울내용

1. 학교폭력의 개념
2. 학교폭력의 특성
3. 학교폭력의 유형
4. 학교폭력의 실태

학습목표

1. 학교폭력의 개념을 설명할 수 있다.
2. 학교폭력의 특성을 설명할 수 있다.
3. 학교폭력의 유형을 이해하고 각 유형별 특성을 설명할 수 있다.
4. 학교폭력의 실태를 파악하고 예방대처 방안에 대해 모색해 본다.

개 요

우리나라에서 학교폭력이라는 말은 1995년 현 "청소년폭력예방재단"에서 사용되기 시작하였으며, 1997년부터 정부기관 및 매스컴에서 학교폭력이라는 용어를 공식적으로 사용하기 시작하였다. 최근 청소년기의 다양한 문제들에서 이슈는 학교폭력의 문제이며, 그 정도가 점점 심해지고, 폭력의 유형도 다양해지며, 지속적으로 이루어지고 있다는 특징을 가지고 있다. 청소년기의 학교폭력은 가해자와 피해자 모두가 청소년인 경우가 대부분이기 때문에 그 문제가 심각하다. 학교폭력은 학교 내 · 외에서 학생을 대상으로 발생한 물리적 · 심리적 · 구조적 폭력 등에 의하여 신체 · 정신 또는 재산 상의 피해를 수반하는 행위로 볼 수 있다. 학교폭력을 예방하고 가해자와 피해자에게 도움을 주기 위해서는 우선 학교폭력에 대한 정확한 지식을 가지는 것이 무엇보다도 중요하다. 따라서 본 장에서는 학교폭력의 개념, 학교폭력의 특성, 학교폭력의 유형 및 실태에 대해 살펴보고자 한다.

Chapter 01

학교폭력의 이해

최근 학생들의 폭력사태가 악화되고 학교폭력으로 자살이 늘어나자 1997년부터 정부기관이나 매스컴에서 학교폭력에 관심을 가지게 되었다. 그 이후 정부나 학교 및 전문가들은 학교폭력에 대한 실태 및 예방에 다양한 노력을 기울이게 되었고, 그 결과 해마다 학교폭력은 점점 감소하고 있는 실정이다. 그러나 학교폭력은 피해자와 가해자 모두 학생들이며, 모두에게 부정적인 영향을 줄 수 있다는 점에서 예방이 최선이다. 발달과정에 있는 청소년기의 학생들에게 학교폭력으로부터 자유롭게 하기 위해서는 무엇보다 학교폭력에 대한 정확한 지식을 가지는 것이 필요하다. 따라서 학교폭력의 개념, 특성, 유형 및 실태를 살펴보면 다음과 같다.

1. 학교폭력의 개념

'학교폭력'이라는 용어는 두 가지 용어, 즉 '학교'와 '폭력'이라는 용어로 구성되어 있다. 전자의 '학교'의 의미는 학교 주변을 중심으로 일정한 거리 이내에 위치한 지리적·공간적 장소를 지칭하는 것이다. 그러나 일정한 거리가 어느 정도인지에 대해서는 아직 명확한 합의를 이끌어 내지 못하고 있는 실정이다. 후자의 '폭력'의 의미는 일반적으로 타인에게 상해나 피해를 입히기 위한 물리력을 의미하지만 자신이 원하는 이익을 얻기 위해 사용하는 힘과 권력도 포함된다.

일반적으로 사용되는 폭력에 대한 개념으로 티어치(Tiersch, 1995)의 견해에 따라 물리적·심리적·구조적 폭력이라는 세 가지 형태로 구분할 수 있다. 그의 견해에 의하면, 물리적 폭력은 폭력이 직접 신체적으로 행해지는 것과 이에 관련된 의도적 협박이나 신체적인 괴롭힘을 주는 행위를 말하고, 심리적 폭력은 언어적 상황에서의 협박과 강요, 모욕 또는 두려움을 주는 행위를 의미하며, 구조적 폭력은 주어진 주변의 사회 및 자연환경으로부터의 강압적인 사회관계, 위협, 상호 인간관계로부터 받는 심한 갈등을 의미한다(강유미, 2011). 따라서 폭력은 물리적·심리적·구조적 폭력의 개념으로 정의될 수 있으며, 이러한 폭력이 학교라는 공간적 개념과 결합된 것이 학교폭력이라고 할 수 있다. 즉, '학교내·외에서 학생을 대상으로 발생한 상해, 폭행, 감금, 협박, 약취·유인, 명예훼손·모욕, 공갈, 강요·강제적인 심부름 및 성폭력, 따돌림, 사이버 따돌림, 정보통신망을 이용한 음란·폭력 정보 등에 의하여 신체·정신 또는 재산 상의 피해를 수반하는 행위'로 정의되고 있다. 그러나 학교폭력에 대한 정의는 연구자에 따라 달라질 수 있다. 즉, 학교폭력의 발생장소, 가해와 피해의 대상에 대한 정의에 대해 다른 시각을 보일 수 있으며, 이러한 차이는 학교폭력의 발생비율, 피해와 가해의 원인 등과 같은 연구에서 다른 결과를 보이는 원인이 되기도 한다. 하지만 학교와 관련하여 일어나는 폭력행위로 그 주체나 대상이 청소년이라는 특징은 공통적으로 포함하고 있다. 견해의 차이를 보이는 학교폭력 개념의 구체적 내용은 다음과 같이 정리할 수 있다(이재욱, 2012).

첫째, 폭력이 일어나는 장소의 문제이다. 학생들이 학교에서 경험하는 폭력뿐만 아니라 가정이나 학교 밖에서 일어나는 폭력도 그것이 학생들에게 영향을 미치는 것이라면 학교폭력으로 보아야 한다는 광의적인 개념으로 학교폭력이 청소년폭력이라는 용어와 혼용되어 사용되기도 한다. 한편 학교폭력의 범위를 학교내에서 발생하는 폭력이나 학교 주변과 등·하교길에서 발생하는 폭력으로 한정시키기도 한다.

둘째, 학교쏙력의 수체가 되는 가해자 및 피해자와 관련된 문제이다. 우리나라보다 학교폭력 문제가 더욱 심각한 미국에서는 학생들 사이의 폭력뿐만 아니라 교직원들에 대한 학생의 폭력도 학교폭력의 범위에 포함시키는 경향이 높다. 그러나 우리나라의 경우에는 교사에 대한 학생의 폭력 빈도가 상대적으로 낮기 때문에 학교폭력에 관한 대부분의 연구에서는 이를 포함시키지 않고 있다. 그러나 최근 학생에 대한 교사의 폭력을 학교폭력의 유형에 포함시키는 경우가 있으며, 교사에 대한 학생의 폭력도 학교폭력 범주에 포함해야 할 것인가에 대한 논의가 진행 중이다.

셋째, 폭력의 개념 정의에 대한 문제이다. 아직까지 폭력의 정의에 대한 명확한 합의가 없는 상태이기 때문에 어떤 행위를 폭력으로 볼 것인가 하는 문제가 제기될 수 있다. 일반적으로 폭력은 '타인 또는 타인의 재산에 해를 입히기 위한 물리적인 힘의 행사'라고 정의되고 있지만 학교폭력의 경우에는 가해자가 상대에게 해를 끼치려는 의도를 가진 어떠한 행동도 폭력으로 간주될 수 있다. 그러나 이러한 개념정의도 특정행위, 예를 들어 욕설과 같은 심리적·언어적인 폭력행위를 폭력으로 분류할 것인가에 대한 명확한 규정을 내리고 있지 못한 상태이다.

이와 같이 학교폭력의 개념에 대해 폭력이 일어나는 장소, 학교폭력의 주체 및 폭력에 대한 개념 정의에 대한 논의가 이루어지고 있으며, 학교폭력과 관련된 명확한 정의는 학교폭력 문제를 해결하기 위해 반드시 필요하기 때문에 매우 중요하다고 할 수 있다.

올베우스(Olweus, 1996)는 청소년폭력의 개념 정의에 있어서 '반복적이고 지속적인' 행위를 강조하며, 한국청소년개발원의 연구에서는 청소년폭력에 대해 '청소년기라는 특정한 생득적 · 환경적 성장과정에서 욕구를 충족하기 위한 목적으로 대인과 대물에 관계없이 힘의 불균형 상황에서 발생하는 언어적 · 심리적 · 물리적 폭력'이라고 정의하고 있다(강유미, 2011).

2. 학교폭력의 특성

일반적으로 청소년기는 급격한 신체적 변화를 경험하게 되고, 성인기로의 성공적인 전환을 위해 다양한 적응문제를 경험하게 되는 시기이다. 즉, 새로운 것에 대한 적응으로 불안을 경험하고, 잦은 감정변화로 자신의 의지와 사고를 통제하기 어려운 시기이기도 하다. 따라서 청소년기를 잘 극복하면 성인으로의 원만한 성장과 발달의 기초가 될 수 있지만 그렇지 못할 경우 좌절을 경험하고 결국 반사회적 폭력행동을 나타낼 수 있는 시기이다. 즉, 반사회적 폭력행동으로 나타나는 것이 학교폭력이다.

학교폭력은 가해자와 피해자 모두가 청소년인 경우가 대부분이기 때문에 '청소년 학교폭력'이라고도 하며, 이들은 피해자이면서 동시에 가해자가 될 수 있다는 점에서 더욱 심각하게 인식하기도 한다. 즉, '청소년 학교폭력'은 가해자나 피해자 또는 발생장소 등에 있어 학교와 관련하여 발생하는 모든 폭력행위를 지칭하는 용어이며, 그 주체나 대상이 모두 청소년이라는 점이 가장 큰 특징이라고 할 수 있다. 최근 들어, 청소년

학교폭력의 양상에서 발견되는 주요 특성을 살펴보면 〈표 1-1〉과 같다.

표 1-1. 청소년 학교폭력의 양상

- 청소년 학교폭력이 단순한 일탈의 차원을 넘어 심각한 범죄의 단계에 이르고 있다.
- 급격한 산업화 과정에서 야기된 가치관의 혼란으로 청소년은 자신의 폭력행위에 대해 죄의식이나 책임감을 크게 느끼지 못한다.
- 폭력행위가 비행청소년에 의해서만 발생되는 것이 아니라 일반 청소년에게서도 쉽게 발견되고 있다. 즉, 일반화된 비행유형으로 나타나고 있다.
- 청소년 학교폭력이 '흉포화 · 조직화 · 집단화'의 경향을 보이고 있다.
- 청소년 학교폭력을 유발하는 연령이 점점 낮아지고 있다.
- 여학생들도 학교폭력의 가해자 또는 피해자로서 빈번하게 나타나고 있다.
- 일반적인 폭력과 금품갈취 이외에도 집단적으로 따돌림과 놀림, 시험지 보여 주기를 강요하거나 숙제나 심부름을 시키는 등의 새로운 형태의 심리적 폭력이 나타나고 있다.
- 일회성 단순폭력보다 지속적으로 가해지는 폭력이 문제가 되고 있다.

3. 학교폭력의 유형

학교폭력의 유형을 일반적으로 상황적 폭력, 관계적 폭력, 약탈적 폭력 및 정신병리적 폭력의 유형으로 구분하면 〈표 1-2〉와 같다(이재욱, 2012).

표 1-2. 일반적 학교폭력의 유형

구분	내용
상황적 폭력	다른 사람이나 범죄적 환경과 같이 특수한 상황에서 발생하는 폭력을 말하며, 비행이나 폭력을 행하는 친구들이나 비행을 유발할 만한 환경에 처한 청소년들 사이에서 학교폭력이 발생할 수 있다는 견해이다. 이러한 특정상황에서의 폭력행동은 대부분이 폭력적인 매체물에 의한 모방에 그 원인을 두는 경우가 많다.

구분	내용
관계적 폭력	관계적 폭력은 사람들과의 관계내에서 발생하는 폭력을 말하는데, 대부분의 청소년 폭력은 대인관계에서의 갈등이나 복수심에서 비롯되며 갈등과 사소한 분쟁들을 합리적으로 해결하지 못한 대부분의 청소년들은 비합리적인 수단과 방법으로서 폭력에 의존하게 된다고 보는 견해이다.
약탈적 폭력	약탈적 폭력은 어떤 형태의 이익을 위해 발생하는 폭력을 말한다. 즉, 전형적인 수단적 폭력을 의미하는데, 이것은 범죄적 또는 반사회적 성격을 내포하고 있으며 청소년 폭력의 20% 정도가 이 유형에 해당된다고 보고되고 있다. 특히, 남자 청소년의 경우는 여자 청소년에 비해 2% 정도 더 높은 약탈적 폭력을 지니고 있으며, 금품갈취를 위한 폭력이나 압력을 행사하기 위한 폭력들이 이 범주에 포함된다.
정신병리적 폭력	정신병리적 폭력은 주로 피해망상이나 과대망상증 같은 정신적인 장애와 정신적 혼란으로 인해 비롯되는 폭력을 말하는데, 청소년의 정신병적 폭력은 드물고, 폭력행동의 예측도 어렵다. 그러나 최근 청소년의 정신문제가 심각해지고 있기 때문에 앞으로 청소년의 정신병리적 폭력은 꾸준히 증가할 것으로 예상되고 있다.

이러한 폭력의 유형별 구분들 가운데 학교 현장 및 교육청 등 관련 부처에서는 「학교폭력예방 및 대책에 관한 법률」이 규정하는 개념을 준용하여, 학교폭력의 유형을 신체폭력, 언어폭력, 금품갈취, 강요, 따돌림, 성폭력 및 사이버폭력 등으로 구분하고 있다 〈표 1-3, 그림 1-1〉.

표 1-3. 「학교폭력예방 및 대책에 관한 법률」의 학교폭력 유형

유형	상황
신체폭력	• 신체를 손, 발로 때리는 등 고통을 가하는 행위(상해, 폭행) • 일정한 장소에서 쉽게 나오지 못하도록 하는 행위(감금) • 강제(폭행, 협박)로 일정한 장소로 데리고 가는 행위(약취) • 상대방을 속이거나 유혹해서 일정한 장소로 데리고 가는 행위(유인) • 장난을 빙자한 꼬집기, 때리기, 힘껏 밀치기 등 상대학생이 폭력으로 인식하는 행위
언어폭력	• 여러 사람 앞에서 상대방의 명예를 훼손하는 구체적인 말(성격, 능력, 배경 등)을 하거나 그런 내용의 글을 인터넷, SNS 등으로 퍼뜨리는 행위(명예훼손). 내용이 진실이라고 하더라도 범죄이고, 허위인 경우에는 「헌법」 상 가중 처벌 대상이 됨 • 여러 사람 앞에서 모욕적인 용어(생김새에 대한 놀림, 병신, 바보 등 상대방을 비하하는 내용)를 지속적으로 말하거나 그런 내용의 글을 인터넷, SNS 등으로 퍼뜨리는 행위(모욕) • 신체 등에 해를 끼칠 듯한 언행("죽을래" 등)과 문자메시지 등으로 겁을 주는 행위(협박)

유형	상황
금품갈취	• 돌려줄 생각이 없으면서 돈을 요구하는 행위 • 옷, 문구류 등을 빌린다며 되돌려 주지 않는 행위 • 일부러 물품을 망가뜨리는 행위 • 돈을 걷어 오라고 하는 행위
강요	• 속칭 빵 셔틀, 와이파이 셔틀, 과제 대행, 게임 대행, 심부름 강요 등 의사에 반하는 행동을 강요하는 행위(강제적 심부름) • 폭행 또는 협박으로 상대방의 권리행사를 방해하거나 해야 할 의무가 없는 일을 하게 하는 행위(강요)
따돌림	• 집단적으로 상대방을 의도적이고, 반복적으로 피하는 행위 • 싫어하는 말로 바보 취급 등 놀리기, 빈정거림, 면박 주기, 겁주는 행동, 골탕 먹이기, 비웃기 • 다른 학생들과 어울리지 못하도록 막는 행위
성폭력	• 폭행 · 협박을 하여 성행위를 강제하거나 유사 성행위, 성기에 이물질을 삽입하는 등의 행위 • 상대방에게 폭행과 협박을 하면서 성적 모멸감을 느끼도록 신체적 접촉을 하는 행위 • 성적인 말과 행동을 함으로써 상대방이 성적 굴욕감, 수치감을 느끼도록 하는 행위
사이버폭력	• 속칭 사이버모욕, 사이버명예훼손, 사이버성희롱, 사이버스토킹, 사이버음란물 유통, 대화명 테러, 인증놀이, 게임부주 강요 등 정보통신기기를 이용하여 괴롭히는 행위 • 특정인에 대해 모욕적 언사나 욕설 등을 인터넷 게시판, 채팅, 카페 등에 올리는 행위, 특정인에 대한 저격글이 그 한 형태임 • 특정인에 대한 허위 글이나 개인의 사생활에 관한 사실을 인터넷, SNS 등을 통해 불특정 다수에 공개하는 행위 • 성적 수치심을 주거나, 위협하는 내용, 조롱하는 글, 그림, 동영상 등을 정보통신망을 통해 유포하는 행위 • 공포심이나 불안감을 유발하는 문자, 음향, 영상 등을 휴대폰 등 정보통신망을 통해 반복적으로 보내는 행위

출처: 교육부, 이화여자대학교 학교폭력예방연구소(2022). 학교폭력 사안처리 가이드북.

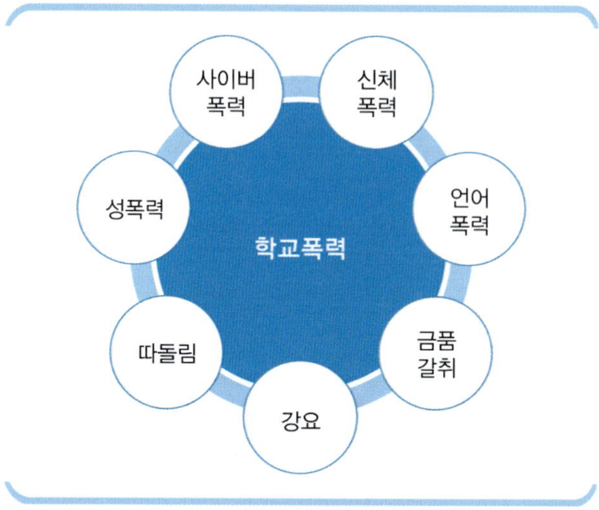

그림 1-1. **학교폭력의 유형**

1) 신체폭력

신체폭력은 협의의 개념으로 「형법」 상 폭행죄에 해당되며, 타인의 신체에 폭력을 행사하는 경우이다. 즉, 신체에 고통을 가하는 행위와 상대방을 유인하거나 강제로 가두어 두는 행위가 포함된다. 신체폭력은 학교폭력의 유형 중 가장 빈번하게 발생하는 폭력 유형 중의 하나이다. 그리고 주의할 점은 장난이라고 생각하는 행동도 상대방이 폭력행위로 인식한다면 학교폭력에 해당될 수 있다는 점이다. 신체폭력의 양상은 장난을 가장한 놀이형태(기절놀이 등)가 있으며, 이 놀이형태는 더욱 흉폭해져 상해의 정도가 장애 · 사망으로까지 이어지는 사례를 보이고 있는 것이 특징이다. 이러한 신체폭력은 학교폭력의 유형 중 가장 쉽게 접할 수 있는데, 인지와 처벌이 용이한 반면에 쉽게 용인된다는 점에서 실질적인 측면의 인지수준은 그리 높지 않다는 특징을 지니고 있다.

신체폭력으로서 폭행이나 상해의 방식들은 상대의 신체를 주먹으로 때리거나 발로

차는 경우, 머리로 들이받는 경우, 목을 조르거나 비트는 등 다양하게 이루어지고 있다. 그리고 칼이나 송곳으로 찌르거나 몽둥이, 빗자루 등을 휘두르거나 병을 깨뜨려 찌르는 등 흉기를 이용하는 경우도 있다.

2) 언어폭력

언어폭력은 학교내 · 외에서 선후배나 동료들을 상대로 이루어지는 놀림이나 조롱, 심한 욕설, 비난, 헐뜯기 등의 행위를 하는 것을 의미한다. 즉, 언어폭력은 신체에 직접적인 영향력을 행사하는 것이 아니라 정서나 감정 등 정신적으로 부정적인 반응을 불러일으키는 언어나 상징의 사용으로, 욕설, 비웃기, 은어로 놀리기, 겁주기, 위협, 협박, 별명 부르기, 신체의 일부분을 장난삼아 놀리기 등이 포함된다. 또한 악성댓글 등의 사이버폭력도 여기에 포함될 수 있다.

특히, 언어적 폭력은 신체적 폭력처럼 신체에 직접적인 영향을 미치는 것은 아니지만 대상자의 정서나 감정 등에 치명적인 영향을 줄 수 있으며, 초등학생부터 고등학생에 이르기까지 가장 보편적으로 나타난다는 특징을 가지고 있다. 학생들 스스로가 느끼는 학생 언어사용의 문제점으로는 욕설(50.5%), 언어폭력(33.4%), 은어(9.2%), 통신언어(5.2%) 등의 순으로 인식하고 있는 것으로 보고되고 있는데, 언어폭력이야말로 신체폭력과 더불어 가장 흔히 나타나는 폭력의 유형 중의 하나이다.

3) 금품갈취

금품갈취는 「형법」 상으로 '사람을 공갈하여 재물의 교부를 받거나 재산 상 불법의 이익을 취득하거나 타인으로 하여금 이익을 얻게 함으로써 성립되는 범죄'로 규정하고 있다. 금품갈취는 보통 폭행(상해)이나 협박을 동반하는 경우가 많고 강도와 유사한 성격을 지니고 있기 때문에 폭력범죄의 주요한 형태로 간주할 수 있다. 금품갈취에는 빼앗기, 일부러 망가뜨리기, 억지로 빌리기, 학교내·외에서 물건이나 돈 뺏기 등이 포함된다.

4) 강요

강제적 심부름은 2008년 「학교폭력예방 및 대책에 관한 법률」의 개정안부터 학교폭력의 유형에 포함되었다. 강제적 심부름인 강요는 '폭행이나 협박을 이용해 권리행사를 방해하거나 의무 없는 일을 하게 하는 일'로 정의되며, 힘센 학생들의 강요로 간식이나 담배를 사다 주는 등 온갖 심부름을 하며 괴롭힘을 당하는 것을 말한다. 즉, 피해자가 하지 않아도 되는 일들을 강제로 하도록 하거나, 피해자 자신의 권리를 행사하지 못하도록 방해하는 것이다. 학교폭력에서의 강요는 당사자의 의사에 반하는 행동을 강요하는 행위로 속칭 빵 셔틀, 와이파이 셔틀 및 심부름 강요 등이 포함된다.

5) 따돌림

학교에서 벌어지는 폭력의 유형 가운데 가장 빈번하게 발생하고 있는 폭력 형태 중의 하나가 따돌림이다. 집단으로 괴롭히는 이른바 왕따는 신체적인 폭력 못지않게 정신적으로나 신체적으로 매우 심각한 영향을 미치게 된다. '따돌림'이란 학교내·외에서 2명 이상의 학생들이 특정인이나 특정집단의 학생들을 대상으로 지속적이거나 반복적으로 신체적 또는 심리적 공격을 가하여 상대방이 고통을 느끼도록 하는 일체의 행위를 의미한다. 예를 들어, 싫어하는 말로 바보 취급하기, 빈정거리기, 면박이나 핀잔주기, 말을 따라 하며 놀리기, 다른 학생들과 어울리지 못하도록 막기 등이 포함된다. 따돌림을 당하는 아이들은 정상 아이들에 비해 정신병적 증상이 유의하게 높게 나타나기 때문에 관심을 가지고 지켜볼 필요성이 있다.

따돌림의 유형에서 빈번하게 보이는 것이 괴롭힘이다. 괴롭힘이란 일반적으로 언어적 폭력이나 신체적 폭력과 구분된다. 물론 욕설이나 신체적인 폭력 등도 괴롭힘의 한 형태이기는 하나 특별히 심리적인 억압이나 강제로 노무를 제공하게 하려는 특정 유형을 지칭하는 용어이다. 괴롭힘에는 겁주는 행동, 골탕 먹이기, 비웃기, 빈정거리기, 핀잔주기, 놀리기, 원하지 않는 행동 강요하기 등이 있다.

6) 성폭력

성폭력의 사전적 의미로는 성을 매개로 가해지는 신체적, 언어적, 심리적 폭력을 의미하며 성희롱, 성추행, 성폭행을 모두 포괄하는 개념이다. 즉, 성폭력은 성을 매개로 상대방의 의사에 관계없이 이루어지는 모든 가해 행위를 뜻한다. 그리고 「성폭력 범죄의 처벌 및 피해자 보호 등에 관한 법률」과 「형법」 등에는 강제추행, 강간, 위력 · 위계에 의한 간음, 성추행, 윤락행위 강요, 음란물 보이기 및 음란물 제작에 이용 등이 명시되어 있고 음란전화, 성기 노출뿐만 아니라 성희롱까지도 성폭력의 개념에 포함시키고 있다. 따라서 성폭력에 대한 막연한 불안감이나 공포뿐만 아니라 그것으로 인한 행동 제약도 간접적인 성폭력이라고 할 수 있다. 즉, 성폭력이란 개인의 성적 자기결정권이나 신체의 자유를 침해하는 폭력 범죄로 강간 또는 강제추행이 그 대표적인 유형이다.

여기에는 성행위를 강요하거나 유사 성행위 등 성적 모멸감을 느끼도록 신체적 접촉을 하는 행위와 성적인 말과 행동을 함으로써 상대방이 성적 굴욕감, 수치심을 느끼도록 하는 행위 등이 포함된다. 성폭력의 행위 유형별로 살펴보면 〈표 1-4〉와 같다.

표 1-4. 행위 유형별 분류

유형	내용
강간	폭행 또는 협박 등으로 상대방의 반항을 곤란하게 하여 행위자가 자신의 성기를 피해자의 성기에 삽입하는 행위
유사강간	폭행 또는 협박 등으로 상대방의 반항을 곤란하게 하여 행위자가 구강, 항문 등 신체(성기는 제외)의 내부에 성기를 넣거나 성기, 항문에 손가락 등 신체(성기는 제외)의 일부 또는 도구를 넣는 행위
강제추행	폭행 또는 협박으로 성교는 하지 않고 가슴, 엉덩이, 성기부위 및 다른 신체 부위에 접촉하거나 키스, 음란한 행위, 피해자나 행위자의 성기를 노출시키는 등 성적 침해를 하는 행위
준강간 · 준강제추행	상대방의 심신상실(장애, 수면, 술에 취함, 의식 잃음) 또는 항거불능(심리적, 육체적으로 반항이 불가능한 상황)의 상태를 이용하여 강간 또는 추행을 하는 행위
성희롱	업무 또는 고용, 기타 관계에서 성적 언동 등으로 성적 굴욕감 또는 혐오감을 느끼게 하거나 성적 언동 또는 그 밖의 요구에 따르지 아니하였다는 것을 이유로 불이익을 주는 행위
아동 성학대	보호하거나 양육하는 대상인 아동 · 청소년에 대한 성적 가혹행위
스토킹	상대방이 원하지 않는데도 지속적 또는 반복적으로 접근, 미행, 연락 등을 하며 정신적 · 신체적 피해를 입히는 행위
사이버성폭력	온라인 상에서 상대방의 동의를 구하지 않고 원치 않는 성적 대화나 메시지, 야한 사진, 동영상 등을 전달하거나 유포함으로써 불쾌감, 위협감 등을 느끼게 하는 행위

7) 사이버폭력

사이버폭력이란 “상대방의 의사와 관계없이 이루어지는 인터넷 상의 게시판, 댓글 등을 통한 비방과 욕설, 허위사실 유포, 개인정보와 사생활 유출 등의 행위로 특정대상에게 불쾌감과 정신적 피해를 주는 행동”을 말한다. 사이버폭력은 익명성을 이용하여 이루어지므로 물리적인 힘으로 이루어지지 않는다는 특징이 있다. 이에 따라 기존의 폭력에서 가해자 범주에 속하던 사람도 사이버폭력의 피해자가 될 수 있다. 또한 익명성 때문에 죄책감이 낮아져 폭력이 일종의 놀이화되는 경향이 있다. 직접적 대면이 없으므로 상대방의 기분을 일반적인 경우보다 더 이해하기 힘들다는 특징도 있다. 또한 사이버 세계에서는 현실과 달리 감시망이 부재함으로 사이버폭력이 이루어지기 쉽다. 심한 경우 표적 대상을 정하여 지속적으로 인신공격을 가하거나 개인정보를 사이버 상에 유포하는 경우도 발생한다. 인터넷이나 핸드폰으로 협박, 비난, 위협, 훔치기(사이버 머니, 아이템), 헛소문 퍼뜨리기, 악성댓글 달기, 원치 않는 사진이나 동영상을 찍거나 유포시키기 등이 있다.

이러한 사이버폭력 문제가 실제로 발생하게 되면 엄청난 결과를 수반하게 되며, 가해학생과 피해학생의 가정과 그 주변에도 큰 충격을 주게 된다. 또한 다양한 형태의 사이버폭력은 불안과 우울증 등의 정신적 문제와 더불어 대인관계 기피, 자살 등의 심각한 후유증을 수반할 수 있기 때문에 심각한 사회적 문제가 되고 있는 실정이다. 사이버폭력의 유형과 특징은 〈그림 1-2〉, 〈그림 1-3〉과 같다.

그림 1-2. **사이버폭력의 유형**

출처: 학생 사이버폭력 예방 및 대응 실무협의체(2021). 함께 실천하는 사이버폭력 예방.

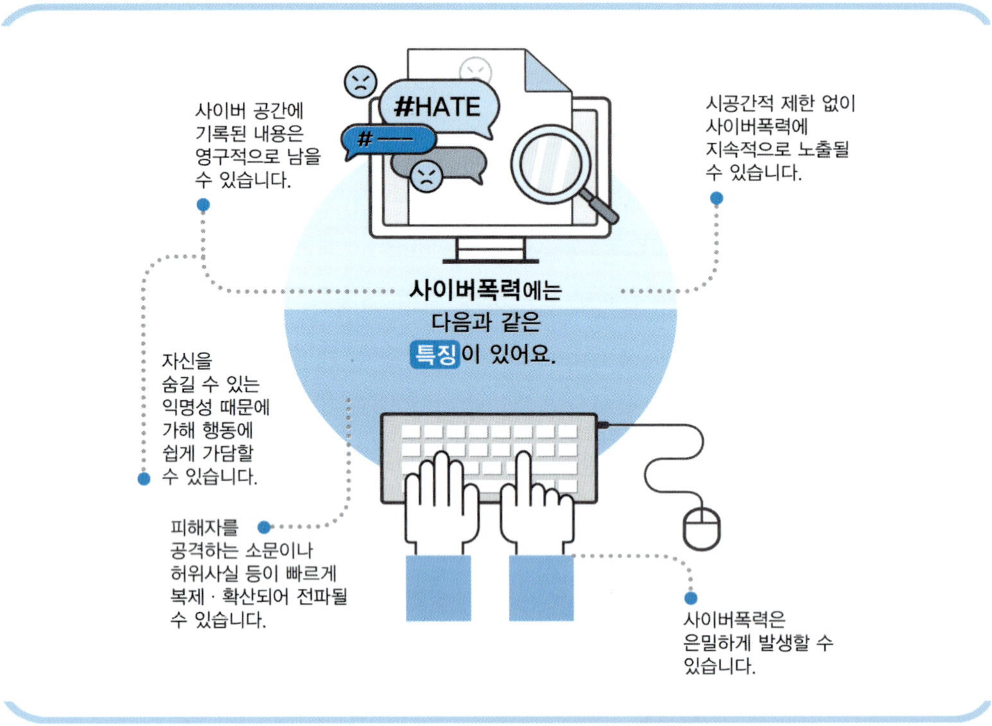

그림 1-3. **사이버폭력의 특징**

출처: 학생 사이버폭력 예방 및 대응 실무협의체(2021). 함께 실천하는 사이버폭력 예방.

4. 학교폭력의 실태

교육부(2021)는 16개 시도교육감이 초 · 중 · 고등학교(초4~고3) 학생들을 대상으로 실시한 '2021년 1차 학교폭력 실태조사(전수조사)' 결과를 발표하였는데, 이 조사는 코로나19 상황에서 학생들의 자발적 참여를 원칙으로 온라인을 통해 진행되었으며, 참여율은 88.8%(344만 명)으로 2020년 조사 대비 6.2%(49만 명) 증가한 것으로 나타났다. 그 결과를 중심으로 학교폭력의 실태를 살펴보면 다음과 같다.

1) 피해경험 현황

전체 피해응답률과 학교급별 피해응답률에 대한 조사 결과는 〈그림 1-4〉와 같다. 조사 결과, 전체 피해응답률은 1.1%로, 2020년 조사(2020.9.14.~10.23.) 대비 0.2% 증가하였으나, 같은 시기에 조사한 2019년 1차 조사(2019.4.1.~4.30.)에 비해서는 0.5% 감소한 것으로 나타났다.

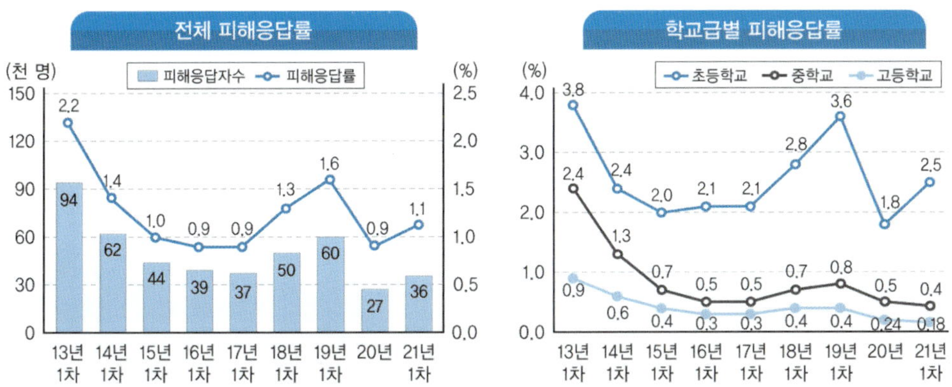

구분	전체	초	중	고
비율(%)	1.1	2.5	0.4	0.2
명수(천 명)	36.3	28.8	5.3	2.0

그림 1-4. **전체 및 학교급별 피해응답률**

출처: 통계청, 여성가족부(2021). 2021 청소년 통계.

학교급별로는 초 2.5%, 중 0.4%, 고 0.2%로 조사되어, 2020년 조사 대비 초등학교는 0.7% 증가하였고, 중학교는 0.1%, 고등학교는 0.06% 감소한 것으로 나타났다. 학생 천 명당 피해유형별 응답 건수는 〈그림 1-5, 표 1-5〉와 같다.

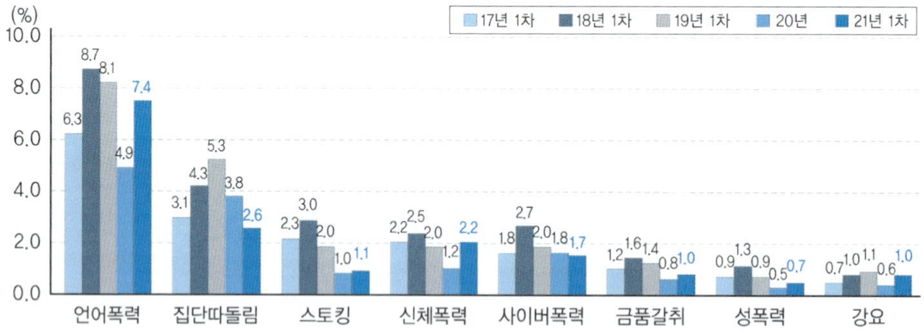

그림 1–5. 학생 천 명당 피해유형별 응답 건수(2017~2021년)

출처: 통계청, 여성가족부(2021). 2021 청소년 통계.

표 1–5. 학생 천 명당 피해유형별 응답 건수

구분*	2013년 1차	2014년 1차	2015년 1차	2016년 1차	2017년 1차	2018년 1차	2019년 1차	2020년	2021년 1차	증감
언어폭력	13.6	9.4	6.8	6.2	6.3	8.7	8.1	4.9	7.4	2.5
집단따돌림	6.6	4.6	3.6	3.3	3.1	4.3	5.3	3.8	2.6	△1.2
스토킹	3.7	3.0	2.6	2.0	2.3	3.0	2.0	1.0	1.1	0.1
신체폭력	4.7	3.1	2.4	2.2	2.2	2.5	2.0	1.2	2.2	1.0
사이버폭력	3.6	2.5	1.9	1.7	1.8	2.7	2.0	1.8	1.7	△0.1
금품갈취	4.0	2.2	1.5	1.2	1.2	1.6	1.4	0.8	1.0	0.2
성폭력	1.3	1.0	0.9	0.8	0.9	1.3	0.9	0.5	0.7	0.2
강요	2.4	1.3	0.9	0.8	0.7	1.0	1.1	0.6	1.0	0.4

* 피해유형별 중복응답 가능(중복응답 건수 포함)

* (2013년~2019년) 조사대상자 수 기준, (2020년~2021년) 응답대상자 수 기준

출처: 통계청, 여성가족부(2021). 2021 청소년 통계.

학생 천 명당 피해유형 응답 건수는 언어폭력이 7.4명으로 가장 높았으며, 집단따돌림 2.6명, 신체폭력 2.2명, 사이버폭력 1.7명 순으로 나타났다. 이러한 결과를 2020년 조사와 비교해 보면, 언어폭력, 신체폭력은 증가(각각 2.5명, 1.0명)하였고, 집단따돌림, 사이버폭력은 감소(각각 1.2명, 0.1명)한 것으로 나타났다. 다만 코로나19 발생 이전인 2019년 1차 조사와 비교하면 신체폭력(0.2명 증가)을 제외하고는 모든 피해유형에서 응답건수가 감소한 것으로 조사되었다. 피해유형별 비중에 대한 현황은 〈표 1-6〉과 같다.

표 1-6. 피해유형별 비중

구분*	2013년 1차	2014년 1차	2015년 1차	2016년 1차	2017년 1차	2018년 1차	2019년 1차	2020년	2021년 1차	증감 (%p)
언어폭력(%)	34.0	34.6	33.3	34.0	34.1	34.7	35.6	33.5	41.7	8.2
집단따돌림(%)	16.6	17.0	17.3	18.3	16.6	17.2	23.2	26.0	14.5	△11.5
스토킹(%)	9.2	11.1	12.7	10.9	12.3	11.8	8.7	6.7	6.2	△ 0.5
신체폭력(%)	11.7	11.5	11.9	12.1	11.7	10.0	8.6	7.9	12.4	4.5
사이버폭력(%)	9.1	9.3	9.2	9.1	9.8	10.8	8.9	12.3	9.8	△2.5
금품갈취(%)	10.0	8.0	7.2	6.8	6.4	6.4	6.3	5.4	5.8	0.4
성폭력(%)	3.3	3.8	4.2	4.5	5.1	5.2	3.9	3.7	4.1	0.4
강요(%)	6.1	4.7	4.2	4.3	4.0	3.9	4.9	4.4	5.4	1.0

* 피해유형별 중복응답 가능(중복응답 건수 포함)
출처: 통계청, 여성가족부(2021). 2021 청소년 통계.

피해유형별 비중은 언어폭력(41.7%), 집단따돌림(14.5%), 신체폭력(12.4%), 사이버폭력(9.8%) 등의 순으로 나타났으며, 피해유형별 비중에서 2020년 대비 집단따돌림은 11.5%, 사이버폭력 2.5%, 스토킹은 0.5% 감소한 것으로 나타났다. 집단따돌림, 사이버폭력의 경우 학생 천 명당 피해 응답 건수가 점차 감소하였으며, 이는 정부와 학교현장 차원에서 적극적으로 대응한 결과를 시사한다고 할 수 있다. 학교급별 피해유형 비율의 현황은 〈그림 1-6〉과 같다.

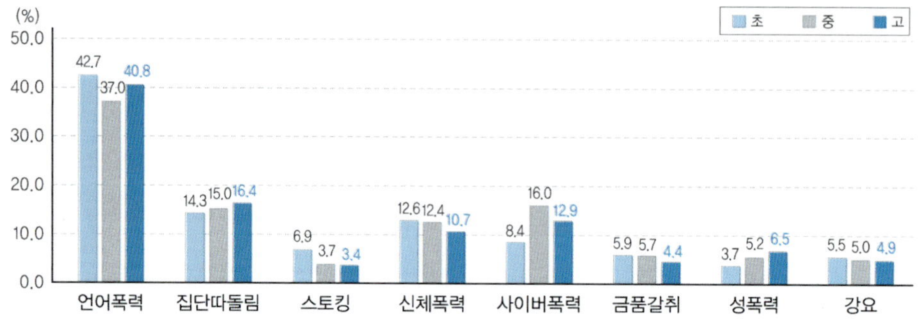

그림 1-6. 학교급별 피해유형 비율

출처: 통계청, 여성가족부(2021). 2021 청소년 통계.

〈그림 1-6〉에서 보는 것과 같이, 언어폭력은 초등학교(42.7%), 집단따돌림은 고등학교(16.4%), 스토킹은 초등학교(6.9%), 신체폭력은 초등학교(12.6%). 사이버폭력은 중학교(16%), 금품갈취는 초등학교(5.9%), 성폭력은 고등학교(6.5%), 강요는 초등학교(5.5%)로 나타나 초등학교에서 학교폭력에 대한 응답 비중이 높은 것으로 나타났다. 언어폭력 비중의 증가와 중·고등학생에 비해 초등학생의 높은 피해응답률에 대해서는 대책 마련이 필요하다는 것을 시사하는 결과라고 할 수 있다. 가해자 유형에 대한 응답 결과는 〈표 1-7〉과 같다.

표 1-7. 가해자 유형

(단위: %)

구분	같은 학교 같은 반	같은 학교 같은 학년	같은 학교 다른 학년	다른 학교 학생	잘 모르는 사람	기타
전체	39.1	30.7	9.1	7.5	4.7	8.8
초	39.1	30.3	10.0	6.6	4.5	9.4
중	39.6	31.6	5.7	11.2	5.3	6.6
고	38.0	34.8	5.7	10.2	5.7	5.6

출처: 통계청, 여성가족부(2021). 2021 청소년 통계.

〈표 1-7〉의 가해자 유형을 살펴보면, 전체적으로 같은 학교 같은 반이 39.1%로 가장 높았으며, 같은 학교 같은 학년 30.7%, 같은 학교 다른 학년 9.1%, 기타 8.8%, 다른 학교 학생 7.5%, 잘 모르는 사람 4.7% 순으로 나타났다. 피해장소에 대한 현황은 〈표 1-8〉과 같다.

표 1-8. 피해장소 (단위: %)

구분	학교 안(55.3)							학교 밖(40.6)						기타
	교실 안	복도	운동장	화장실	특별실	기숙사	급식실, 매점 등	놀이터	사이버 공간	학원 주변	학교 밖 체험	집, 집 근처	PC 노래방	
전체	22.1	14.7	8.6	4.2	2.6	0.5	2.6	14.3	9.0	6.5	3.2	6.9	0.7	4.2
초	21.2	13.9	9.0	3.8	2.4	0.2	2.4	16.9	7.0	7.5	3.5	7.5	0.4	4.3
중	25.0	17.4	7.0	5.3	2.5	0.6	2.8	5.7	17.6	3.3	2.5	4.8	1.7	3.7
고	26.8	18.2	7.4	5.7	4.7	3.0	5.4	3.3	13.3	1.8	2.0	3.3	1.5	3.6

출처: 통계청, 여성가족부(2021). 2021 청소년 통계.

〈표 1-8〉에서 보는 것과 같이, 피해장소로는 학교 안에서가 55.3%, 학교 밖 40.6%보다 높게 나타났다. 구체적으로 학교 안에서는 교실이 22.1%로 가장 높았으며, 복도 14.7%, 운동장 8.6%, 화장실 4.2%, 특별실과 급식실, 매점 등이 각각 2.6%로 나타났으며, 학교 밖에서는 놀이터가 14.3%로 가장 높았으며, 사이버공간 9%, 집 혹은 집 근처 6.9%, 학원 주변 6.5% 순으로 나타났다. 피해시간에 대한 응답 결과는 〈표 1-9〉와 같다.

표 1-9. 피해시간 (단위: %)

구분	쉬는 시간	점심 시간	하교 이후	수업 시간	하교 시간	학교 밖 체험	등교 시간	방과후 수업	기타
전체	25.1	11.9	21.7	6.9	13.0	4.0	4.3	4.6	8.4
초	24.4	10.3	22.8	6.0	14.4	4.2	4.1	4.8	9.0
중	28.2	16.7	19.7	9.0	8.7	3.1	4.8	3.3	6.4
고	26.8	19.3	14.2	12.7	8.0	2.9	5.9	4.6	5.6

출처: 통계청, 여성가족부(2021). 2021 청소년 통계.

〈표 1-9〉에서 보는 것과 같이, 피해시간에서는 쉬는 시간이 25.1%로 가장 높았으며, 하교 이후 21.7%, 하교시간 13%, 점심시간 11.9% 순으로 나타났다. 피해사실을 알린 사람에 대한 조사 결과는 〈표 1-10〉과 같다.

표 1-10. 피해사실을 알린 사람 (단위: %)

구분	보호자나 친척	학교 선생님	친구 선·후배	117 신고센터	학교 상담실 선생님	학교전담 경찰관,	학교폭력 신고함	학교 밖 기관	미신고
전체	주위에 알리거나 신고(89.3)								10.7
	39.8	25.2	15.2	2.3	3.5	1.5	0.8	1.0	
초	42.6	24.0	14.7	2.3	2.3	1.1	0.8	0.6	11.7
중	32.9	28.9	16.3	2.2	6.5	2.4	0.7	1.6	8.6
고	28.1	28.3	18.2	2.5	9.4	4.2	1.0	3.0	5.3

출처: 통계청, 여성가족부(2021). 2021 청소년 통계.

〈표 1-10〉에서 보는 것과 같이, 피해사실을 주위에 알리거나 신고를 한 경우는 89.3%, 미신고는 10.7%로 나타났다. 구체적으로 주위에 알리거나 신고한 경우, 보호자나 친척이 39.8%로 가장 높았으며, 학교 선생님 25.2%, 친구, 선·후배 15.2% 순으로 나타났다. 피해 미신고 이유에 대한 조사 결과는 〈표 1-11〉과 같다.

표 1-11. 피해 미신고 이유 (단위: %)

구분	별일이 아니라고 생각해서	더 괴롭힘을 당할 것 같아서	스스로 해결하려고	이야기해도 소용이 없을 것 같아서	선생님이나 부모님의 야단/걱정 때문에	어디에 도움을 요청할지 몰라서
전체	29.4	14.4	21.9	17.4	14.3	2.6
초	29.0	14.9	22.5	16.2	14.7	2.8
중	32.2	11.5	20.1	21.3	13.6	1.2
고	27.5	14.4	15.3	29.7	9.2	3.9

출처: 통계청, 여성가족부(2021). 2021 청소년 통계.

〈표 1-11〉에서 보는 것과 같이, 피해 미신고 이유는 별일이 아니라고 생각해서가 29.4%로 가장 높았으며, 스스로 해결하려고 21.9%, 이야기해도 소용이 없을 것 같아서 17.4%, 더 괴롭힘을 당할 것 같아서 14.4%, 선생님이나 부모님의 야단 · 걱정 때문에 14.3%, 어디에 도움을 요청할지 몰라서 2.6% 순으로 나타났다.

2) 가해학생 현황

가해학생에 대한 조사에서 가해응답률과 학교급별 가해응답률에 대한 조사결과는 〈그림 1-7〉과 같다.

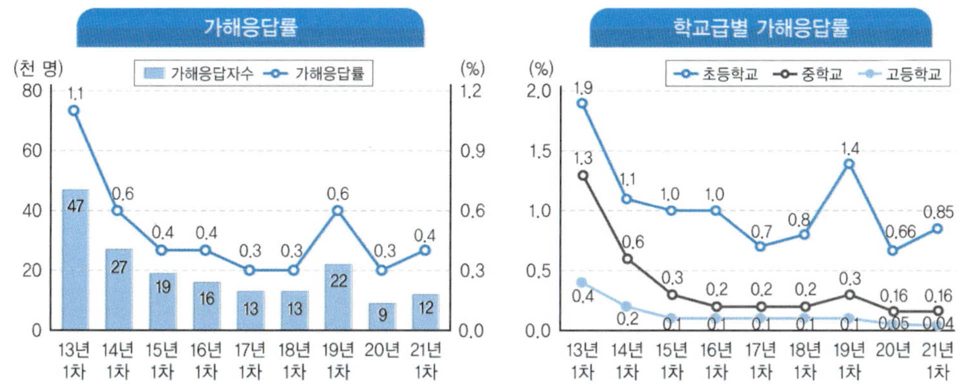

구분	전체	초	중	고
비율(%)	0.4	0.85	0.16	0.04
명수(천 명)	12.3	9.8	1.95	0.4

그림 1-7. 전체 및 학교급별 가해응답률

출처: 통계청, 여성가족부(2021) 2021 청소년 통계.

〈그림 1-7〉에서 보는 것과 같이, 전체 가해응답률은 0.4%(1.2만 명)로, 2020년 조사 대비 0.1%(0.3만 명) 증가하였으며, 2019년 1차 조사 대비 0.2%(1만 명) 감소한 것으로 나타났다. 학교급별 가해응답비율은 초등학교 0.85%, 중학교 0.16%, 고등학교 0.04%로, 2020년 조사 대비 초등학교는 0.19% 증가하였으나, 중학교는 동일하고 고등학교는 0.01% 감소한 것으로 나타났다. 가해 유형별 비율에 대한 조사 결과는 〈표 1-12〉와 같다.

표 1-12. 가해 유형별 비율 (단위: %)

구분	언어폭력	집단따돌림	스토킹	신체폭력	사이버폭력	금품갈취	성폭력	강요
전체	45.7	10.1	5.5	16.1	8.2	4.4	3.5	6.6
초	47.4	10.1	6.1	15.8	6.7	4.4	3.0	6.6
중	40.2	10.7	3.0	16.5	14.6	4.2	4.9	5.8
고	35.2	8.5	3.9	19.6	12.7	4.3	7.2	8.5

출처: 통계청, 여성가족부(2021). 2021 청소년 통계.

〈표 1-12〉에서 보는 것과 같이, 가해 유형별 비율은 언어폭력이 45.7%로 가장 높았으며, 신체폭력 16.1%, 집단따돌림 10.1%, 사이버폭력 8.2%, 강요 6.6%, 스토킹 5.5%, 금품갈취 4.4%, 성폭력 3.5% 순으로 나타났다. 학교급별 현황에서는 언어폭력의 경우 초등학교, 집단따돌림은 중학교, 스토킹은 초등학교, 신체폭력은 고등학교, 사이버폭력은 중학교, 금품갈취는 초등학교, 성폭력과 강요는 고등학교에서 많이 발생하는 것으로 나타났다. 가해 이유에 대한 조사결과는 〈표 1-13〉과 같다.

표 1-13. 가해 이유 (단위: %)

구분	전체	초	중	고
상대방이 먼저 괴롭혀서	20.5	22.6	12.5	10.7
장난이나 특별한 이유 없이	35.7	35.7	37.3	30.2
오해와 갈등으로	10.5	8.9	16.9	17.9
상대방의 행동이 마음에 안 들어서	8.4	7.5	11.1	14.2
다른 친구가 하니까	4.1	3.9	4.8	5.0
화풀이 또는 스트레스 때문에	10.3	10.8	7.3	11.7
강해 보이려고	5.3	5.5	4.6	4.5
나의 보호자나 선생님의 관심을 받고 싶어서	1.9	1.9	1.9	3.1
선배나 친구가 시켜서	3.3	3.2	3.6	2.8

출처: 통계청, 여성가족부(2021). 2021 청소년 통계.

〈표 1-13〉에서 보는 것과 같이, 가해 이유로는 장난이나 특별한 이유 없이가 35.7%로 가장 높았으며, 상대방이 먼저 괴롭혀서 20.5%, 오해와 갈등으로 10.5%, 화풀이 또는 스트레스 때문에 10.3%, 상대방의 행동이 마음에 안 들어서 8.4%, 강해 보이려고 5.3%, 다른 친구가 하니까 4.1%, 선배나 친구가 시켜서 3.3%, 나의 보호자나 선생님의 관심을 받고 싶어서 1.9% 순으로 나타났다. 가해 방법에 대한 조사결과는 〈표 1-14〉와 같다.

표 1-14. 가해 방법 (단위: %)

구분	단독	집단
전체	61.6	38.4
초	63.9	36.1
중	51.5	48.5
고	54.0	46.0

출처: 통계청, 여성가족부(2021). 2021 청소년 통계.

〈표 1-14〉에서 보는 것과 같이, 가해 방법으로는 단독이 61.6%로 집단 38.4%보다 높은 것으로 나타났다.

3) 목격경험 현황

목격경험에 대한 조사에서 목격응답률과 학교급별 목격응답률에 대한 조사결과는 〈그림 1-8〉과 같다.

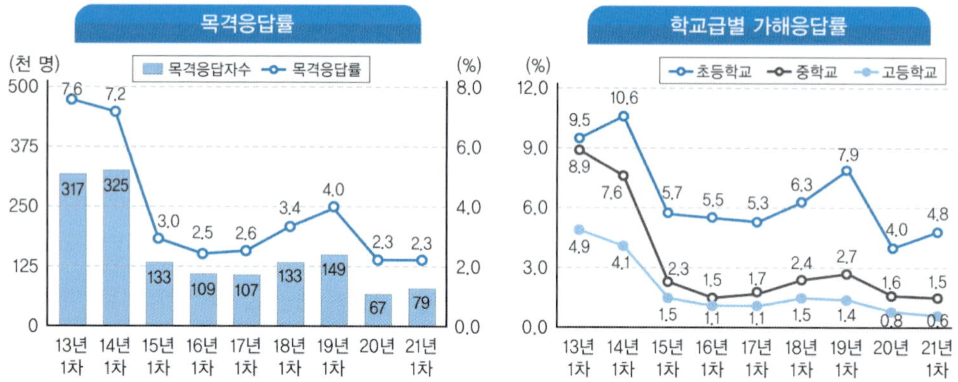

구분	전체	초	중	고
비율(%)	2.3	4.8	1.5	0.6
명수(만 명)	7.91	5.47	1.79	0.61

그림 1-8. 전체 및 학교급별 목격응답률

출처: 통계청, 여성가족부(2021). 2021 청소년 통계.

목격응답률은 2.3%(7.9만 명)로, 2020년 조사 대비 0.02%(1.2만 명) 증가하였으며, 2019년 1차 조사 대비 1.7%(6.9만 명) 감소한 것으로 나타났다. 학교급별로는 초등학교 4.8%, 중학교 1.5%, 고등학교 0.6%로, 2020년 조사 대비 초등학교는 0.8% 증가하였고, 중학교 0.1%, 고등학교 0.2% 감소한 것으로 나타났다. 목격 후 행동에 대한 조사결과는 〈표 1-15〉와 같다.

표 1-15. 목격 후 행동 (단위: %)

구분	전체	초	중	고
때리거나 괴롭히는 친구를 말렸다	19.5	20.7	17.9	13.4
가족, 선생님, 학교전담경찰관 등 주위에 알리거나 신고했다	16.2	16.8	14.5	15.1
피해를 받은 친구를 위로하고, 도와주었다	33.4	34.0	30.8	36.2
나도 같이 피해학생을 괴롭혔다	1.0	0.9	1.4	0.9
아무것도 하지 못했다	29.9	27.6	35.4	34.4

출처: 통계청, 여성가족부(2021). 2021 청소년 통계.

〈표 1-15〉에서 보는 것과 같이, 목격 후 행동에서는 피해를 받은 친구를 위로하고 도와주었다가 33.4%로 가장 높았으며, 아무것도 하지 못했다 29.9%, 때리거나 괴롭히는 친구를 말렸다 19.5%, 가족, 선생님, 학교전담경찰관 등 주위에 알리거나 신고했다 16.2%, 나도 같이 피해학생을 괴롭혔다 1.0%로 나타났다. 즉, 목격 후 '알리거나 도와줬다'는 응답은 69.1%로 2020년 조사 대비 5.6% 증가하였으며, 목격 후 '아무것도 하지 못했다'는 응답은 29.9%로 2020년 조사 대비 4.7% 감소한 것으로 나났다. 또한 학교폭력 피해 사실을 '주위에 알리거나 신고(2019년 81.8%, 2020년 82.4%, 2021년 89.3%)'한 것으로 응답한 비율은 89.3%로, 2020년 조사 대비 6.9% 증가한 것으로 나타났다. 이는 학교폭력에 대한 학생·학부모의 적극적인 신고와 사회적인 경각심을 제고하기 위해 노력한 결과를 시사하는 조사결과라고 할 수 있다.

4) 학교폭력 발생 시 대처행동

학교폭력 발생 시 대처행동에 대한 응답 현황은 〈표 1-16〉과 같다.

표 1-16. 학교폭력 발생 시 대처행동 (단위: %)

구분	전체	초	중	고
학교선생님이나 신고함에 알리겠다	43.8	41.8	44.9	44.6
117신고센터 · 경찰관에게 알리겠다	24.6	23.6	25.0	25.3
가족이나 보호자에게 도움을 요청하겠다	13.4	15.0	11.8	13.2
피해를 받은 친구를 위로하고 도와주겠다	9.7	12.0	9.6	7.4
때리거나 괴롭히는 친구를 말리겠다	4.9	4.7	5.0	5.0
친구나 선배(후배)에게 도움을 요청하겠다	3.6	2.8	3.7	4.4

출처: 통계청, 여성가족부(2021). 2021 청소년 통계.

〈표 1-16〉에서 보는 것과 같이, 학교폭력 발생 시 대처행동에서는 학교선생님이나 신고함에 알리겠다가 43.8%로 가장 높았으며, 117 신고센터 · 경찰관에게 알리겠다 24.6%, 가족이나 보호자에게 도움을 요청하겠다 13.4%, 피해를 받은 친구를 위로하고 도와주겠다 9.7%, 때리거나 괴롭히는 친구를 말리겠다 4.9%, 친구나 선배(후배)에게 도움을 요청하겠다 3.6% 순으로 나타났다.

Chapter

02

학교폭력의 원인

배울내용

1. 생물학적 이론
2. 심리학적 이론
3. 사회환경 이론
4. 가정환경과 학교환경이론

학습목표

1. 생물학적 원인들을 이해하고 설명할 수 있다.
2. 심리학적 원인들을 이해하고 설명할 수 있다.
3. 사회환경 원인들을 이해하고 설명할 수 있다.
4. 가정환경과 학교환경 원인들을 이해하고 설명할 수 있다.
5. 다양한 학교폭력 원인들을 통해 학교폭력 대처 방안을 모색해 볼 수 있다.

개 요

학교폭력의 원인을 하나의 이론으로 설명하는 것은 불가능하다. 그 이유는 학교폭력 발생에 영향을 주는 요인은 단일요인이 아닌 복합적인 요인들의 상호작용에 의해 발생되고 있기 때문이다. 그러나 많은 학교폭력 관련 관계자들은 학교폭력의 원인을 찾으려고 노력하여 왔으며, 앞으로도 학교폭력의 원인을 찾으려는 노력은 계속될 것이다. 그 이유는 학교폭력의 정확한 원인을 파악해야만 학교폭력의 예방책을 강구하는 것이 가능해지기 때문이다. 따라서 학교폭력의 원인을 설명하고 있는 다양한 요인들을 고찰할 필요성이 있으며, 본 장에서는 학교폭력의 원인을 설명하고 있는 다양한 이론 중 생물학적 이론, 심리학적 이론, 사회환경 이론, 가정환경과 학교환경이론으로 구분하여 살펴보고자 한다.

Chapter 02

학교폭력의 원인

학교폭력 발생에 영향을 주는 요인은 단일요인이 아닌 복합적인 요인들의 상호작용에 의해 발생된다고 보는 시각이 일반적이다. 그러므로 다양한 요인들에 대한 이해를 바탕으로 학교폭력을 바라보고, 각 이론을 통해 학교폭력에 대한 대처방안을 모색해 보는 것이 필요하다. 학교폭력의 원인을 설명함에 있어 많은 학설이 있으나 크게 생물학적 이론, 심리학적 이론, 사회환경 이론, 가정환경과 학교환경이론으로 구분할 수 있다.

1. 생물학적 이론

생물학적 이론은 청소년의 문제행동은 신경계통의 기능과 밀접한 관계가 있기 때문에 개인의 신체적 발달의 결함과 정상인과 구별되는 특수체질이 학교폭력의 원인이라는 입장이다. 즉, 학교폭력 가해 청소년은 전두엽 실행기능에 문제를 가지고 있어 공격적이고 부적절한 언어적 · 신체적 행동을 통제하는 능력이 부족하기 때문에 학교폭력이 나타난다는 것이다. 또한 학교폭력과 유사한 비행행동을 보이는 청소년들 역시 실행기능의 문제와 낮은 주의력을 유발하여 결국 폭력적인 행동으로 이어진다고 주장한다.

학교폭력 행동을 하는 청소년에게서 나타나는 개인적 특성 중 가장 많은 부분을 차지하는 것이 충동성과 공격성이다. 충동적이고 공격성이 높은 사람은 사회질서나 규범을 고려하지 않고 자기중심적으로 행동하는 경향이 강하다. 이들은 스스로 분노를 조절하거나 화를 참는 능력이 부족하고 자신이 처한 상황에 대한 해석과 인식에 있어서 일반 청소년보다 더 많은 스트레스를 경험하게 된다. 이러한 학생들은 부정적인 자아개념이 형성되어 자기 자신을 필요 없는 존재, 무능한 존재, 약한 존재로 규정하며 그러한 방향으로 삶을 이끌어 간다. 이러한 행동이 결국에는 공격행동과 폭력행동으로 이어지게 된다.

학교폭력에 영향을 미칠 수 있는 생물학적 이론에서는 품행장애, 반항성 장애 및 주의력결핍 과잉행동장애 등도 폭력이나 비행과 관련될 수 있다는 것이다. 이러한 장애를 가지고 있거나 특수교육을 받고 있는 경우, 그들은 학교폭력의 가해자 및 피해자가 될 위험성이 높다. 그 이유로는 사회적으로 잘 기능하지 못하고 폭력에서 자신을 보호할 수 있는 능력이 부족하므로 이들은 학교폭력의 표적이 될 수 있기 때문이다. 반면에 과거의 생활경험이나 생활양식, 특성, 그들 자신이 가지고 있는 행동장애를 공격적인 방법으로 표출하여 학교폭력의 가해 청소년이 되기도 한다.

그러나 생물학적 이론은 특정 문제행동과 특정한 신체적 장애와 연관 지을 수 없고, 문제행동의 대부분이 신체적으로 결함이 없는 청소년에 의해 발생하고 있다는 점에서 이 이론은 설득력이 다소 약하다고 할 수 있다. 그러나 최근 학교폭력에 영향을 미치는 생물학적 요인으로는 호르몬, 신경전달물질, 뇌 발달과 관련이 있다고 주장하고 있으며, 각각에 대해 살펴보면 다음과 같다.

1) 호르몬과 학교폭력

사춘기에 일어나는 몸의 변화는 뇌에서부터 시작한다. 뇌에서 내리는 지시에 따라 아동기에 잠들어 있던 고환과 난소가 깨어나고 성호르몬 분비가 활성화되는데, 이것이야말로 진정한 사춘기를 알리는 신호이다. 이때 아이는 성장호르몬의 도움으로 키가 부쩍 자랄 뿐 아니라 성호르몬이 분비되면서 2차 성징을 보이게 된다. 그중 여성 호르몬인 에스트로겐(estrogen)은 여자아이의 몸을 성숙하게 만든다. 그리고 남성 호르몬인 테스토스테론(testostrerone)은 남자아이를 남성답게 만든다.

동물의 세계에서 테스토스테론 수치가 높은 수컷은 암컷에 비해 더 공격적인 행동을 하는 것으로 알려져 있다. 사람에게서 나타나는 테스토스테론의 영향력도 마찬가지이다. 즉, 충동적으로 폭행과 같은 범죄를 저지르거나 다른 사람에게 공격적인 태도를 취하는 남자들은 대부분 이 호르몬의 수치가 평균보다 높은 것으로 나타났다. 미국에서 1990년대에 수감자들을 대상으로 이와 관련된 실험을 실시한 결과, 테스토스테론 수치가 평균에 비해 월등히 높은 사람일수록 폭력범죄를 저지를 가능성이 더 높다는 결론을 얻었다.

2) 신경전달물질과 학교폭력

신경전달물질이란 뇌 신경세포인 뉴런(neuron) 사이에서 메시지를 전달하는 화학물

질이다. 현재까지 약 50여 종의 신경전달물질이 발견되었는데, 그중에서 사람의 기분과 행동에 영향을 미치는 것으로 알려진 대표적인 신경전달물질은 〈표 2-1〉에 제시된 세 가지이다.

표 2-1. 기분과 행동에 영향을 미치는 신경전달물질

종류	특징
세로토닌(serotonin)	불안하고 우울한 기분과 상관이 있으며, 공격성과도 관련이 있다.
도파민(dopamine)	현실인식에 영향을 미치는 신경전달물질로 도파민이 부족하거나 지나치게 많이 분비되면 판단력이 떨어지고 충동적인 행동을 할 수 있다.
노르에피네프린 (nerepinephrine)	주의력과 집중력에 영향을 미치고 각성상태에 영향을 끼쳐 사람을 불안하게 만들고 공포심을 느끼게 한다.

이 중 폭력성과 가장 관계가 깊은 신경전달물질은 세로토닌과 도파민이다. 뇌 속의 세로토닌과 도파민의 수치가 낮으면 폭력적인 행동을 할 가능성이 높고, 수치가 높아지면 폭력적인 행동이 낮아질 가능성이 높아진다. 즉, 세로토닌과 도파민은 폭력 또는 충동적인 행동 등의 극단적인 행동을 제어하는 뇌 호르몬이다.

3) 뇌 발달과 학교폭력

지난 30년간 눈부시게 발달한 뇌 영상기들 덕분에 청소년기의 뇌 발달에 대해 더욱 자세하게 알 수 있게 되었다. 즉, 청소년기에는 감정 뇌, 본능 뇌에 비해 이성적인 뇌(대뇌피질)가 덜 발달되어 있다. 따라서 충동을 조절하는 능력이 떨어지며, 이로 인해 감정을 자제하지 못하거나 폭력적인 행동을 보이게 되는 것이다(〈그림 2-1〉 참조).

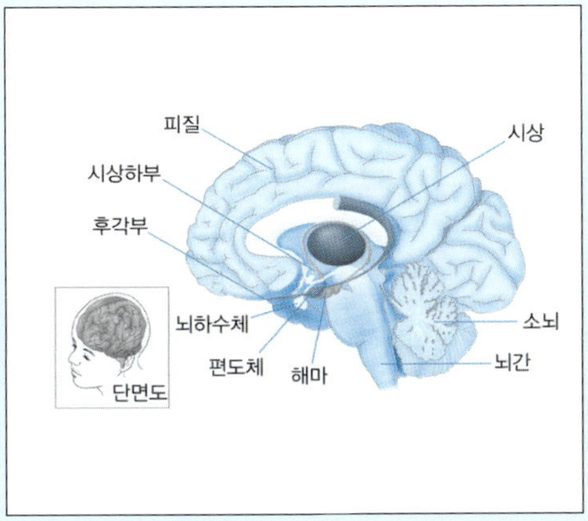

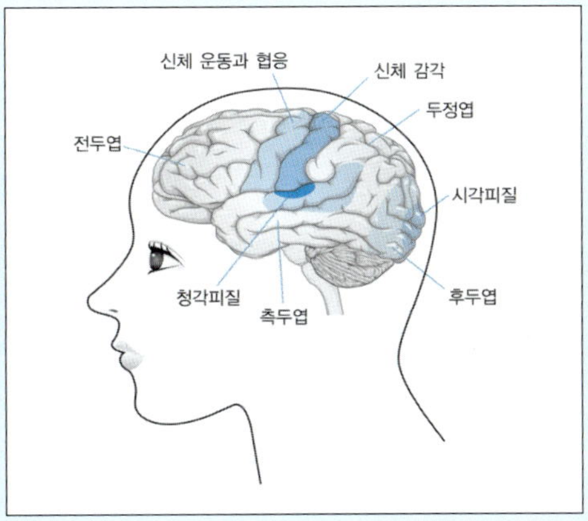

그림 2-1. **뇌의 구조**

뇌간에 위치한 연수는 뇌신경을 통해 호흡, 심장박동, 구토, 기침 그리고 재채기와 같은 생명과 직결된 행동을 담당한다. 소뇌는 깊게 파인 주름을 가진 후뇌의 구조물로서 피아노를 치거나 바느질과 같은 빠르고 정교한 운동을 통제하고 신체의 평행유지를 담당한다. 시상은 대뇌피질에 투사하는 주요 감각기관의 최종 중계소 역할(후각 제외)을 한다. 시상하부는 뇌하수체를 통제하여 여러 호르몬 분비를 조절한다. 그리고 시상하부는 동기와 감정적인 행동의 많은 측면들을 조절한다. 만약 시상하부에 손상이 오면 동기적 행동, 즉 먹는 것, 마시는 것, 온도조절, 성행동을 비정상적으로 하게 된다. 특히, 편도체는 공포에 중요한 역할을 하며, 해마는 기억을 담당하게 된다.
인간의 대뇌피질은 크게 네 가지 영역, 즉 전두엽, 측두엽, 후두엽 및 두정엽으로 구분된다. 전두엽은 문제해결과 같은 인간의 고등 인지를 담당하고, 측두엽은 청각, 후두엽은 시각, 두정엽은 시공간 지각에 중요한 역할을 담당한다.

전두엽은 뇌의 가장 앞쪽에 위치하며, 문제에 대해 합리적인 해결방안을 모색하는 일들을 담당한다. 청소년기가 되면 전두엽이 발달하면서 모호한 상징을 이해하고 추상적인 생각을 하며, 미묘한 의미 차이를 구분하는 등 생각의 질이 크게 향상된다. 그러나 청소년들은 전두엽이 덜 발달되었기 때문에 정리정돈이나 의사결정을 제대로 하지 못하고 참을성이 없이 충동적인 일을 벌이고, 폭력적인 행동을 하게 된다. 전두엽은 사춘기의 뇌 가운데 가장 활발하게 발달하는 부분으로 자동차의 브레이크 역할을 한다. 청소년의 뇌는 브레이크가 고장난 차와 같다. 만약 전두엽에 문제가 생기면 거짓말을 하거나 물건을 훔치고, 자주 욕을 할 뿐 아니라 폭력적인 행동을 하게 된다.

한편, 청소년들은 다른 사람의 표정을 제대로 읽지 못한다. 특히, 화난 표정과 놀란 표정을 구분하지 못한다. 이는 다른 사람의 표정을 읽을 때 성인은 논리적인 판단을 수행하는 전두엽을 작동시키는 반면, 청소년은 감정중추인 편도체를 사용하기 때문이다. 따라서 청소년은 어른들의 충고가 잔소리로 들리고, 누군가 조금만 스쳐도 자신에게 해를 끼치려 했다고 쉽게 오해하게 된다.

2. 심리학적 이론

심리학적 이론은 청소년 문제행동의 원인이 주로 개인이 사회화를 통하여 본능적 충동을 해소할 수 있는 방법을 학습하지 못함으로써 본능적 충동으로 인해 문제행동을 일으키게 된다고 보는 이론이다. 이런 점에서 이 이론의 문제행동은 단순하게 개인의 내적 요인에 의해 발생되는 행위로만 본다. 학교폭력과 관련된 국내 · 외의 일반 심리학적 연구에서 분노와 충동성 같은 정서조절능력과 행동통제능력, 자아개념과 적대적 귀인 등, 사회 인지적인 요인들은 학교폭력과 관련된 특성으로 밝혀지고 있다. 학교폭력은 개인적인 공격성과 관련된 문제행동에 속한다. 개인적인 공격성은 사회적 관계에서 다양한 유형으로 나타난다. 개인적 공격성에 대해 심리학적인 사고에서는 공격성과 폭력성을 구분하고 있다. 공격성은 다른 사람에게 의도적 상처를 입히는 행동을 의미하는 것으로서 물리적 · 정신적 · 언어적인 특성을 보이며, 사이버공간에서 행하는 모든 폭력도 포함된다.

심리학적 원인은 크게 7가지로 구분할 수 있는데, 즉 프로이트(Freud)와 에릭슨(Erikson)의 정신분석이론, 피아제(Piaget)의 인지발달이론, 콜버그(Kohlberg)의 도덕성이론, 지능이론, 성격이론, 욕구좌절이론 및 열등감이론이다.

1) 정신분석이론

정신분석이론은 프로이트(Freud)에 의하여 성립된 이론이다. 정신분석이론에 따르면, 인간은 성에 대한 본능과 공격성에 대한 본능을 지니고 있기 때문에 이 충동들에 의해 끊임없이 흔들린다고 가정한다. 따라서 자연인으로서의 인간은 충동에 의해 움직이고 있지만, 현실 사회에 있어서는 그와 같은 즉흥적 움직임은 만족을 얻을 수 있는 길이 되지 못하고 오히려 고통을 불러들이는 결과가 되는 일이 많다.

성격은 〈그림 2-2, 표 2-2〉와 같이 원초아(id), 자아(ego), 초자아(superego)로 이루어져 있으며, 특히 비행행동은 자아의 통제기능이 결여되었기 때문으로 해석한다. 즉, 비행에 대한 정신분석학적 접근의 기본 전제는 비행이나 범죄 그 자체보다는 원초아와 자아, 초자아 간의 심리적 갈등의 증후로서 나타나는 결과라는 것이다. 비행이나 범죄는 비정상적 성장이나 본능의 통제, 부모와의 좋지 않은 초기경험, 정서적 발달단계에서의 고착, 억압된 성과 죄의식에서 유발된다는 것이다. 냉정하고 애정이 없는 부모에 의해 양육되면 즉각적인 만족을 추구하고 타인 배려가 부족하여 공격적이고 충동적 행동 그리고 심하면 정신질환의 발생을 유발할 수도 있다는 것이다.

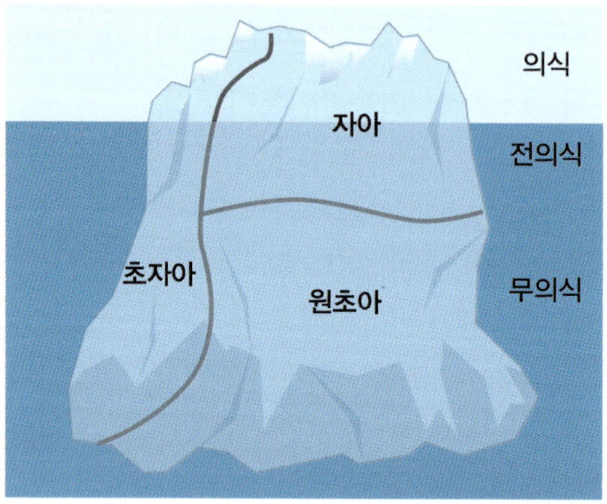

그림 2-2. 성격의 구조와 의식수준

표 2-2. 성격의 구조

구분	내용
id(원초아)	인간의 생물학적 토대에 기초하고 있으며 모든 추동 에너지의 근원이 된다(쾌락원리).
ego(자아)	현실과 초자아의 요구에 맞추어 원초아의 욕구를 만족시키거나 표현한다(현실원리).
superego(초자아)	좋은 행동에 대해서는 보상을 하고 나쁜 행동에 대해서는 처벌을 하는 사회규칙이나 관습에 따라 사람들이 행동하도록 기능한다(도덕과 양심).

프로이트가 삶의 원동력에 대해 원초아를 강조한 반면, 에릭슨(Erikson)은 자아의 중요성을 강조한다. 즉, 생물학적인 힘보다는 인간관계에서의 경험에 있어 자아의 기능을 요구하고 있으며, 자아는 사회화 과정, 사회와의 관련성을 전제로 하고 있다. 따라서 인간을 제대로 파악한다는 것은 개인과 사회와 시간성의 관계를 이해하지 않고는 불가능하다고 본다. 이 때문에 에릭슨의 성격발달을 심리사회발달이론이라고 한다. 그

는 인간은 8단계의 일정한 발달 시기를 거치게 되고, 각 시기마다 그 시기에 해결해야 될 사회발달 문제, 즉 발달과업이 있는 것으로 보았다〈표 2-3〉.

표 2-3. 에릭슨의 인간발달 8단계

단계	생활주기(연령)	에릭슨의 심리사회적 발달단계	심리사회적 능력(감정)	사회적 관계의 대상	프로이트의 심리성적 발달단계
1	유아기(0~1세)	신뢰감 대 불신감	희망	어머니	구강기(0~1세)
2	초기아동기(2~3세)	자율성 대 수치심 · 의심	의지력	부모	항문기(2~3세)
3	유희기(4~5세)	주도성 대 죄의식	목적	부모, 가족	남근기(4~6세)
4	학령기(7~12세)	근면성 대 열등감	능력	이웃, 학교	잠복기(7~12세)
5	청소년기(12~20세)	자아정체감 대 역할혼란	성실성	또래집단	생식기(13세 이후)
6	성인기(20~35세)	친밀감 대 고립감	사랑	동료, 배우자	
7	장년기(35~60세)	생산성 대 침체감	배려	동료, 자녀, 지역사회	
8	노년기(60세 이후)	자아통합감 대 절망감	지혜	인류, 동족	

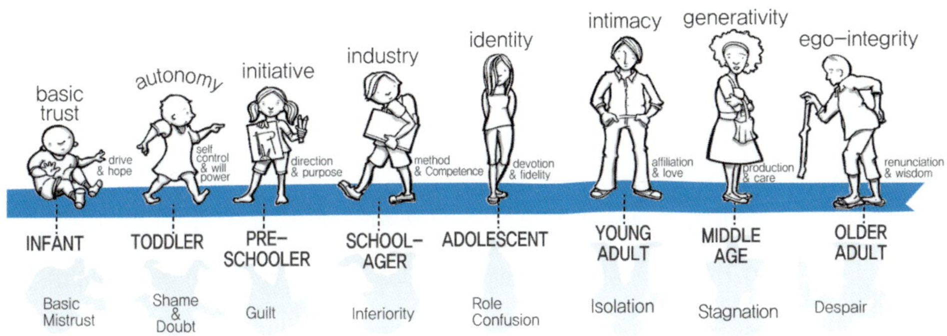

또한 에릭슨은 청소년기의 중요성을 강조하였는데, 이 시기에는 정체감이 형성되는 시기이기 때문이다. 청소년기의 발달은 이전 발달의 경험과 밀접한 연관이 있으며 이후의 발달에도 지속적인 영향을 미치기 때문에 중요하다. 특히 배변훈련시기에 양육자

가 충분한 반응을 해 주고 스스로 문제해결을 할 수 있는 자율성을 키우며 주도적인 역할을 충분히 경험하게 해 준다면 정체감의 형성에 긍정적인 영향을 주지만 그렇지 않은 경우에 불신감과 열등감, 죄책감을 경험하여 정체감의 혼미에 빠지게 되어 결국 왜곡된 정체감을 형성하게 된다. 이러한 왜곡된 정체감은 절도와 폭력과 같은 행위를 시도한다든지 또래관계에서 자신의 권력을 과시하려는 방법으로 발현하게 된다. 즉, 정신분석에서는 인간의 공격성에 대하여 성장과정에서 무의식으로 억압된 원초아(原初我, id)의 욕구가 공격성으로 나타난다고 보는 것이다.

2) 인지발달이론

피아제(Piaget)에 의해 발달한 인지발달이론은 청소년들의 의식적인 사고의 중요성을 강조하는 것이라고 할 수 있는데, 이 이론은 인지발달에만 초점을 두었기 때문에 사회적 환경과 관계 등에 대해서는 간과했다는 단점을 지니고 있다. 피아제의 인지발달이론은 인지발달이 〈표 2-4〉와 같이 네 단계를 거치게 되는데, 첫째 단계는 감각운동기로서 모방과 기억, 사고의 시작단계이며 대상영속성을 인식하고 단순 반사행동에서 목적을 가진 행동으로 발전하는 단계이다. 둘째 단계인 전조작기는 언어가 점차적으로 발달하고 상징적인 형태로 사고하며 사고와 언어가 자아 중심적인 특징을 보인다. 셋째 단계인 구체적 조작기는 논리적으로 구체적인 문제를 해결할 수 있고 보존개념의 이해, 유목화와 서열화 가능, 가역성을 습득할 수 있는 단계이다. 마지막으로 형식적 조작기는 논리적으로 추상적인 문제를 해결할 수 있으며 사고가 점차 과학적으로 변화하고 복잡한 언어 과제나 가설적인 문제해결이 가능한 단계이다.

표 2-4. **피아제의 인지발달단계**

발달단계	연령	특징
감각운동기	0~2세	아기가 태어나면서 시작되며 모든 지각의 방식은 감각과 행동을 통해서 일어난다. 처음에는 신체나 감각적인 관계 그리고 환경적인 대상에 대한 의식이 없다가 나중에는 대상과 자기를 의식하게 되고 물체를 잡거나 목표물을 향해 움직이거나 소리와 행동을 모방할 수 있게 된다. 또한 이 단계의 마지막 부분에 가면 대상영속성(object permanence)이란 개념을 갖게 된다. 즉, 대상은 그가 직접 경험하고 있지 않을 때도 계속 존재한다는 것을 이해하게 된다.
선조작기	2~7세	조작단계로 넘어가기 위한 과도기이다. 감각적 행동을 통해 세계에 대해 인식을 하는 단계에서 개념적 · 상징적인 조작이 가능한 단계의 사이에 위치한다. 이 단계의 유아는 사물의 이름을 알게 되고, 단일 차원에서 사물들을 구분할 수 있으며, 감각-동작 능력도 정교하게 발달한다. 이 기간에는 새로운 상징의 능력들이 많이 나타나는데 이 시기에 가장 중요하게 여겨지는 특징들은 언어발달 · 자기중심성 · 중심화 · 불가역성(不可逆性) 등이다. 이 단계의 또 다른 특징은 자기중심성(ego-centrism), 즉 다른 사람의 역할과 견해를 고려할 줄 모른다는 것이다. 그리고 어떤 수 · 길이 · 물질 · 면적 · 부피 등을 그 차례나 형태를 바꾸어 여러 가지 다른 방법으로 제시한다 하더라도 그것들은 계속 남아 있고, 변하지 않음을 아는 능력인 보존성(conservation)이 발달하지 못한다.
구체적 조작기	7~11세	이 단계의 아동은 논리적 추리력을 갖는다. 그러나 논리적인 사고력이 발달하지만, 그 사고과정 역시 아동이 관찰한 실제 사실에만 한정되어 있고, 미래의 가능성에 대한 추상적인 사고의 조직화된 방법으로만 가능한 것들은 사고할 수 없다.
형식적 조작기	11~15세	이 단계의 아동은 가장 발달한 인지적인 조작단계에 들어선다. 구체적이고 실제적인 상황을 넘어서는 문제를 다룰 수 있게 된다. 추상적인 사물들에 대해서 논리적으로 생각할 수 있고, 추상적인 언어를 통한 교육이 비로소 가능해지는 단계이다.

청소년기에 해당하는 발달단계는 마지막 단계인 형식적 조작기라고 할 수 있는데, 각 단계의 발달은 생물학적인 성숙과 더불어 적절한 환경조성으로 이루어지며 전 단계의 발달을 토대로 형식적 조작기에 이른다. 따라서 형식적 조작기는 개인의 이전 경험에 따라 많은 차이가 생길 수 있고 그 발달의 폭이 가장 크며 개인차가 크게 나타날

수 있는 단계라고 할 수 있다. 이 형식적 조작기의 발달이 제대로 이루어질 수 있는 것은 학교생활을 통한 추상적 사고능력의 확장인데, 비행청소년들은 이전 경험의 결손으로 인해 충분한 학습 인지적 자극이 이루어지지 않으며, 학교생활을 제대로 수행하지 않아 형식적 조작기의 과업을 제대로 이루어 내기 어렵게 되는 것이다. 따라서 이러한 학습 이외에 누적된 결손에 영향을 받지 않고 관계를 이룰 수 있는 방법은 외모에 신경을 쓰는 것이나 싸움, 학교 밖의 절도, 폭력 등과 같은 비행이라고 보는 것이다(노연순, 2014).

3) 도덕성 발달이론

콜버그(Kohlberg, 1984)는 인지발달이론을 토대로 도덕적인 발달에 대한 깊이 있는 이론을 제시했는데, 아동 후기부터 성인에 이르기까지 도덕성 발달을 인지이론에 바탕을 두고 크게 세 가지 단계로 제시하고 있다〈표 2-5〉.

표 2-5. 콜버그의 도덕성 발달 단계(3수준 6단계)

수준	단계	도덕판단의 특성
전인습 수준	1단계: 처벌회피 및 복종 지향	처벌을 회피하기 위해 권위자의 지시와 명령에 무조건 복종한다.
	2단계: 도구적 이기주의 지향	자신과 타인의 욕구 충족이나 이익 추구를 중시한다.
인습 수준	3단계: 대인관계 조화 지향	타인을 의식하기 때문에, 자신의 행동이 타인에게 어떤 평가를 받을지에 민감하다.
	4단계: 사회질서 유지 지향	규칙이나 법이 중요한 기준이 된다. 법이나 규칙은 절대로 어기지 말아야 한다고 생각한다.
후인습 수준	5단계: 사회계약 지향	규칙이나 법은 사회적 합의에 의해 만들어진 것이기에 변경이 가능함을 이해한다.

수준	단계	도덕판단의 특성
	6단계: 보편적 윤리원칙 지향	보편적인 도덕 원리와 자신의 양심을 중시하며, 이에 위배되는 법이나 규칙은 지키지 않아도 됨을 이해한다.

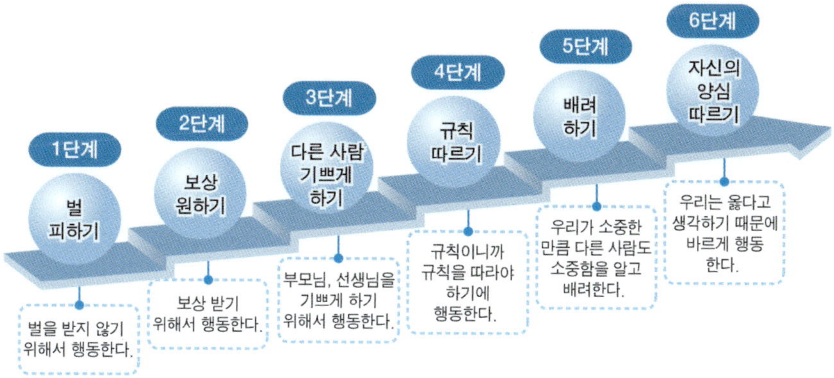

첫째는 전인습 수준으로 주관적 감정이 판단을 좌우하는 단계이며 이 단계에는 복종이 강조되며 권위자의 위력을 인지하고 벌을 피하기 위해 행동하는 벌과 복종중심의 단계와 자신에게 필요하고 원하는 것을 얻기 위해 행동을 하게 되는 쾌락주의적이고 이기적인 도덕성 단계로 나누어질 수 있다. 두 번째 수준인 인습적 수준은 타인들의 인정을 받거나 사회질서를 유지하기 위해 규칙 및 사회적 규범에 복종하려고 노력하는 단계이다. 인습적 수준의 3단계는 타인들에게 착한 사람으로 인정을 받기 위해서 도덕적인 행동을 보이는 단계이고, 4단계는 사회적 질서를 유지하는 단계로 합법적인 권위를 가진 규칙들을 따르고자 도덕적 행동을 수행하는 단계이다. 마지막 수준인 후인습적 수준은 성별과 문화의 차이에 따라 도달하는 정도가 다른데, 이 단계에서는 성문법과 권위자의 명령에 대립되어 방대한 정의들의 원리에 의해 도덕적 행동이 결정되는 단계이다. 후인습 수준의 5단계인 사회적 계약 지향단계는 법을 존중해야 할 사회적 계약으로 생각하지만 인간의 권리 혹은 존엄성을 손상시키는 법은 부당한 것으로 여기는 단계이며, 마지막 6단계인 보편적 윤리원칙 지향단계는 가장 높은 도덕단계로 양심

에 대해 자신이 선택한 윤리적 원리들에 기초하여 행동의 잘잘못을 정의하는 단계이다.

청소년기를 도덕성 발달이론에 비추어 해석하면 인습적 수준의 중반 이후부터라 할 수 있는데, 합법적인 권위에 대한 충분한 숙지 없이 4단계에 도달하는 것은 불가능하다. 따라서 청소년의 비행행동은 합법적인 권위에 대한 충분한 인식이 부족하기 때문에 발생하는 것으로 본다(이수정, 2006).

4) 지능이론

지능(intelligence)이란 용어를 처음으로 사용한 사람은 19세기의 스펜서(Spencer)이다. 이후 지능에 대한 개념이 계속 발전하고 있으며, 지능에 대한 정의나 개념은 지능의 구성요인에 대한 학자들의 견해에 따라 상당히 차이가 난다. 학교폭력의 원인으로서의 지능이론은 학교폭력 혹은 비행을 행하는 청소년의 대표적인 특징 중 하나가 지능이 낮다는 것이다. 그러나 낮은 지능이 학교폭력 혹은 비행의 직접적인 원인이 아니라 낮은 지능으로 인해 법규를 잘못 이해하거나 자신이 저지른 행동의 결과를 예측하지 못하기 때문에 문제를 발생시킨다고 보는 견해가 일반적이다.

여러 연구들에 의하면, 낮은 지능과 비행과는 상관이 있는 것으로 보고되고 있다. 그러나 이와 같은 결과를 해석할 때 주의가 필요한데, 그 이유로 첫째, 지능과 비행과의 상관은 범죄의 종류별로 다르게 나타나고 있으며, 둘째, 비행으로 체포된 범죄자가 전체 범죄자를 대표할 수 없다는 한계를 지니고 있기 때문이다. 셋째는 범죄자 중 지능이 낮은 사람도 있지만 그 반대로 매우 높은 지능을 가진 자들도 매우 많기 때문이다.

그러나 지능검사를 통해 살펴보면, 비행청소년들은 동작성 지능에 비해 언어성 지능이 낮은 것으로 나타나고 있는데, 그 이유는 문제를 해결하는 방법이 비체계적이고 실패하는 일이 많으며, 추상적 사고가 뒤떨어지기 때문에 언어성 지능이 낮게 나타날 가능성이 높으며, 그 결과 비행행동으로 나타날 가능성이 높을 수 있다(이수정, 2006).

최근의 연구들은 자신과 타인의 정서상태를 잘 파악하고 합리적으로 사고하며 행동하여 환경에 대처할 수 있게 해 주는 능력인 정서지능을 사회에 적응할 수 있는 중요한 개인적 변인으로 보고 있다. 정서는 인간이 행동을 준비할 수 있도록 한다. 예를 들어, 행복은 상황으로의 접근을 유도하고, 슬픔은 우리를 위축되게 하며, 공포는 그 상황에서 도망치도록 하는가 하면, 긴장은 어려움을 극복하도록 한다. 정서는 인생의 중요한 문제에서 우리가 환경과의 관계를 확립, 유지하거나 혹은 변화시키려는 준비성으로 표현된다.

최근 관심을 가시게 된 정서지능에 대해 메이어와 살로베이(Mayer & Salovey, 1997)는 정서지능이란 정서를 정확히 지각하고 평가하며 표현하는 능력, 사고를 촉진할 수 있도록 정서를 생성할 수 있는 능력, 정서와 정서 관련 지식을 이해할 수 있는 능력, 그리고 정서적 · 지적 성장을 촉진시키기 위하여 정서를 적절히 조절할 수 있는 능력이라고 정의하고 있다. 골먼(Goleman, 1995)은 정서지능을 다음과 같은 5가지 요인으로 구성되는 것으로 정리하였다〈표 2-6〉.

표 2-6. 골먼의 정서지능 5가지 요인

구분	내용
감성인식	자신의 내적 상태에 지속적인 주의를 기울이고 스스로의 감정상태를 깨닫는 능력으로 감성지능의 핵심이다. 자신의 감정을 관찰하는 능력은 자신에 대한 심리적 통찰과 이해에 필수적이다. 이런 능력이 풍부한 사람은 자신의 인생을 보다 적절하게 이끌어 가며 개인적 결정의 순간에 어떤 감정을 가져야 하는지에 대한 정확한 감각을 가지고 있다.
감성조절	주로 충동성이나 공격성 등의 자기감정을 통제하고 제어할 수 있는 능력으로 이런 능력이 풍부한 사람은 자신의 분노, 흥분, 우울, 불안을 쉽게 떨쳐 버리고 좌절과 혼돈에서 빨리 벗어날 수 있지만 부족한 사람은 늘 괴로운 느낌에 시달린다. 감성조절의 목적은 정서적 억압이 아니라 정서적 균형이 목적이다.

구분	내용
자기 동기화	난관에 봉착했을 때 어려움을 무릅쓰고 문제를 해결하기 위해 계속 노력하는 정서적 능력을 말하며 이런 능력은 주의집중, 동기부여, 자기정복, 창조에 필수적이다. 이런 능력이 많은 사람은 혼란스러운 상황에서도 보다 생산적이고 효율적으로 일을 한다. 자기 동기화의 하위 요인은 집중력, 만족지연 능력 그리고 낙관성이 있다.
감정이입(공감)	타인의 생각이나 느낌을 대리적으로 느끼고 타인의 입장을 자신의 입장으로 받아들이고 이해할 수 있는 능력이다. 공감적인 사람은 돌보는 직업, 가르치는 일, 판매, 관리와 같은 일에 능력을 발휘한다.
대인관계 기술	자신의 감정을 인식하고 스스로 조절하거나 타인의 감정을 아는 데만 그치는 것이 아니라, 타인의 감정을 조절하기 위하여 내가 할 일이 무엇인지를 알고 실천하는 능력이다. 이 능력은 우선 타인의 감정을 느끼고, 그에 대한 나의 감정을 인식한 후 내가 어떤 행동을 하는 것이 최선인지를 이해하고 나서, 실제 행동으로 실천에 옮기는 과정을 거쳐 이루어진다.

이와 같이 정서지능을 자신과 타인의 정서를 정확하게 평가하고 표현하며 긍정적인 방향으로 정서를 조절하는 능력이라고 한다면, 같은 스트레스 자극이라고 해도 받아들이는 사람의 정서지능 차이에 따라 대처하는 방식도 다를 것이라고 추측할 수 있다. 특히, 청소년들은 스트레스 상황에서 효과적으로 대처하는 능력이 부족하며 스트레스 상황에 직면했을 때 아무런 대처방식 없이 그대로 내버려 두는 비현실적인 대처방식을 가장 많이 사용한다.

비행청소년들은 부정적 경향을 가지고 있고 이러한 인지의 특성으로 인해 문제 상황을 해결 지향적으로 다룰 수 없기 때문에 비행 및 정서 상의 문제가 발생하게 되고 자신들이 충동적으로 저지른 비행에 대해 좌절하거나 위축될 뿐만 아니라 미래에 대한 부정적 측면이 많이 형성되며 이는 다시 사회적 기능을 수행하는 저해요인이 된다.

우울, 불안과 걱정은 스트레스의 하위개념으로 볼 수 있는데, 비행청소년집단에서 이들 부정적 정서의 수준이 높게 나타나며, 스트레스 상황에서 걱정에 불안이 수반되는 경우에 문제 중심적인 해결방안을 생각하더라도 이 해결방안이 효율적이라고 판단하기 어렵다. 따라서 적절한 대처를 할 수 없게 되어 불안과 걱정의 악순환에 빠지게 된다.

또한 사이코패스 성향[1])을 가진 청소년들은 타인의 정서를 공감하는 능력이 현저하게 저하되어 있다. 타인의 기쁨과 같은 긍정적인 정서는 일반인들과 차이 없이 공감하지만 고통이나 슬픔, 분노와 같은 부정적인 정서는 일반인들에 비해 공감하는 능력이 현저히 저하되어 있다. 이런 이유로 사이코패스 성향을 가진 청소년들은 타인이 두려워하는 정서를 감지하지 못하며, 죄책감을 덜 느끼게 되는 것이다.

5) 성격이론

성격이론의 기본 가설은 비행과 범죄가 비정상적이거나 부적절한 성격적 특성을 지닌 사람에 의해서 일어나는 것으로 보는 것이다. 즉, 충동성, 공격성, 감각 추구, 반항, 적대성 등의 일탈적 특성의 표출로 본다. 다시 말해, 성격이론에서는 성격적으로 성숙되어 있지 못하거나 성격의 구조가 왜곡되어 있어 사회생활에서 자기능력을 발휘하지 못하거나 적응하지 못하며 대인관계에 문제를 야기할 뿐만 아니라 사회적 준거나 규범에서 일탈된 행동을 하는 것을 말한다. 이들은 성격장애가 심하게 체질화되어 있고 확고하며 융통성이 없기 때문에 자신과 환경에 대한 지각이나 관계 맺음에 있어 비적응적 양상을 보여 타인에 대한 배려나 이해심이 없고 관계되는 사람을 화나게 만들어 결국 관계 악화라는 악순환을 되풀이하게 된다. 성격의 유형에 따른 특성은 〈표 2-7〉과 같다.

1) 생활 전반에 걸쳐 다른 사람의 권리를 무시하거나 침해하는 성격적 장애를 일컫는데, 반사회성 성격장애라고 불리기도 한다. 자기 감정에 미숙하고 감정을 억제하지 못하는 사이코패스는 자신의 감정과 고통에는 매우 예민하지만 타인에 대한 공감을 할 수 없기 때문에 누구와도 정서적 유대감을 맺지 못하는 것이 특징이다. 또한 죄를 짓고도 자신의 잘못을 전혀 느끼지 못하고 거짓말과 속임수에도 능하고 충동적이며 자신의 행동을 잘 제어하지 못하는 특징이 있다.

표 2-7. 성격의 유형에 따른 특성

구분	내용
편집성 성격	편집성 성격의 특징은 타인에 대한 지속적인 불신과 의심이다. 항상 타인의 행동에서 숨겨진 동기와 의미를 찾고자 하며 자신을 괴롭히고 착취하고 해치려 한다고 예상하여 그 증거를 탐색한다. 이들은 예민하고 의심과 질투심이 많으며 논쟁을 잘하고 늘 긴장되어 있다. 또한 자신의 어려움을 남의 탓으로 돌리고 자신의 책임이나 잘못을 받아들이지 않는다.
조현성 성격	조현성 성격은 타인과의 관계 형성 능력과 적절히 반응하는 능력에 심각한 장애가 있어 사회적 관계를 형성하지 못한다. 이들은 사회적 참여에 관심이 없고 타인의 칭찬, 비난에 무관심하며 극도로 내성적이고 빈약한 정서를 갖고 있어 다른 사람이 볼 때 괴팍스럽고 외톨이로 보인다.
조현형 성격	조현형 성격은 사고, 인지대화, 행동에서 오랫동안 지속된 기이함이 그 특징이다. 또한 이들은 특이한 지각과 사고 과정을 가지고 있어 기괴한 환상이나 어린 시절의 선입관, 마술적 사고, 관계망상, 피해의식, 착각, 이인증을 나타내며 일반 사람들이 보기에도 행동, 사고, 지각, 의사소통에 괴이성이 나타나 사회적 기능과 직업적 기능에 한계를 가져와 사회적 고립상태가 된다.
반사회성 성격	반사회적 성격장애는 무책임하고 반사회적 행동과 타인의 권리를 해치는 행동을 지속적으로 보인다. 이들은 지적능력의 장애나 사고장애는 보이지 않는다. 그러나 지나치게 자기중심적이며, 거짓말을 하고 남의 물건을 훔치고, 남의 약점을 협박한다. 또한 냉담하며, 냉소적이고 타인의 감정이나 권리, 고통을 무시한다. 이들은 현재의 문제나 미래에 대한 현실적 관심이 결여되어 있고, 감정이입의 결여, 과도한 자기주장을 하는 것이 특징이다. 반사회적 성격장애는 범죄, 공격적 행동이 일반적으로 드러나는 감옥이나 법정 같은 곳에 두드러지게 나타난다.
경계성 성격	경계성 성격은 정서, 행동 및 대인관계의 불안정과 주체성의 혼란으로 모든 면에서 변동이 심한 이상 성격이다. 이들은 평상시에도 기분의 변동이 심하여 대인관계가 불안정하고 강렬하며 의존과 증오심을 동시에 갖고 있어 행동 면에서도 매우 돌발적이고 통제력이 상실되어 예측할 수 없다. 타인으로부터 동정과 분노의 표시 그리고 자신의 불안정한 정서를 가라 앉히기 위해 자해행위, 자살위협을 하기도 한다.
연극성 성격	남자보다 여자에게서 더 명확히 나타나는 이 성격은 자신에 대한 관심을 지속적으로 끌고 싶어 하고 작은 일에도 흥분된 정서적 반응을 보이는 것이 특징이다. 이들은 외향적이고 자기 중심적, 자기 과시적이며 허영심이 많다. 또한 대인접촉은 처음에는 강력하고 맹목적이나 일단 관계가 형성되면 매우 요구가 많고 무성의하며 자기 중심적이 되어 자신의 소망이 만족되지 않으면 괴로움과 소외, 우울증에 빠지게 된다.
자기애적 성격	자기애적 성격은 자신의 중요성과 능력에 대해 매우 과장된 인식을 갖고 있어 자신의 재능, 성취도, 중요성을 과장하거나 행동으로 표현하며, 타인들로부터 존경과 찬사를 받고

구분	내용
	자 하는 과대 망상적 요구를 갖고 있다. 따라서 자신에 대한 비판에 매우 예민하여 사소한 일에도 심한 분노, 수치심, 모욕감, 열등감, 공허감 등 과장된 반응을 일으키며 또한 이들은 타인의 입장을 이해하는 감정이입의 기능이 결핍되어 냉정하고 잔인하면서도 죄책감을 느끼지 않고 행동한다.
회피성 성격	회피성 성격의 특징은 사람들과 새로운 경험, 나아가 자신이 익숙한 것들까지도 회피하고자 한다. 또한 이들은 남들로부터 모욕, 수치, 거절, 배척당할 것 같은 사회적 상황에 대해 극도의 예민성과 두려움을 가지고 있다.
의존성 성격	의존성 성격을 가진 사람은 독립적 기능을 발휘하지 못하고 자신의 욕구를 타인의 욕구에 계속 의존하고 자신의 삶의 주요한 영역에 대한 책임을 타인에게 지우며 자신감이 결여되어 혼자 있을 때 심하게 괴로움을 느낀다. 이들은 염세적이고 수동적인 성격이며, 공격적 느낌을 표현하는 데 두려움을 갖고 있는 것이 특징이다.
강박성 성격	강박적 성격을 지닌 사람은 초자아(superego) 기능이 매우 엄격하여 감정적 억제, 규칙성, 고집, 완고함, 책임감을 과장되게 느껴 완전주의를 추구한다. 일과 생산성을 즐거움보다 중요하게 생각하지만 사소하고 세부적인 것에 마음이 사로잡혀 아무리 우수한 결과도 이들을 만족시키지 못하며 타인들에 대해서도 이러한 완벽을 요구함으로 대인관계를 저해한다.

성격이론에서는 〈표 2-7〉에서와 같이 다양한 유형의 성격장애를 가지고 있는 경우 학교폭력 혹은 비행의 가능성이 높아진다고 가정한다. 최근 들어 반사회적 성격장애를 가진 사람이나 사이코패스 등으로 범죄행동을 설명하는 것이 매우 타당하게 받아들여지고 있다. 이는 매우 지속적인 특징으로 청소년기의 비행행동을 설명하는 데 있어 제한적이지만 평생지속형 범죄자의 청소년기의 범죄를 설명하는 데에는 유용하다. 이들은 매우 어린 시절부터 문제행동을 보였기 때문에 대인관계 기술을 학습할 기회가 없었으며 학교나 또래 친구들과의 생활에서도 부적응적인 행동을 보여 그들의 대인관계는 자신과 유사한 비행청소년으로만 제한되게 되는 것이다.

청소년기 제한형은 정신병리학적 문제가 없어 아동기에는 정상적인 대인관계를 맺고 문제를 보이지 않다가 청소년기에 들어서 비행을 저지르게 되는데, 이는 성인과 유사한 성숙에도 불구하고 제한된 행동양식에 따른 불만 등의 표출이라고 볼 수 있다.

그러나 이들은 성인이 되면 더 이상 갈등을 겪지 않기 때문에 비행을 하지 않게 되는 것이다. 이들은 어린 시절 정상적인 사회화를 거쳤기 때문에 쉽게 사회에 적응할 수 있다(Moffit, 1993).

그리고 비행청소년의 상당수가 충동적인 경향을 특징으로 하고 있는데, 이러한 충동적인 특징을 설명할 수 있는 것이 주의력결핍 과잉행동장애(ADHD)이다. 이들은 매우 산만하고 부주의한 행동을 할 뿐만 아니라 자신의 행동을 통제하지 못한다. 이러한 특징들은 시간이 지나면서 학업 부진, 반사회적 행동 야기 등의 청소년 문제를 일으키는 원인이 되기도 한다. 일반적으로 ADHD는 유전적 요인이나 뇌 손상 등의 생물학적 요인과 부모의 성격이나 양육방식과 같은 심리사회적 요인이 복합적으로 작용하여 유발되는 것으로 여겨지고 있다. 특히, 청소년기까지 장애가 지속되는 경우 품행장애로 발전될 가능성이 매우 높다. 결국 이러한 행동은 학교나 사회에 적응할 수 없게 하며 어른들에게 인정받지 못하게 되어 다시 품행장애를 일삼는 등의 악순환을 하게 되는 것이다(노연순, 2014).

충동적 성향을 지닌 청소년들은 즉각적 만족을 추구하려는 성향이 높고 자신의 욕구를 순화시키지 못하여 순간적 충동에 의해 쉽게 범죄를 저지를 가능성이 높다는 것이 그동안의 많은 연구에서 밝혀져 왔다. 사람은 누구나 폭력의 경향성을 가지고 있지만 정상적인 사람들은 양심과 도덕의 기준이 자기통제력을 강화시켜 폭력행위를 하지 않는 반면 폭력적인 성향과 반사회적 행동특성을 가진 사람들은 반사회적 행동을 하고도 반성하거나 고민하지 않는다. 이들은 자기조절능력이 부족하며 윤리의식이나 도덕의식이 제대로 형성되어 있지 않으므로 죄책감이나 수치심을 느끼지 못하고 행동한다.

또한 가해행위는 공격적이고, 물리적 억압을 계속 가하는 것을 의미하며 가해학생은 공격적이고, 거칠고, 강하고, 충동적이며 자신감을 보이는 특징을 가진다. 소외감, 열등감이 증폭되어 성격이 삐뚤어지며, 이러한 내적·심리적 갈등은 반항, 파괴, 폭력 등의 반사회적 행동으로 나타난다. 구체적으로 폭력학생은 다음과 같은 특성을 가진다.

첫째, 폭력가해 학생은 생리적 특징이나 정서적 불안정 때문에 주의집중을 하지 못하고, 자주 움직여야 하며, 쉽게 흥분하고 작은 자극에 예민하게 반응하는 경향이 있다. 둘째, 폭력가해 학생은 타인의 권리와 감정을 공감하지 못하거나 무시하는 경향이 있으며, 감정이나 욕구를 충분히 경험하거나 조절하는 데 어려움을 느낀다. 마지막으로 가해학생은 삶이나 미래에 대한 장기적 계획이나 목표를 수립할 수 있는 장기적 조망능력이 부족하며, 일반적으로 자기에 대한 만족 및 수용정도가 대체로 낮다.

이러한 청소년기의 반항 성향 또는 반사회적 성향은 해당 청소년들의 폭력행동을 가중시키게 되며, 가해학생들은 폭력행위에 대한 자신의 책임을 부정하고 상대적으로 폭력에 대해서는 긍정적인 태도를 갖는 경향을 보인다.

6) 욕구좌절이론

욕구의 좌절이란 바라는 목표의 달성이 방해되거나 막히는 경우를 말하며, 욕구의 좌절은 분노를 유발하고 공격과 폭력을 초래할 수 있다. 이러한 욕구의 좌절이 폭력행동에 영향을 미친다는 연구들은 이미 밝혀진 사실이다. 예를 들어, 바커(Barker), 뎀보(Dembo), 레빈(Lewin)의 고전적 연구에서 눈앞에 있는 장난감들을 가지고 노는 것을 저지당한 아동들은 나중에 장난감을 가지고 놀도록 허용되었을 때 장난감을 바닥에 던지거나 벽에 집어던지는 등의 매우 파괴적인 행동을 보이는 것으로 나타났다. 또한 민츠(Mintz)는 1882년에서 1930년 동안에 미국 남부지방에서 목화 값과 린치의 발생빈도 간의 관계를 조사하였는데, 목화 값이 비쌌을 경우에는 린치가 적었으나 목화 값이 쌌을 경우에는 린치의 빈도가 높았음을 발견하였다. 이 이론가들은 공격행위는 욕구의 좌절에서 비롯된다고 설명한다. 즉, 좌절감에서 공격적인 행위가 유발되고 공격적인 행위는 반드시 좌절감을 전제로 한다는 것이다.

좌절감이란 목적이 이루어지지 않아 자신감이 낮아지는 것을 의미한다. 좌절감은 외부적으로 개인이 좌절을 느끼도록 하는 조건 그 자체를 의미하는 것이기 때문에 어떤 외부조건에 대한 개인의 반응을 가리키는 것은 아니다. 좌절감이 생겨남으로써 공격행위가 유발되는 것으로 이때 공격적인 반응은 처벌을 통해 약화될 수 있다. 상대를 공격하게 되면 처벌이 반드시 수반된다는 사실을 학습하게 되면, 그 공격적인 반응의 정도는 줄어든다.

우리나라 청소년들은 급격한 사회변화와 입시 위주의 학교교육에 매진해야 하는 반면 이들이 누려야 할 문화적 혜택이나 청소년 문화의 부재로 인해 이중의 어려움을 겪고 있다. 또한 가정의 기능 약화로 인한 심리적 갈등은 우리 청소년들의 욕구불만과 좌절을 더욱 크게 느끼게 만들고, 결과적으로 학교폭력의 증가에 영향을 미치는 요인이 된다(노연순, 2014).

7) 열등감이론

열등감이론에서는 폭력의 원인을 사회적 열등감에서 찾는다. 이 이론의 대표 학자인 아들러(Adler)는 열등감 콤플렉스를 '주어진 문제를 사회에 유용한 방식으로 해결하기에 충분치 않은 사람'이 갖는 특성이라고 하며 이러한 콤플렉스는 아동기에 어른들이 자녀를 다루는 방식에 의해 나타나는 것임을 발견했다. 그리고 한 인간이 열등감 때문에 해결하지 못하는 문제에 봉착하게 되면 이것을 계기로 아이 때부터 내면에 준비되어 있던 성향에 따라 최초의 폭력행위를 행하게 된다는 것이다. 즉, 열등감은 유년기에 부모의 부적절한 교육으로 인해 형성되는 것이며 이러한 열등감을 자신이 스스로 극복해 낼 수 있는 현명한 방법을 찾지 못하게 된다면 그 유일한 해결방안으로 폭력만을 선택하게 되는, 일종의 정신질환으로 이해해야 한다는 것이다.

3. 사회환경 이론

학교폭력의 원인을 설명하고 있는 사회환경 이론은 크게 7가지의 관점으로 설명할 수 있다. 즉, 사회학습이론, 아노미이론, 사회통제이론, 차별접촉이론, 하위문화이론, 낙인이론 및 억제이론이다.

1) 사회학습이론

사회적 상황 속에서 행동의 학습에 관심을 가진 반두라(Bandura, 1977)와 미셸(Mischel, 1979)은 잘 알려진 사회학습이론가이며 환경론자이다. 그들에 의하면 다른 사람들이 하는 행동이 주위 환경에 대한 중요한 정보가 되기 때문에 관찰학습의 중요성을 강조하였다. 또한 사회학습은 인간의 행동이 사회적 상황 속에서 개인의 내적 과정과 환경적 영향 사이의 상호작용을 통하여 결정된다고 보았다.

인간은 사회적 동물이고 사회를 통해서 학습하고 사회 속에서 살아가므로 인간행동의 대부분이 학습된 행동이라고 보는 것이 사회학습이론의 초점이며, 인간의 행동은 타인의 행동을 관찰하고 모방함으로써 새로운 행동을 획득하게 된다고 가정한다. 따라서 타인을 모방하려는 경향성이 강한 청소년들은 모방대상이 폭력적 행동을 하게 되면 그것을 쉽게 모방하는 경향이 있다. 특히, 모방의 대상이 되는 타인이 더 중요하고, 힘이 있고, 성공적이며, 호감이 가는 것으로 지각될수록 모방의 경향은 더 강해진다. 따라서 사회학습이론에서는 청소년들의 학교폭력은 다른 사람 혹은 대중매체를 통해 타인의 폭력적 행동을 관찰하고 모방하여 새로운 폭력행동의 기술을 습득하고, 폭력행위에 대한 자제력이 떨어져서 양심의 가책이나 죄의식 없이 폭력을 사용할 수 있게 된다고 주장한다. 즉, 타인의 공격적 행동을 모방하여 그 수준을 높이게 되면 그 행동은 더욱 더 가속화, 지속화되어 문제해결방법으로 폭력적 행동을 지속적으로 사용하게 된다는 것이다.

2) 아노미이론

아노미이론은 뒤르켐(Durkheim)에 의해 무규범 혹은 무규제 상태를 의미하는 아노미라는 개념이 정립되기 시작하여 머튼(Merton)에 의해 일탈행위, 즉 문제행동에 대한 아노미이론으로 발전하게 되었다. 이 이론의 특징은 학교폭력의 원인을 사회구조적 측면에서 찾는다는 것이다. 뒤르켐은 현대사회는 사회통합력이 약화되어 구성원의 감정에 대한 억제력이 상실되고 무규범에 가까운 상태가 되는데, 이런 상태가 바로 범죄를 유발하는 원인이 된다고 주장한다.

아노미이론은 문화적으로 규정된 성공과 행복이란 삶의 목표와 그 목표를 합법적으로 달성할 수 있는 제도화된 수단과의 모순, 불일치가 문제행동의 동기를 부여한다고 주장한다. 즉, 문화적 이상 혹은 목표와 이를 실현할 수 있는 경제적 기회구조가 통합되지 않은 사회에서는 개인적 목표와 수단의 괴리가 불가피하고 이와 같은 목표, 수단 간의 괴리를 규범체계의 와해 혹은 문제행동을 저지르게 하는 구조적 압력으로 작용한다고 본다.

머튼은 사회구조적인 입장에서 가난과 범죄는 연관이 있다는 사실을 밝혀냈으며, 그는 사회를 구성하는 기본적인 기둥을 문화구조와 사회구조의 개념으로 파악하고 있다. 비교적 안정된 사회에서는 문화구조와 사회구조 사이에 괴리가 없으나, 안정되지 못한 사회에서는 두 구조 사이에 괴리가 발생한다. 특히, 위계서열에서 불리한 위치를 차지하고 있는 사람들은 이러한 괴리를 더욱 많이 느낄 수 있다는 것이다.

이 이론에 의하면, 가난한 집안에서 태어났기 때문에 사회구조적으로 매우 불리한 입장에 있는 청소년들은 그들이 원하는 지위를 사회적인 배경 때문에 성취할 기회가 상대적으로 제약되어 있어, 목적을 비행과 범죄라는 수단을 통해서 얻어 내려고 행동하게 된다는 것이다.

3) 사회통제이론

인간의 공격성과 폭력을 설명하는 이론 중 사회적 통제이론은 인간의 공격과 폭력행위는 사회적 통제를 통하여 더욱 강화되거나 조장될 수 있다는 견해이다. 즉, 사회통제이론에서는 가징과의 유대가 끊어지거나 약해져서 가정의 규범적 사회통제의 기능이 약해지거나 없어지면 해당 청소년은 보다 쉽게 학교폭력이라는 비행행위를 할 것이라고 설명한다. 이 이론에 따르면 해당 청소년의 학교폭력에 대한 기질은 본질적으로 주어져 있는 것이고 이를 막는 것은 가정의 통제기능이므로 결손가정 등의 형태로 통제기능이 약화되면, 이는 곧 청소년 가해자의 학교폭력으로 연결된다는 것이다. 이 경우 대체로 해당 청소년은 가정에서 부모나 형제의 폭력을 간접적으로 목격하거나 직접적인 가해자 또는 피해자가 됨으로써 이러한 폭력을 실행할 수 있다는 사실과 그 폭력을 사용하는 기술을 함께 배움으로써 폭력학생으로 학습화되는 과정을 거친다는 것이다. 또한 부모의 자식에 대한 감독 소홀은 청소년범죄의 주요 설명요인으로 다루어져 왔다. 부모의 감독이 이루어지지 못할 때 청소년들의 행동은 적절히 통제되지 못하며 외부의 유혹에 쉽게 빠져들 가능성이 높은 것이다.

허시(Hirschi)는 "개인이 사회에 대한 유대가 약해졌거나 끊어졌을 때 비행행위가 발생한다"고 주장한다. 즉, 모든 사람은 규범을 준수하기보다는 규범을 위반할 가능성을 가지고 있다고 본다. 이는 성악설적인 입장의 인간관에서 사람이 규범을 어기고 싶은 충동은 항상 누구에게나 있지만 사회통제와 유대를 가지고 있기 때문에 이를 어기지 못한다는 것이다. 그러나 이러한 유대가 약해지거나 끊어지면, 즉 사회통제가 개인에게 영향력을 행사하지 못하게 되면, 그 개인은 거의 자동적으로 규범을 어기게 된다는 이론이다.

허시(1969)는 개인의 사회에 대한 유대를 네 가지 차원, 즉 사회적 결속은 애착, 위탁, 참여, 신념으로 구분하고 있으며, 각각의 사회적 결속이 강할수록 비행을 하지 않게 될 것이라고 설명한다〈표 2-8〉.

표 2-8. 허시의 사회 유대의 네 가지 차원

구분	내용
애착 (attachment)	애착은 개인이 다른 사람이나 집단의 견해와 감정에 대해서 관심을 기울이는 정도와 개인이 다른 사람이나 집단에 대해서 느끼는 심리적·정서적 관심을 의미한다. 즉, 부모, 학교 및 친구와의 관계를 말하는데, 특히 부모와의 애착이 가장 중요한 것은 부모의 행동이 그들 자녀의 역할모델이 되고 사회화를 형성하는 기초가 되기 때문이다.
위탁 (commitment)	위탁은 대학에 가고 싶은 열망과 높은 지위의 직업을 얻는 것과 관련된 것으로, 관습적인 규범에 대한 확실한 투자를 말한다. 다시 말해, 만약 사람들이 생활번영 및 평판에 대해서 강력히 위탁을 할 경우에 그들은 자기네 지위를 위태롭게 할 제반행동을 하지 않게 된다. 즉, 인습적인 규범에 대한 위탁부족이 비행과 같은 위기를 끌어들이는 행동대안이 된다는 것이다.
참여 (involvement)	참여는 사회적으로 성공과 지위를 얻는 데 필요한 인습적인 활동에 참여하는 것을 말한다. 이러한 인습적인 활동에 깊이 참여하면 비합리적인 행동을 할 여유를 갖지 않게 된다. 예를 들어, 학교생활과 각종 레크리에이션 및 가정생활에 적극 참여하거나 장래의 목표에 대한 그들의 부단한 활동이 비행을 예방하게 된다.
신념 (belief)	신념은 중심사회 가치관인 인습적 가치관의 수용을 말하는 것으로 통제이론의 논리 상 아무리 이성이 강해도 관습적인 신념이 약해지면 비행의 가능성이 증대되는 것이다.

사회통제이론은 인간이 어떤 문화에 구속되어 행위를 강요받게 된다는 점을 부인하면서 청소년을 둘러싸고 있는 사회통제가 약화되었을 때 폭력과 같은 일탈행위가 일어난다고 설명한다. 예를 들어, 사회유대를 강조하는 이론에 의하면, 청소년은 규범을 어기고 싶은 충동이 항상 있지만 사회유대에 의해 이러한 충동이 억제된다. 그러나

사회유대가 약해지거나 끊어지면, 거의 자동적으로 폭력과 같은 일탈행위가 발생한다는 것으로 설명할 수 있다.

4) 차별접촉이론

차별접촉이론은 미국의 서더랜드(Sutherland, 1996)에 의해 창안된 이론으로서 지금까지의 비행이론 중 가장 많은 주목을 받고 있고 실제 적용도가 높으며 비행 사회화에 관한 문화전파이론 중 가장 영향력이 있는 이론이다. 이 이론에서는 인간의 행동은 환경이나 상황에 따라 달라지는 유동적인 것으로 보며 모든 행동을 학습된 것으로 파악한다. 따라서 비행도 학습된 것으로 보며 비행의 학습은 초기에는 사소한 비형식적인 집단에서 이루어지다가 나중에는 집단적 경험의 형태로 발전해 간다는 것이다. 서더랜드 이론의 주장을 요약해 보면 〈표 2-9〉와 같다(노연순, 2014).

표 2-9. **차별접촉이론의 특징**

- 모든 비행행동은 학습된 것이다.
- 비행행동은 다른 사람들과 의사소통하는 과정에서 상호작용을 통하여 학습된다.
- 비행행동에 대한 학습과정의 주된 기회는 사적인 집단 내에서 이루어진다.
- 학습되는 비행행동 내용은 비행행위에 필요한 기술뿐만 아니라 비행에 대한 충동, 동기, 추진력, 합리화 그리고 태도까지 포함된다.
- 자신의 비행행동을 합리화해 주는 태도와 동기의 학습은 법규범에 대한 긍정적, 혹은 부정적 정의의 관념으로부터 결정된다.
- 인간의 법 위반에 있어서 법률위반을 억제하는 분위기보다 법률위반을 촉구하는 분위기가 더 팽배할 때 청소년은 비행자가 된다.
- 정상행동과 비행행동과의 접촉 차이에 있어서 비행의 빈도, 지속기간, 우선순위, 그리고 강도는 비행에 있어서 결정적인 요인이 된다.
- 비행 양식과 정상적 행위 양식과의 접촉을 통해서 비행행동을 배우는 과정은 다른 모든 인간의 학습과 마찬가지로 복잡한 학습과정을 포함한다.
- 비행에 대한 욕구나 가치가 반드시 정상행동의 욕구나 가치에 의해 설명되지 않는다.

결론적으로 비행행동이란 다른 사회적 행동과 마찬가지로 사회적 상호작용의 과정에서 학습된 행동이며, 인간은 비행 문화 또는 위법적 기회와의 접촉이 정상적인 문화의 접촉을 능가할 때 비행자가 된다는 것이다. 즉, 가난한 사람들이 살고 있는 지역의 문화가 그 지역의 청소년들에게 학습된다는 것이다. 따라서 범죄행위란 범죄적인 행동양식에 동의하고 이를 지지하는 집단 내에서 정상적인 학습을 통하여 획득한 행동양식의 표현이며, 이는 합당한 이유가 있고 이해할 수 있는 행동으로 볼 수 있다고 주장한다.

5) 하위문화이론

하위문화이론은 코헨(Cohen)이 대표적인 학자로서 하위문화를 이해하려는 입장이다. 즉, 어떤 집단의 기대에 부응하려는 노력을 하는 과정에서 비행행동이 나타나거나 혹은 비행행동이 나타나지 않게 된다는 것으로, 하위 사회의 문화적 특성이 어떻게 비행행동에 영향을 미치는지에 대해 초점을 두고 있는 이론이다.

코헨에 의하면 사회에는 각 계층의 모든 구성원들이 공유하는 중심문화가 있으며, 중류층의 가치관을 중심으로 형성된 중심문화와 하층계층의 문화와는 갈등이 존재하게 된다. 이런 중간계층의 가치관이 지배하는 제도는 학교인데, 학교에서의 경쟁에 실패한 사람과 중심문화에 귀속되지 못한 하층계급의 청소년들은 심각한 긴장상태를 나타내게 된다. 결국 그들은 중심문화에 반발하여 자신들의 가치관을 합리화, 정당화하기 위해 집단을 형성하게 되고 그 집단을 강화하여 중간계급의 가치관에 대항하게 되며 이것이 곧 비행집단을 형성하게 된다는 것이다. 하위문화이론은 사회구조를 강조하면서도 인간은 그가 속한 집단의 문화, 즉 하위문화를 학습하는 것으로 볼 수 있으며, 폭력 역시 이러한 하위문화의 학습에 근거하고 있다고 보는 것이다.

사람들이 곤란한 상황에 처했을 때 대응하는 방법에는 폭력적인 것과 비폭력적인 것이 있을 수 있다. 같은 상황이 문화적 환경에 따라 폭력적인 대응을 취하는 방향으로 해석될 수 있다는 것이 하위문화의 주요한 골자라고 한다면, 폭력적인 하위문화에서 해석되는 폭력의 의미는 비폭력적인 문화에서 해석되는 것과는 다를 수 있다. 예를 들어, 친구 간의 사소한 말다툼 끝에 주먹이 오갔을 때, 폭력적인 하위문화가 지배적인 사회에서는 그 정도의 주먹질은 폭력이라고 해석하지 않고, 오히려 남자다운 행동으로 해석할 가능성이 매우 높다. 한편, 비폭력적인 문화에서는 어디까지나 대화로 해결해야 되며, 아주 사소한 주먹질이라도 육체적인 싸움은 야만적이고, 비합리적인 해결방법으로 간주될 가능성이 높다. 즉, 같은 행동이 문화에 따라 다르게 해석될 수 있는 것이다.

하위문화이론은 사회구조를 강조하면서도 인간은 그가 속한 집단의 문화, 즉 하위문화를 학습하는 것으로 보며, 폭력행동 역시 이러한 하위문화의 학습에 의한 것으로 해석한다. 따라서 빈곤계층의 청소년들은 가정이나 또래집단에서 배운 행동양식과 학교나 사회에서 요구하는 행동양식 사이에서 긴장과 갈등을 느끼며, 이것이 폭력행동 등의 일탈행동으로 연결될 수 있기 때문에 행동양식 사이의 긴장을 해소시켜 주는 것이 폭력 예방대책이 될 수 있다고 주장한다.

6) 낙인이론

사회적 상호작용론(social interaction theory)에 기초한 낙인이론(labelling theory)은 비행행동 자체보다는 어떤 행동이 비행으로 낙인찍히는 과정에 초점을 둔 이론이다. 즉, 비행은 객관적으로 존재하는 것이 아니고 어떤 사람이 저지르는 행위를 비행으로 규정하는 사람들의 낙인행위로부터 비롯되는 것이다. 이처럼 낙인이론은 비행에 대한 사회적 반응을 중시하므로 사회반응이론(social reaction theory)으로 불리기도 한다. 낙인이론의 가정은, 첫째, 최초의 비행은 다양한 요인들에 의해 야기되면서, 둘째, 비행을 반복하게 되는 근본요인은 비행이라는 공식적인 낙인에 의해서이고, 셋째, 공식적인 낙인이 자아상을 비행자로 변경시키기 때문에 계속 비행을 하게 되며, 넷째, 낙인은 비행 자체보다 연령, 성별, 인종, 사회계급 등의 기준에 의존하는 경향이 강하다는 것이다.

낙인이론은 개인의 어떤 행위를 일탈 · 비행행동이라고 낙인하는 사회집단의 반응과정이 무엇인지에 대한 분석에 초점을 두고 있다. 즉, 일탈 · 비행현상은 그 행위 자체에 의해서 일탈 · 비행성이 결정되는 것이 아니라 일탈 · 비행은 사회집단이나 제3자가 한 개인이나 특정 집단의 행위를 일탈이라고 명명해서 부과해 놓은 사회적 지위라는 것이다. 따라서 낙인이론은 범죄나 일탈을 행위에 내재되어 있는 속성으로 파악하는 것이 아니라 그 행위에 대해서 타자로부터 부여된 특성으로 파악한다. 다시 말해, 낙인이론에 의해서 설명될 수 있는 현상은 행위의 원인이나 발생과정이 아니고 어떤 행위가 일탈이라고 인지되거나 규정되어 일탈자라는 낙인을 부여받게 되는 일련의 과정에 중점을 둔다. 낙인이론가들이들이 주장하는 일탈의 형태는 대체로 4가지 형식으로 나타난다〈표 2-10〉.

표 2-10. **낙인형태와 정체성의 형태중심으로 분류된 일탈자 유형**

정체성 \ 낙인		낙인의 유형: 공식적 낙인	낙인의 유형: 비공식적 낙인
정체성 유형	일탈적	공식적으로 낙인된 일탈적 유형(예: 정신병자)	비공식적으로 낙인된 일탈적 유형(예: 동성연애자)
	비일탈적	공식적으로 낙인된 비일탈적 유형(예: 낙제생)	비공식적으로 낙인된 비일탈적 유형(예: 미혼모)

낙인은 일종의 사회적 지위와 같은 역할을 하며 일탈자는 처음에 인정하지 않지만 사회적으로 낙인의 반응이 계속되면 그 사람은 범죄를 저지를 가능성이 높아지게 된

다. 학교폭력 역시 비슷하게 생각할 수 있다. 예를 들어, 심각한 폭력이 아니더라도 사회나 학교에서 폭력을 저지르는 학생으로 낙인되면 그렇게 부여된 학생은 정말로 폭력을 행사하는 학생이 된다는 것이다. 이러한 낙인이론은 청소년의 폭력행동에 대한 지도에도 중요한 시사점을 줄 수 있다. 사실 학교생활에서 대부분의 경우에 일어나는 폭력적 행동에 대한 깊은 이해 없이 해당 학생을 폭력학생으로 낙인을 찍게 되면, 그 학생은 정말로 폭력학생이 될 가능성이 커지게 되기 때문이다. 이 이론의 시사점은 폭력학생의 지도에서 폭력행동으로 규정할 때에는 신중해야 하며 더불어 학생들의 폭력행동에 대해 깊은 이해가 있어야 한다는 점이다.

7) 억제이론

억제이론은 범죄로부터의 이익이 비행의 원인이라면 범죄에 대한 처벌의 고통은 비행을 제지하는 요인이므로 범죄의 이익이 처벌의 고통보다 크다면 범죄는 발생할 것이고 처벌의 고통이 범죄의 이익보다 크다면 범죄는 발생하지 않을 것이라는 깁스(Gibbs)의 이론으로, 범죄의 억제 요소는 처벌의 엄중성, 확실성, 신속성 등을 들 수 있다는 것이다. 또한 인간은 합리적으로 생각하고, 고통보다는 쾌락을 더 추구하기 때문에 어떠한 행위를 함으로써 얻어지는 쾌락보다 고통이 더 크다면 범죄를 저지르지 않는다는 것이다. 따라서 처벌의 억제효과에 중점을 두어 국가가 범죄행위에 대해서 강력하게 처벌을 한다면 범죄가 억제된다는 이론이다.

이러한 논리를 받아들이는 데 있어서 한 가지 짚고 넘어가야 할 것이 있다. 그것은 형벌을 엄격하게 규정하는 위하적인 예방효과만으로는 범죄를 억제하기에 충분하지 않다는 것이다. 사형제도가 있는 나라라고 해서 살인과 같은 강력범죄가 사형제도가 없는 나라에 비해 적게 발생되는 것이 아니라는 것은 이미 많은 연구를 통해 입증되었기 때문이다. 또한 현대의 교정학에 있어서도 수형자에 대한 응보와 처벌보다는 교육과 교화에 더욱더 많은 노력을 투입하는 것이 세계적인 추세임은 더 말할 나위 없다.

그러므로 이 이론에서 주장하고 있는 처벌의 엄중성과 강력한 처벌의 개념을 그저 단순히 형벌 법규의 구성 차원에서 강조하려 하기보다는 범죄의 해악성과 범죄자 자신이 받게 될 개인적, 가정적, 사회적 고통에 대해 충분한 인식이 이루어질 수 있도록 교육과 교화 및 인성교육 차원에서 접근하는 것을 고려해야 한다는 것이다. 즉, 이 이론은 경각심을 불러일으켜 범죄를 사전에 예방하는 데 있어서 참고가 되는 이론이라 할 수 있으므로 범죄 발생 이전에 다양한 교육의 형태로 범죄의 대가로 치르게 되는 고통에 대해서 알려 주는 것이 무엇보다도 필요하다는 것이다.

4. 가정환경과 학교환경이론

학교폭력의 원인을 설명하고 있는 가정환경과 학교환경이론에 대해 살펴보면 다음과 같다.

1) 가정환경이론

인간은 출생과 동시에 한 가족의 일원이 되어 성장하며 가족구성원으로서 생활한다. 가족은 자녀를 양육하고 가르치며 가족구성원에게 정서적 안정과 지원을 제공함으로써 아동의 발달에 가장 큰 영향을 주는 사회체계이다. 가족은 인간에게 가장 근접한 사회환경으로서 인간발달에 지대한 영향을 끼치기도 한다. 이와 같이 가족관계는 아동 및 청소년기 자녀의 정신건강과 밀접한 관계가 있다. 특히, 부모와 청소년 간의 대화 부족, 부모에 대한 자부심 부족 등이 청소년 비행과 관련이 있다. 구체적으로 가정 내에서 가족구성원 간의 갈등, 경제적인 빈곤, 부모의 이혼이나 부모의 범죄성향 등이 발견된 경우 청소년 비행의 발생 확률이 그렇지 않은 가정의 아이들보다도 더 높다는 것은 특별한 이견 없이 이미 널리 인정되고 있는 사실이다.

사회가 산업화되어 감에 따라 가정의 유형도 대가족으로부터 점차 핵가족화되고 가정의 교육적 기능도 약화되었다. 부모의 부적절한 양육태도, 일관성 없는 훈육방법, 부모의 불화 또는 결손, 가정의 경제적 빈곤 등이 폭력행동을 유발하는 원인이 되고 있다. 특히, 부모와 자녀 간의 대화 부족, 강압적이고 일관성이 결여된 부모의 자녀 양육방식, 가정폭력 경험이 주 영향을 끼치는 요인들이다.

2) 학교환경이론

아동 및 청소년에게 있어서 학교는 가정 다음으로 중요한 의미를 갖는 장소이다. 학교는 아동 및 청소년으로 하여금 사회의 구성원으로서 갖추어야 할 지식과 기술, 가치관을 습득하는 곳으로서 학교의 요소 중 친구관계나 선생님과의 관계가 청소년에게 중요한 영향을 미친다고 연구된 바 있다. 학교생활 부적응으로 불안, 우울 및 신체증후 등의 부적응을 경험하기도 하며, 학교생활 적응의 어려움을 경험하는 학생은 학교생활이 원만하지 못하고 각종 정신적인 문제를 경험하기도 하는 것으로 나타났다. 이런 이유로 최근 많은 연구자들이 학교생활 부적응에 영향을 미치는 요인을 밝히려는 연구에 많은 관심을 기울이고 있다.

특히, 성적 위주의 교육문화와 교육환경은 학생들에게 원만한 인간관계를 형성하는데 필요한 사회적 기술이나 타인을 배려하고 상대방의 입장을 이해하는 방법에 대한 교육을 소홀하게 한다. 더불어 교사의 무관심과 부적절한 지도방식, 과대 학교 과밀 학급 등이 학교폭력의 원인으로 작용하고 있다.

청소년은 학교라는 환경이 가지고 있는 특성에 의해 크게 영향을 받을 수밖에 없다. 즉, 교사와의 상호작용을 통해, 또래와의 상호작용을 통해 그리고 학교라는 시스템과의 상호작용을 통해 청소년의 태도와 행동은 영향을 받게 된다. 이들에게 친구는 형제자매와 같은 존재이고 교사는 부모와 같은 존재이며 학교는 가족과 같은 중요한 대상이다. 이들과의 신뢰적이고 친밀한 관계를 형성하고 경험하면서 강력한 동조 압력이나 높은 집단 정체성을 행사하게 된다. 집단이나 조직의 가치규범이 잘못 설정될 경우 일탈의 가능성은 높아지게 된다. 비행친구와의 접촉은 폭력에 대한 그릇된 가치와 태도의 형성을 초래하여 폭력행동을 유발하기도 하는 것이다.

학교폭력 가해행동이 발생하는 학교환경의 특징을 살펴보면, 가해학생은 학업 · 학교 · 교사에 대한 긍정적 태도가 부족하고, 비행친구들과의 접촉과 어울림이 많고, 학교폭력은 같은 학교 학생이나 또래친구에 의해 가장 많이 발생하고 이러한 폭력행동은 은밀하고 위협적인 분위기 속에 이루어진다.

Chapter

03

학교폭력에 대한 법률적 이해

배울내용

1. 학교폭력예방 및 대책에 관한 법률
2. 학교폭력에 대한 법률 적용 사례
3. 제4차 학교폭력 예방 및 대책 기본계획

학습목표

1. 학교폭력에 관련된 법률을 이해한다.
2. 학교폭력 관련 법률 적용사례를 통해 구체적으로 이해한다.
3. 학교폭력 예방 및 대책 기본계획은 이해하고 5대 정책을 설명할 수 있다.

개 요

학교폭력의 변화에 따라 학교폭력에 관한 법률도 여러 차례의 개정을 거쳐 현재의 모습으로 변하게 되었다. 학교폭력에 관련된 법률 중 가장 대표적인 「학교폭력예방 및 대책에 관한 법률」은 2004년에 제정되어 일부개정과 전면개정의 변화를 거쳐 현재의 모습을 갖추게 되었다. 이와 함께 2005년부터 학교폭력 예방 및 대책 기본계획을 수립 · 시행하여 학교폭력 예방교육을 확산하고 학생 안전 및 상담 인프라를 확충하는 등, 학교폭력 예방 및 대응을 위한 제반여건이 강화되었고, 2020년 제4차 학교폭력 예방 및 대책 기본계획(2020년~2024년)을 발표하였다. 본 장에서는 학교폭력에 관한 법률 중 「학교폭력예방 및 대책에 관한 법률」과 그 외 학교폭력과 관련된 법률 그리고 학교폭력 예방 대책 기본계획의 5대 정책 추진방향에 대하여 살펴보고자 한다.

Chapter 03

학교폭력에 대한 법률적 이해

학교폭력의 문제가 심각한 사회문제로 대두되고 있었지만 학교폭력에 대한 처리는 학교폭력 관련자만의 문제로 인식되었고 학교현장에서는 학교폭력사건이 일어나면 은폐하고 축소하는 경향이 많았다. 이러한 방법으로 학교폭력을 예방하고 감소시키는 것은 많은 문제점을 안고 있다는 인식이 확산되면서 정부는 “심각한 사회문제로 대두하고 있는 학교폭력 문제에 효과적으로 대처하기 위하여 정기적인 학교폭력 예방교육의 실시, 학교폭력의 신고 의무화, 학교폭력의 예방 및 대책을 위한 전담기구의 설치와 이를 위한 국가의 재정적 지원을 위한 제도적 틀을 마련하기 위한 것”임을 밝히고 2003년 6월 23일 현승일 의원의 대표 발의로 「학교폭력예방 및 대책에 관한 법률」안을 제출하였다. 이후 「학교폭력예방 및 대책에 관한 법률」은 2004년 1월 29일 법률 제7119호로 제정되어 현재까지 여러 차례에 걸쳐 전면개정 및 일부개정을 통하여 현재의 모습을 갖추게 되었다.

1. 학교폭력예방 및 대책에 관한 법률

1) 입법배경 및 입법경과

학교폭력에 관한 법적 정비에 대한 사회적인 관심은 1990년대 중후반 학교폭력 피해학생의 자살사건이 연이어 발생하면서 크게 증대하였다. 따라서 이 시기에 학교폭력에 대한 정부와 시민단체, 학교와 지역사회 차원의 다양한 정책적 대응이 이루어졌는데, 그 심각성을 인식하고 해결하고자 하는 노력을 먼저 기울이기 시작한 것은 정부가 아닌 민간단체에서였다. 하지만 민간단체의 활동과 연구에는 한계가 있어, 정부 차원의 적극적 개입을 요청하게 되었고, 그 결과 정부에서는 '학교폭력 근절 종합 대책'을 마련하고, 경찰에서는 '학교담당경찰관' 제도를, 검찰에서는 '자녀 안심하고 학교보내기 운동'을 실시하기에 이르렀다. 이러한 관심을 바탕으로 민 · 관 공동으로 '학교폭력대책국민협의회'를 발족하게 되었는데, 이것이 정부차원에서 실시한 최초의 움직임이라고 할 수 있다(김미란, 2018).

이와 같이 학교폭력 관련 법안이 국회에 상정되기까지 범정부 차원에서 다양한 정책 추진이 있었으며, 이 외에도 민간차원에서 '폭력예방재단'의 활동을 중심으로 학부모 단체, 교직원 단체 등 20여개의 시민단체가 지속적인 회의를 진행하였다. 그 결과 2001년 '학교폭력대책에 관한 입법 시민연대'를 구성하였고 이를 토대로 당시의 교육부와 청소년위원회가 참여하여 의원입법을 추진하게 되었다. 당시 추진하던 법률안이 '학교폭력 방지에 관한 특별법'이며 시민단체와 시민 35만여명의 서명을 모아 국회 교육위원회에 제출하였다. 교육부에서도 2001년 5월 학교폭력 예방법 제정을 위한 공청회를 열어 학교폭력 예방법의 필요성에 대한 의견의 일치를 보게 되었다(문영희, 강동욱, 2015).

이러한 움직임을 바탕으로 2004년에 「학교폭력예방 및 대책에 관한 법률」이 제정되면서 학교폭력 사안에 대하여 독립된 법률에 근거한 대처가 가능하게 되었다. 이로써 학교폭력은 단순히 아이들의 장난이나 사소한 싸움으로 간주되거나 의도적으로 축소 · 은폐, 또는 사법절차에 맡겨지는 것이 아니라 특수한 제도적 장치에 따른 전문적 관리체계로 편입된 것이다. 특히 2004년 법 제정 이전의 학교폭력에 대하여 법적으로 해결되는 양상을 살펴보면, 가해학생에 대한 선도 · 처벌의 부분은 「초 · 중등교육법」상의 교칙이나 「소년법」으로 처리되었고, 가해자의 손해배상에 관한 부분은 「민법」에 의해 해결되었을 뿐, 피해학생의 보호는 고려되지 않았다. 하지만 2004년 「학교폭력예방 및 대책에 관한 법률」이 제정되면서 피해학생의 보호를 위한 법적 조치가 최초로 이루어졌다는 점이 가장 큰 특징이라고 할 수 있다.

물론 학교폭력은 '폭력'의 관점에서 보면 기본적으로 범죄에 해당하는 것으로 「형법」과 「소년법」을 비롯한 각종 특별형법의 적용대상이 되고, '학교'의 관점에서 보면 「초 · 중등교육법」과 같은 교육 관련법의 적용대상이 된다. 따라서 학교폭력에 대한 법적 대응은 기본적으로 기존의 법령을 일부 수정 · 보완함으로써도 가능하다. 하지만 입법자는 기존의 이러한 방식을 채택하지 않고 독립된 법률을 제정하였는데(김난주, 2013), 이는 무엇보다 학교폭력에 대해서 사전적 예방을 강화해야 한다는 점, 사후적 처리에서도 징계와 처벌위주의 대응을 경계하고 피해자 보호와 가해자 선도 등 교육적 관점을 강조해야 한다는 점, 그리고 학교폭력은 전 사회적인 문제이며, 그 특수성을 고려한 전문적인 대응이 필요하다는 점을 인식했기 때문이라고 할 수 있다.

학교폭력의 피해자는 피해의 경중에 관계없이 평생 많은 고통을 받고 살지만, 정작 교사나 가해학생의 부모들은 학교폭력이 학생들이 성장하는 과정에서 흔히 발생하는 일로 받아들여 대수롭지 않게 생각하는 경향이 있는 것은 사실이다. 이에 따라 정부는 사소한 괴롭힘이라도 폭력이라는 인식과 학교폭력은 범죄라는 인식하에 학교폭력에 엄격하게 대응해 왔다. 즉, 정부는 학교폭력이 경우에 따라 누군가에게는 중대한 비극적 결과를 가져올 수 있는 심각한 문제라고 인식한 것이다. 또한 사회적으로 학교폭력이 발생했을 경우, 그에 대해 엄정하게 대처해야 한다는 국민적 염원과 피해자에 대한 2차 피해 확산을 막고, 가해자의 재범을 방지하는 것이 학교폭력 방지의 기본으로 보고, 2005년 3월 학교폭력에 대응하기 위해 5개년 기본계획을 발표하게 되었다.

이후에도 학교폭력이 꾸준히 발생하였으며, 2005년 10월 부산 중학생 사망사건, 2011년 12월 두 학생의 자살사건 그리고 2017년 부산 여중생 폭행사건 등이 그 예이다. 이와 같이 학교폭력이 사회적 조명을 받게 될 때마다 정부는 긴급대책을 수립하였고, 입법부에서도 「학교폭력예방 및 대책에 관한 법률」에 대한 개정의 의지를 보였다.

2011년~2012년 집단 괴롭힘 자살사건

- **대전 여고생 사건**
  2011년 12월 21일 네이트 게시판에 한 여고생의 자살 사건과 관련된 글이 올라와 네티즌들 사이에서 논란이 되었다. 유족 측의 주장에 따르면 대전광역시 서구의 여고에 다니던 한 학생이 동급생들로부터 왕따를 당해 왔다고 주장했다. 한편 피해학생의 마지막 모습이 담긴 CCTV 영상이 공개되면서 더 큰 분노와 슬픔을 주었다. 유족 측에서는 학교 측의 안일한 대처가 화를 불렀다고 분통을 터뜨렸다. 특히 담임 교사가 학생들을 감독해야 할 의무를 제대로 다하지 못하였다는 것이다. 해당 학교 측에서는 유족들의 주장이 사실과 다르다고 반박하였다. 학교 측에서는 집단 괴롭힘 사건이 아니라 친구들 사이의 말다툼에서 번진 사건이었으며 교사는 학생 지도 책임을 다했다고 주장하였다.

- **대구 중학생 사건**
  대전 여고생 사건이 시민들에게 충격을 준 지 하루도 지나지 않아서 이번에는 대구광역시 수성구 중학교의 한 학생이 동급생들로부터 받은 협박과 폭력을 이기지 못해 자살한 사건이 인터넷에 알려졌다. 이 학생은 동급생들로부터 게임 캐릭터를 대신 키워 줄 것과 돈을 줄 것 등을 요구받았으며 이행하지 않으면 물고문마저 당해 왔던 것으로 밝혀졌다. 가해학생 두 명은 구속되었으며, 형사 미성년자 대상이 아니므로 처벌을 받게 되었다.

- **광주 중학생 사건**
  2012년 새해가 밝자마자 또 한 명의 학생이 자살했다는 소식이 들려왔다. 광주광역시 북구의 한 아파트 계단에서 중학교 2학년 남학생이 목을 매 숨지고 만 것이다. 숨진 학생은 2011년 4월부터 동급생 세 명으로부터 폭행, 갈취, 협박을 당해 왔다. 하지만 이 학생이 유서를 남기지도 않았고 문자 메시지나 인터넷 기록 등을 통해서도 아직까지 특별한 자살 동기가 발견되지 않아서 2012년 1월 3일 기준으로도 조사 중인 상태였다. 학교폭력이 직접적인 자살 원인이 아니었을 가능성을 배제할 수 없었기 때문이다. 유족들은 타살 가능성에 대해서도 조사해 달라고 촉구했지만 부검 결과 외상 흔적 등 타살의 증거가 될 만한 점은 발견하지 못하였다. 관할 경찰서인 광주북부경찰서에서는 1월 5일 가해 학생 중 1명을 구속하고 2명을 입건하는 등 적극적인 사법처리에 나서겠다고 밝혔다.

궁극적으로 학생의 인권을 보호하여 건전한 사회구성원으로 육성하는 것을 목적으로 하고 있는 「학교폭력예방 및 대책에 관한 법률」은 다른 관련법에 언급되지 않은 피해자 보호와 가해자에 대한 선도 · 교육을 포함하고 있다. 즉, 이 법의 제안이유는 심각한 사회문제로 대두하고 있는 학교폭력 문제에 효과적으로 대처하기 위하여 정기적인 학교폭력 예방교육의 실시, 학교폭력의 신고 의무화, 가해학생 징계 및 보호와 피해학생의 보호, 각종 위원회 설치 등 학교폭력의 예방 및 대책을 위한 전담기구의 설치와 이를 위한 국가의 재정적 지원을 위한 법 · 제도적 틀을 마련하는 것이었다.

2) 주요내용 및 개정과정

(1) 주요내용

「학교폭력예방 및 대책에 관한 법률」은 제정 이후 24번의 개정(타법 개정 포함) 과정을 통해 내용 상의 변화가 있었고, 최근 2021년 3월 개정이 이루어졌으며 다음과 같은 내용으로 구성되어 있다. 우선 학교폭력 개념에 성폭력 외에 따돌림, 사이버따돌림, 강제적인 심부름을 포함시키고, 학교내 · 외에서 '학생을 대상으로 한' 학교폭력까지 그 대상으로 하는 등 학교폭력의 개념을 정의하고 있다. 또한 국가 및 지방자치단체와 교육감의 책무, 학교장의 의무 등에 대해 구체적으로 명시하고 있으며, 학교폭력대책위원회와 자치위원회의 구성과 운영 등에 관한 사항을 명시하고 있다. 그리고 그동안 개정과정에서 가장 언급이 많았던 피해학생의 보호와 가해학생의 조치에 관한 사항 등을 다루고 있다. 좀 더 자세히 살펴보면 다음과 같다(김미란, 2018).

첫째, 학교폭력은 학교내·외에서 학생을 대상으로 발생한 상해, 폭행, 감금, 협박, 약취·유인, 명예훼손·모욕, 공갈, 강요·강제적인 심부름 및 성폭력, 따돌림, 사이버 따돌림, 정보통신망을 이용한 음란·폭력 정보 등에 의하여 신체·정신 또는 재산 상의 피해를 수반하는 행위를 말한다. 따라서 학교폭력은 학생을 대상으로 하는 폭력으로 정의되며 점차 개념이 확대되고 있는 추세이다.

둘째, 국가의 책임과 의무수행에 관하여 명시하고 있는데, 국가 및 지방자치단체는 학교폭력을 예방하고 근절하기 위하여 조사·연구·교육 등 필요한 법·제도적 장치를 마련하여야 한다. 이에 따라 학교폭력의 예방 및 대책에 관한 기본계획을 학교폭력대책위원회의 심의를 거쳐 5년마다 수립·시행하고, 특별시·광역시·도·특별자치시·특별자치도의 장은 시·도의 교육감과 협의하여 학교폭력대책지역위원회를 설치하고 지역의 학교폭력 문제를 해결하기 위하여 기본계획에 따라 학교 폭력 예방 및 대책을 매년 수립해야 한다. 이에 교육감은 시·도교육청에 학교폭력의 예방과 대책을 담당하는 전담부서를 설치·운영하여야 하고, 학교폭력 실태조사를 연2회 이상 실시하여 그 결과를 공표하여야 한다. 더불어 조사·상담·치유프로그램 운영을 위한 전문기관의 설치 근거를 마련할 수 있다.

또한 초·중·고등학교에 학교폭력대책자치위원회를 설치하고, 자치위원회 위원은 해당 학교의 교감, 교사, 학부모 대표, 판사·검사·변호사, 학교 관할 경찰공무원, 의사, 그 밖에 학교폭력 예방 및 청소년보호에 대한 지식과 경험이 풍부한 사람을 위원으로 임명하거나 위촉해야 한다.

그리고 학교의 장은 대통령령으로 정하는 바에 따라 학교에 상담실을 설치하고 교감, 전문상담교사, 보건교사, 책임교사(학교폭력 문제를 담당하는 교사) 등으로 이루어진 학교폭력 문제 전담기구를 구성하여야 한다. 학교폭력을 인지한 경우 지체 없이 전담기구 또는 교원으로 하여금 사실여부를 확인하고, 학생보호인력에 관한 배치 근거를 마련하여야 한다. 또한 학교의 장은 학생의 육체적 · 정신적 보호와 학교폭력의 예방을 위한 학생 및 교직원 학부모에 대한 교육을 학기별로 1회 이상 실시하여야 한다.

셋째, 자치위원회는 피해학생을 보호하기 위하여 필요하다고 인정하는 때는 학내 · 외 전문가에 의한 심리상담 및 조언, 일시보호, 치료 및 치료를 위한 요양, 학급교체 등 필요한 조치를 할 것을 학교의 장에게 요청할 수 있다. 가해자에 대한 조치에서 기존의 '전학권고' 규정이 삭제되었고, 피해학생 및 보호자 의견진술 기회가 부여된다. 특히 가해학생에 대한 조치에 이의가 있는 경우 피해학생과 그 학부모는 지역위원회에 재심청구가 가능하다. 가해학생에 대해서도 자치위원회는 선도 · 교육을 위하여 피해학생에게 서면사과, 피해학생 및 신고 · 고발 학생에 대한 접촉, 협박 및 보복행위의 금지, 학교 및 사회봉사, 전문가에 의한 특별교육 또는 심리치료, 출석정지, 학급교체, 전학, 퇴학처분(의무교육과정에 있는 가해학생은 예외) 중 어느 하나에 해당하는 조치를 학교장에게 요청하여야 한다. 하지만 위와 같은 조치를 가해학생이 거부하거나 기피할 경우에는 자치위원회가 다른 추가적인 조치를 할 것을 학교의 장에게 요청할 수 있다. 또한 가해학생 학부모가 특별교육조치를 따르지 아니한 경우에는 300만원의 과태료가 부과되어 학생뿐만 아니라 그 부모에게도 교육을 강제하고 있다.

이 외에도 학교폭력을 은폐하거나 축소하는 교원을 징계하고 학교폭력 예방에 기여한 교원에게는 가산점을 부여하거나 포상하여 교원의 책임의식을 고취시키고 있다. 또한 학교폭력 사실을 보거나 알게 된 자는 즉시 신고하여야 하고, 그 신고행위를 이유로 불이익을 주어서는 안된다. 이러한 신고를 활성화하기 위하여 국가 및 지방자치단체는 긴급전화를 설치하고, 더불어 SNS의 발달로 인하여 정보통신망을 이용한 학교폭력에 관하여 따로 법률로 정하도록 하였고, 학교폭력 예방업무 등을 효과적으로 수행하기 위하여 필요한 경우 정보통신망 이용 및 영상정보처리기기를 활용할 수 있도록 하였다.

지금까지 살펴본 「학교폭력예방 및 대책에 관한 법률」의 주요내용에는 학교폭력의 개념과 범위를 규정하고, 피해학생과 가해학생에 대한 조치, 학교폭력대책자치위원회 등 추진체계와 이와 관련된 사항을 명시하고 있다.

(2) 개정과정

「학교폭력예방 및 대책에 관한 법률」은 2004년 제정 이후부터 2022년 3월까지, 24회의 개정이 있었다. 그동안 「정부조직법」 등 타법으로 인한 개정을 제외하면 크게 10회의 개정이 이루어졌다. 그 10회의 개정내용을 살펴보면 〈표 3-1〉과 같다(김미란, 2018).

표 3-1. 「학교폭력예방 및 대책에 관한 법률」의 개정과정(타법개정 제외)

개정일	개정형식	내용
2008.03.14.	전부개정	• 성폭력을 학교폭력 개념으로 포함 • 학교폭력대책자치위원회에 전문가 참여 • 자치위원회에 필요시 학생대표 참석가능 • 학교내 학교폭력 문제를 전담하는 기구 구성 • 피해자 치료비용 선 지급 후 구상권 행사 가능 등
2009.05.08.	일부개정	• 장애학생의 보호를 위해 장애인 전문 상담 및 치료 가능 • 담임교사 요구할 경우 전담교사의 학교폭력실태조사 결과보고 가능 • 보복행위 금지 • 가해학생의 특별교육 의무화 • 학교폭력 신고접수기관으로 하여금 해당 학교장 통보 의무화 • 신고 및 상담을 위해 긴급전화 설치 등
2011.05.19.	일부개정	• 학교폭력대책자치위원회 전체위원의 과반수를 학부모 대표로 위촉 • 학교폭력대책자치위원회의 회의소집 가능 요건 열거 • 피해학생이나 가해학생 또는 그 보호자 요구 시 회의록 공개 • 학교폭력 예방교육 홍보물을 제작하여 학부모에게 배포 등

개정일	개정형식	내용
2012.01.26.	일부개정	• 따돌림과 강제적 심부름을 학교폭력 정의에 포함 • 학교폭력대책자치위원회 위원에 심리학자 추가 • 특수한 사건의 경우에 전문기관에 조사 의뢰 가능 • 가해학생 해당 학교로 재전학 금지 • 학교폭력 신고자나 고발자와 관련한 자료의 누설 금지 등
2012.03.21.	일부개정	• 학생을 대상으로 발생한 사건으로 학교폭력의 정의를 확대하고, 사이버따돌림 규정을 추가 • 기본계획에 상담교사의 배치 및 행정적 · 재정적 지원 추가 • 국무총리 소속으로 학교폭력대책위원회 설치 • 학교폭력 실태조사를 연2회 이상 실시 • 학교의 장 및 교원에게 학교폭력에 관한 징계 · 포상 강화 등
2013.07.30.	일부개정	• 학생보호인력의 자격요건을 규정하고 범죄경력 조회 가능
2015.12.22.	일부개정	• 실태조사의 주기, 결과의 공표, 관계기관의 정보제공 의무 및 방법 등 규정
2016.05.29.	일부개정	• 동법 제21조제1항을 위반한 자에 대한 벌칙 조정
2017.04.18.	일부개정	• 피해학생에 대하여 학내 · 외 전문적 심리상담 지원
2017.11.28.	일부개정	• 재심의 조치 결정의 주체를 학교장으로 한정하고 재심청구기간 조정 • 학교폭력 업무를 전담하는 경찰관을 두게 함 • 학교폭력 가해자 보호교육 이수 불이행 시 과태료 징수 주체를 교육감으로 규정

학교폭력이 사회적 문제로 심각하게 대두됨에 따라 2004년 1월 29일, 마침내 「학교폭력 예방 및 대책에 관한 법률」이 제정되었다. 그 후 지금까지 총24차례(타법개정 포함)에 걸쳐 일부 · 전면 개정과정을 통해 현재의 모습(법률 제17954호 일부개정 2021. 03. 23.)을 갖추게 되었다. 그 주요 과정을 살펴보면, 1차부터 4차까지는 「청소년기본법」, 「국가공무원법」, 「제주특별자치도 설치 및 국제자유도시 조성을 위한 특별법」 등의 법률이 수정 · 신설됨에 따라 일부 용어가 변경되거나 세부내용의 일부 수정이 불가피했으며 5차, 8차, 12차, 14차 개정도 「정부조직법」의 수정 · 변경에 따라 일부개정이 불가피하

게 되었다.

타법개정을 제외한, 동법 자체의 문제점을 보완하고 발전적 방안을 모색하는 차원에서 개정이 이루어진 것은 6차 전부개정과 7차, 9차, 10차, 11차, 13차, 15차, 16차 일부개정을 포함한, 총8차례라고 할 수 있다. 따라서 타법개정을 제외한 「학교폭력예방 및 대책에 관한 법률」 자체 개정만을 중심으로 살펴보면 다음과 같다(김미란, 2018; 윤태현, 2017).

① 6차 전부 개정(법률 제8887호, 전부개정, 2008. 02. 29.)

학교폭력의 개념 속에 성폭력을 포함시키고, 다른 법률에 특별한 규정이 있는 경우에는 이 법을 적용하지 않도록 하여 성폭력 피해자의 프라이버시 보호를 강화하고, 피해자 치료비용에 대한 구상권을 신설하며, 가해학생의 보호자도 함께 특별교육을 받게 할 수 있도록 하는 등 피해학생에 대한 보호와 치료 및 가해학생에 대한 선도를 강화하기 위한 개정이었으며, 주요 개정내용은 〈표 3-2〉와 같다.

표 3-2. 6차 주요 개정내용

• 학교폭력의 개념 속에 성폭력을 포함시키고, 다른 법률에 특별한 규정이 있는 경우에는 이 법을 적용하지 않도록 하여 성폭력 피해자의 프라이버시 보호를 강화하였다. • 학교폭력대책기획위원회 위원에 학생생활지도 경력이 10년 이상인 교원, 의사의 자격이 있는 자와 학교운영위원회 활동 및 청소년보호활동 경험이 풍부한 학부모를 참여시키도록 하였다. • 학교의 장은 학교폭력 문제를 담당하는 전담기구를 구성하고 행정적 · 재정적 지원을 할 수 있도록 하였다. • 피해학생 치료비용은 가해학생의 보호자가 부담하도록 하되, 가해학생의 보호자가 이를 부담하지 않을 경우에는 학교안전공제회 또는 시 · 도 교육청이 부담하고 구상권을 행사할 수 있도록 하였다. • 학교폭력자치위원회는 가해학생이 특별교육을 이수할 경우 해당 학생 보호자도 함께 교육을 받게 할 수 있도록 하였다.

② 제7차 일부개정(법률 제9642호. 2009. 05. 08.)

개정 이유는 학교폭력 예방과 대책 마련을 위한 노력에도 불구하고 학교폭력 발생 건수는 해마다 증가하고, 그 양상 또한 중범죄화됨에 따라 긴급 상담전화 설치, 피해학생에 대한 보복행위 금지, 장애학생 보호규정 마련 등 관련 규정을 정비하여 학교폭력 예방에 기여하려는 것이었다. 그 주요내용은 〈표 3-3〉과 같다.

표 3-3. 7차 주요내용

- 장애인 전문 상담가의 상담 또는 장애인 전문 치료기관의 요양을 가능하게 하고 교육감으로 하여금 장애학생에 대한 학교폭력 근절을 위한 인식개선 대책을 강구하도록 하였다.
- 전담기구는 담임교사가 요구할 경우 학교폭력 실태조사 결과를 담임 교사에게 보고하도록 하였다.
- 피해학생은 피해사실 확인을 위해 전담기구에 조사를 요구할 수 있도록 하였다.
- 피해학생에 대한 보복행위를 금지하도록 하였다.
- 학교폭력 신고접수기관으로 하여금 해당 학교장 통보를 의무화하도록 하였다.
- 학교폭력의 신고 및 상담을 위해 긴급전화를 설치하도록 하였다.

③ 제9차 일부개정(법률 제10642호, 2011. 05. 19.)

학교폭력대책자치위원회의 위원 과반수를 학부모 대표로 위촉하도록 하고, 피해학생, 가해학생 또는 그 보호자의 신청이 있는 경우에는 학교폭력대책자치위원회의 회의 결과를 공개하도록 의무화하며, 교육장으로 하여금 학교폭력 예방교육을 위한 홍보물을 연1회 이상 학부모에게 배포하도록 하려는 이유에서 개정하였다. 그 주요 내용을 살펴보면 〈표 3-4〉와 같다.

표 3-4. 8차 일부개정 주요내용

- 학교폭력대책자치위원회 전체위원의 과반수를 학부모 전체회의에서 직접 선출한 학부모대표로 위촉하도록 하였다.
- 학교폭력대책자치위원회의 위원장은 학교폭력대책자치위원회 재적위원 3분의 1 이상이 요청하는 경우, 학교의 장이 요청하는 경우, 피해학생 또는 그 보호자가 요청하는 경우, 학교폭력이 발생한 사실에 관한 신고 또는 보고를 받은 경우, 위원장이 필요하다고 인정하는 경우에 회의를 소집하도록 하였다.
- 학교폭력대책자치위원회는 회의의 일시 · 장소 · 출석위원 · 토의내용 · 의결사항이 기록된 회의록을 작성 · 보존하여야 하며, 피해학생 · 가해학생 또는 그 보호자의 신청이 있을 때에는 회의록을 신청자에게 공개하도록 하였다.
- 교육장은 연1회 이상 학교폭력 예방교육 홍보물을 제작하여 학부모에게 배포하도록 하였다.

④ 제10차 일부개정(법률 제11223호, 2012. 01. 26.)

학교내 · 외 관련 종사자들이 따돌림의 심각성을 인식하도록 따돌림의 정의를 신설하고, 강제적인 심부름도 학교폭력 정의에 추가하여 학교폭력의 정의를 구체화하고, 학교폭력에 대한 예방 및 대책의 실효성 확보를 위하여 교육과학기술부 장관으로 하여금 시 · 도 교육청의 학교폭력 예방 및 대책을 평가하고 이를 공표하도록 하는 등 현행 제도의 운영 상 나타난 일부 미비점을 개선 · 보완하려는 이유에서 일부개정하였으며, 그 주요 내용을 살펴보면 〈표 3-5〉와 같다.

표 3-5. 10차 일부개정 주요내용

- 따돌림의 심각성을 인식하도록 따돌림의 정의를 신설하고, 강제적인 심부름도 학교폭력의 정의에 추가하였다.
- 교육기술부장관으로 하여금 시 · 도 교육청의 학교폭력 예방 및 대책을 평가하고 이를 공표하도록 하였다.
- 학교폭력대책자치위원회 위원에 심리학자를 포함하도록 하였다.
- 피해학생과 가해학생의 치료 등을 위하여 상담 · 교육 · 치료기관을 지정하였을 때에는 이를 인터넷 홈페이지에 게시하고, 학부모에게 알릴 수 있도록 하였다.

- 학교폭력대책자치위원회 구성에 있어 대통령령으로 정하는 규모 이하의 학교는 교육감의 보고를 거쳐 둘 이상의 학교가 공동으로 자치위원회를 구성할 수 있도록 하였다.
- 학교폭력대책자치위원회의 소집요건을 재적위원 3분의 1 이상에서 4분의 1 이상으로 완화하였다.
- 성폭력 등 특수한 학교폭력사건에 대해서는 학교폭력을 전담하는 기구가 전문기관에 조사를 의뢰할 수 있도록 하였다.
- 피해학생의 치료를 위한 요양비뿐만 아니라 심리상담 · 조언 및 일시보호에 소요되는 비용까지 가해학생의 보호자가 부담하도록 하고, 가해학생 또는 그 보호자가 불분명하거나 부담능력이 없는 경우에는 학교안전공제회 또는 시 · 도 교육청이 우선 부담하고, 이후 가해학생 보호자에 대하여 구상권을 행사할 수 있도록 하며, 피해학생의 보호자로 하여금 필요시 공제급여를 학교안전공제회에 직접 청구할 수 있도록 하였다.
- 학교폭력 가해학생에 대한 조치를 '경한 조치'에서 '중한 조치' 순으로 변경하였다.
- 자치위원회가 가해학생에 대한 조치를 요청할 경우 30일 이내에 이행하도록 하고, 가해학생이 다른 학교로 전학을 간 이후에는 피해학생 소속 학교로 다시 전학 오지 못하도록 하였다.
- 자치위원회가 내린 전학 및 퇴학조치에 대하여 이의가 있는 학생 및 보호자는 시 · 도학생징계조정위원회에 재심을 청구할 수 있도록 하였다.
- 교원이 학교폭력의 예비 · 음모 등을 알게 되었을 때에는 학교의 장뿐만 아니라 해당 학부모에게도 통지하도록 하였다.

⑤ 제11차 일부개정(법률 제11388호. 2012. 03. 21.)

당시 학교폭력으로 인한 잇따른 자살 사건과 관련하여 「학교폭력예방 및 대책에 관한 법률」의 미비점에 대한 대폭 개정이 이루어졌다. 그 개정 이유를 구체적으로 살펴보면, 학교폭력 피해학생을 보호하고 치유 부담을 완화하기 위하여 학교폭력의 범위를 학생 간에 발생한 사건에서 학생을 대상으로 발생한 사건으로 확대하여 학교 밖 청소년 등에 의한 학교폭력도 이 법에 따라 지원을 받을 수 있게 하였다. 또한 학교폭력에 대한 조사 · 상담 · 치유를 위한 전문기관을 설치 · 운용할수 있는 근거를 마련하여 치유프로그램을 효과적으로 이행할 수 있도록 하며, 피해학생에 대한 조치를 자치위원회 요청 7일 이내에 이행하도록 하는 등 현행 제도의 운영 상 나타난 일부 미비점을 개선 · 보완하려는 것이었다. 주요 내용을 구체적으로 살펴보면 〈표 3-6〉과 같다.

표 3-6. 11차 일부개정 주요내용

- 기존 학교폭력의 범위를 '학생 간에 발생한' 사건에서 '학생을 대상으로 발생한' 사건으로 확대하여 학교 밖 청소년 등에 의한 학교폭력도 이 법에 따라 지원을 받을 수 있게 하고, 사이버따돌림을 추가하였다.
- 교육과학기술부장관이 수립하는 기본계획에 전문 상담교사의 배치 및 이에 대한 행정적·재정적 지원을 추가하도록 하였다.
- 국무총리 소속으로 학교폭력대책위원회를 설치하고, 국무총리와 민간 대표가 공동 위원장이 되며, 이를 지원하기 위한 실무위원회를 설치하도록 하였다.
- 학교폭력 예방대책을 수립하고 기관별 추진계획 및 상호 협력·지원방안 등을 협의하기 위하여 시·군·구에 학교폭력대책지역협의회를 두도록 하였다.
- 교육감으로 하여금 연2회 이상 학교폭력 실태조사를 실시하도록 하고, 학교폭력에 대한 조사·상담·치유프로그램 운영 등을 위한 전문기관을 설치·운영할 수 있도록 하였다.
- 학교폭력을 축소, 은폐한 학교의 장 및 교원에 대해 징계위원회에 징계를 요구하도록 하고, 학교폭력 예방에 기여한 학교 또는 교원에 대해서는 상훈을 수여하거나 근무성적 평정에 가산점을 부여할 수 있도록 하였다.
- 교육감으로 하여금 학교폭력 예방과 사후조치 등을 위한 조사·상담 등을 수행할 수 있도록 하고, 교육과학기술부장관 등은 학교폭력과 관련한 개인 정보 등을 경찰청장 등 관련기관의 장에게 요청할 수 있는 근거를 마련하였다.
- 자치위원회를 분기별 1회 이상 개최하도록 하였다.
- 학교폭력 전담기구에 교감이 포함되도록 하였다.
- 피해학생 예방 교육 대상에 학부모를 추가하였다.
- 피해학생에 대한 조치 유형 중에 '전학권고' 규정을 삭제하고, 피해학생에 대한 조치를 자치위원회 요청 7일 이내에 이행하도록 하였다.
- 피해학생의 신속한 치료를 위하여 학교의 장 또는 피해학생의 보호자가 원하는 경우에는 학교안전공제회 또는 시·도 교육청이 비용을 부담한 후 구상권을 가해학생 학부모에게 행사할 수 있도록 하였다.

⑥ 16차 일부개정(법률 제14162, 2016. 05. 29.)

가장 최근에 이루어진 일부개정으로 구법(법률 제13576) 제22조의 내용이 변경되었다. 구법 제22조는 "제21조 제1항의 위반자는 300만 원 이하의 벌금에 처한다"고 규정하고 있었는데 16차 개정을 통해 신법(법률 제14162호) 제22조는 "제21조 제1항의 위반자는 1년 이하의 징역 또는 1천만 원 이하의 벌금에 처한다"로 변경되었다. 또한 동법

제22조의 전제조건이 되는 제21조 제1항은 “이 법에 따라 학교폭력의 예방 및 대책과 관련된 업무를 수행하거나 수행하였던 자는 그 직무로 인하여 알게 된 비밀 또는 가해학생 · 피해학생 및 제20조에 따른 신고자 · 고발자와 관련된 자료를 누설하여서는 아니 된다”라는 내용을 담고 있는 “비밀누설”에 관한 것이므로 비밀누설 행위자에 대한 처벌이 전 보다 강화됨으로써 피해학생과 가해학생 모두의 인권을 보호하고 신고자와 고발자의 신상보호를 통해 학교폭력 사건의 신고 · 고발을 적극적으로 유도하겠다는 의지의 표출이 개정 취지라고 할 수 있다.

(3) 개정결과

「학교폭력예방 및 대책에 관한 법률」이 그동안의 개정과정에서 나타나 주요 특징을 종합해 보면 〈표 3-7〉과 같다(윤태현, 2017).

표 3-7. 개정과정의 주요 특징

- 학교폭력 개념에 성폭력 외에 따돌림, 사이버따돌림, 강제적인 심부름을 포함시키고, 학교내 · 외에서 ‘학생을 대상으로 한’ 학교폭력까지 그 대상으로 하는 등 학교폭력의 범위를 확대하였다.
- 피해학생에 대한 신속한 치료비 지원 및 재심청구권 보장 등 피해학생 보호를 지속적으로 강화하였다.
- 가해학생에 대해서는 처벌보다는 치료적 접근을 강조하면서도 가해학생에 대한 제재를 보다 강화하였다.
- 학교폭력대책위원회의 지위를 국무총리 소속으로 격상시키는 등, 자치위원회 등 추진체계를 개편하였다.
- 교원에 대한 징계 및 인센티브를 강화하였다.

① 학교폭력 범위의 확대

학교폭력의 범위를 확대하였다. 학교폭력의 범위에 성폭력을 포함하였고 따돌림과 강제적 심부름도 포함시켰다. 특히 인터넷, 휴대전화 등 정보통신기기를 이용하여 특정 학생을 따돌림하는 경우 사이버따돌림으로 규정하였다. 학교폭력이 발생하는 관계에 있어 과거에는 "학교내 · 외에서 학생 간에 발생한 경우"로 한정하여 가해자나 피해자 중 일방이 학생이 아닌 경우 학교폭력의 범주에 포함시키지 않았다. 즉, 통상적인 학생의 연령에 해당되더라도 폭력 발생 당시 학교에 재학하고 있지 않은 경우에는 학교폭력의 적용대상에서 제외될 수 밖에 없었다. 이런 경우 「학교폭력예방 및 대책에 관한 법률」의 적용을 받지 못하므로 사안의 경중에 따라 「소년법」에 의해 가해학생을 보호처분 또는 형사처벌하는 것이 불가피했었다. 이런 문제 해결을 위해 「학교폭력예방 및 대책에 관한 법률」의 범위를 확대하게 되었고, 본 법에 '학생을 대상으로'라는 문구를 삽입하여 학교에 재학하지 않는 청소년의 경우에도 「학교폭력예방 및 대책에 관한 법률」의 적용을 받을 수 있도록 하였다.

② 피해학생 보호 강화

2008년 개정 당시 피해자 치료를 위한 구상권을 신설하고 2012년 개정을 통해 피해학생의 신속한 치료를 위해 학교의 장 또는 피해학생의 보호자가 원하는 경우 학교안전공제회 또는 시도교육감이 바로 비용을 부담한 후 구상권을 행사할 수 있도록 하여 피해학생 보호를 보다 강화하였다. 또한 오히려 피해학생을 전학시킬 수 있도록 하여 피해학생에 대한 전학 권고 규정을 삭제하였고, 가해학생에 대한 조치에 대해 이의가 없는 경우 피해학생도 재심청구를 할 수 있도록 하였다.

③ 가해학생 조치 강화

학생에 대해서는 처벌보다도 치료적 접근을 강조하면서도 가해학생에 대한 제재를 보다 강화하였다. 가해학생에 대한 조치를 강화하는 차원에서 피해학생뿐 아니라 신고, 고발 학생과도 접촉을 금지하도록 하였고 출석정지에 대하여 기간 제한을 두지 않도록 하였다. 한편 가해학생에 대한 치료도 강화하기 위해 가해학생이 피해학생 등에 대한 접촉, 보복, 협박금지 처분, 학교봉사, 사회봉사, 출석정지 또는 학급교체, 전학 처분을 받은 경우 가해학생도 특별교육 또는 심리치료를 받도록 하였다. 또한 학교폭력이 해결되기 위해서는 학교의 노력뿐만이 아니라 가정에서의 부모의 관심과 노력도 필요하다는 판단하에 학교폭력이 발생한 경우 가해학생의 학부모도 특별교육을 받도록 하였으며, 가해학생 학부모가 특별교육을 이수하지 않은 경우 300만원의 과태료를 부과하도록 하여 학부모의 책임을 강조하였다.

④ 대책 추진기구 개편

학교폭력의 예방 및 대책에 관한 사항을 심의하기 위한 학교폭력대책위원회의 지위를 국무총리 소속으로 격상시키고, 시도에는 학교폭력대책위원회를, 시군구에는 학교폭력대책지역협의회를 두어 학교폭력에 대해 체계적으로 접근할 수 있도록 하였다. 지역단위에서는 시도교육감으로 하여금 연2회 이상 학교폭력 실태조사를 실시하도록 하였으며, 학교폭력에 대한 조사, 상담, 치유를 위한 기관을 설치, 운영할 수 있는 근거를 마련하여 치유프로그램을 효과적으로 이행할 수 있도록 하였다. 또한 학교폭력자치위원회의 활성화를 위해 자치위원회를 분기별 1회 이상 개최하도록 하고, 학교폭력 전담기구의 적극적인 운영을 위해 교감을 포함하도록 하였다.

⑤ 교원의 역할 강조

교원에 대한 징계 및 인센티브를 강화하였다. 학교현장에서 학교폭력을 문제시하지 않는 것을 개선하고자 학교폭력을 축소, 은폐한 학교의 장 및 교원에 대해서는 징계할 수 있는 명확한 법적근거를 마련하고, 학교폭력 예방에 기여한 자에 대해서는 상훈을 수여하거나 근무성적 평정에 가산점을 부여하는 등 인센티브를 지급할 수 있도록 하여 교직원들이 보다 적극적으로 학교폭력에 대처할 수 있도록 하였다.

2. 학교폭력에 대한 법률 적용 사례

다음의 사례는 학교폭력인정 여부에 있어서 '학교내 · 외'의 개념에 관한 사건으로, 자치위원회의 조치가 행해진 실제 사례이다. 이를 통하여 규정의 타당성을 검토해 보면 다음과 같다(정향기, 2017).

〈사례1〉

가해학생 A와 B는 서울○○초등학교 6학년에 재학하는 학생으로서 B가 예전에 재학하였던 서울△△초등학교에서 알게 된 이 학교 6학년 재학생 C와 D를 2014. 1. 17. □□동 성당 근처 놀이터로 불러내어 "따라와 시발, 이 새끼들 쫄았네. 도망하면 너희 집하고 학교 다 아니까 집이나 학교로 찾아가서 때린다"라고 욕설을 하며, 놀이터 뒷산으로 따라오라고 강요하였고 뒷산에서 C에게 얼굴, 다리, 팔 등 신체적 폭력, 욕설과 협박을 하였으며, D에게는 욕설과 함께 뺨을 때리며 "이 새끼 다리 절룩거리네. 장애인이냐?"라고 놀렸다. 다음 날에도 A와 B는 □□동 교회 근처 놀이터로 피해학생들을 불러 욕설, 협박, 강요하였다.

이 사례에서 A와 B는 자신들이나 혹은 C와 D가 현재 재학하고 있는 각자 학교와 가까운 공간이 아닌 학교경계와는 상당히 떨어져 있는 제3의 장소에서 폭력을 행하고 있다. A와 B의 행위에 대해서는 대부분 법 규정의 문언대로 학교폭력에 해당하는 것으로 보아 「학교폭력예방 및 대책에 관한 법률」에 따른 적절한 조치가 행해지는 것이 옳다는 쪽으로 본다. 만약, 이 사례에서 학교내 · 외의 관념을 학교내 및 학교 지근거리(至近距離) 정도로만 해석하여 적용한다면, 가 · 피해학생에게 적절한 조치를 하여 「학교폭력예방 및 대책에 관한 법률」이 의도하고 있는 피해학생의 보호, 가해학생의 선도교육이라는 목적은 제대로 달성될 수 없게 된다. 이 사례를 보면, 학교내 · 외라는 법문의 표현이 결과적으로 적절한 것이 되며, 학교내 · 외의 공간적 범위를 너무 좁혀서 해석하는 것은 바람직하지 않은 것이 된다. 그러나 다음과 같은 사례에서 발생한 사건은

법 문언대로 학교폭력의 문제로 다루는 것이 옳은 것인지 의구심이 들 수 있다.

〈사례2〉

여학생 A는 ○○고등학교 2학년, 또 다른 여학생 B는 서울 다른 구의 ◇◇고등학교 2학년으로 두 여학생은 교회에서 만나 친분이 있게 된 사이로 2014. 10. 25. 토요일 밤 10시쯤 B가 A의 집에 놀러와 A의 방에서 함께 자면서 A가 B를 껴안고 가슴을 만지며, B가 하지 말라고 했음에도 불구하고 과격하게 포옹하고 B의 몸 위로 올라타는 등의 행위를 하였다.

성폭력 유형이 문제 된 이 사례에서의 행위는 A의 집 방에서 이루어진 것으로서 학교와 가까운 인접 장소로서의 외부의 행위는 아니다. 학교내 · 외의 의미를 학교 인근으로 좁히지 않고 넓게 이해하는 경우 사례1에서와 같이 학교폭력으로 다룰 수 있게 된다. 그러나 사례2는 학교폭력의 문제로 다루는 것에 대하여 보는 사람이 의문이나 거부감을 느끼게 될 가능성이 높다. A와 B 둘 다 학생이긴 하지만, 단지 교회에서 알게 되어 교류하다 학교생활과는 전혀 관계없이 학생 개인의 집에서 문제의 행위가 발생한 것으로서, 이를 꼭 학교폭력으로 다룰 필요가 없다고 생각할 수도 있다.

3. 학교폭력 관련법

학교폭력과 관련하여 대표되는 특별법으로는 우선 「학교폭력예방 및 대책에 관한 법률」이 있다. 또한 「폭력행위 등 처벌에 관한 법률」, 「특정강력 범죄의 처벌에 관한 법률」, 「특정범죄 가중처벌 등에 관한 법률」, 「성폭력범죄의 처벌 등에 관한 특례법」, 「성폭력범죄의 피해자 보호 등에 관한 법률」, 「아동 · 청소년의 성보호에 관한 법률」 등이 있고 19세 미만의 소년에게 적용하기 위한 「소년법」도 제정되어 있다. 소송을 통한 손해배상에 관한 법률로는 「국가배상법」이나 「민법」 등이 있다. 이 밖에도 「학교안전사고 예방 및 보상에 관한 법률」이 있다.

1) 학교안전법

「학교안전사고 예방 및 보상에 관한 법률」은 학교안전사고를 예방하고, 학생 · 교직원 및 교육활동참여자가 학교안전사고로 인하여 입은 피해를 신속 · 적정하게 보상하기 위한 법이다. 학교안전사고에 대한 피해보상은 학교안전사고보상공제 사업을 통해 이루어지며, 각 교육감은 학교안전공제 사업을 실시하기 위하여 해당 시 · 도에 학교안전공제회를 설립하여야 한다. 현행 법체계는 학교에서 발생하는 각종 사고에 대해 폭력과 기타 사고를 구분하여 별도의 법률로 규제하고 있다. 폭력을 제외한 학교안전사고는 학생뿐만이 아니라 교직원 및 교육활동참여자 모두를 대상으로 이들이 학교안전사고로 인하여 입은 피해를 신속 · 적정하게 보상하기 위한 것이란 점에서 「학교폭력예방 및 대책에 관한 법률」과 차이가 있다.

주요내용은 학교안전사고 예방을 위한 조치로서 교육부장관 및 교육감은 학교안전사고의 예방을 위한 예산을 우선 지원하는 등 필요한 조치를 취하도록 하고, 교육부장관은 3년마다 학교안전사고 예방에 관한 기본계획을 수립 · 시행하여야 한다.

교육부장관은 기본계획의 수립 및 시행에 대한 평가, 학교안전교육 프로그램 및 교재 개발, 학교안전사고 예방 관련 사업 추진 등에 관한 사항을 심의하기 위하여 교육부장관 소속으로 학교안전사고예방위원회를 둔다. 또한 학교안전사고보상공제 사업의 실시를 위하여 학교안전공제회를 설립하고 학교안전사고로 인하여 생명 · 신체에 피해를 입은 학생과 교직원 및 교육활동참여자가 입은 피해를 보상하고 있다.

초기에 제정된 법률의 형태는 학교안전 사고에 대한 예방정책보다는 안전공제회의 법제화로 인한 보상에 비중을 두고 구성되었으나 이후 개정에서는 부처 중심의 책임행정체제를 확립하고 의사결정의 신속성을 높이기 위하여 학교안전공제정책심의위원회를 폐지했다. 또한 학생의 안전을 위한 자발적인 교통안전 봉사활동을 안정적으로 보장하고 이를 활성화하기 위하여 비영리민간단체 소속의 교육활동 참여자가 일정한 절차를 거치면 학교안전공제회를 통한 보상을 받을 수 있도록 했으며, 이 경우 공제료는 국가 또는 지방자치단체가 부담하게 된다. 이후에도 계속된 개정에서 학교에서 실시하는 안전교육의 실효성 제고를 통한 학교안전사고에 대한 적극 예방이 강조되고 있다.

2) 소년법

「소년법」은 반사회성이 있는 소년의 환경 조정과 품행 교정을 위한 보호처분 등 필요한 조치와 형사처분에 관한 특별조치를 함으로써 소년이 건전하게 성장하도록 돕는 것을 목적으로 한 법이다. 따라서 학교폭력에 대해서는 피해학생에 대한 보호보다는 가해학생에 대한 선도에 치우친 법이다. 하지만 「소년법」상 학교폭력 피해학생 보호와 관련된 규정은 화해권고 제도와 선도조건부 기소유예 제도를 들 수 있다.

화해권고 제도는 가해소년과 피해자 사이의 갈등을 해소하고 상처를 치유함으로써 피해자의 보호와 가해소년의 건전한 사회복귀를 도모하기 위한 제도이다. 화해권고가 성립되기 위해서는 가해자가 범죄소년 또는 10세 이상 14세 미만에 해당하는 촉법소년으로서 사실관계가 분명하고 가해자가 범죄사실을 시인하여야 하며 피해자의 동의가 있어야 하고 가해자의 명시적인 반대의사가 없어야 한다. 그리고 화해권고 제도는 피해자와 가해자의 자율적 참여가 보장되어 있고 무엇보다도 가해소년의 품행교정과 피해배상을 언급하고 있으며, 최근 들어 소년전문가의 참여를 적극적으로 유도하고 있다는 점, 그리고 법적 효과에 대해 충분한 내용이라고 할 수는 없지만 그래도 피해자와 충분한 화해를 했다고 평가될 경우 보호처분을 결정할 때 이를 고려할 수 있다고 규정되어 있다는 점에서 피해학생 보호를 위한 제도로서의 의미를 가진다.

선도조건부 기소유예 제도는 사건의 성격과 죄질 등을 고려할 때 재범가능성은 낮고 선도 가능성이 더 높다고 판단되는 18세 미만의 소년범을 대상으로 범죄예방자원봉사위원의 선도를 조건으로 기소를 유예하는 제도이다. 선도조건부 기소유예는 범죄예방자원봉사위원의 동의하에 진행되므로 가해자의 반성과 피해학생의 피해회복 등을 고려하여 결정할 수 있으므로 피해학생 보호를 위한 기능을 할 수 있다.

3) 성폭력방지 및 피해자보호 등에 관한 법률

「성폭력방지 및 피해자보호 등에 관한 법률」은 성폭력을 예방하고 성폭력피해자를 보호 · 지원함을 목적으로 제정되었다. 법률 제5조(성폭력 예방교육) ①에 국가와 지방자치단체는 청소년을 건전하게 육성하기 위하여 청소년에 대한 성교육 및 성폭력 예방에 필요한 교육을 실시하여야 한다. ② 「초중등교육법」 제2조에 따른 각급 학교의 장은 대통령령으로 정하는 바에 따라 성에 대한 건전한 가치관 함양과 성폭력 예방에 필요한 교육을 실시하여야 한다고 규정하고 있다.

4) 청소년보호법

「청소년보호법」은 청소년에게 유해한 매체물, 약물 등이 유통되는 것과 청소년이 유해한 업소에 출입하는 것 등을 규제하고 청소년을 유해한 환경으로부터 보호 · 규제함으로써 청소년이 건전한 인격체로 성장할 수 있도록 함을 목적으로 제정되었다. 제2조(정의) 제8항에서 청소년유해환경이란 청소년 유해 매체물, 청소년 유해약물 등 청소년 유해업소 및 청소년 폭력·학대를 말한다. 또한 제7항에서 "청소년 폭력·학대"란 폭력이나 학대를 통하여 청소년에게 신체적, 정신적 피해를 발생하게 하는 행위로 규정하고 있다. 제36조(청소년보호위원회 설치)에서 여성가족부장관 소속으로 청소년보호위원회를 두며 청소년보호위원회는 청소년 유해 매체물 심의를 할 때, 제9조 제1항(청소년유해매체물 심의)에 의거 해당 매체물이 청소년에게 성적인 욕구를 자극하는 선정적인 것이거나 음란한 것, 청소년에게 포악성이나 범죄의 충동을 일으키는 것, 성폭력을 포함한 각종 형태의 폭력행위와 약물의 남용을 자극하거나 미화하는 것이 아닌지에 대한 심의기준을 제시하고 있다.

4. 제4차 학교폭력 예방 및 대책 기본계획

2005년부터 3차에 걸쳐 관계부처 합동 '학교폭력 예방 및 대책 기본계획(1차: 2005~2009, 2차: 2010~2014, 3차: 2015~2019)'을 수립·시행하여 학교폭력 예방교육이 확산되고 학생 안전 및 상담 인프라가 확충되는 등, 학교폭력 예방 및 대응을 위한 제반여건이 강화되었고, 2019년 제3차 기본계획이 종료되었지만 학교폭력이 여전히 중요한 사회문제로 인식되는 상황을 고려하여 범부처 대책수립이 요구되고 있으며, 특히 인프라 구축에 상응하는 정책의 질적 제고를 위해 정책환경 변화를 반영하여 향후 5년간(2020~2024) 추진할 기본계획 수립의 필요성에 근거하여, 2020년 제4차 학교폭력 예방 및 대책 기본계획이 발표되었는데, 구체적인 정책 추진방향은 〈그림 3-1〉과 같다.

비전	모두가 함께 만드는 행복한 학교
목표	◇ 존중과 배려가 가득한 학교문화 ◇ 적극적 보호와 교육으로 신뢰받는 학교 ◇ 민주시민의 성장을 돕는 가정과 사회

	5대 정책영역		14개 추진과제
1	학교공동체 역량 제고를 통한 학교폭력 예방 강화	1	학교 · 학급 단위의 학교폭력 예방교육 내실화
		2	학생 참여 · 체험 중심의 학교폭력 예방활동 확대
		3	학교폭력 유형 추세 대응 예방활동 강화
		4	전사회적 협력을 통한 학교폭력 예방문화 조성
2	학교폭력에 대한 공정하고 교육적인 대응 강화	5	학교폭력 조기 감지 및 대응체계 강화
		6	학교의 교육적 해결역량 제고
		7	사안처리의 공정성 · 전문성 확보
3	피해학생 보호 및 치유 시스템 강화	8	피해학생 맞춤형 보호 · 지원체계 강화
		9	사후지원 강화 및 학교 안팎 협력체계 구축
4	가해학생 교육 및 선도 강화	10	가해학생 교육 · 선도 내실화
		11	중대한 학교폭력 가해학생에 대한 엄정대처
5	전사회적 학교폭력 예방 및 대응 생태계 구축	12	가정의 교육적 역할 강화
		13	지역사회의 역할 및 책무성 강화
		14	전사회적 대응체계 강화 및 대국민 인식제고

주요 신규 정책과제

- o 일회성이 아닌 교과수업 시간에 실시할 수 있는 예방교육('교과연계 어울림') 확대
- o 초등 학년군별(초1~2/초3~4/초5~6) 맞춤형 예방교육 프로그램('어울림') 및 '사이버 어울림' 확산
- o 학교급 · 폭력유형별 맞춤형 '관계회복 프로그램' 보급 및 프로그램 활용 전문가 양성
- o 피해학생 전담지원기관 이용만족도 조사 등 피해학생 의견수렴 · 환류체계 구축추진
- o 가해행위 재발방지를 위한 '특별교육 프로그램' 보급 등 가해학생 조치 내실화
- o 부모교육 참여 활성화를 위한 인센티브 제공

그림 3-1. **제4차 학교폭력 예방 및 대책 기본계획의 추진방향**

출처: 교육부(2020). 제4차 학교폭력 예방 및 대책 기본계획.

제4차 학교폭력 예방 및 대책 기본계획은 5대 정책영역(학교공동체 역량 제고를 통한 학교폭력 예방 강화, 학교폭력에 대한 공정하고 교육적인 대응 강화, 피해학생 보호 및 치유 시스템 강화, 가해학생 교육 및 선도 강화, 전사회적 학교폭력 예방 및 대응 생태계 구축)에 14개 추진과제를 포함하고 있으며, 이를 구체적으로 살펴보면 다음과 같다.

1) 학교공동체 역량 제고를 통한 학교폭력 예방 강화

학교공동체 역량 제고를 통한 학교폭력 예방 강화 정책영역에는 4개 추진과제, 즉 학교 · 학급 단위의 학교폭력 예방교육 내실화, 학생 참여 · 체험 중심의 학교폭력 예방활동 확대, 학교폭력 유형 · 추세 대응 예방활동 강화, 전사회적 협력을 통한 학교폭력 예방문화 조성의 4개 추진과제를 포함하고 있으며, 구체적인 내용은 〈표 3-8〉과 같다.

표 3-8. **학교공동체 역량 제고를 통한 학교폭력 예방 강화 내용**

구분	항목	내용
학교 · 학급 단위의 학교폭력 예방교육 내실화	학교수업을 활용한 학교폭력 예방교육 여건 조성	• 학교수업을 활용한 학교폭력 예방교육 여건 조성 • 교육과정 속 학교폭력 예방교육 연계 강화
	학교폭력 예방교육의 현장착근 지원	• 학교구성원의 학교폭력 예방역량 강화 • 학교폭력 예방교육의 효과성 제고를 위한 환류체계 구축 • 학부모 대상 학교폭력 예방교육 내실화
학생 참여 · 체험 중심의 학교폭력 예방활동 확대	학생들이 직접 기획 · 참여하는 예방활동 증대	• 학생 주도의 학교폭력 예방 활동 확대
	체험 중심 학교폭력 예방교육 내실화	• 체험 참가형 프로그램 확대 • 학생 정서순화를 위한 활동중심 프로그램 운영 지원
학교폭력 유형 · 추세 대응 예방활동 강화	유아 및 초등학생의 사회 · 정서역량 함양 교육 강화	• 대상별 눈높이에 맞는 학교폭력 예방교육 추진 • 사회 · 정서역량 함양을 위한 가정의 역할 강화
	학교폭력 유형별 맞춤형 예방활동 강화	• 사이버폭력 예방교육 확산 지원 • 유관기관 협력을 통한 사이버폭력 예방교육 강화 • 집단폭력 · 성폭력 예방활동 강화 • 인터넷 윤리함양 및 디지털 리터러시 역량강화 교육 실시
	장애학생 · 다문화학생 대상의 학교폭력 예방 강화	• 장애학생 인권보호를 위한 학교환경 조성 • 다문화학생에 대한 존중문화 조성

구분	항목	내용
전사회적 협력을 통한 학교폭력 예방문화 조성	민관협력 기반의 학교폭력 예방활동 확대	• 문화예술을 활용한 민간 지원 예방활동 · 캠페인 운영
	유관기관 지원을 통한 언어폭력 · 사이버폭력 예방 강화	• 언어폭력 예방을 위한 체험 중심 언어문화 개선활동 확대 • 뮤지컬 · 캠페인 등을 통한 사이버폭력 예방문화 조성

2) 학교폭력에 대한 공정하고 교육적인 대응 강화

학교폭력에 대한 공정하고 교육적인 대응 강화 정책영역에는 3개 추진과제, 즉 학교폭력 조기 감지 및 대응체계 강화, 학교의 교육적 해결역량 제고, 사안처리의 공정성 · 전문성 확보로 구성되어 있으며, 구체적인 내용은 〈표 3-9〉와 같다.

표 3-9. 학교폭력에 대한 공정하고 교육적인 대응 강화 내용

구분	항목	내용
학교폭력 조기 감지 및 대응체계 강화	학교폭력 조기 감지체계 구축	• 단위학교의 학교폭력 조기 감지 지원 • 지능정보기술을 활용한 학교폭력 감지 시스템 구축
	학교폭력 감지 시 신속한 대응 강화	• 학교 안팎 자원을 활용한 학교폭력 조기대응 강화
학교의 교육적 해결역량 제고	'학교의 장의 자체해결제' 정착 지원	• 학교장 자체해결제의 원활한 안착을 위한 현장지원 • 교원 연수 등 맞춤형 현장지원 추진
	학교의 교육적 대응역량 강화	• 학생 간 관계회복 활성화 지원 • 교원의 학생상담 역량 배양
	학교폭력 업무담당 교원의 학교폭력 전담여건 조성	• 학교폭력 업무담당 교원에 대한 지원 강화 • 학교폭력 업무담당 교원 전문성 신장 기회 확대

구분	항목	내용
사안처리의 공정성 · 전문성 확보	학교의 학교폭력 사안조사 역량 강화	• 사안조사 과정의 전문성 확보 • 학교구성원의 학교폭력 대응 강화
	학교폭력대책심의위원회 안착을 위한 지원	• 학교폭력대책심의위원회 운영의 전문성 확보 • 학교폭력대책심의위원회의 기능 확립

3) 피해학생 보호 및 치유 시스템 강화

피해학생 보호 및 치유 시스템 강화 정책영역에는 2개 추진과제, 즉 피해학생 맞춤형 보호 · 지원체계 강화, 사후지원 강화 및 학교 안팎 협력체계 구축으로 구성되어 있으며, 구체적인 내용은 〈표 3-10〉과 같다.

표 3-10. **피해학생 보호 및 치유 시스템 강화 내용**

구분	항목	내용
피해학생 맞춤형 보호 · 지원체계 강화	학교폭력 피해발생 초기단계 보호 · 지원 강화	• 피해학생 초기 보호체계 확립 • 피해학생 가족 대상의 초기 심리치유 지원
	피해학생 · 보호자 맞춤형 지원 내실화	• 피해학생 치유 · 상담 지원체계 확대 • 피해학생 상황을 고려한 맞춤형 지원 제공 • 피해학생 보호자 및 가족의 치유 지원
사후지원 강화 및 학교 안팎 협력체계 구축	피해학생 · 보호자 사후 지원체계 구축	• 피해학생 회복을 위한 추수관리 · 지원체계 강화 • 피해학생 사후지원을 위한 외부기관 연계 강화
	피해학생 · 보호자 지원을 위한 민 · 관 협력체계 운영	• 민 · 관 협력을 통한 피해학생 · 보호자 치유 · 회복 지원 • 피해학생 의견을 반영한 지원체계 내실화 • 피해학생 및 보호자를 위한 정보 제공체계 구축

4) 가해학생 교육 및 선도 강화

가해학생 교육 및 선도 강화 정책영역에는 2개 추진과제, 즉 피 · 가해학생 교육 · 선도 내실화, 중대한 학교폭력 가해학생에 대한 엄정대처로 구성되어 있으며, 구체적인 내용은 〈표 3-11〉과 같다.

표 3-11. **가해학생 교육 및 선도 강화 내용**

구분	항목	내용
가해학생 교육 · 선도 내실화	학교폭력 발생 시 조기개입 체계 마련	• 중대한 학교폭력 발생 시 피 · 가해학생 분리방안 마련
	가해학생 교육 · 선도조치 내실화	• 가해학생 조치별 실효성 제고 • 보호자의 책무성 강화를 통한 가해행위 재발방지
	가해학생 특별교육 내실화	• 가해학생 특별교육 프로그램 내실화 • 특별교육기관 관리 강화 및 확대
	재발방지를 위한 가해학생 사후관리 강화	• 교원의 협력을 통한 가해학생 사후관리 • 외부기관 연계를 통한 가해학생 사후관리 강화
중대한 학교폭력 가해학생에 대한 엄정대처	유관기관 협력을 통한 소년사건 수준의 폭력 대응 강화	• 「소년법」 적용사건 수준의 학교폭력 대응을 위한 전문인력 운영 • 「소년법」 적용사건 수준의 학교폭력에 대한 대응 강화
	중대한 학교폭력 가해학생 선도 기반 마련	• 사법조치 후 교육 · 선도를 통한 재발방지

5) 전사회적 학교폭력 예방 및 대응 생태계 구축

전사회적 학교폭력 예방 및 대응 생태계 구축 정책영역에는 3개 추진과제, 즉 가정의 교육적 역할 강화, 지역사회의 역할 및 책무성 강화, 전사회적 대응체계 강화 및 대국민 인식제고로 구성되어 있으며, 구체적인 내용은 〈표 3-12〉와 같다.

표 3-12. 전사회적 학교폭력 예방 및 대응 생태계 구축 내용

구분	항목	내용
가정의 교육적 역할 강화	부모-자녀 관계 강화를 위한 부모교육 강화	• 학생 대상 '좋은 부모 되기' 교육 실시 • 학부모 대상 자녀이해교육 실시
	학교폭력 예방을 위한 부모교육 내실화	• 부모교육 참여 접근성 강화 • 부모교육 참여 인센티브 제공
지역사회의 역할 및 책무성 강화	유관기관 협력체계 활성화	• 지역사회 학교폭력 예방 · 대응 자치역량 강화 • 학교폭력 예방 · 대응 평가를 통한 참여 내실화
	학생안전환경 구축 및 관리 강화	• 학생안전 인프라 지속 확충 • 청소년 유해환경 관리 강화
전사회적 대응체계 강화 및 대국민 인식제고	범부처 학교폭력 예방 및 대응체계 활성화	• 정부 학교폭력대책위원회의 실질적 기능 강화 • 데이터 기반 학교폭력 정책 수립 · 추진 체계 구축
	대국민 학교폭력 예방캠페인 및 홍보 추진	• 학교폭력 예방 주간 지정, 전국민 캠페인 참여 • 민간기업의 학교폭력 예방활동 참여 활성화

Chapter

04

학교폭력 발생 시 지도방안

배울내용

1. 학교폭력 대응 및 사안조사
2. 학교장 자체해결 및 관계회복
3. 조치결정 및 이행

학습목표

1. 학교폭력 대응 및 사안조사의 구체적인 내용과 기술을 숙지한다.
2. 학교장 자체해결 및 관계회복에 대한 구체적인 절차 및 내용을 숙지한다.
3. 조치결정 및 이행에 대한 구체적인 절차와 내용을 숙지한다.

개 요

학교폭력의 심각성은 사회적으로 매년마다 크게 이슈화되고 있는 문제 중의 하나이며, 2013년 정부 정책에서 '4대 근절 악'의 항목에 학교폭력이 포함될 정도로 지속적으로 문제화되고 있는 실정이다. 2003년에 발의되어 「학교폭력예방 및 대책에 관한 법률」이 따로 시행되고 있으며, 학교폭력에 관한 이론과 실제 상황에 대한 개입 방안들에 대한 많은 연구들이 진행되어 왔다. 학교폭력에 있어 가장 중요한 것은 학교폭력을 예방하는 것이지만 학교폭력이 발생했을 경우 신속하게 대응하여 2차적인 피해를 방지하려는 노력도 매우 중요하다. 따라서 본 장에서는 학교폭력이 발생했을 때 학교폭력을 처리하는 과정에 대해 구체적으로 살펴보고자 한다.

Chapter 04

학교폭력 발생 시 지도방안

학교폭력이 발생하면 신속하고 객관적으로 사안을 처리하는 능력이 매우 중요하다. 왜냐하면 2차적인 학교폭력을 예방할 수 있기 때문이다. 이처럼 학교폭력은 예방이 최우선이지만 만약 학교폭력이 발생한다면 법령에 근거한 절차에 따라 신속하고, 적극적으로 대응하는 것이 매우 중요하다. 먼저 교육부와 이화여자대학교 학교폭력예방연구소(2022)에서 제시하고 있는 학교폭력 사안처리 유의사항을 살펴보면 〈표 4-1〉과 같다.

표 4-1. **학교폭력 사안처리 유의사항**

- 학교폭력 사안이 발생한 경우, 공정하고 객관적인 자세를 끝까지 견지하고, 적극적인 자세로 학교폭력 사안처리를 위해 노력한다.
- 학생과 학부모의 상황과 심정에 대한 이해와 공감을 통해 신뢰를 형성하고, 불필요한 분쟁이 추가적으로 발생하지 않도록 한다.
- 학교폭력 사안조사 시에는 관련 학생들을 분리하여 조사하고, 축소 · 은폐하거나 성급하게 화해를 종용하지 않도록 한다.
- 학교폭력 사안조사는 가능한 수업시간 이외의 시간을 활용하고, 부득이하게 수업시간에 할 경우에

는 별도의 학습기회를 제공하도록 한다.
- 학교폭력대책심의위원회 결정 전까지는 피해학생, 가해학생을 단정 짓지 말고 관련학생이라는 용어를 사용한다.
- 전담기구의 조사 및 심의위원회 조치 결정 시 관련학생 및 보호자에게 반드시 의견진술의 기회를 제공하여야 한다.
- 성범죄 관련 사안을 인지한 경우, 예외 없이 수사기관에 즉시 신고한다.
- 동일한 사안에 대하여 재심 성격의 심의위원회는 개최하지 않는다.

〈표 4-1〉에서 보는 것과 같이 학교폭력이 발생하면 공정하고, 신속하게 그리고 「학교폭력예방 및 대책에 관한 법률」에 명시된 절차에 맞도록 대응하는 것이 무엇보다 중요하다. 또한 학생과 학부모의 이해와 공감을 통해 추후 불필요한 분쟁이 없도록 하는 것도 중요하다. 학교폭력 처리과정에 관한 전반적인 과정은 〈그림 4-1〉과 같다.

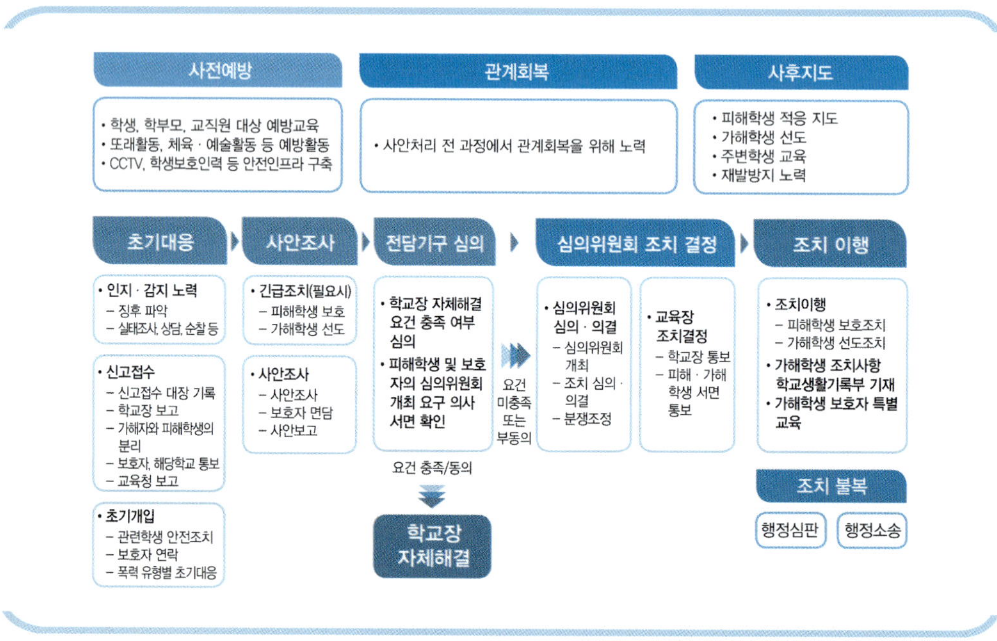

그림 4-1. 사안처리 흐름도

출처: 교육부, 이화여자대학교 학교폭력예방연구소(2022). 학교폭력 사안처리 가이드북.

〈그림 4-1〉에서 보는 것과 같이 학교폭력 처리과정은 크게 세 가지로 구분할 수 있는데, 즉 사전예방, 관계회복 및 사후지도로 나눌 수 있다. 먼저 학교폭력에 있어 가장 중요한 단계는 사전예방이다. 여기에는 학생, 학부모, 교직원 대상 예방교육, 또래활동, 체육·예술활동 등 예방활동, CCTV, 학생보호인력 등 안전인프라 구축이 포함된다. 둘째, 관계회복에서는 사안처리 전 과정에서 관계회복을 위한 노력이 포함된다. 셋째, 사후지도에서는 피해학생 적응지도, 가해학생 선도, 주변학생 교육, 재발방지 노력 등이 포함된다. 이와 같은 사안처리 흐름도를 바탕으로 학교폭력 대응 및 사안조사, 학교장 자체해결제 및 관계회복, 조치결정 및 이행에 대해 교육부, 이화여자대학교 학교폭력예방연구소(2022)의 연구를 중심으로 살펴보면 다음과 같다.

1. 학교폭력 대응 및 사안조사

1) 학교의 학교폭력 대응

(1) 학교폭력 감지·인지 노력

학교폭력에 있어서 학교폭력에 대해 감지하고 인지하는 것이 무엇보다 중요하다. 여기서 감지는 학생들의 행동이나 교실 분위기 등을 보고 학교폭력이라고 느끼어 알게 되는 것을 의미하고, 인지란 학생 또는 학부모의 직접 신고, 목격자 신고, 제3자의 신고, 기관통보, 언론 및 방송 보도, 상담 등으로 학교폭력 사안을 알게 되는 것을 의미한다.

교사는 학교에서 많은 시간을 학생들과 같이 보내므로, 주의를 기울이면 학교폭력 발생 전에 그 징후를 발견할 수 있는 가능성이 매우 높다. 교사는 학교폭력 상황을 감지 · 인지했을 때, 신속하고 적극적으로 개입해야 한다. 학교는 학교폭력 예방을 위해 학교전담경찰관과 협력해야 하고, 학교에서 학교폭력이 감지 · 인지된 경우 학교장에 보고하여야 하며(「학교폭력예방법」 제20조), 학교장은 지체 없이 전담기구 또는 소속 교원으로 하여금 사실 여부를 확인하도록 해야 한다(「학교폭력예방법」 제14조). 이를 위한 교사의 관찰 및 조사요령은 〈표 4-2〉, 학교폭력 감지 · 인지를 위한 학교구성원의 역할 및 책임은 〈표 4-3〉과 같다.

표 4-2. 교사의 관찰 및 조사요령

구분	내용
피해학생	피해학생이 신체적으로 혹은 심리 · 정서적으로 어려움을 겪고 있는지를 파악하고 관계 회복 등 피해학생의 구체적인 욕구를 파악한다.
가해학생	가해학생이 특정 학생을 괴롭히는지 혹은 다수의 학생들을 괴롭히는지, 가해학생이 반 내에서 다른 학생들과 어떤 관계를 형성하고 있는지 등을 파악한다. 가해학생 간에도 힘의 우위관계가 형성되어 있을 수 있으므로 관계의 역동을 살피는 것이 중요하다.
주변학생	학교폭력과 관련된 학생들은 더 없는지, 학교폭력 사안에 어떻게 연루되어 있는지, 목격학생 및 주변학생들의 심리상태(불안감 등)는 어떠한지 등에 대해 알아본다.
학교폭력 조사 요령	교사가 학교폭력 사안을 인지하고 있다는 것에 대해 말하지 않고, 학교생활이나 교우관계 등을 물어보고 다양한 방식으로 관찰한다. 가해학생 등에게 교사가 학교폭력 사실을 알고 있다는 것을 너무 성급히 이야기하면 다른 학생들을 더 괴롭힐 위험이 있으므로 주의한다. 반장, 회장 등의 학급임원이나 학생회 임원에게 교실 분위기나 관련 학생들에 대해 자연스럽게 물어본다. 다수 또는 다른 학생이 보는 앞에서 피 · 가해 사실을 조사하지 않고 관련 학생을 개별로 조사한다. 학생들의 진술이 일치하지 않더라도 사실관계를 추궁하거나 대답을 강요하는 행위는 지양하고 객관적 증거를 확인한다.

표 4-3. 학교폭력 감지 · 인지를 위한 학교구성원의 역할 및 책임

구분	내용
학교폭력 실태조사	• 학교폭력 실태조사 실시 • 학교 · 학급단위에서 자체적으로 설문조사 등 수시 실시

구분	내용
교내 학교폭력 신고	• 학교폭력 신고함, 학교홈페이지 비밀게시판, 담임교사의 문자 · 메일 등 다양한 신고체계 마련 • 피해 · 목격학생들이 적극적으로 신고하도록 지도 • 학생, 학부모, 교사 대상 학교폭력 신고방법 안내(예방교육 시)
교사의 관찰 및 상담 실시	• 담임교사 등이 학교폭력 징후를 보이는 학생이 없는지 세심하게 관찰 • 담임교사, 전문상담(교)사 등의 상담
교내 · 외 순회지도	• 점심시간, 쉬는시간, 방과후 시간 등 취약시간 순회지도 • 학부모, 자원봉사자, 학생보호인력, 학교전담경찰관 등과 유기적 협력

학교폭력 징후는 교사뿐 아니라 보호자도 파악할 수 있다. 학교폭력 징후를 통해 학교폭력을 초기에 감지하여 차단할 수 있다. 다만 어느 한 가지 징후에 해당한다고 해서 학교폭력의 피해 및 가해학생으로 특정 지을 수는 없으며, 여러 가지 상황을 고려하여 판단해야 한다. 최근 사이버폭력의 경우 학교내외에서 시 · 공간의 제약 없이 발생하기 때문에 주변인의 세심한 관찰과 관심으로 징후를 파악할 수 있도록 해야 한다.

(2) 신고 및 접수

학교폭력에 대한 초기 감지 및 인지가 이루어진 후 학교폭력 신고 및 접수가 이루어지게 된다. 신고 및 접수는 「학교폭력예방 및 대책에 관한 법률」 제19조(학교의 장의 의무), 제20조(학교폭력의 신고의무), 제21조(비밀누설금지 등), 「학교폭력예방 및 대책에 관한 법률 시행령」 제33조(비밀의 범위)에 근거하여 학교폭력 현장을 보거나 그 사실을 알게 된 자는 학교 등 관계 기관에 이를 즉시 신고하여야 한다. 즉, 학교폭력을 알게 된 사람은 누구라도 지체없이 신고해야 한다. 학교폭력 신고 및 접수 절차는 〈그림 4-2〉와 같다.

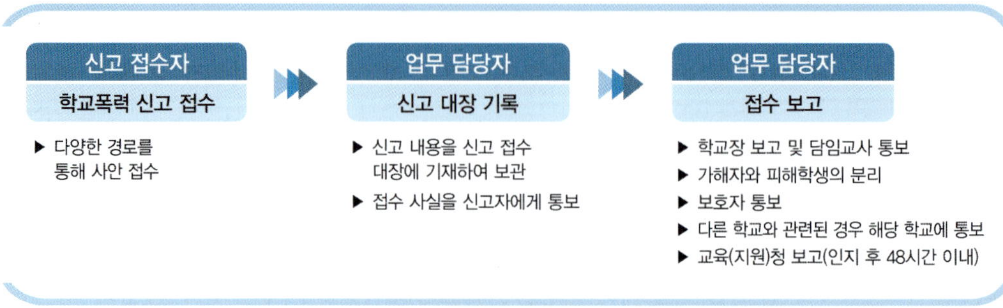

그림 4-2. **학교폭력 신고 및 접수 절차**

출처: 교육부, 이화여자대학교 학교폭력예방연구소(2022). 학교폭력 사안처리 가이드북.

신고방법은 크게 두 가지로 구분할 수 있는데, 즉 교내 신고방법(구두, 신고함, 설문조사 이메일, 홈페이지, 휴대전화, 포스터 부착)과 교외 신고방법(112 경찰청, 117 학교폭력신고센터, 학교전담경찰관)으로 나눌 수 있으며, 신고는 보호자, 학생 및 주변학생으로부터 이루어질 수 있으며, 이때 신고자에 대해서도 신속하게 보호조치가 이루어져야 한다. 예를 들어, 신고자가 피해학생인 경우 비밀보장 및 신변보호가 중요하며 상담자 및 해결자로서의 역할을 동시에 수행해야 한다. 신고자가 목격학생인 경우에는 신고행동에 대해 칭찬을 하고 목격학생과 협력관계를 구축하면서 다른 목격학생이 있는지를 확인해야 한다. 신고자가 보호자인 경우에는 먼저 학교폭력 신고에 대해 안심시키고 믿음을 주어야 하며, 보호자와 협력관계를 구축하는 것이 중요하다. 마지막으로 신고자가 교직원일 경우에는 정확한 사안을 파악하는 것이 중요하며 협력관계를 구축할 수 있도록 하는 것이 좋다.

(3) 학교의 대응요령

학교폭력 발생 시 학교에서 대처한 내용을 문서로 만들어 두어야 추후 불필요한 분쟁을 예방할 수 있으며, 학교폭력 발생 시 대응 순서는 〈그림 4-3〉, 주요 대상별 초기대응 요령은 〈표 4-4〉와 같다.

그림 4-3. 학교폭력 발생 시 대응 순서

출처: 교육부, 이화여자대학교 학교폭력예방연구소(2022). 학교폭력 사안처리 가이드북.

표 4-4. 주요 대상별 초기대응 요령

구분	내용
피해학생 조치	• 피해를 당한 학생의 마음을 안정시키는 것(심호흡, 안정을 유도하는 말 등)이 필요하고, 무엇보다 신변안전이 급선무다. • 가벼운 상처는 학교 보건실에서 1차적으로 치료하고, 상처 정도가 심해 학교 보건실에서 치료할 수 없을 때는 2차적으로 병원으로 신속히 이송한다. • 탈골, 기도 막힘, 기타 위급상황이라고 판단된 경우 자리에서 움직이지 않고 119에 도움을 청한다.
가해학생 조치	• 피해학생의 상태가 위중하거나 외상이 심한 경우, 가해학생 역시 충격을 받아 예측하지 못하는 돌발행동을 할 수 있다. 그러므로 심리적으로 안정될 수 있도록 교사가 계속 주의를 기울이고 빨리 보호자에게 연락을 취한다. • 이후 가해학생에게 지나친 질책 및 감정적 대처를 하지 않도록 유의한다.
보호자 조치	• 보호자에게 사실을 빠르게 알린다. • 연락할 때 보호자들이 지나치게 흥분하거나 놀라지 않도록 연락하고, 학교에 오면 사전에 정해진 장소에 가서 자녀를 만날 수 있도록 안내한다. • 사안의 내용과 학교 측의 대처사항에 대해 보호자에게 정확히 알려 준다. • 피해 및 가해학생이 귀가했을 경우, 학생이 가정에서 심리적 안정을 취할 수 있도록 보호자에게 안내한다. 특히 피해학생인 경우, 보호자가 자녀에게 정서적 지지와 지원을 아끼지 말 것을 당부한다.
목격학생 · 주변학생 조치	• 학교폭력을 목격하거나 폭력 현장에 있음으로 인해 심리적 · 정서적 충격을 받은 간접 피해자도 유사한 문제 반응이 나타날 수 있다. 따라서 이런 점을 감안하여 조치해야 한다. • 주변학생들의 현장 접근을 통제하고, 특히 초등학교 저학년의 경우 동화책 읽어 주기, 종이접기 등 흥미 있는 활동으로 주의를 돌려 심리적 충격을 완화시킨다.

구분	내용
	• 사안에 관련된 학생 및 목격한 학생들에게 상황을 인식시키고, 차후 유사한 폭력상황이 벌어지지 않도록 예방교육을 한다. • 사안에 관련된 학생들에 대해 낙인을 찍어 따돌리거나, 사안과 관련하여 사실과 다른 소문을 퍼뜨리지 않도록 주의시킨다.

〈그림 4-3〉에서 보는 것과 같이 학교폭력 발생 시 대응순서는 학교폭력 사안발생, 관련학생 안전조치, 보호자 연락, 학교폭력 전담기구 또는 소속교원의 사안조사 그리고 피해·가해학생 상담으로 이루어진다. 학교폭력 유형별 초기대응 요령을 자세하게 살펴보면 다음과 같다.

① 신체폭력

신체폭력은 「형법」상 폭행죄에 해당되며, 타인의 신체에 고통을 가하는 행위와 상대방을 유인하거나 강제로 가두어 두는 행위를 포함하는 것이다. 신체폭력 발생 시 응급조치는 〈표 4-5〉와 같다

표 4-5. 신체폭력 발생 시 응급조치

- 응급상황 발생 시 학교폭력전담기구 소속 교사들(교감, 책임교사, 보건교사, 상담교사 등)을 중심으로 역할을 분담하여 신속하게 조치한다.
- 사안을 가장 먼저 인지한 교직원은 신속히 학교폭력전담기구 소속교사에게 이를 알린다.
- 피해학생의 위급상황을 발견한 교직원은 보건교사에게 이를 알리거나 119에 연락하여 도움을 청한다.
- 보건교사 역할: 119 등 응급의료센터에 연락하여 지시대로 응급조치를 취하며, 관리자와 해당 교사에게 이를 알린다.
- 현장자료 유지 및 보관: 현장에 있던 모든 증거자료는 섞거나 없애지 말아야 한다. 관련 자료들은 추후 법적, 의료적 분쟁이 있을 시 중요한 근거 자료가 될 수 있으므로 학교에서 응급조치한 내용은 빠짐없이 기록한다.

② 언어폭력

언어폭력은 학교내 · 외에서 선후배나 동료들을 상대로 이루어지는 놀림이나 조롱, 심한 욕설, 비난, 헐뜯기 등의 행위를 의미한다. 즉, 언어폭력은 신체에 직접적인 영향력을 행사하는 것이 아니라 정서나 감정 등 정신적으로 부정적인 반응을 불러일으키는 언어나 상징의 사용으로, 욕설, 비웃기, 은어로 놀리기, 겁주기, 위협, 협박, 별명 부르기, 신체의 일부분을 장난심아 놀리기 등이 포함된다. 다시 말해, 언어폭력은 상대방의 명예를 훼손하는 구체적인 말을 하거나 인터넷, SNS, 문자메시지 등으로 퍼뜨리는 행위이므로 증거를 확보해 놓는 것이 좋다. 언어폭력 발생 시 피해학생과 가해학생에 대한 초기 대응에 필요한 내용은 〈표 4-6〉과 같다

표 4-6. 언어폭력 발생 시 초기 대응

구분	내용
피해학생 조치	• 핸드폰 문자로 욕설이나 협박성 문자가 오면 어떠한 응답도 하지 않도록 한다. • 인터넷 상의 게시판이나 안티카페 등에서 공개적인 비방 및 욕설의 내용은 그 자체로 저장해두도록 한다. • 보호자에게 알리고 전문상담사에게 상담을 받도록 권한다.
가해학생 조치	• 언어폭력을 했는지 사실여부와 이유 등을 확인한다. • 장난으로 한 욕설이라도 피해학생이 고통 받을 수 있음을 인식시킨다.

③ 금품갈취

아무리 적은 금액이라도 다른 사람에게 돈을 빼앗겼을 경우에는 반드시 담임교사에게 사실을 알려 피해가 커지지 않도록 평소에 예방교육을 철저히 하는 것이 좋다. 금품갈취 발생 시 피해학생과 가해학생에 대한 초기 대응에 필요한 내용은 〈표 4-7〉과 같다

표 4-7. 금품갈취 발생 시 초기 대응

구분	내용
피해학생 조치	• 초등학교 저학년 학생은 500원, 1000원을 빼앗겨도 두려워하고 불안해할 수 있으므로 교사는 이를 무시하거나 가볍게 여기지 않고 반드시 도와주겠다는 것을 학생에게 약속하여 학교를 신뢰하도록 한다. • 적은 금액을 빼앗겼을 때 피해학생의 경우 교사에게 얘기하기를 주저할 수 있다. 하지만 교사는 금품갈취 금액보다는 금품갈취를 당했다는 사실에 대해 주목하고 이에 대해 학생의 심정을 공감하고 해결을 위해 노력한다.
가해학생 조치	• 가해학생과의 면담을 통하여 사실을 확인한다. • 아무리 적은 금액이라도 남의 돈을 빼앗는 행위는 폭력에 해당한다는 사실을 인식시킨다. • 보호자에게 사실을 알린다. • 방임·빈곤아동일 경우, 경제적 도움을 줄 수 있도록 사회복지사나 지역주민자치센터에 연계하여 지원을 돕는다.

④ 강요 및 강제적 심부름

강제적 심부름인 강요는 '폭행이나 협박을 이용해 권리행사를 방해하거나 의무 없는 일을 하게 하는 일'로 정의되며, 힘센 학생들의 강요로 간식이나 담배를 사다 주는 등 온갖 심부름을 하며 괴롭힘을 당하는 것을 말한다. 강요 등은 폭력서클과 연계하여 일어날 수 있으므로 즉시 신고하도록 평소에 지도하는 것이 좋다. 강요 및 강제적 심부름 발생 시 피해학생과 가해학생에 대한 초기 대응에 필요한 내용은 〈표 4-8〉과 같다

표 4-8. 강요 및 강제적 심부름 발생 시 초기 대응

구분	내용
학생의 행동 감지	다음과 같은 행동 변화가 있을 경우 학생을 불러서 상담하고 보호자에게도 확인한다. • 친구를 대신하여 심부름을 한다. • 친구를 대신하여 과제를 하거나 책가방을 들어 준다. • 친구에게 음식물을 제공하고 옷 등을 빌려 준다.
피해학생 조치	• 상담을 통하여 어느 정도 피해를 받았는지, 다른 폭력 피해는 없는지 확인을 한다. • 당분간 보호자가 등·하교 길에 동행한다.

구분	내용
가해학생 조치	• 단순가담 학생들은 상담을 통해 지도한다. • 보호자에게 알리고 재발하지 않도록 지도한다.

⑤ 따돌림

따돌림이란 학교내 · 외에서 2명 이상의 학생들이 특정인이나 특정집단의 학생들을 대상으로 지속적이거나 반복적으로 신체적 또는 심리적 공격을 가하여 상대방이 고통을 느끼도록 하는 일체의 행위를 의미한다. 따돌림은 괴롭힘과 함께 이루어지는 경우가 많지만, 대부분의 교사들이 학교폭력으로 인식하지 못하는 경우가 많으므로 특별히 주의를 기울어야 한다. 따돌림 발생 시 피해학생과 가해학생에 대한 초기 대응에 필요한 내용은 〈표 4-9〉와 같다.

표 4-9. 따돌림 발생 시 초기 대응

구분	내용
2차 피해 주의하기	• 피해학생 의사에 반하여 피해사실이 공개되지 않도록 주의한다. • 피해사실이 확인되고 난 후 이를 바로 공개하면, 피해학생이 당황하고 난처해질 수 있다. 따라서 교사는 피해학생과 상담을 통해 피해학생이 필요로 하는 사항을 파악하여 대처한다. • 가해학생을 바로 불러서 야단치면, 가해학생은 교사에게 일렀다는 명목으로 피해학생을 더욱 심하게 괴롭히고 따돌리는 경우가 많다. • 반 전체 앞에서 피해 및 가해학생의 이름을 지목하며 따돌림에 대해 훈계하면 피해 및 가해학생 '모두에게' 혹은 '모두가' 낙인이 찍혀 문제해결에 효과적이지 않다.
신고를 두려워하는 피해학생 돕기	• 심각한 피해일 경우, 피해학생을 설득하여 신고하도록 독려한다. 만약 따돌림 정도가 심한데 피해학생이 보복이 두려워 사안의 공개나 처벌을 반대하면 아래의 이유 등을 예로 들어 피해학생을 설득한다. - 피해를 당했을 때 아무 조치를 취하지 않으면 폭력은 점점 심해지고 지속된다. - 따돌리는 학생은 자신이 폭력을 행사하는 줄 모르기 때문에 이를 알려 주어야 가해행동을 멈춘다. • 담임교사는 학교폭력전담기구에 이를 알려 사안을 처리한다.

구분	내용
피해 및 가해학생 함께 만나지 않게 하기	• 피해 및 가해학생들을 강제로 한자리에 불러 모아 화해시키거나 오해를 풀도록 하면 안된다. • 학생들끼리 얘기하라고 교사가 자리를 비우는 경우도 있는데, 이는 적절치 않다. 따돌린 학생 다수와 따돌림 받은 학생 1명이 한 공간에 있게 되면 피해학생은 더욱 심한 공포심과 위압감을 느끼게 된다. 피해 및 가해학생은 교사가 따로 불러 상담을 한다.
피해학생 조치	• 피해학생이 정신적 피해를 심하게 입어 학교에 나오지 못하는 경우, 집에서 휴식을 취하거나, 병원 또는 상담센터에서 상담을 받도록 안내한다. • 학교에 출석하지 못하는 동안 담임교사는 학생의 학습상황을 수시로 점검하여 학습능력이 뒤쳐지지 않도록 신경을 쓴다.
가해학생 조치	• 가해학생은 실제 자신이 무엇을 잘못했는지 모르는 경우가 많다. 그러므로 가해학생의 따돌림 행동이 명확한 학교폭력이라는 것을 인식시킨다. • 담임교사나 상담교사가 수시로 가해학생을 만나 지속적으로 상담을 한다.

⑥ 사이버폭력

사이버폭력이란 상대방의 의사와 관계없이 이루어지는 인터넷 상의 게시판, 댓글 등을 통한 비방과 욕설, 허위사실 유포, 개인정보와 사생활 유출 등의 행위로 특정대상에게 불쾌감과 정신적 피해를 주는 행동을 말한다. 사이버폭력 발생 시 피해학생과 가해학생에 대한 초기 대응에 필요한 내용은 〈표 4-10〉과 같다.

표 4-10. 사이버폭력 발생 시 초기 대응

구분	내용
평소 예방교육	• 핸드폰 문자로 욕설이나 협박성 문자가 오면 어떠한 응답도 하지 않도록 지도한다. • 인터넷의 게시판이나 안티카페 등에서 공개적인 비방 및 욕설의 내용은 그 자체로 저장하도록 지도한다. • 모든 자료는 증거 확보를 위해 저장하도록 안내한다.
피해학생 조치	• 불특정 다수에게 공개되는 사이버폭력으로 인해 피해학생은 명예훼손, 모함, 비방 등을 당하여 심각한 정신적 피해를 입을 수 있다. 그러므로 피해학생을 상담교사나 상담센터와 연계하여 상담을 받도록 한다. • 교사가 증거를 철저하게 확보한 후, 사이버폭력을 지속하지 않도록 지도한다.

⑦ 성폭력

성폭력은 성을 매개로 가해지는 신체적 · 언어적 · 심리적 폭력을 의미하며 성희롱, 추행, 성폭행을 모두 포괄하는 개념이다. 성폭력을 당한 경우 반드시 「아동 및 청소년의 성보호에 관한 특례법」에 따라 수사기관에 신고하고, 전문기관 및 병원을 지정하여 정신적 · 신체적 피해 이유 및 성폭력 등 특수한 학교폭력사건에 대하여 실태조사를 의뢰한다. 그리고 피해학생의 정신적 · 신체적 피해를 치유하기 위한 조치도 실시한다. 성폭력 발생 시 피해학생과 가해학생에 대한 초기 대응에 필요한 내용은 〈표 4-11〉과 같다.

표 4-11. 성폭력 발생 시 초기 대응

구분	내용
학교장 및 교직원의 즉시 신고의무	• 학교장을 비롯해 교직원은 직무 상(학생과의 상담 과정, 학교폭력신고 접수 등) 아동 · 청소년대상 성범죄의 발생 사실을 알게 된 때에는 즉시 수사기관(112, 117)에 신고하여야 한다. • 피해학생 측의 의사와는 관계없이 반드시 신고하여야 하며, 피해학생 측에 신고 의무의 당위성을 설명하고, 신고과정에서도 수사기관에 피해학생 측의 의사를 충분히 전달한다.
피해학생의 비밀보호 철저	• 성폭력에 관하여는 피해학생의 프라이버시가 특별히 보호되어야 한다. 따라서 학교장 및 관련 교원을 제외하고는 이와 관련된 사실을 알지 못하도록 철저하게 비밀을 준수하여 2차 피해를 방지한다
피해학생 조치	• 씻어 내는 등 증거가 소멸되지 않도록 주의하여 가능한 빨리 의료기관에 이송한다. • 피해학생이 정신적 피해를 심하게 입어 학교에 나오지 못하는 경우, 관련 상담 센터에서 상담을 받게 한다.
가해학생 조치	• 학교장의 긴급조치를 통해 피해학생과 분리한다.

2) 사안조사

(1) 전담기구 구성 및 역할

학교폭력에 대한 감지와 인지, 신고와 접수가 이루어지고 난 후 학교폭력의 전담기구를 구성하여 사안조사가 이루어지게 된다. 즉, 사안조사를 위해 전담기구를 구성하게 되는데, 전담기구 구성권자는 학교의 장이며, 전담기구 구성원은 교감, 전문상담교사, 보건교사 및 책임교사(학교폭력 문제를 담당하는 교사), 학부모 등으로 학교폭력 문제를 담당하는 전담기구를 구성한다(법률 제14조제3항). 이때 학부모는 구성원의 1/3 이상이어야 하고, 학부모는 학교운영위원회에서 추천한 사람 중에서 학교장이 위촉한다. 그리고 전담기구 심의방법, 전담기구 업무분장, 학부모 구성원 임기 등 전담기구 운영에 필요한 사항은 학교의 장이 정한다. 학교폭력전담기구의 역할은 〈표 4-12〉와 같다.

표 4-12. 학교폭력전담기구의 역할

구분	내용
사안접수 및 보호자 통보	• 전담기구는 학교폭력신고 접수대장을 비치하고 117 신고센터, 학교장, 교사, 학생, 보호자 등 학교폭력 현장을 보거나 그 사실을 알게 된 자 및 기관으로부터 신고 받은 사안에 대해 기록 · 관리한다. • 학교폭력신고 접수대장은 학교장, 교원의 학교폭력 은폐 여부를 판단하는 중요한 기초자료로 활용되므로, 사소한 폭력이라도 신고한 것은 접수하여야 한다. • 접수한 사안에 대해서는 즉시 관련학생 보호자에게 통보하고, 통보일자, 통보방법 등을 기록한다.
교육(지원)청 보고	• 인지 후 48시간 이내에 교육청(교육지원청)으로 사안 보고하는 것을 원칙으로 한다. • 성폭력 사안은 반드시 수사기관(경찰청 112, 학교폭력 상담 및 신고센터 117, 학교전담경찰관)에 신고한다.
학교폭력 사안조사	• 학교폭력을 인지한 경우 피해 및 가해사실 여부에 대해 조사하여야 한다. 즉, 학교폭력을 인지한 경우, 학교의 장은 지체 없이 전담기구 또는 소속 교원으로 하여금 가해 및 피해사실 여부를 확인하도록 해야 한다. 그리고 전담기구의 협조 요청 시 해당 교사는 적극 협조해야 한다.

구분	내용
사안조사 결과보고	• 신고된 학교폭력 사안에 대해 조사를 실시하고 조사 결과를 보고서로 작성하여 학교장에게 보고한다. • 심의위원회 개최를 요청하는 경우, 위 보고서를 보완 · 수정하여 학교장과 심의위원회에 보고한다.
학교장 자체해결 부의 여부 심의	• 학교장 자체해결의 객관적 요건 충족 여부 및 피해학생과 그 보호자의 학교폭력 대책심의위원회 개최 요구 의사를 확인한다.
집중보호 또는 관찰대상 학생에 대한 생활지도	• 관련학생 담임교사와 함께 지속적인 상담 및 기록을 진행한다. • 학교폭력 가해학생 조치 기재유보 사항 기록 및 관리한다.
학교폭력 실태조사	• 학교폭력에 대한 실태조사를 실시한다. • 학교장은 실태조사와 관련하여 행정적 재정적 지원을 할 수 있다.

(2) 사안조사 절차 및 방법

사안조사 책임자는 학교장이며, 조사 담당자는 전담기구 또는 소속 교원이 담당한다. 그리고 학교폭력은 발생–조사–보고의 순서로 진행되며〈그림 4-4〉, 단계별 조치사항은 〈그림 4-5〉와 같다.

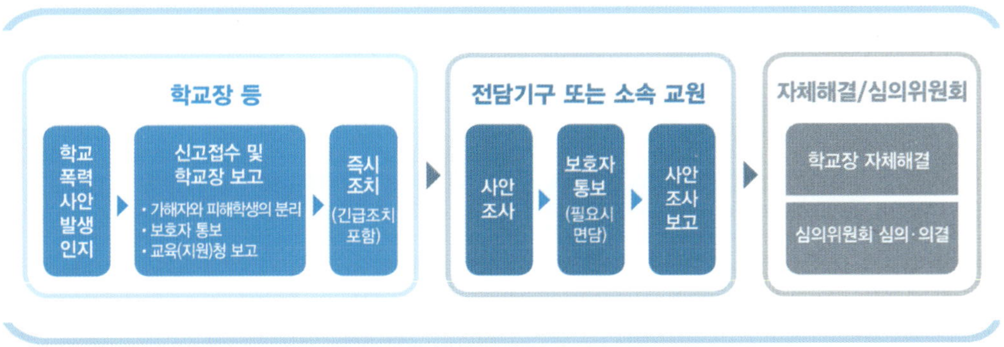

그림 4-4. **사안조사의 진행 과정**

출처: 교육부, 이화여자대학교 학교폭력예방연구소(2022). 학교폭력 사안처리 가이드북.

단계	처리내용
학교폭력 사건 발생인지	• 117 학교폭력 신고센터로부터의 통보 및 교사, 학생, 보호자 등의 신고 접수 등을 통해서 학교폭력 사건 발생 인지
▼	
신고 접수 및 학교장 · 교육청 보고 등	• 신고 접수된 사안을 학교폭력신고 접수대장에 반드시 기록 • 학교장 보고 및 담임교사 통보 • 가해자와 피해학생의 분리 • 신고 접수된 사안을 관련 학생 및 그 보호자에게 통보 • 교육(지원)청에 48시간 이내에 보고
▼	
즉시조치 (필요시 긴급조치 포함)	• 필요시 피해 및 가해학생 즉시 격리, 가해학생이 눈빛 · 표정 등으로 피해학생에게 영향력 행사 못하도록 조치 • 관련학생 안전조치(피해학생–보건실 응급처치 · 119 신고 · 병의원 진료 등, 가해학생–격리 · 심리적 안정 등) • 피해학생 및 신고 · 고발한 학생이 가해학생으로부터 보복행위를 당하지 않도록 조치 • 피해학생의 신체적 · 정신적 피해를 치유하기 위한 조치 우선 실시 • 성폭력인 경우 「아동 · 청소년의 성보호에 관한 법률」에 따라 반드시 수사기관에 신고하고, 성폭력 전문상담기관 및 병원을 지정하여 정신적 · 신체적 피해 치유 • 사안처리 초기에 긴급한 필요가 있는 경우, 법률 제16조 제1항 및 제17조 제4항에 따라 긴급 조치 실시 가능
▼	
사안조사	• 피해 및 가해사실 여부 확인을 위한 구체적인 사안조사 실시 – 관련학생의 면담, 주변학생 조사, 설문조사, 객관적인 입증자료 수집 등 • 피해 및 가해학생 심층면담 • 조사한 결과를 바탕으로 육하원칙에 따라 사안조사 보고서 작성 • 성폭력의 경우, 비밀유지에 특별히 유의 • 장애학생, 다문화학생에 대한 사안조사의 경우, 특수교육 전문가 등을 참여시켜 장애학생 및 다문화 학생의 진술 기회 확보 및 조력 제공 • 필요한 경우, 보호자 면담을 통해 각각의 요구사항을 파악하고 사안과 관련하여 조사된 내용을 관련 학생의 보호자가 충분히 이해할 수 있도록 안내
▼	
학교장 자체해결 부의 여부 심의	• 법률 제13조의2 제1항 제1호~제4호의 요건에 해당하는지 여부를 서면으로 확인 – 2주 이상의 신체적 · 정신적 치료를 요하는 진단서를 발급받지 않은 경우 – 재산상 피해가 없거나 즉각 복구된 경우 – 학교폭력이 지속적이지 않은 경우 – 학교폭력에 대한 신고, 진술, 자료제공 등에 대한 보복행위가 아닌 경우

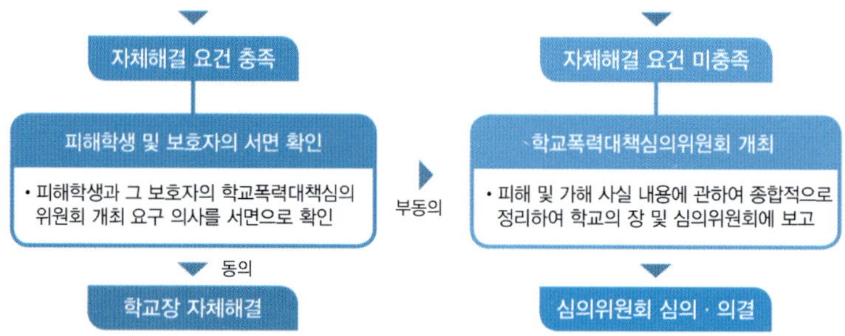

그림 4–5. **단계별 조치사항**

출처: 교육부, 이화여자대학교 학교폭력예방연구소(2022). 학교폭력 사안처리 가이드북.

(3) 가해자와 피해학생의 분리

학교의 장은 학교폭력 사건을 인지한 경우, 대통령령으로 정하는 특별한 사정이 없으면 지체 없이 가해자(교사 포함)와 피해학생을 분리하여야 한다(법률 제16조 제1항). 분리의 취지는 가해자를 피해학생으로부터 분리하여 피해학생의 심리적 불안감을 해소하고, 2차 피해를 방지하며 고조된 학교폭력 갈등 상황을 완화하고자 하는 것이다. 그리고 관련학생 쌍방이 서로 피해를 주장하며 분리를 요청하는 경우 양측의 의사를 모두 반영하여 상호분리를 하여야 한다. 또한 학교는 분리 시행 전 관련학생들에게 제도의 취지, 기간, 출결, 이후 사안처리 절차 등에 대해 충분한 설명을 하여야 한다. 가해학생과 피해학생의 분리 절차는 〈그림 4-6〉과 같다.

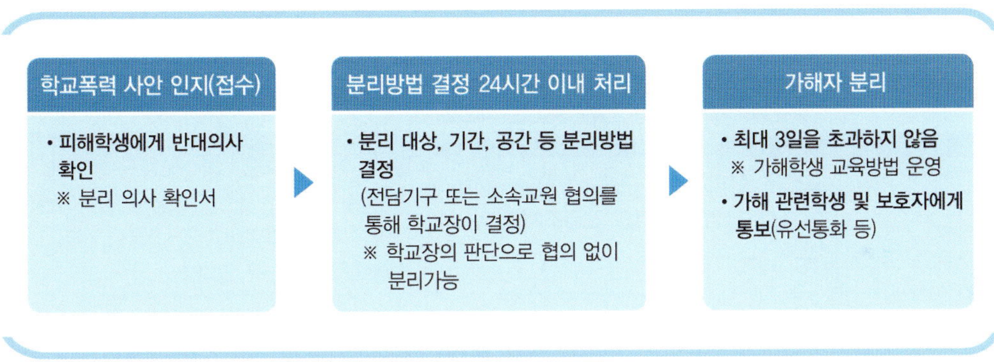

그림 4-6. 분리 절차

출처: 교육부, 이화여자대학교 학교폭력예방연구소(2022). 학교폭력 사안처리 가이드북.

분리기간은 분리방법 결정 시점으로부터 최대 3일 범위내에서 실시하되, 「학교폭력예방 및 대책에 관한 법률」 제16조 제1항 또는 제17조 제4항에 따라 긴급조치가 시행되어 가해자와 피해학생이 분리된 경우에는 종료된다.

(4) 긴급조치

심의위원회는 피해학생의 보호를 위하여 필요하다고 인정하는 때에는 피해학생에 보호를 위한 긴급조치를 결정할 수 있으며, 또한 학교의 장은 가해학생에 대한 선도가 긴급하다고 인정할 경우 가해학생 선도를 위한 긴급조치를 결정할 수 있으며, 이 경우 심의위원회에 즉시 보고하여 추인을 받아야 한다. 피해학생 보호를 위한 긴급조치와 가해학생 선도를 위한 긴급조치의 구체적인 내용은 〈표 4-13〉과 같다.

표 4-13. 피해학생 및 가해학생의 긴급조치

구분	피해학생 보호를 위한 긴급조치	가해학생 선도를 위한 긴급조치
긴급조치 결정권자	학교장	학교장
긴급조치 사유	학교장은 피해학생이 긴급보호의 요청을 하는 경우에는 학교장 자체해결 혹은 심의위원회 개최 요청 전에 제1호, 제2호 및 제6호의 조치를 할 수 있다. 다만 학교장은 심의위원회 운영 상황을 고려하여 조치 결정 전이라도 긴급조치를 할 수 있다.	학교장은 가해학생에 대한 선도가 긴급하다고 인정할 경우 학교장 자체해결 혹은 심의위원회 개최 요청 전에 우선 제1호부터 제3호까지, 제5호 및 제6호의 조치를 할 수 있으며, 제5호와 제6호는 동시에 부과할 수 있다. 다만 학교장은 심의위원회 운영 상황을 고려하여 조치 결정 전이라도 긴급조치를 할 수 있다.
긴급조치 범위	• 학내외 전문가에 의한 심리상담 및 조언(1호) • 일시 보호(2호) • 그 밖에 피해학생의 보호를 위하여 필요한 조치(6호)	• 피해학생에 대한 서면사과(1호) • 피해학생 및 신고 · 고발학생에 대한 접촉, 협박 및 보복행위의 금지(2호) • 학교에서의 봉사(3호) • 학내 · 외 전문가에 의한 특별교육이수 또는 심리치료(5호) • 출석정지(6호)

(5) 학생 및 보호자 상담

관련학생을 한 장소에 모이게 한 후 조사를 하는 것은 피해학생에게 위축감, 불안감을 줄 수 있으므로, 각자 개별적으로 상담을 실시하는 것이 좋다. 그리고 집단폭행이나 목격학생을 조사할 때에는 관련학생 모두를 한꺼번에 불러 다른 장소에서 일제히 조사하는 것이 바람직하다. 그렇지 않으면 상황을 조작할 가능성이 있고, 소수 학생의 의견에 다른 학생들이 동조할 위험이 있기 때문이다. 이때 2차 피해 예방을 위해 관련학생 상담 또는 조사과정 등이 주위에 알려지지 않도록 유의해야 한다. 가해학생을 상담할 때는 훈계나 평가를 하는 것은 오히려 역효과를 줄 수 있으므로, 비난이나 심문하는 태도를 취하지 않아야 한다.

특히 초등학교 저학년, 장애학생, 한국어능력이 없거나 부족한 중도입국·외국인학생과 탈북학생, 기타 심리적으로 불안정한 학생 등 상황 전달 및 자기표현이 부족할 수 있는 학생들에 대해서는 안정적인 분위기를 조성하는 등 더욱 세심하게 배려해야 한다. 학생 상담에 대한 내용은 〈표 4-14〉, 보호자 상담의 내용은 〈표 4-15〉와 같다.

표 4-14. 학생 상담

구분	내용
피해학생	• 적절한 위로와 지지를 해 준다. • 피해 상황과 요구를 파악한다. • 가해학생으로부터 보복을 당하지 않도록 교사가 책임감을 가지고 지도·관리할 것을 인지시켜 준다. • 사안처리 절차(자체해결, 심의위원회 개최) 및 내용, 진행과정, 준비사항(확인서, 증거자료 등), 보호 조치 등을 설명해 준다.
가해학생	• 폭력은 용인되지 않으며 가해학생이 저지른 행동은 잘못된 것이라는 사실을 알려 주고 피해학생이 당한 충격과 상처를 이해시킨다. • 조사과정에서 학생을 낙인찍지 않는다. 경우에 따라서는 쌍방 피해 및 가해학생으로 결론이 나거나 피해 및 가해학생이 뒤바뀌는 상황이 전개될 수도 있다. • 가해학생들이 폭력을 사용하게 된 상황(가정적 요인 포함)에 대해 충분히 탐색한다. • 가해학생에게 어떤 과정을 거쳐 조치가 내려지는지 알려 준다. • 추후에 가해행동이 재발되지 않도록 주의를 주고, 재발할 경우 심각한 수준의 처벌을 받을 수 있음을 알려 준다. • 가해학생이 가해행동에 대해 피해학생에게 사과할 의사가 있는지 여부를 확인하고, 사과를 희망하는 경우 진심 어린 사과를 해야 함을 안내한다.

구분	내용
목격학생	• 비밀보장에 대해 충분히 안내하여 보복에 대한 두려움을 갖지 않도록 한다. • 관련 정황을 구체적으로 확인서에 쓰도록 한다. • 목격학생의 심리적 충격여부를 확인하여 위로 등 적절한 조치를 취하고, 필요시 전문가에게 상담을 의뢰한다.

표 4-15. **보호자 상담**

- 보호자가 감정적으로 격앙되어 있을 경우, 동요하지 않고 침착하게 대응한다.
- 학교에서 책임을 회피하는 태도, 학생과 가정의 책임으로 돌리는 태도, 사안을 축소하는 태도 등을 지양하고 공정하게 사안을 조사하고 학생들을 지도할 것을 알린다.
- 보호자의 심정을 충분히 공감하고 이해하며 경청한다.
- 당사자의 개인정보(주소, 전화번호 등)를 당사자 동의 없이 상대방에게 알려 주지 않는다.
- 전담기구의 사안조사 결과 내용을 알려 줄 수는 없지만 본인 자녀의 확인서는 열람 및 복사가 가능함을 알린다.
- 장애학생의 보호자가 장애로 인해 의사소통이 어려운 경우, 특수교육전문가 등의 참여를 통해 충분한 상담이 이루어질 수 있도록 한다.
- 다문화학생(중도입국학생, 외국인학생 등)의 보호자 중 한국어가 미숙하여 의사소통이 어려운 경우, 통역을 통해 충분한 상담이 이루어질 수 있도록 한다.

2. 학교장 자체해결 및 관계회복

1) 학교장 자체해결

피해학생 및 그 보호자가 심의위원회의 개최를 원하지 아니하는 다음의 경우(2주 이상의 신체적·정신적 치료가 필요한 진단서를 발급받지 않은 경우, 재산 상 피해가 없거나 즉각 복구된 경우, 학교폭력이 지속적이지 않은 경우, 학교폭력에 대한 신고, 진술, 자료제공 등에 대한 보복행위가 아닌 경우), 즉 경미한 학교폭력의 경우 학교의 장은 학교폭력사건을 자체적으로 해결할 수 있다.

학교폭력사건을 자체적으로 해결하는 경우 피해학생과 가해학생 간에 학교폭력이 다시 발생하지 않도록 노력해야 하며, 필요한 경우에는 피해학생 · 가해학생 및 그 보호자 간의 관계회복을 위한 프로그램을 운영할 수 있다. 학교장 자체해결 사안처리 흐름도는 〈그림 4-7〉, 학교장 자체해결의 절차는 〈표 4-16〉과 같다.

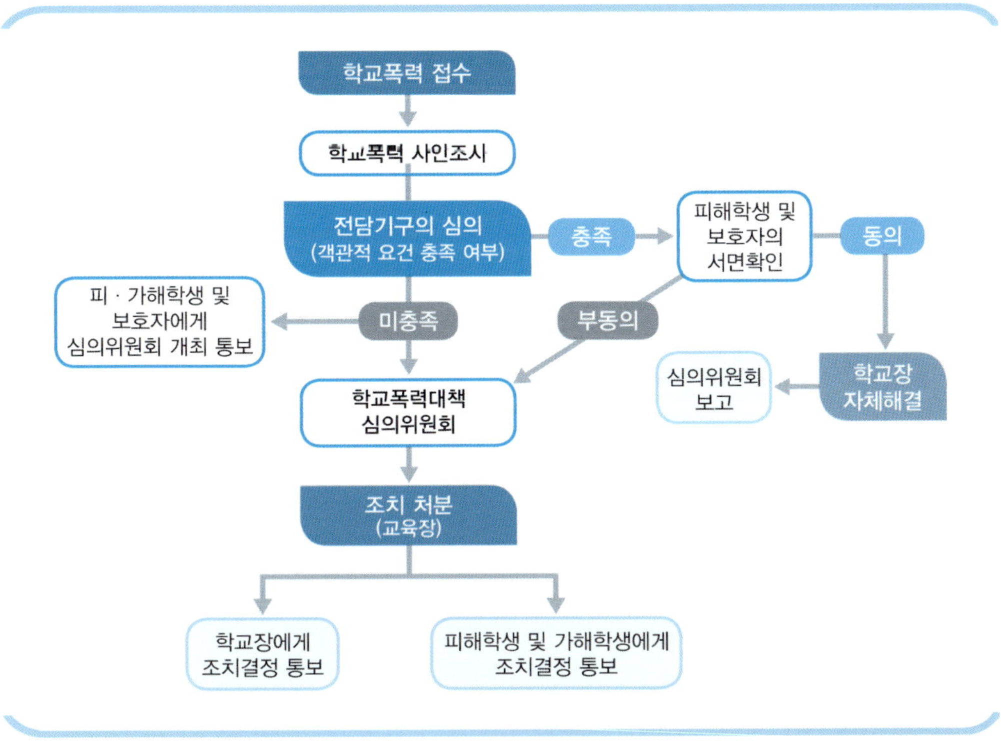

그림 4-7. 학교장 자체해결 사안처리 흐름도

출처: 교육부, 이화여자대학교 학교폭력예방연구소(2022). 학교폭력 사안처리 가이드북.

표 4-16. **학교장 자체해결의 절차**

구분	내용
학교폭력 사안 조사	• 전담기구의 사안조사 과정에서 피해 · 관련학생 및 그 보호자를 상담할 때 학교장 자체해결을 강요하지 않도록 유의한다.
전담기구 심의 시 유의사항	• 학교장의 자체해결 요건 해당 여부는 전담기구 심의에서 협의를 통해 결정한다. • 피해학생이 1명이고 가해학생이 여러 명인 경우, 학교장 자체해결 요건에 충족하더라도 피해학생이 가해학생 모두에 대해 자체해결에 동의하는 경우에 한하여 학교장 자체해결이 가능하다. 단, 피해학생이 여러 명인 경우에는 피해학생별로 학교장 자체해결 여부를 판단한다.
피해학생 및 그 보호자의 서면 확인	• 전담기구의 심의 결과 학교장 자체해결 요건에 해당하는 사안의 경우, 전담기구에서 객관적으로 판단한 기준에 대해 피해학생 및 그 보호자에게 설명하고, 피해학생과 그 보호자가 심의위원회 개최 요구 의사 확인서를 통해 학교장 자체해결에 동의하면 학교장이 자체해결할 수 있다. • 학교의 장이 자체해결한 학교폭력 사안에 대해서는 재산 상의 피해 복구를 이행하지 않거나 해당 학교폭력 사안의 조사과정에서 확인되지 않았던 사실이 추가적으로 확인된 경우를 제외하고는 피해학생 및 그 보호자가 심의위원회 개최를 요청할 수 없다는 사실을 반드시 사전에 충분히 설명한다.
학교장 자체해결 결재 및 교육(지원)청 보고	• 전담기구의 학교폭력 사안조사 보고서, 전담기구 심의결과 보고서, 피해학생 및 그 보호자의 학교폭력대책심의위원회 개최 요구 의사 확인서(학교장 자체해결 동의서)를 첨부한다. • 학교장 자체해결 결과를 교육(지원)청에 보고한다. • 가해학생 우선 출석정지 후 학교장이 자체해결하는 경우 학교장이 긴급조치를 직권으로 취소하고, 기타 부득이한 사유로 학교장의 허가를 받아 결석하는 경우로 보아 출석으로 인정할 수 있다.
관련학생 보호자 통보	• 관련학생 보호자 통보는 서면, 유선, 문자 등으로 가능하다.

2) 관계회복 및 분쟁조정

(1) 관계회복

관계회복이란 두 명 이상의 관련 대상자들이 발생 상황에 대하여 이해, 소통, 대화

등을 통해 원래 상태 또는 일상생활로 돌아갈 수 있도록 함께 노력하는 것을 말한다. 관계회복에 대한 구체적인 내용은 〈표 4-17〉과 같다.

표 4-17. **관계회복**

구분	내용
관계회복의 목적	• 관련 당사자 사이에 발생한 사안을 중심으로 개입하여 양측 관계를 회복시키는 것을 목적으로 한다. • 상호 이해 및 소통, 대화를 하는 과정을 통해 피해학생 측 입장을 충분히 고려한 진심 어린 사과(화해)와 가해학생 측의 반성에 대한 올바른 인식 정립을 하고 나아가 관계 개선을 통한 회복을 도모한다. • 심리 · 정서적 안정 및 학교와 일상생활, 또래(교우) 관계 등의 안정적 적응과 신속한 복귀, 회복을 조력한다.
운영 대상 및 방법	• 학교폭력 사안이 발생한 해당 관련 학생(피해 및 가해 측)을 대상으로 진행한다. • 사전 개별면담: 양측의 학생을 개별적으로 면담하여 각각의 욕구와 사인에 대한 해결 방식, 심리 · 정서적 상태 등을 탐색한다. • 관계회복 프로그램(직접대면 및 소통): 양측 학생이 준비와 동의가 되었을 때 서로 대면하여 소통의 과정을 통해 관계회복을 하도록 조력한다.
관계회복의 운영 주체	• 학교는 사안에 따라 누가 어떠한 역할을 수행할 것인지에 대해 논의한다. • 사안에 대한 내용 및 학생들의 상황을 잘 인지하고 있는 교사가 개입하는 것이 효과적이다. • 학교의 사정에 맞게 가장 적합한 교사에게 역할을 배정하는 것이 좋다.
관계회복 진행 시 유의사항	• 관계회복 프로그램은 양측 학생이 동의할 경우에만 진행할 수 있다. • 관계회복 프로그램은 한 명이 중단하고 싶으면 중단될 수 있다. • 관계회복 프로그램을 했다고 해서 갑자기 사이가 좋아지거나 개선이 되지 않을 수도 있다. • 학교 및 교사는 사전에 가급적 보호자와 면담을 진행하여 프로그램 취지를 잘 이해할 수 있도록 한다. • 서로 소통함으로써 안전한 학교생활을 할 수 있도록 하는 것임을 안내한다. • 관계회복 프로그램은 양측 학생이 학교 및 일상생활과 또래와의 관계에 잘 적응할 수 있도록 돕는 것임을 안내한다. • 피해학생에 대하여 모든 단계 시작 시 현재 마음과 생각, 2차 피해(재발 및 보복 등), 참여 의사 등을 확인함으로써 관계회복 프로그램 진행이 강제적인 것이 아닌 피해학생 의사를 우선으로 고려하여 진행됨을 확인시켜 주는 것이 중요하다.

(2) 분쟁조정

분쟁조정이란 피해 및 가해학생 간 또는 그 보호자 간의 손해배상에 관련된 합의조정 및 그 밖에 심의위원회가 필요하다고 인정하는 사항에 대한 심의위원회 또는 교육감의 조정을 의미한다. 분쟁조정에 대한 구체적인 내용은 〈표 4-18〉과 같다.

표 4-18. 분쟁조정

구분	내용
분쟁조정의 주체	• 학교폭력과 관련하여 분쟁이 있는 경우에 심의위원회 또는 교육감이 분쟁을 조정할 수 있다. • 심의위원회는 분쟁조정을 위하여 필요하다고 인정하는 때에는 관계기관의 협조를 얻어 학교폭력과 관련한 사항을 조사할 수 있다.
분쟁조정의 대상	• 피해 및 가해학생 간 또는 그 보호자 간의 손해배상에 관련된 합의조정 – 피해학생 측에서 치료비, 위자료 등 금전적 손해에 대한 배상을 요구하는 경우 – 가해학생 측에서 치료비, 위자료 등 금전적 손해배상을 통해 합의하고자 하는 경우 • 그 밖에 심의위원회가 필요하다고 인정하는 사항 – 심의위원회의 조치만으로는 해결이 불가능한 갈등이 있는 경우 – 제3의 전문기관을 통한 객관적, 전문적, 공정한 개입이 필요한 경우
분쟁조정의 신청	• 분쟁당사자(피해 및 가해 측)가 신청할 수 있다. 당사자는 분쟁조정신청서(분쟁조정 신청인의 성명 및 주소, 보호자의 성명 및 주소, 분쟁조정 신청의 사유가 포함되어 있음)를 작성하여 심의위원회나 교육감에게 신청한다. • 이를 위해서는 해당 당사자들에게 분쟁조정 제도가 있다는 것을 알리고 분쟁조정 관련된 절차와 내용에 대해 안내한다.
분쟁조정의 기한	• 심의위원회 또는 교육감은 분쟁조정의 신청을 받으면, 5일 이내 분쟁조정을 시작해야 한다. • 분쟁의 조정기간은 1개월을 넘지 못한다.
분쟁조정의 관할권	• 피해 및 가해학생이 같은 교육지원청 소속일 경우: 심의위원회에서 분쟁을 조정한다. • 피해 및 가해학생이 다른 교육지원청 소속일 경우 – 동일한 시 · 도교육청 관할 구역일 경우: 해당 시 · 도 교육감이 분쟁을 조정한다. – 관할구역이 다른 시 · 도교육청일 경우: 각 지역의 교육감 간에 협의를 거쳐 분쟁을 조정한다.

구분	내용
분쟁조정의 거부 · 중지 및 통보	• 심의위원회 또는 교육감은 다음에 해당하는 사유가 발생한 경우에는 분쟁조정의 개시를 거부하거나 분쟁조정을 중지할 수 있다. – 분쟁당사자 중 어느 한 쪽이 분쟁조정을 거부한 경우 – 피해학생 등이 관련된 학교폭력에 대하여 가해학생을 고소 · 고발하거나 민사소송을 제기한 경우 – 분쟁조정의 신청내용이 거짓임이 명백하거나 정당한 이유가 없다고 인정되는 경우 • 분쟁조정을 거부하거나 중지할 경우에는 그 사유를 분쟁당사자에게 서면으로 통보해야 한다.
합의서 작성	• 심의위원회 또는 교육감은 분쟁조정이 성립된 때에는 분쟁당사자의 주소와 성명, 조정대상의 분쟁내용(분쟁의 경위, 조정의 쟁점), 조정 결과를 적은 합의서를 작성하여 분쟁당사자와 피해학생 및 가해학생이 소속된 학교의 장에게 각각 통보해야 한다. • 합의서에는 심의위원회가 조정한 경우에는 분쟁당사자와 조정에 참가한 위원이, 교육감이 조정한 경우에는 분쟁당사자와 교육감이 서명 날인해야 한다.
분쟁조정의 종료 및 결과 보고	• 분쟁당사자 간에 합의가 이루어지거나 심의위원회 또는 교육감이 제시한 조정안을 분쟁당사자가 수락하는 등 분쟁조정이 성립한 경우 또는 분쟁조정 개시일로부터 1개월을 경과하도록 분쟁조정이 성립하지 아니한 경우 분쟁조정을 종료하여야 한다. • 심의위원회 또는 교육감은 분쟁조정을 거부 또는 중지하거나 분쟁조정을 종료한 경우에는 그 사유를 분쟁당사자에게 각각 통보하여야 한다. • 심의위원회의 위원장은 분쟁조정의 결과를 교육감에게 보고해야 한다.

3. 조치결정 및 이행

1) 심의위원회의 조치결정

(1) 심의위원회 구성 및 운영

학교폭력의 예방 및 대책에 관련된 사항을 심의하기 위하여 「지방교육자치에 관한 법률」 제34조 및 「제주특별자치도 설치 및 국제자유도시 조성을 위한 특별법」 제80조에 따른 교육지원청(교육지원청이 없는 경우 해당 시 · 도 조례로 정하는 기관으로 한다)에 학교폭력대책심의위원회를 둔다. 다만 심의위원회 구성에 있어 대통령령으로 정하는 사유가 있는 경우에는 교육감 보고를 거쳐 둘 이상의 교육지원청이 공동으로 심의위원회를 구성할 수 있다. 심의위원회 구성 및 운영에 대한 구체적인 내용은 〈표 4-19〉와 같다.

표 4-19. **심의위원회 구성 및 운영**

구분	내용
심의위원회의 심의사항	• 학교폭력의 예방 및 대책 • 피해학생의 보호 • 가해학생에 대한 교육, 선도 및 징계 • 피해학생과 가해학생 간의 분쟁조정 • 그 밖에 대통령령으로 정하는 사항 • 학교폭력 예방 및 대책과 관련하여 학교의 장이 건의하는 사항
심의위원회의 권한	• 해당 지역에서 발생한 학교폭력에 대한 조사 • 자료 제출 및 의견 진술 요청권 – 학교장에게 심의에 필요한 자료 또는 정보의 제출 요구 – 심의를 위해 필요한 경우 해당 학교의 관련 교원에게 의견 진술 요청 – 심의를 위해 필요한 경우 전문가 등 참고인의 의견 진술 요청 – 관할 경찰서장에게 관련자료 요청
심의위원회의 구성	• 심의위원회는 위원장 1인을 포함하여 10명 이상 50명 이내의 위원으로 구성하되, 법률에 따라 전체위원의 3분의 1 이상을 해당 교육지원청 관할 구역 내 학교(고등학교 포함)에 소속된 학부모로 위촉하여야 한다. • 학교폭력 피해 및 가해학생이 각각 다른 교육지원청 관할 구역 내 학교에 재학 중인 경우에는 교육감의 보고를 거쳐 둘 이상의 교육지원청이 공동으로 심의위원회를 구성할 수 있다.
심의위원회 운영	• 심의위원회 회의의 개의와 의결 • 심의위원회 회의록 작성 및 공개 범위 • 심의위원회의 자료 요청 • 심의위원회의 전문가 의견 청취
심의방식	• 대면 심의를 원칙으로 한다. 즉, 피해 및 가해학생과 보호자가 심의위원회에 직접 출석하여 진술해야 한다. 다만, 피해 및 가해학생 측의 요구가 있거나 도서지역의 경우 등 특별한 여건을 고려할 필요가 있는 경우, 전화, 화상, 서면 등의 심의 방식을 활용

구분	내용
	할 수 있다. 이 경우, 심의의 공정성이 최대한 확보될 수 있도록 주의가 필요하다. • 대면 심의를 위해 학생들이 심의위원회에 출석하는 경우, 다음과 같은 사항을 주의해야 한다. – 심의위원회 출석으로 인해 피해 및 가해학생의 학습권 침해를 최소화하도록 하고 기타 부득이한 사유로 학교장의 허가를 받아 결석하는 경우로 보아 출석으로 인정할 수 있음을 학교에 안내한다. – 심의위원회 개최 장소에서 피해 및 가해학생의 불필요한 접촉을 방지하도록 피해 및 가해학생의 대기실을 분리 운영한다. • 학교폭력 사안 유형에 따라 관련분야 전문가 및 관련학교 교원을 출석시켜 의견을 들을 수 있다. 관련분야 전문가 및 교원 출석에 대한 내용을 심의위원들에게 사전 공지하여 심의위원들이 이를 활용할 수 있도록 지원한다. – 심의위원회는 다문화학생과 장애학생이 학교폭력 관련학생인 경우, 관련분야의 전문가를 참석시켜 의견을 들을 수 있다. – 심의위원회는 성 사안과 사이버폭력 사안의 경우에도 관련분야의 전문가를 회의에 참석시켜 의견을 들을 수 있다. – 심의위원회는 필요하다고 판단하는 경우, 피해 및 가해학생이 재학 중인 학교의 교직원 등(관리자, 책임교사, 담임교사, 학생 보호 인력 등)을 출석하게 하여 의견을 들을 수 있다. • 그 밖에 심의위원회 운영에 관하여 필요한 사항은 교육장이 정한다.
심의기간	• 심의위원회는 학교의 요청이 있는 경우, 21일 이내에 개최하는 것을 원칙으로 하되 상황에 따라 7일 이내에서 연장 가능하다.
심의위원회의 개최 취소 요청	• 피해학생과 그 보호자가 학교장 자체해결에 동의하지 않아 심의위원회 개최가 요청된 경우에는 피해학생과 그 보호자가 심의위원회 개최 이전까지 심의위원회 개최 요구 취소 의사를 학교에 서면으로 표명 시, 학교장은 심의위원회 개최 요청을 취소할 수 있다.
비밀누설금지	• 학교폭력의 예방 및 대책에 관련된 업무를 수행하거나 수행하였던 자는 그 직무로 알게 된 비밀 또는 피해 및 가해학생 및 신고자 고발자와 관련된 자료를 누설하여서는 아니된다. 이를 위반한 자는 1년 이하의 징역 또는 1천만원 이하의 벌금에 처한다. • 비밀의 범위 – 학교폭력 피해 및 가해학생 개인 및 가족의 성명, 주민등록번호 및 주소 등 개인정보에 관한 사항 – 학교폭력 피해 및 가해학생에 대한 심의 · 의결과 관련된 개인별 발언 내용 – 그 밖에 외부로 누설될 경우 분쟁당사자 간에 논란을 일으킬 우려가 있음이 명백한 사항

(2) 심의위원회 절차에 따른 학교의 역할

심의위원회 절차에 따른 학교의 역할은 심의위원회 소집, 심의위원회 준비 및 심의위원회 개최이며, 구체적인 내용은 〈그림 4-8, 표 4-20〉과 같다.

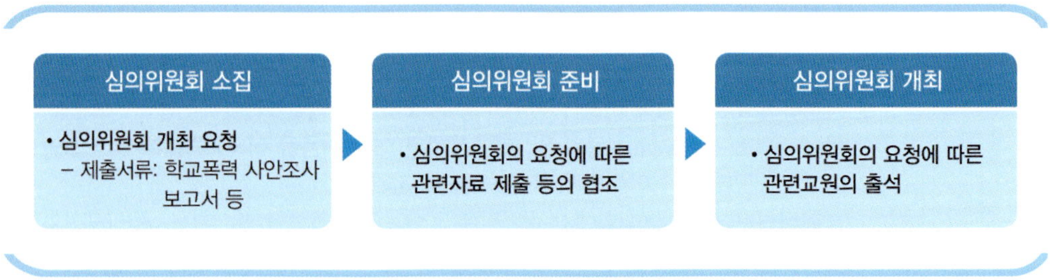

그림 4-8. **심의위원회 절차에 따른 학교의 역할**

출처: 교육부, 이화여자대학교 학교폭력예방연구소(2022). 학교폭력 사안처리 가이드북.

표 4-20. **심의위원회 절차에 따른 학교의 역할**

구분	내용
심의위원회 개최 요청	• 학교에서 관할 교육지원청으로 공문 발송 – 학교장 자체해결 사안이 아닌 학교폭력은 심의위원회에 회부하여 처리 – 학교폭력 사안조사 보고서와 관련서류를 구비하여 교육지원청에 공문으로 발송
심의위원회의 요청에 따른 관련자료 제출 등의 협조	• 심의위원회는 해당 지역에서 발생한 학교폭력에 대하여 학교장 및 관할 경찰서장에게 관련자료를 요청할 수 있다. • 심의위원회는 필요하다고 인정할 때에는 학교폭력이 발생한 해당 학교 소속 교원이나 학교폭력 예방 및 대책과 관련된 분야의 전문가 등을 출석하게 하거나 서면 등의 방법으로 의견을 들을 수 있다.
심의위원회의 요청에 따른 관련교원의 출석	• 심의위원회는 심의를 위해 필요한 경우, 해당 학교의 관련교원에게 의견을 들을 수 있으므로 학교는 이에 최대한 협조하여야 한다. • 학교의 여건 및 사안의 특성에 따라 출석진술 이외에도 심의위원회의 요청에 따라 서면 제출, (영상)통화, 사전면담 등 다양한 방법으로 협조할 수 있다.

(3) 조치결정 이후의 절차

심의위원회는 회의의 일시, 장소, 출석위원, 토의내용 및 의결사항 등이 기록된 회의록을 작성 · 보존하여야 한다. 심의위원회는 피해학생의 보호를 위하여 필요하다고 인정하는 때에는 피해학생에 대하여 해당하는 조치를 할 것을 교육장(교육장이 없는 경우 제12조 제1항에 따라 조례로 정한 기관의 장으로 한다)에게 요청할 수 있다. 그리고 심의위원회의 회의는 공개하지 아니한다. 다만, 피해학생 · 가해학생 또는 그 보호자가 회의록의 열람 · 복사 등 회의록 공개를 신청한 때에는 학생과 그 가족의 성명, 주민등록번호 및 주소, 위원의 성명 등 개인정보에 관한 사항을 제외하고 공개하여야 한다. 피해 및 가해 측에 대한 조치결정 통보는 〈표 4-21〉, 학교장에 대한 조치결정 통보는 〈표 4-22〉와 같다.

표 4-21. 피해 및 가해 측에 대한 조치결정 통보

구분	내용
피해 및 가해 측에게 조치결정 통보	• 교육장(조치권자)은 심의위원회 조치결정 후, 피해 및 가해 측에 서면으로 조치결정을 통보한다. • 관련학생에게 내려진 조치뿐만 아니라, 조치가 내려진 근거와 이유를 제시해야 한다. • 가해학생이 다수인 경우 가해학생별로 따로 조치결정을 기재하여 통보한다.
조치결정이 유보된 경우	• 사안이 복잡하거나 여러 학교가 관련되어 있어 심의가 어려운 경우, 감염병 전염 및 확산 등으로 관련학생의 진술이 불가능할 경우 등에는 심의위원회는 조치결정을 유보하고 추가 조사 등을 한 후 심의위원회를 다시 개최하여 의결할 수 있다. • 이때 조치결정이 유보된 사실과 유보된 사유 등을 피해 및 가해 측에게 서면으로 통보한다.

표 4-22. **학교장에 대한 조치결정 통보**

구분	내용
학교장에게 조치결정 통보	• 교육장은 조치결정 후 학교에 공문으로 조치결정을 통보한다. • 이때 학교장은 교육장의 조치결정에 따른 조치의 이행에 협조하여야 한다.
학교장의 조치이행 결과 보고	• 학교장은 가해 측이 조치결정을 통보받은 후 조치이행이 이루어질 수 있도록 한다. • 조치를 이행한 후에는 교육(지원)청에 그 결과를 보고한다. • 가해학생이 조치를 통보받고 상당한 기간 내에 미이행 할 경우, 학교장은 미이행 학생 명단을 교육장(심의위원회)에게 보고한다.

2) 피해 및 가해학생 조치

(1) 피해학생에 대한 보호조치

학교폭력 피해학생으로 보호조치 결정을 받은 경우, 학교는 피해학생 및 보호자에게 학교폭력 피해학생 전담지원기관에 대한 정보사항을 안내하여 지원을 받을 수 있도록 한다. 그리고 피해학생 보호조치의 요청이 있는 때에는 교육장은 피해학생의 보호자의 동의를 받아 7일 이내에 해당 조치를 하여야 한다. 피해학생 보호조치는 〈표 4-23〉과 같다.

표 4-23. **피해학생 보호조치**

구분	항목	내용
제1호	학교내 · 외 전문가에 의한 심리상담 및 조언	• 학교폭력으로 받은 정신적 · 심리적 충격으로부터 회복할 수 있도록 학교내 · 외의 심리상담 전문가로부터 심리상담 및 조언을 받도록 하는 조치이다. 학교내 상담교사가 없을 시 지역 내 피해학생 전담지원기관, 위(Wee)센터, 정신건강복지센터, 청소년상담복지센터, 전문 상담기관 등 외부 기관을 통하여 진행할 수 있다.

구분	항목	내용
제2호	일시보호	• 가해학생으로부터 지속적인 폭력이나 보복을 당할 우려가 있는 경우, 일시적으로 보호시설이나 집 또는 학교상담실 등에서 보호를 받을 수 있도록 하는 조치이다.
제3호	치료 및 치료를 위한 요양	• 학교폭력으로 인하여 생긴 신체적 · 정신적 상처의 치유를 위하여 의료기관 등에서 치료를 받도록 하는 조치이다. • 피해학생이 보호조치로 집이나 요양기관에서 신체적 · 심리적 치료를 받을 때는 치료기간이 명시된 진단서 또는 관련 증빙자료를 첨부하여 학교에 제출하도록 보호자에게 안내할 수 있다.
제4호	학급교체	• 지속적인 학교폭력 상황 및 정신적 상처에서 벗어나도록 하기 위해서 피해학생을 동일 학교내의 다른 학급으로 소속을 옮겨 주는 조치이다. • 피해학생 입장에서는 새로운 학급에 적응해야 하는 부담이 있으므로, 조치 결정에 있어 피해학생 및 보호자의 의견을 적극 반영하는 것이 바람직하다.
제5호	기존 전학권고 조치는 삭제됨	• 학교의 장은 학생의 교육환경을 바꾸어 줄 필요가 있다고 인정하는 경우, 다른 학교로 전학을 추천할 수 있다. 단, 초등학교의 경우 보호자 1인의 동의를 얻어야 하며, 해당 시도교육청 및 교육지원청별 전 · 편입학 업무 시행지침에 따른다.
제6호	그 밖에 피해학생의 보호를 위하여 필요한 조치	• 학교폭력 피해 유형 및 연령 특성 등을 감안하여 필요시 해바라기센터 지정 병원 등 의료기관 연계, 대한법률구조공단과 같은 법률 구조기관, 학교폭력 관련기관 등에 필요한 협조와 지원요청 등을 할 수 있다.

(2) 가해학생에 대한 조치

가해학생 조치 이행 시 특별한 경우(방학기간 중, 자율학습, 졸업예정 등)를 제외하고는 학기 중에 이행할 수 있도록 하는 것이 바람직하다. 가해학생 교육 · 선도 조치는 〈표 4-24〉와 같다.

표 4-24. 가해학생 교육 · 선도 조치

구분	항목	내용
제1호	피해학생에 대한 서면사과	• 가해학생이 피해학생에게 서면으로 그동안의 폭력행위에 대하여 사과하는 조치이다.
제2호	피해학생 및 신고 · 고발 학생에 대한 접촉, 협박 및 보복행위의 금지	• 피해학생이나 신고 · 고발학생에 대한 가해학생의 접근을 막아 더 이상의 폭력이나 보복을 막기 위한 조치이다.
제3호	학교에서의 봉사	• 교내에서 봉사활동을 통해 자신의 행동을 반성하는 기회를 주기 위한 조치이다.
제4호	사회봉사	• 학교 밖 행정 및 공공기관 등 관련기관에서 사회구성원으로서의 책임감을 느끼고, 봉사를 통해 반성하는 시간을 마련하기 위한 조치이다.
제5호	학내외 전문가에 의한 특별교육이수 또는 심리치료	• 가해학생이 봉사활동 등을 통하여 스스로의 행동을 반성하는 것이 어려워 보이는 경우에 전문가의 도움을 받아 폭력에 대한 인식을 개선하고 스스로의 행동을 반성하게 하는 조치이다.
제6호	출석정지	• 가해학생을 수업에 출석하지 못하게 함으로써 일시적으로 피해학생과 격리시켜 피해학생을 보호하고, 가해학생에게는 반성의 기회를 주기 위한 조치이다. 가해학생에 대한 출석정지 기간은 출석일수에 산입하지 않는다.
제7호	학급교체	• 가해학생을 피해학생으로부터 격리하기 위하여 같은 학교내의 다른 학급으로 옮기는 조치이다.
제8호	전학	• 가해학생을 피해학생으로부터 격리시키고 피해학생에 대해 더 이상의 폭력행위를 하지 못하도록 하기 위하여 다른 학교로 소속을 옮기도록 하는 조치이다. 가해학생이 다른 학교로 전학을 간 이후에는 전학 전의 피해학생 소속 학교로 다시 전학 올 수 없도록 하여야 한다.
제9호	퇴학처분	• 피해학생을 보호하고 가해학생을 선도 · 교육할 수 없다고 인정될 때 취하는 조치이다. 다만 의무교육과정에 있는 가해학생에 대하여는 적용하지 아니한다.

(3) 가해학생 및 보호자 특별교육

심의위원회는 피해학생의 보호와 가해학생의 선도 · 교육을 위하여 가해학생에 대하여 학내 · 외 전문가에 의한 특별 교육이수 또는 심리치료를 할 것을 교육장에게 요청하여야 하며, 각 조치별 적용 기준은 대통령령으로 정한다. 가해학생 및 보호자 특별교육에 대한 내용은 <표 4-25>와 같다.

표 4-25. 가해학생 및 보호자 특별교육

구분	내용
가해학생 특별교육	• 처분을 받은 가해학생은 교육감이 정한 기관에서 특별교육을 이수하거나 심리치료를 받아야 하며, 그 기간은 심의위원회에서 정한다. 이때 심의위원회는 학교폭력 재발여부를 고려하여 그 기간을 늘릴 수 있다.
가해학생 보호자 특별교육	• 교육장은 학교폭력대책심의위원회에서 가해학생에게 '조치로서의 특별교육' 또는 '부가된 특별교육'을 내린 경우 가해학생의 보호자에게도 특별교육을 이수하도록 서면으로 통보하여야 한다. • 보호자가 특별교육에 불응한 경우, 교육감은 법률에 의하여 300만원의 과태료가 부과됨을 안내하고, 특별교육을 이수할 것을 재통보하여야 하며, 이를 불응한 경우 법률에 의거하여 과태료를 부과 · 징수하여야 한다.

3) 조치에 대한 불복절차

(1) 행정심판

행정심판이란 행정청의 위법 · 부당한 처분이나 부작위로 권리 또는 이익을 침해받은 국민이 이를 회복하기 위하여 행정기관에 제기하는 권리구제제도이다. 즉, 학교폭력 사안에 대해 교육장이 「학교폭력예방 및 대책에 관한 법률」 제16조 제1항 및 제17조 제1항에 따라 내린 조치에 대하여 이의가 있는 피해학생 또는 그 보호자는 「행정심판

법」에 따른 행정심판을 청구할 수 있다. 행정심판에 대한 구체적인 내용은 〈표 4-26〉과 같다.

표 4-26. 행정심판의 내용

구분	내용
행정심판의 대상	• 피해학생 또는 그 보호자는 교육장의 조치(법률 제16조 제1항 각호 및 제17조 제1항 각호)에 대하여 행정심판을 청구할 수 있다. • 가해학생 또는 그 보호자는 교육장의 조치(법률 제17조 제1항 각호)에 대하여 행정심판을 청구할 수 있다. • 행정청인 교육장의 처분에 대한 불복절차이므로 학교의 설립형태(국 · 공립 및 사립)에 관계없이 행정심판을 청구할 수 있다.
행정심판 청구기간	• 교육장의 조치에 대하여는 처분이 있음을 알게 된 날부터 90일 이내, 처분이 있었던 날부터 180일 이내에 행정심판을 청구할 수 있다. 이 두 기간 중 어느 하나라도 도과하면 행정심판 청구를 할 수 없다. • 처분이 있음을 알게 된 날이란 교육장의 조치가 있음을 '현실적으로 안 날'을 의미한다. • '처분이 있었던 날'이란 교육장 명의의 조치결정 통보서가 '당사자에게 도달하여 해당 조치가 성립한 날'을 의미한다.
행정심판 기관	• 행정심판은 해당 교육청 행정심판위원회에 청구한다.
집행정지	• 행정심판의 청구는 처분의 효력이나 그 집행 또는 절차의 속행에 영향을 주지 아니하므로, 처분의 효력, 처분의 집행 또는 절차의 속행을 정지하려면 행정심판위원회의 집행정지 결정이 있어야 한다.

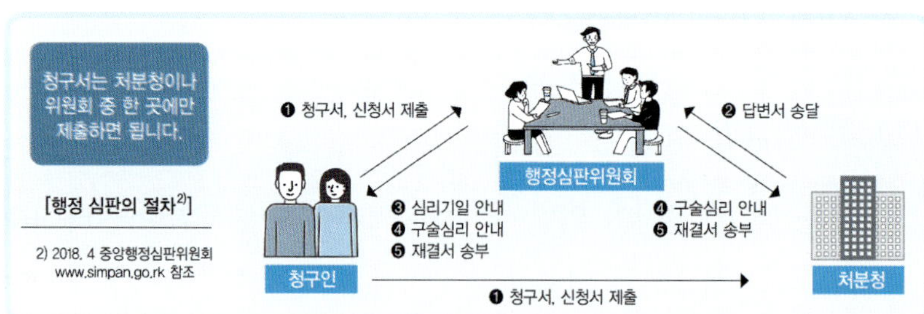

그림 4-9. 집행정지

(2) 행정소송

행정소송이란 행정청의 위법한 처분 그 밖에 공권력의 행사·불행사 등으로 인한 국민의 권리 또는 이익의 침해를 구제하고, 공법 상의 권리관계 또는 법적용에 관한 다툼을 적정하게 해결하기 위하여 법원이 행하는 재판절차이다. 교육장의 조치에 대하여 이의가 있는 당사자는 행정심판을 거치지 않고 바로 행정소송을 제기할 수 있으며, 구체적인 내용은 〈표 4-27〉과 같다.

표 4-27. **행정소송**

구분	내용
제소기간	• 취소소송은 처분이 있음을 안 날부터 90일 이내에 제기하여야 하며, 처분이 있은 날로부터 1년을 경과하면 제기할 수 없다. • 행정심판을 거쳐 행정소송을 제기한 경우에는 '행정심판 재결서의 정본을 송달받은 날'부터 기간을 계산한다.
당사자	• 처분의 취소 또는 무효를 구하는 학생이 원고가 되고(미성년자인 경우에는 법정대리인이 대리하여야 함), 교육장이 피고가 된다. • 취소소송의 제기는 처분 등의 효력이나 그 집행 또는 절차의 속행에 영향을 주지 아니하므로 처분의 절차 또는 효력을 정지하기 위해서는 집행정지 결정이 있어야 한다.

Chapter

05

학교폭력의 가해자와 피해자 및 방관자

배울내용

1. 학교폭력의 가해자
2. 학교폭력의 피해자
3. 학교폭력의 방관자

학습목표

1. 학교폭력의 가해자, 피해자, 방관자의 행동특성을 파악하여 학교폭력을 예방할 수 있다.
2. 가해학생에 대한 재발방지 적응프로그램을 계획하여 실행할 수 있다.
3. 피해학생에 대한 치유프로그램을 계획하여 실행할 수 있다.
4. 학교폭력 예방 프로그램의 적용으로 방관자에 대한 긍정적인 개입을 실천할 수 있다.

개 요

학교에서 다른 학생들에게 폭력을 가하는 학생 중 상당수가 한때 선배나 동료 학생들로부터 피해를 당했던 학생이다. 따라서 가해학생과 피해학생을 엄격하게 구분하는 것이 쉽지 않으며, 어떤 면에서는 학교폭력 장면에서 순수한 가해자는 없고, 관련 당사자들은 물론 그들의 부모와 교사, 그리고 학교폭력을 목격하는 학생들 모두가 피해자라고 볼 수 있다. 따라서 이 장에서는 학교폭력에 대한 가해자, 피해자, 방관자에 대한 정의와 심리적 특성을 개괄하고, 학교폭력이 그들에게 미치는 영향에 대해 살펴보고자 한다. 더불어 가해자, 피해자, 방관자에 대한 역할과 대책, 프로그램을 통해 그들의 행동을 더 건강하고 대안적인 행동으로 변화시키는 데 도움을 주고자 한다.

Chapter

05

학교폭력의 가해자와 피해자 및 방관자

일반적으로 청소년기는 새로운 것에 대한 적응이 요구되는 불안의 시기이며, 급격한 성장은 신체적 변화와 성인기로의 생활 확대에 따른 적응문제를 수반하게 된다. 그리고 이 시기는 잦은 감정변화로 자신의 의지와 사고를 통제하기가 어려운 시기이기도 하다. 이때를 잘 극복하면 성장에 도움이 되지만, 그렇지 못할 경우 좌절의 악순환을 가져오고 결국 문제해결을 반사회적 폭력행동에 의존하기도 한다.

학교폭력은 가해자와 피해자 모두가 청소년인 경우가 많기 때문에 청소년 폭력의 피해자이면서 동시에 가해자가 될 수 있다는 점에서 더욱 심각하다. 이와 같은 견해에 따라 학교폭력 문제의 해결 실마리는 가해학생과 피해학생 및 방관자 학생의 특성에 대한 검토에서 시작됨을 알 수 있다. 따라서 본 장에서는 가해학생과 피해학생 및 방관자 학생의 특성에 대해 살펴보고자 한다.

1. 학교폭력의 가해자

1) 학교폭력 가해자의 정의와 특성

(1) 학교폭력 가해자의 정의

학교폭력의 가해자에 대한 개념은 많은 학자들에 의해 정의되고 있으나, 「학교폭력 예방 및 대책에 관한 법률」에 따르면 “가해학생”이란 가해자 중에서 학교폭력을 행사하거나 그 행위에 가담한 학생이라고 포괄적 정의를 내리고 있다.

올베우스(Olweus, 1994)는 가해자는 피해자에게 가해를 시작하고 적극적으로 가해행동을 하는 사람이라고 정의하였으며, 또한 학교폭력은 학교를 중심으로 또래 간에 발생하는 폭력행위로 한 학생이 개인이나 집단에 의해 지속적이고 반복적으로 행해지는 부정적 행위이며, 힘의 불균형으로 이루어진 대인관계의 형태라고 하였다. 이러한 가해행동은 공격성이 강화되고 극단화된 행동의 형태라고 할 수 있으며, 공격성은 학교 내 · 외라는 특정한 장소에서 학생들 사이에 발생하는 문제로 한정된다.

그리고 스티븐슨과 스미스(Stephenson & Smith, 1989)는 가해자를 일반적인 가해자와 불안한 가해자로 구분하였다. 일반적인 가해자는 강하고, 단호하며, 쉽게 흥분하고, 공격행동을 즐긴다. 반면 불안한 가해자는 심리 · 정서적으로 불안정하며, 학업성적이 낮고 대체로 인기도가 낮은 집단으로 구분하였다.

집단따돌림과 또래 괴롭힘은 학교폭력과 유사한 개념으로, 이러한 행동을 주도적으로 행하거나, 암묵적으로 동조하고, 적극적으로 협조한 학생들을 가해자로 정의하게 된다.

(2) 학교폭력 가해학생의 특성

학교폭력의 가해학생의 가장 두드러지는 특성은 공격성과 충동성이다. 또한 권력과 지배에 대한 욕구가 강하여 남을 지배하고 굴복시키는 것을 즐긴다. 즉, 본인의 행위에 대한 책임을 회피하고 피해학생의 원인제공이라는 측면을 주장하기도 하며, 주변환경에 대해 다소 적대감을 품고 있는 경우가 대다수를 차지한다. 록우드(Lockwood)는 청소년기에 발생하는 폭력행위의 경우 가해학생들이 폭력행동을 하는 네는 크게 4가지 목적이 있다고 주장한다.

표 5-1. 폭력행위의 목적

- 적대적 관계에 있는 학생들에 대한 징벌이다.
- 상대학생으로부터 굴복을 얻어 내기 위함이다.
- 자신 또는 다른 학생을 위한 방어이다.
- 자신의 체면, 자존감의 수호, 명성을 유지하기 위해서다.

이들은 대부분 다른 비행문제를 동시에 가지고 있으며, 비행하위집단에 소속되어 동료들과 함께 폭력행위에 가담하는 경우가 많다. 그러나 최근에는 이러한 전통적 개념의 특성과는 별개로, 근거 없는 공격성과 무분별한 폭력행위를 발현하는 경우가 늘어나고 있는 추세인데, 이러한 점은 인터넷 공간의 확장과 익숙함 등의 주변 환경의 변화에 따른 행태의 다각화로 분석할 수 있다. 학교폭력 가해자들의 특징은 〈표 5-2〉, 전형적인 학교폭력 가해학생의 징후는 〈표 5-3〉, 잠재적인 학교폭력 가해학생의 징후는 〈표 5-4〉, 학교폭력 가해행동의 결과는 〈표 5-5〉와 같다.

표 5-2. **학교폭력 가해자들의 특징**

구분	내용
공격성	학급 친구나 학생들을 대상으로 한 가해학생들의 공격적인 행동은 폭력을 즐기는 것으로 보이기도 하며, 그들은 이것을 통해 자신의 위상을 높이려는 과시욕과 벗어나고 싶은 좌절을 해소하려 한다. 그들은 자신의 공격적인 행동으로 피해를 입는 학생에 대한 죄의식을 전혀 갖지 않고 자신과는 무관하다고 생각하며, 감정이입이 전혀 일어나지 않는 특징을 지닌다. 이러한 공격성은 개인이 가지고 있는 성격이나 기질과도 관련이 있을 수 있으며, 폭력을 관찰하거나 당해 본 경험이 있는 사람들은 더 공격적이며 폭력을 행사할 가능성이 높다. 조용하고 내성적인 기질의 아동에 비하여 활동적이고 외향적인 기질의 아동이 좀 더 공격적인 청소년으로 발달할 가능성이 높다.
충동성	충동적인 가해자들은 판단이나 행동이 당시의 기분에 의해 좌우되어 충동적인 폭력으로 문제를 해결하려는 경향이 있다. 이러한 충동적인 행동은 행동장애의 징후로 볼 수 있으며, 인내심이나 자제력이 결여되어 자기통제가 불가능하게 되고, 따라서 가해행동을 하게 될 가능성이 높다. 또한 충동적인 사람은 반항적이며 화를 잘 내고, 타인에 대한 우호성과 책임성이 부족하다. 아동기의 충동성은 청소년기나 성인기의 부적응이나 비행과 관련이 있는 것으로 보고 있다. 충동적인 사람들은 자신의 행위에 의해 나타날 결과를 생각하지 않기 때문에 처벌 결과가 큰 위협이 되지 않는다. 그러나 충동성을 달리 보면 열등감으로 볼 수도 있다.
높은 지배욕	타인에 대한 높은 지배욕은 가해자들의 또 다른 특성 중 하나이다. 가해자들은 급우나 학생들에게 폭력을 행사함으로써 자신의 지배욕을 충족시키고, 목표 성취라는 긍정적 강화를 통해 자신의 폭력적 행동을 더욱더 강화시켜 나간다. 타인에 대한 높은 지배욕은 개인의 기질적 특성과 연관성이 있다.
낮은 공감능력	공감능력이 부족한 가해학생들은 피해자가 폭력을 사용하게 만들었다며, 폭력을 정당화하는 경향이 있다. 그러나 일부 가해학생들은 일반학생들에 비해 인지적 공감능력이 뛰어나 상대방을 어떻게 괴롭혀야 하는지를 알고 피해학생을 괴롭히는 경우도 있다. 이러한 경우는 인지적 공감능력은 있으나 정서적 공감능력의 부족으로 인해 발생하는 것이라고 보고 있다.

표 5-3. **전형적인 학교폭력 가해학생의 징후**

- 부모와 대화가 적고, 반항하거나 화를 잘 낸다.
- 친구관계를 중요시하며 귀가시간이 늦거나 불규칙하다.
- 다른 학생을 종종 때리거나, 동물을 괴롭히는 모습을 보인다.
- 자신의 문제 행동에 대해서 이유와 핑계가 많고, 과도하게 자존심이 강하다.

- 성미가 급하고, 충동적이며 공격적이다.
- 자신의 문제행동에 대해서 이유와 핑계가 많다.
- 옷차림이나 과도한 화장, 문신 등 외모를 과장되게 꾸며 또래관계에서 위협감을 조성한다.
- 폭력과 장난을 구별하지 못하여 갈등상황에 자주 노출된다.
- 평소 욕설 및 친구를 비하하는 표현을 자주한다.
- SNS 상에 타인을 비하, 저격하는 발언을 거침없이 게시한다.

출처: 교육부, 이화여자대학교 학교폭력예방연구소(2022). 학교폭력 사안처리 가이드북.

표 5-4. 잠재적인 학교폭력 가해학생의 징후

- 어떤 특정집단에 소속되어 있을 수 있다.
- 자신의 문제를 폭력적으로 해결하고자 하는 경향이 있다.
- 눈에 띄게 잘 흥분하고 지나치게 활발하다.
- 음주나 흡연, 약물과 같은 기타 문제행동과 관련되어 있을 가능성이 높다.
- 주위사람들이 자신을 부당하게 취급한다고 생각한다.
- 자신의 행동반경이나 규칙들이 자신을 억압한다고 느낀다.
- 비판에 대해 매우 민감하다.
- 반사회적, 비사회적, 정신병리적 문제가 있을 수 있다.

표 5-5. 학교폭력 가해행동의 결과

- 모든 것을 폭력으로 해결할 수 있다는 왜곡된 가치관을 형성할 수 있다.
- 학업능력의 저하로 사회적응을 실패할 가능성이 높으며, 자아실현의 기회가 상실될 수 있다.
- 법을 위반하는 행동이 강화되고 반사회적 규범이 학습되어 반사회적 인격장애로 발전될 수 있다.
- 공격적 충동(불안과 분노)을 조절하지 못하는 심리적 장애를 가지게 될 수 있다.
- 학교부적응과 단절된 대인관계로 인하여 성인이 된 이후에도 반사회적 행동이 지속될 수 있다.
- 왜곡된 방식으로 인정받으려는 욕구로 인하여 자신의 행동을 책임지지 못하는 사회인으로 성장 가능성이 높다.

올베우스(Olweus, 1994)의 연구결과에 의하면, 청소년기 폭력 가해자들의 1/3 이상이 성인기의 범죄자로 낙인찍힌 삶을 살아가게 된다고 한다. 스웨덴에서 이루어진 종단연구에 따르면 초등학교 6학년에서 중학교 3학년 때 가해자였던 남학생들의 약 60%가 24세까지 최소 한 가지 이상의 범죄를 저지른 것으로 보고되었다. 특히 가해학생의 경우 35~40%는 세 번 이상의 반복적인 범죄를 저질렀다. 이와 같은 결과를 통해 학교폭력 가해자들이 일반 아동들에 비해 상습적인 범죄자가 될 가능성이 매우 높다는 사실을 알 수 있다.

2) 학교폭력 가해학생에 대한 대책

학교폭력 가해학생에 대해서는 피해학생에 대한 사과, 학급교체, 전학, 학교에서의 봉사, 사회봉사, 학내 외 전문가에 의한 특별 교육 이수 또는 심리치료 등의 조치를 취할 수 있다(〈표 4-24〉 참조).

학교폭력 가해행동의 원인은 다양할 뿐만 아니라 원인과 관련하여 학자들은 다양하게 설명한다. 일반적으로 학교폭력 가해행동의 개인적인 원인으로 행위자의 내재적 특성에 초점을 두는 신체적 특성, 유전적 특성, 성격적 특성 등 개인차 요인에서 그 원인을 찾는다. 따라서 학교폭력에 대한 사후 조치도 보복이나 응징보다는 가해자의 병리적인 성격 특성을 치료해야 하며, 집단 치료 프로그램과 같은 치료모델을 권장하고 있다.

(1) 가해학생 예방 및 재발방지 적응 프로그램

학교폭력 예방교육에 있어서는 학교폭력 가능성이 있는 학생들에 대한 학교폭력 예방교육과 학교폭력 경험이 있는 가해학생에 대한 재발방지의 적응교육이 필요하다. 학교폭력 행동을 보이는 학생들은 우발적인 경우도 있지만 품행장애 현상을 보이는 경우가 많다.

일반적으로 품행장애 학생들은 타인의 권리나 감정을 별로 고려하지 않으며, 잘못에 대한 죄의식이 없이 남에게 비난을 잘한다. 욕구좌절과 인내력이 약하여 자신의 욕구가 관철되지 못하면 분노폭발이나 공격적 행동으로 대처하며, 학교에서 정학이나 퇴학 등의 문제를 갖기도 한다. 이들은 주의력결핍 과잉행동장애 및 적대적 반항장애와의 관계가 밀접하여 초기의 주의력결핍 증상이 적대적 반항을 거쳐 품행장애로 발달하는 경우가 많다. 따라서 학교폭력 가능성과 경험이 있는 품행장애 학생들을 위해서는 품성계발, 도덕성 증진, 분노조절, 시간 · 정신에너지 관리, 자기존중감 증진, 의지계발을 위한 프로그램 등이 요구된다. 나아가 자기표현과 주장능력을 향상할 수 있는 자기주장훈련 프로그램, 친밀감 표현방식의 변화와 표현력 증진을 위한 사회성 증진 프로그램 등도 포함될 수 있다. 학교폭력 예방을 위한 가해학생의 학교 적응교육은 다양한 심성계발프로그램 적응을 통해 효과가 나타날 수 있으며, 구체적인 프로그램 및 기대효과는 〈표 5-6〉, 단계별 프로그램 적용 모형은 〈표 5-7〉과 같다(김이영 외, 2016; 김규태 외, 2015).

표 5-6. 가해학생 재발방지 적응 프로그램명과 효과

프로그램명	기대효과
• 도덕성 증진 프로그램 • 품성계발 프로그램	• 도덕적 규범과 가치존중 • 타인 배려성 증진
• 분노조절 프로그램 • 시간 · 정신에너지 관리 프로그램 • 자기존중감 프로그램 • 의지계발 프로그램	• 감정 자제능력 향상 및 폭력 대처기술 증진 • 시간 · 정신에너지의 효율적 · 긍정적 사용능력 향상 • 대인관계 기술 및 자존감 높이기 • 내 인생 주인의식, 실천의지력 향상

표 5-7. 가해학생 재발방지 프로그램 적용 단계

구분		프로그램 적용
단계	회기	
1단계	1	• 오리엔테이션 및 자아탐색 프로그램
2단계	10	• 품성계발 프로그램 • 도덕성 증진 프로그램
3단계	각 5	• 시간 · 정신에너지 관리 프로그램
		• 분노조절 프로그램
4단계	5	• 의지계발 프로그램
5단계	5	• 자기존중감 프로그램

국내에 소개된 학교폭력 가해자 상담 프로그램은 분노조절 및 대처에 관한 프로그램, 문제해결능력 프로그램, 탈비행화를 도모하는 프로그램, 부모교육 프로그램 등으로 구분할 수 있다. 특히 학교폭력 가해학생의 개인적 부적응 문제를 다루는 데 역점을 둔 프로그램은 가해 청소년의 주요 폭력 원인이 되는 충동성과 분노감정을 조절하는 데 조력하는 프로그램, 문제해결, 자아존중감, 자아인식과 표현, 공동체 의식 등의 향상을 꾀하는 프로그램이 있다.

그리고 최근 가해자를 위한 상담의 효과성이 발표되면서 가해학생들을 대상으로 심리상담이 이루어지고 있는데, 가해학생을 대상으로 실시되는 상담에 대해 살펴보면 〈표 5-8〉과 같다(최지영, 2021).

표 5-8. 가해자 상담의 종류

구분	내용
학생상담	학생과 학교에서 많은 시간을 함께 보내는 교사의 학교폭력 대응 역량은 학교폭력 예방 및 근절을 위한 주요 보호요인으로 보고되고 있다. 한편 학교폭력은 가해학생에 대한 처벌만으로 학교폭력 문제를 해결하기 어렵고 가해학생에 대한 처벌이나 특별교육보다는 초등학교 현장에서 적용 가능한 심리상담 프로그램을 지속적으로 실시하여 피해 및 가해학생의 근본적인 문제를 해결해야 한다.

구분	내용
해결중심 단기 개인 상담	해결중심 단기 개인상담은 내담자의 강점과 내담자가 가진 자원은 물론 내담자의 증상까지도 활용하고 있으며 과거보다는 현재와 미래에 초점을 두고 있어 앞으로의 삶을 준비하는 데에도 도움을 받을 수 있다는 원리에 전제하고 있어 해결중심 상담의 기본 원리와 과정, 기법을 바탕으로 학교폭력 관련 학생으로 지목되어 학교생활에 어려움을 겪는 내담자에게 시행하는 개인상담을 뜻한다.
인지치료 상담	내담자는 친구들과의 관계에서 갈등을 겪은 경험이 있었고, 그 갈등 상황을 해결하는 과정에서도 친구들이 나를 싫어한다거나 똑같이 복수해 주어야 한다는 자동적 사고를 하는 경향성을 보였다. 그래서 우울해하거나 분노하는 등의 행동 패턴을 보였던 터라 부정적 인지도식을 가지고 있을 때 그 생각을 바꾸면 습관도 바뀔 수 있다는 전제하에 감정과 연결된 자동적 사고를 식별하고 그 인지 도식을 바꾸어야 할 필요성이 있어서 벡(Beck)의 인지치료 상담기법을 적용하고 있다.
또래 상담	또래 상담은 말 그대로 같은 또래의 학생들이 다른 학생들에게 상담적 도움을 주는 활동을 말하는데, 나이가 비슷하고 유사한 경험이나 가치관을 가지고 있는 청소년들이 전문가에게 일정한 훈련을 받은 후 자신의 경험을 바탕으로 주변에 있는 또래 친구들의 고민과 문제를 해결하기 위해서 서로 돕고 이들이 잘 성장하고 발달할 수 있도록 생활의 전 영역에서 지지와 도움을 제공하는 프로그램이다. 이 프로그램은 학교폭력을 예방하기 위해 개발되었고 솔리언 또래 상담이라는 명칭으로 브랜드화하여 학교 현장에서 또래 상담 동아리로 활동을 이어 가고 있다.

그리고 사단법인 한국여성상담센터(2019)에서는 학교 성폭력 가해자 재발방지에 대한 프로그램들이 개발되어 운영되고 있는데, 구체적인 프로그램 내용은 〈표 5-9〉와 같다.

표 5-9. 성폭력 가해자 재발방지를 위한 프로그램의 구성

회기	단계	목표	내용
1	준비단계	• 상담자와 라포 형성 • 프로그램 전반 소개	• 현재 심정 나누기 • 프로그램 과정 소개
2~4	초기단계	• 현재 어려움 다루기	• 자신의 감정 알아차리기 • 자신의 생각, 감정, 반응 탐색
	신뢰형성/정서변화	• 성희롱 상황 다루기	• 사건상황 탐색하기

회기	단계	목표	내용
		• 성차별적 소통방식	• 자신의 행동패턴 인식하기 • 피해자 입장, 생각, 반응 다루기
5~7	중기단계 인식변화	• 성희롱 개념 이해하기	• 동의의 개념 이해하기 • 자신의 행위와 성희롱 유형 범주 이해하기 • 성적 자기결정권의 이해 • 피해자 관점 유지하기
		• 성인지 감수성 이해하기(자신의 행동분석 및 점검)	• 나의 성인지 감수성 민감도 점검하기 • 성차별적 성역할 고정관념의 이해 • 성인지 감수성 개념과 인권 감수성
		• 권력기반의 소통방식	• 권력 감수성에 대한 이해 • 학생들 입장에서 소통방식 • 성인지적 공감소통 방식
8~10	후기단계 행동변화	• 피해자 상처 공감하기	• 피해자 상처 공감하기 • 피해자 입장이 되어보기 • 피해자에게 사과하기(사과편지 쓰기)
		• 재발방지 대책 세우기	• 재범의 위험으로부터 대처전략 설정 • 성평등한 소통방식 향상
		• 자존감 회복하기	• 성희롱 사건으로 자신의 삶이 변화된 것 • 자신의 책임을 인정 • 자신 안에 내재된 긍정적 자원 발견하기 • 자존감 회복, 희망적 삶의 계획 설정하기

출처: 사단법인 한국여성상담센터(2019). 학교 성폭력 가해자 재발방지 프로그램 매뉴얼 개발연구: 학교 내 성희롱 교원 대상으로. 서울특별시교육청.

(2) 학교폭력 가해학생에 대한 정책적 대안

정부는 지금까지 4차에 걸쳐 학교폭력 예방 및 대책 5개년 기본계획을 발표하였다. 이와 더불어 2012년에는 관련부처가 합동으로 '학교폭력근절 종합대책'을 제안했고, 2013년에는 '현장중심 학교폭력 대책'을 내놓았다. 이 가운데 가장 최근에 발표된 '제4차 학교폭력 예방 및 대책 기본계획(2020~2024)'에서 '가해학생 교육 및 선도 강화', '중

대한 학교폭력 가해학생에 대한 엄정대처'의 내용을 중심으로 살펴보면 〈표 5-10〉과 같다.

표 5-10. 가해학생 교육 및 선도를 위한 정책영역의 내용

구분	내용
가해학생 교육 · 선도조치 내실화	가해학생 조치별 실효성 제고
	보호자의 책무성 강화를 통한 가해행위 재발방지
가해학생 특별교육 내실화	가해학생 특별교육 프로그램 내실화
	특별교육기관 관리 강화 및 확대
재발방지를 위한 가해학생 사후관리 강화	교원의 협력을 통한 가해학생 사후관리
	외부기관 연계를 통한 가해학생 사후관리 강화
유관기관 협력을 통한 소년사건 수준의 폭력 대응 강화	「소년법」 적용사건 수준의 학교폭력 대응을 위한 전문인력 운영
	「소년법」 적용사건 수준의 학교폭력에 대한 대응 강화
중대한 학교폭력 가해학생 선도 기반 마련	사법조치 후 교육 · 선도를 통한 재발방지

첫째, 가해학생 교육 · 선도조치의 내실화이다. 이를 위해 가해학생 조치별 실효성 제고, 보호자의 책무성 강화를 통한 가해행위 재발방지를 실시한다. 구체적으로 가해학생의 충실한 조치 이행을 유도하기 위한 방안을 마련하고, 가해학생 조치별 내실화 방안을 마련하는 동시에 보호자 대상 특별교육 프로그램의 다양화 및 내실화를 꾀하고, 보호자 특별교육 프로그램 이수방안을 활성화하고 있다.

둘째, 가해학생 특별교육 내실화이다. 이를 위해 가해학생 특별교육 프로그램 내실화, 특별교육기관 관리 강화 및 확대를 한다. 구체적으로 학교폭력 재발방지 효과 제고를 위해 학교급별 · 가해유형별 맞춤형 가해학생 특별교육 프로그램의 개발 · 보급, 특별교육 프로그램 활용 가이드라인의 개발 · 보급 및 특별교육기관의 질 관리를 추진하고, '청소년경찰학교', '청소년비행예방센터', '청소년상담복지센터'를 활용하여 특별교육기관 확대 및 다양화를 유도하고, 교육(지원)청에 청소년비행예방센터 담당자를 지정하여, 특별교육을 신속하게 의뢰하고 가해학생 사후관리까지의 연계를 위해 노력한다.

셋째, 재발방지를 위한 가해학생 사후관리의 강화이다. 이를 위해 교원의 협력을 통한 가해학생 사후관리, 외부기관 연계를 통한 가해학생 사후관리를 강화한다. 구체적으로 학교폭력 업무담당 교원 또는 담임교사 중심의 가해학생 사후관리(학교)를 실시하고, 보호관찰 처분을 받은 학생 대상으로 교사와 1:1로 연계하여 지원하는 '보호관찰 멘토링' 사업의 내실화를 추진하며, 학교폭력 재발 가해학생의 집중관리로 경찰 선도 프로그램 이수 학생을 '청소년안전망'으로 연계하고, 맞춤형 사후관리를 실시하고, 심리·정서적 어려움을 가진 가해학생의 경우 외부기관과 연계한 후속상담 등 사후관리를 강화한다.

넷째, 유관기관 협력을 통한 소년사건 수준의 폭력 대응 강화이다. 이를 위해 「소년법」 적용사건 수준의 학교폭력 대응을 위한 전문인력을 운영하고, 「소년법」 적용사건 수준의 학교폭력에 대한 대응을 강화한다. 구체적으로 학생전담 보호관찰관 제도를 도입 추진하고, 학교폭력 분야 전문수사관 인증제의 활성화를 추진하고, 중대한 학교폭력에 엄정대처하고, 형사 미성년자 및 촉법소년의 연령하향(14세 미만→13세 미만)을 위한 법령개정을 위해 국회와 협력한다.

다섯째, 중대한 학교폭력 가해학생 선도 기반의 마련이다. 이를 위해 사법조치 후 교육·선도를 통한 재발방지를 한다. 구체적으로 청소년회복지원시설 직원 대상 교육·컨설팅의 제공으로 운영의 내실화를 추구하고, '청소년비행예방센터' 체제 정비 및 지원을 강화한다.

2. 학교폭력의 피해자

1) 학교폭력 피해학생의 정의와 특성

(1) 학교폭력 피해학생의 정의

학교폭력의 피해경험이 청소년들에게 부정적인 영향을 미친다는 연구들이 지속적으로 보고되고 있으며, 학교폭력에 대한 최초의 개입 역시 피해학생을 중심으로 다루어지고 있다. 「학교폭력예방 및 대책에 관한 법률」에 따르면 "피해학생"이란 학교폭력으로 인하여 피해를 입은 학생이라고 정의한다. 올베우스(Olweus, 1978)는 한 학생이 반복적이고 지속적으로 한 명 또는 그 이상의 다른 학생들로부터 부정적인 행동을 당하는 것을 학교폭력 피해자로 정의하고 있다. 이 개념은 이후 점점 확장되어 피해자와 가해자 간의 힘은 불균형 상태를 포함하게 되었으며, 언어적, 물리적, 관계적 측면 등에서 괴롭힘의 주요한 대상이 되는 학생을 의미한다.

(2) 학교폭력 피해학생의 특성

올베우스(Olweus)는 피해자를 크게 2가지 유형으로 구분하고 있다. 즉, 소극적 피해자와 도발적 피해자가 바로 그것인데, 소극적 피해자는 일반적으로 불안한 심리상태를 갖고 있으며, 아무런 이유 없이 폭행을 당하기도 한다. 공격을 도발하는 어떠한 행동도 하지 않으며, 누구든지 그 피해 대상이 될 수 있다는 공포심과 학교라는 환경 자체를 신뢰하지 못하기도 한다. 특히 교내학생들에게 폭력을 당한 이후에 분노와 적개심을 보이며, 부모와 밀접한 관계를 유지하기 때문에 교사들로부터 과잉보호를 받는 경우가 많다. 이와 반대로 도발적 피해자는 불안한 심리상태를 갖는다는 점에서는 소극적 피해자와 유사하지만, 가해자와 비슷한 수준의 공격성을 가지고 있으며, 공격받았을 때

반격하려는 성향이 있다. 또한 대인관계를 기피하거나 가해집단에 가담하는 모습을 보이기도 한다.

이러한 측면에서 최근 학교폭력 문제의 가장 심각한 부분을 엿볼 수 있는데, 전자인 소극적 피해학생은 극단적인 자살로 문제를 해결하려는 경향이 두드러지며, 후자인 도발적 피해학생은 가해집단에 가담하는 경향을 보이고 있어, 가・피해 집단의 명확한 구분이 어려울 뿐더러, 보상심리를 기반으로 가해의 발현모습이 더욱 심각해지고 있음이 더 큰 문제로 지적되고 있다. 또래 괴롭힘을 당한 피해자들의 일반적인 특징을 살펴보면 〈표 5-11〉, 피해학생의 징후는 〈표 5-12, 표 5-13〉과 같다.

표 5-11. 피해자들의 일반적인 특징

- 심리적으로 불안하고 자신감이 결여되어 있다. 심리적 불안과 자신감의 결여로 인해 가해자에게 만만하게 보이고, 성격이 예민하며, 가해자로부터 조금만 공격을 당해도 울음으로 대응하거나 쉽게 복종하고 말이 없는 편이다.
- 자신에 대해 부정적인 평가를 한다. 이들은 대체로 키가 작거나, 신체적 장애가 있는 경우가 많고, 힘이 약하고, 가해자가 공격해 올 때 효과적인 자기주장이나 방어를 하지 못한다. 가해자들이 학교폭력에 대한 원인을 자신이 아닌 주위 환경 탓으로 돌리는 것과 반대로 피해자들은 낮은 자존감으로 인해 괴로워하며, 자신과 자신이 처한 상황에 대해 부정적으로 평가한다.
- 학교에서 소외 당한다고 생각하며, 외로움을 많이 느낀다. 또래 괴롭힘을 당하는 피해자들은 사회성이나 대인관계기술이 부족하며, 학급에서 친한 친구가 거의 없다. 학교에서 자신을 이해해 주는 사람은 없으며, 외롭게 혼자 견딜 수밖에 없다며 스스로 위로하면서 절망하고 자신만의 세계에 갇혀 산다.
- 학교폭력의 피해자가 가해학생으로 전환하는 경향이 있다. 또래 괴롭힘을 당한 도발적 피해자들은 가해자에 대해 복수할 기회를 노려 가해자로 전환하며, 복수에 대한 성공은 다른 피해자를 발생시켜 학교폭력의 악순환이 이루어진다. 이들은 자신보다 약한 학생을 선택해서 자신이 당한 만큼 괴롭힌다.

표 5-12. **일반적 학교폭력 피해학생의 징후**

- 늦잠을 자고, 몸이 아프다고 하며 학교 가기를 꺼린다.
- 성적이 갑자기 혹은 서서히 떨어진다.
- 안색이 안 좋고 평소보다 기운이 없다.
- 학교생활 및 친구관계에 대한 대화를 시도할 때 예민한 반응을 보인다.
- 아프다는 핑계 또는 특별한 사유 없이 조퇴를 하는 횟수가 많아진다.
- 갑자기 짜증이 많아지고 가족이나 주변 사람들에게 폭력적인 행동을 한다.
- 멍하게 있고, 무엇인가에 집중하지 못한다.
- 밖에 나가는 것을 힘들어하고, 집에만 있으려고 한다.
- 쉽게 잠에 들지 못하거나 화장실에 자주 간다.
- 학교나 학원을 옮기는 것에 대해서 이야기를 꺼낸다.
- 용돈을 평소보다 많이 달라고 하거나 스마트폰 요금이 많이 부과된다. 또한 스마트폰을 보는 자녀의 표정이 불편해 보인다.
- 갑자기 급식을 먹지 않으려고 한다.
- 수련회, 봉사활동 등 단체 활동에 참여하지 않으려고 한다.
- 작은 자극에 쉽게 놀란다.

표 5-13. **사이버폭력 피해학생의 징후**

- 불안한 기색으로 정보통신기기를 자주 확인하고 민감하게 반응한다.
- 단체 채팅방에서 집단에게 혼자만 반복적으로 심리적 공격을 당한다.
- 용돈을 많이 요구하거나 온라인 기기의 사용요금이 지나치게 많이 나온다.
- 부모가 자신의 정보통신기기를 만지거나 보는 것을 극도로 싫어하고 민감하게 반응한다.
- 온라인에 접속한 후, 문자메시지나 메신저를 본 후에 당황하거나 정서적으로 괴로워한다.
- 사이버 상에서 이름보다는 비하성 별명이나 욕으로 호칭되거나 야유나 험담이 많이 올라온다.
- SNS의 상태글귀나 사진 분위기가 갑자기 우울하거나 부정적으로 바뀐다.
- 컴퓨터 혹은 정보통신기기를 사용하는 시간이 지나치게 많다.
- 잘 모르는 사람들이 자녀의 이야기나 소문을 알고 있다.
- 자녀가 SNS 계정을 탈퇴하거나 아이디가 없다.

2) 학교폭력 피해학생에 대한 대책

(1) 학교폭력 피해로 인한 후유증

학교폭력은 피해자에게 신체적 상해 외에도 심리·정서적, 발달적, 사회적, 환경적인 영향을 미친다. 학교폭력에 노출된 후 피해자들이 경험했던 불안과 두려움, 심리적 위축, 대인기피 등을 절절한 시기에 치료하지 않는다면 적응장애나 우울장애, 외상 후 스트레스 장애(PTSD)와 같은 심리적 장애를 초래할 수 있다.

또래 괴롭힘을 당한 피해자 중 많은 학생들이 심리적 고통으로 정신과 치료를 받거나 자살을 선택하는 경우도 있으며, 학교폭력 초기에는 학교 가는 것을 꺼리거나, 식욕이 줄어들고 무기력증을 호소하는 경우가 많다(최태진 외, 2006; Cohen, 2001). 폭력이 점점 반복되어 폭력을 당하는 기간이 길어질수록 외상 후 스트레스 장애(PTSD)와 우울증, 불면증에 시달리게 되고, 꿈에 가해학생들이 나타나서 괴롭히는 악몽을 꾸거나 헛소리를 하며, 두통과 복통 등 신체적 고통을 호소한다. 결국 잦은 결석과 집중력 저하로 학업성적이 떨어지고 대인기피 증상으로 사회적 적응이 쉽지 않게 된다(곽금주, 2008).

파커와 아셔(Parker & Asher, 1987)의 연구에 따르면, 학교에서 친구관계를 친밀하게 형성하지 못한 채 또래로부터 지속적으로 배척당하는 학창시절을 보냈을 경우 이후 성인이 되었을 때 정신장애를 경험할 수 있다고 주장하였다.

(2) 학교폭력 피해학생 재활 프로그램

학교폭력 피해학생을 대상으로 한 치유프로그램은 개인상담이 주를 이루고 있으며, 개인상담이 아닌 프로그램의 경우에도 학교가 아닌 전문상담기관에서 개별적 접근으로 이루어지는 경우가 많다.

학교폭력 피해학생 치유프로그램을 살펴보면, 학교폭력 피해학생 치유프로그램의 기본 프로그램은 학교폭력 피해학생들의 후유증에 초점을 둔 프로그램으로 개발 목적은 〈표 5-14〉와 같다.

표 5-14. 피해학생 치유프로그램의 개발 목적

- 학교폭력으로 인해 발생한 마음의 상처를 치유하고, 심리적 부적응을 초래하는 파괴적 감정들을 관리할 수 있게 한다.
- 심리적 부적응을 증폭시키는 자기인식을 자기효능감과 긍정적인 자아상 회복을 통해 긍정적으로 변화시킨다.
- 학교폭력으로 인한 왜곡된 사회적 관계를 회복시켜 학생들의 학교 재적응을 가능하게 하며, 나아가 심리적 성장 기반을 구축한다.

학교폭력 피해학생들을 위한 치유프로그램들은 피해학생을 정서적으로 안정시키고, 피해상황을 구체적으로 파악하여 문제를 해결하고 재발하지 않도록 한다. 또한 대인관계의 특징을 분석하여 사회기술훈련과 긍정적인 대인관계를 형성 · 유지할 수 있도록 하는 것이 주 내용이다. 학교폭력 피해학생을 위한 집단프로그램들을 살펴보면, 〈표 5-15〉와 같이 예술적 접근을 통한 미술치료와 음악치료를 기반으로 한 프로그램들이 주를 이루는 것으로 나타났다(김건희, 2021).

표 5-15. 피해학생을 위한 집단프로그램

구분	내용
미술치료 프로그램	미술치료는 내담자가 표현하고 싶은 부분을 자유롭게 미술로 나타내게 하는 것에 목적을 둔다. 즉, 미술활동을 통해, '억제, 상실, 왜곡된 부분을 발견하고 발전시켜 나가는 감각통합 접근을 시도하는 작업'이다. 이러한 미술치료 프로그램이 학교폭력 피해학생으로 하여금 긍정적 자기인식과 자기결정을 통해 자아존중감 및 행복감이 향상되도록 하고, 학교부적응 청소년의 우울, 자아존중감에 효과적이었으며, 집단미술치료에서도 내담자들로 하여금 긍정적 정서 향상의 효과가 있는 것으로 나타났다.

구분	내용
음악치료 프로그램	음악치료는 자기표현이 어려운 피해학생들에게 표현하지 못하고 억누르고 있었던 감정을 표현하는 것에 도움을 주는 효과가 있다. 음악으로 자기를 표현함으로 자신에 대해 이해하게 되고, 통제할 수 있는 힘을 길러 준다. 정서적으로 불안정한 자신의 내면과 자신의 주위세계를 이해하는 것으로부터 시작해 통찰하는 안목을 가질 수 있도록 한다. 또한 음악치료는 공격성 감소에도 효과적이라고 할 수 있는데, 공격성향을 가진 학생들로 하여금 자연스럽게 자신의 문제를 인식하고 개선하는 데 효과가 있다.
산림치유 프로그램	산림치유란 향기, 경관 등 숲이 가지고 있는 다양한 치유환경요소를 활용하여 몸의 면역력 증강 및 심신 건강을 증가시키는 활동이다. 이러한 경험을 통해 학생들은 학교에서 집단따돌림을 당할 시, 이를 극복하고 직면하여 넘어갈 수 있는 힘을 얻게 된다.
정서개발 프로그램	학교폭력 피해학생들을 대상으로 한 진로상담 프로그램에서는 프로그램에 참여한 실험집단 학생들이 그렇지 않은 통제집단의 학생들에 비해 회복탄력성에 효과적이었고, 또한 이 프로그램을 통하여 학교폭력 피해학생들은 원인분석력, 감정통제력, 충동통제력이 어느 정도 회복되었다는 결과가 있었으며, 삶에 대한 만족도와 낙관성 또한 높아진 것을 확인할 수 있었다.

(3) 학교폭력 피해학생에 대한 정책적 대안

'제4차 학교폭력 예방 및 대책 기본계획(2020~2024)'에서 피해학생 보호를 위한 '피해학생 맞춤형 보호 · 지원체계 강화', '사후지원 강화 및 학교 안팎 협력체계 구축'의 구체적인 내용을 살펴보면 〈표 5-16〉과 같다.

표 5-16. 피해학생 맞춤형 보호 · 지원체계 강화

구분	내용
학교폭력 피해발생 초기단계 보호 · 지원 강화	피해학생 초기 보호체계 확립
	피해학생 가족 대상의 초기 심리치유 지원
피해학생 · 보호자 맞춤형 지원 내실화	피해학생 치유 · 상담 지원체계 확대
	피해학생 상황을 고려한 맞춤형 지원 제공
	피해학생 보호자 및 가족의 치유 지원
피해학생 · 보호자 사후	피해학생 회복을 위한 추수관리 · 지원체계 강화

구분	내용
지원체계 구축	피해학생 사후지원을 위한 외부기관 연계의 강화
피해학생 · 보호자 지원을 위한 민 · 관 협력체계 운영	민 · 관 협력을 통한 피해학생 · 보호자 치유 · 회복 지원
	피해학생 의견을 반영한 지원체계 내실화
	피해학생 및 보호자를 위한 정보 제공체계 구축

첫째, 학교폭력 피해발생 초기단계 보호 · 지원의 강화이다. 이를 위해 피해학생 초기 보호체계 확립, 피해학생 가족 대상의 초기 심리치유 지원을 위한 노력이다. 구체적으로 단위학교의 피해학생 초기 보호 역할을 강화하고, 단위학교 수준에서 전문상담(교)사가 학부모 초기 상담을 진행하여 가족의 정서적 안정을 우선 지원하며, 학교 밖 상담 · 교육기관과 연계한 상담의 제공으로 심리적 안정 및 치유를 지원하는 것이다.

둘째, 피해학생 · 보호자 맞춤형 지원의 내실화이다. 이를 위해 피해학생 치유 · 상담 지원체계를 확대하고, 피해학생 보호자 및 가족의 치유를 지원한다. 구체적으로 지역 여건과 피해학생 상황에 맞는 전담 지원기관의 확대 및 내실화를 유도하고, 피해학생 치유, 상담 및 사후관리 지원 강화를 위해 학생 상담기관 기능의 개편 및 전문상담(교)사의 증원을 추진한다. 또한 찾아가는 상담 서비스를 제공하고, 피해학생 · 보호자 대상 무료 법률지원을 제공하고, 피해학생 · 보호자 대상 치료비 지급 등의 지원을 강화하고, 장애학생, 다문화학생 대상 맞춤형 지원체계를 운영하고, 안전공제회의 피해학생 지원기준의 명확화를 추진하고, 학교폭력 피해자의 가족관계 회복 프로그램을 다양화하고, 위(Wee)센터, 청소년상담복지센터 등 지원기관을 통한 가족동반 상담 지원서비스를 제공한다.

셋째, 피해학생 · 보호자의 사후 지원체계 구축이다. 이를 위해 피해학생 회복을 위한 추수관리 · 지원체계를 강화하고, 피해학생 사후지원을 위한 외부기관 연계를 강화한다. 구체적으로 보호조치 완료 후, 전문상담(교)사, 담임교사를 중심으로 피해학생 ·

보호자 대상 후속상담을 지원하고, 학교폭력 피해학생에 대한 또래 학생의 관심을 통한 지지 · 지원을 위한 또래 상담자 역할강화를 추진하고, 회복적 경찰활동과 연계한 피해학생 회복을 지원하고, 피해학생 보호조치 완료 후 지속적인 지원이 필요한 학생을 대상으로 단위학교와 청소년 안전망을 연계한 주기적인 피해학생의 상담을 지원하고, 사례회의의 진행으로 협업을 강화한다.

넷째, 피해학생 · 보호자 지원을 위한 민 · 관 협력체계의 운영이다. 이를 위해 민 · 관 협력을 통한 피해학생 · 보호자 치유 · 회복을 지원하고, 피해학생 의견을 반영한 지원체계를 내실화하며, 피해학생 및 보호자를 위한 정보 제공체계를 구축한다. 구체적으로 민간단체 및 기업의 자발적 협력을 통한 피해학생 · 보호자를 지원하고, 피해학생 전담지원기관 이용 만족도 조사 등 피해학생 의견수렴 및 환류체계의 구축을 지원하고, 피해학생 및 보호자 지원 관련 종합정보를 제공하고, 피해학생 조치를 받은 학생 대상으로 피해학생 지원기관 및 프로그램 안내의 의무화를 실시한다.

3. 학교폭력의 방관자

1) 학교폭력 방관자의 정의와 특성

(1) 학교폭력 방관자의 정의

방관자는 주위에서 어떤 일이 일어나더라도 상관하지 않고 지켜보기만 하는 사람을 일컫는 용어로, 학교폭력의 방관자는 학교폭력의 상황에서 가해자나 피해자의 입장에 서지 못하고 방관적 태도를 보이는 것이다. 방관자는 괴롭힘을 목격한 후 눈에 띄는 행동을 하지 않으며, 그 상황에서 벗어나고 싶어 하는 한편 어느 누구의 편도 들지 않는다. 그러나 방관자 집단은 단순히 방관만 하는 집단이 아니라 방관함으로써 피해자 집단의 고통을 더 심하게 하기도 하고, 가해자의 가해행동을 더욱 강화시키기도 한다.

펄슨(Felson, 1982)은 상호 간의 분쟁이 발생했을 때 제3자가 존재한다는 사실 자체로 단순한 언어적 분쟁이 신체적 싸움으로 빌진될 수 있다고 하였다. 이처럼 폭력상황에서 제3자의 개입을 통해 갈등을 감소시킬 수도 있지만 논쟁이나 싸움을 자극하는 선동자가 될 수 있으며, 폭력을 인정하고 정당화해 주는 선동적인 청중이 될 수도 있다고 정의하기도 한다(Oliver, 1994).

(2) 학교폭력 방관자의 특성

학교폭력에서 방관자는 집단적 맥락에서 이루어지는 만큼 집단과정으로 보아야 하며 그들의 역동에 주목해야 한다. 학교폭력 발생 시 방관자에 주목해야 할 중요한 이유와 시사점을 살펴보면 〈표 5-17〉과 같다(오인수, 2010).

표 5-17. 방관자에 주목해야 할 이유와 시사점

- 피해자가 아닌 주변인으로서 괴롭힘을 목격하여도 피해자 못지않은 심리적 스트레스를 경험한다.
- 이러한 심리적 스트레스는 주변인들이 피해자를 돕는 데 많은 두려움을 주어 대다수의 주변인들이 피해자를 돕기보다는 가해자의 행동을 부추기거나 무관심한 행동을 함으로써 괴롭힘을 지속시키는 효과를 일으킨다.
- 주변인 중에서 소수의 학생들은 피해자를 보호하며 옹호하는 행동을 하는데 피해자를 옹호하고 보호하는 방어자 역할을 하는 자는 방관자 중에서 나오기 쉽다.

황경익(2012)은 방관자들이 방관적 태도를 보이는 원인을 인지적, 정서적, 행동적 요인으로 나누어 설명하고 있다〈표 5-18〉.

표 5-18. 방관적 태도를 보이는 원인과 요인

원인	요인
인지적 요인	학습된 만성적 무기력감으로 인한 낮은 자존감, 비합리적인 신념, 또래 규범의 의식을 들 수 있다. 방관행동은 가해자로부터 보복당할 것에 대한 두려움이나 불만 같은 비합리적인 신념과 관련이 있는 것으로 집단 따돌림과 같은 상황에서 가해자에게 동조하지 않았을 때 낙인찍히거나 따돌림당할까 봐 두려워서 자기를 보호하려는 방어기제를 작동시켜 그 상황을 회피하거나 침묵하는 행동을 선택한다는 것이다.
정서적 요인	청소년들의 이기적인 자기중심화 경향을 들 수 있다. 핵가족화 이후 부모의 과잉보호와 학교교육에서 입시위주의 과도한 경쟁주의 교육 속에서 형성된 자기이익 추구와 친구관계의 질이 저하되는 청소년들의 심리적 특성 때문에 이들은 친구들을 수용하는 능력이 약화되어 친구의 고통에 둔감하게 되고 타인수용능력이 결여되어 방관행동을 하게 된다. 이러한 자기중심화로 인한 타인에 대한 무관심이 일반학생들의 대표적인 경향으로 볼 수 있다.
행동적 요인	반사회성을 들 수 있다. 학교폭력에 방관태도를 보이는 학생들은 폭력성, 이기심, 무책임과 같이 자신에게 이익이 되지 않으면 다른 사람의 상황에 관심을 가지지 않으려는 부정적인 반사회적 행동을 나타낸다.

살미발리 등(Salmivalli et al., 1996)은 학교폭력 현상의 행동양상에 따라 가해자와 피해자뿐만 아니라 가해행동을 적극적으로 지지하는 조력자와 동조자 집단, 적극적으로 피해자를 공격하지는 않지만 긍정적 피드백을 제공해 가해행동을 강화시키는 강화자 집단, 피해자 편에 서서 그들을 위로하고 적극적으로 가해행동을 저지하려고 노력하는 방어자 집단, 가해자와 피해자 모두에게 거리를 유지하고 침묵하여 암묵적으로 학교폭력을 승인하는 방관자 집단 등 여섯 가지 영역으로 세분화하여 역할을 설명하였다.

2) 학교폭력 방관자에 대한 대책

(1) 학교폭력 방관자 개입의 중요성

우리나라에서는 방관자 집단을 일반집단이나 폭력 무경험 집단으로 분류하고 가해

집단이나 피해집단에 비해 비교적 심리적 요인이나 환경적 문제가 적은 것으로 설명하고 있다. 그러나 이들 집단 역시 넓은 스펙트럼을 가지고 있으며, 왕따와 같이 또래집단의 역동이 중요한 영향을 차지하는 경우에는 다수를 차지하는 방관자 학생들의 태도와 행동이 폭력 발생에 핵심적인 역할을 하게 된다(곽금주, 2008).

폭력에 직접적으로 관련되는 가해-피해학생만 심리적 · 사회적 노력에 노출되어 있는 것이 아니다. 폭력을 목격한 학생은 폭력행동을 대리학습할 수 있으며(Eron, 1997), 대인관계에 대해 왜곡된 인식을 가질 수 있다. 또한 또래 압력에 의해 자신의 신념과 배치되는 행동을 지속적으로 경험했을 경우, 만성화된 무력감으로 자존감이나 자기효능감이 저하될 수 있다. 그리고 힘 있는 공격적인 모델을 통해 폭력과 긍정적 결과를 연합시킬 경우, 그런 행동을 정당화해도 된다는 신념을 발달시키기도 한다(Perry et al., 1986). 즉, 또래에 대한 폭력을 목격하며 생활하게 되는 방관자 집단은 직접 왕따 행위에 적극적으로 가담하지 않더라도 이후 정상적인 발달을 위협할 수 있는 심각한 위험요인을 갖게 된다.

많은 연구자들은 동조자와 강화자의 행동을 변화시키는 것이 쉽지 않다고 보고 상대적으로 변화가 쉬울 것으로 보이는 방관자에 주목하는데, 교육을 통해 행동을 변화시킬 수 있는 가능성이 높다는 이유 때문이다.

학교폭력 집단폭행이 발생한 경우, 폭행 현장에 있던 주변인이 신고를 하지 않는다면 가해동조자로 분류되어 가해자가 되기도 한다. 그러므로 신고의무를 다하지 않는 방관적 태도가 또 다른 폭력행위임을 교육해야 하며, 두려움 없이 신고의무를 할 수 있도록 목격학생을 보호할 수 있는 안전조치가 필요하다.

(2) 방관자의 개입을 위한 학교폭력 예방 프로그램

학교폭력 예방 교육에서 핵심이 되는 것은 학생들 모두에게 동시에 이루어질 수 있는 공통된 인식, 즉 다수의 방관자 학생들이 집단적으로 결집되어 중재의 역할을 할 때 큰 힘이 될 수 있다. 특히 예방교육의 형식이 매우 중요하며, 기존의 집단강의식 방식은 시간과 공간의 제약 때문에 불가피하게 많이 활용되었다면, 이제는 학급단위의 체험형 또는 프로젝트형 교육의 방식으로 바뀌어야 그 실효성을 거둘 수 있다. 국내의 방관자들을 대상으로 학교폭력 예방프로그램을 실시한 것을 정리해 보면 〈표 5-19〉와 같다(김동주, 2021).

표 5-19. 국내 주변인 대상 학교폭력 예방프로그램 현황

프로그램명	대상	핵심 구성요소	회기	개발기관
무지개 프로그램	초 · 중 · 고	마음의 힘, 관심과 사랑, 친구상담, 학교 갈등 통찰, 희망가꾸기, 선배체험 나누기	10회기	청소년 보호위원회 (2002)
내가 바로 지킴이	초 · 중 · 고	학교폭력 ○, × 퀴즈, 예방나무, 으랏차차, 무비오케, 예방교육 강의 등	60분	학교폭력 예방재단 (2002)
헬핑 프로그램	초 · 중	학교폭력에 대한 인식, 방관자와 중재자 역할, 학교폭력 법률과 대처요령	8회기	서울대 발달심리연구실 (2005)
작은 힘으로 시작해봐!	초	폭력개념, 폭력트라이앵글(가해자, 피해자, 방관자), 대처행동에 대한 이해	40분, 8회기	사회정신건강 연구소 (2005)
시우보우 프로그램	초 · 중 · 고	이타행동, 대인관계, 의사소통, 인권과 평화의식, 폭력문화, 집단따돌림 등 학교폭력	학교급별 10편, 편당 7~10분	서울대 발달심리연구실 (2006)
학교폭력 예방 프로그램	초(4~6)	공감/관점채택, 사회적 문제해결/ 의사소통, 또래중재/상담, 안전하고 즐거운 학교 만들기	4차시, 편당 40분	한국교육개발원 (2007)
어울림	초 · 중 · 고 교사 학부모	공감, 의사소통, 갈등해결, 자기존중감, 감정조절, 학교폭력 인식 및 대처	각 3차시	교육부 (2013)

프로그램명	대상	핵심 구성요소	회기	개발기관
마음모아 톡톡	초 · 중 · 고	학교폭력의 의미와 처리절차, 주변인 학생의 대처 중요성과 방법	10차시, 편당 55분	법무부, 이화여대 학교폭력예방연구소(2014)

출처: 김동주(2021). 학교폭력 주변인의 방어 · 방관 행동과 관련 변인 간의 관계에 대한 메타분석. 연세대학교 대학원 석사학위논문.

Chapter

06

학교폭력 학부모교육 및 상담

배울내용

1. 학부모교육 및 상담의 필요성
2. 학교폭력에 대한 학부모교육
3. 학교폭력 학부모 상담과 사례

학습목표

1. 학교폭력 예방을 위해 학부모의 관심과 가정의 역할이 중요함을 알 수 있다.
2. 학교폭력 예방을 위한 학부모교육을 할 수 있다.
3. 학교폭력 예방을 위한 학부모를 대상으로 집단상담 프로그램을 운영할 수 있다.
4. 학교폭력 상담사례를 통해 학교폭력 발생 시 학부모상담 과정을 알 수 있다.

개 요

학교폭력을 유발하는 요인은 여러 가지가 있다. 그 요인으로는 개인적 요인, 가정적 요인, 학교 및 또래의 요인, 사회적 요인, 정신적 요인과 심리적, 신체적 요인, 유해매체 등 여러 가지가 있으나 그 중 가정적 요인이 학교폭력을 유발시키는 매우 중요한 요소 중에 하나이다. 특히 학교폭력 예방을 위해서는 부모의 역할은 매우 중요하며 필요한 것이다. 왜냐하면 청소년은 가정에서 태어나서 자라고 가정에서 성장하며, 또한 가정에서 정서적인 안식을 경험하기 때문이다. 가정은 청소년의 심리적인 환경이기에 가정이 건강할 때 청소년도 건강하게 성장할 수 있으며, 좋은 영향력을 미치게 된다. 따라서 이 장에서는 학교폭력 예방을 위한 학부모교육(양육태도, 애착, 격려, 의사소통)과 학부모를 대상으로 한 집단상담 프로그램, 학교폭력 상담사례를 통해 학부모의 역할의 중요성과 어떻게 대처할 수 있는지를 살펴보고자 한다.

Chapter 06

학교폭력 학부모교육 및 상담

1. 학부모교육 및 상담의 필요성

학교폭력을 유발하는 요인은 여러 가지가 있다. 그 요인으로는 개인적 요인, 가정적 요인, 학교 및 또래의 요인, 사회적 요인, 정신적 요인과 심리적, 신체적 요인, 유해매체 등 여러 가지가 있으나 그중 가정적 요인이 학교폭력을 유발시키는 매우 중요한 요소 중에 하나이다. 즉, 현대 가정이 가지고 있는 많은 문제들은 청소년들을 학교폭력의 가해자 및 피해자가 되는데 요인이 되고 있다. 가정은 자녀들이 성장해 가면서 신체적, 심리적, 정신적으로 그리고 자아정체감과 사회적 요구가 충족되는 일차적인 환경인 동시에 성장과정에서 가장 중요한 정서적, 교육적인 환경으로 최초의 사회화가 이루어지는 교육의 장이다. 그러나 여성의 경제활동 참여의 증가, 노령화, 다문화 등 우리 사회가 급격하게 변화되면서 가정생활의 구조적, 기능적 변화뿐 아니라 가족에 대한 개념과 인식 및 태도에 있어서도 많은 변화가 나타나게 되었다. 최근 핵가족화로 가족 수는 줄었지만 부모는 맞벌이 등 바쁜 경제생활에 쫓기면서 부부 간에 부모자녀 간에 접촉할 시간이 줄어들었고, 그로 인해 가족 간에 심리적 유대감이 약해지거나 자녀에 대한 감독이 소홀해지는 등 훈육 상의 문제가 심각해지고 있다.

양육방식의 측면에서 보면, 부모가 권위적인 양육방법을 사용하고 가혹하고 처벌적인 태도로 자녀를 대할 때, 이러한 가정의 학생은 학교폭력을 행사할 가능성이 높다. 가해행동에 영향을 미치는 부모의 자녀양육태도는 자녀를 온정적이고 관심 어린 태도로 대하지 않을 때 충동적이고 공격적으로 행동하게 할 가능성을 증가시킨다. 어떤 행동이 수용되지 않는지 명확한 규칙을 설정하지 않거나 자녀의 공격적 행동을 묵인하고, 잦은 체벌과 같은 물리적인 방법을 사용할 때 자녀가 학교폭력 가해자가 될 가능성을 증가시킨다. 또한 다른 사람과의 일상적 상호작용에서 공격적 행동을 보이는 부모는 자녀가 학교폭력 가해자가 되도록 할 위험성을 증진시킨다. 피해학생의 경우에서도 강압적인 훈육방법을 사용하여 자녀를 통제하고 자녀를 거부하는 부모의 태도가 학교폭력의 위험요인으로 작용하기도 한다.

부모와의 애착관계는 청소년의 심리적 안녕감, 자존감, 공격성을 포함한 청소년기의 문제행동과 밀접한 관계가 있는 것으로 나타났다(박정려, 최해림, 2005). 보울비(Bowlby, 1958)에 따르면, 출생 이후 형성되기 시작한 부모와의 애착관계는 청소년기에도 여전히 '안전기지'로 남아 있으며 위협을 느끼거나 질병으로 고통받을 때 애착체계가 재활성화된다고 하였다. 즉, 청소년들은 아프거나 스트레스의 상황에서는 부모에게 돌아옴으로써 부모에게 의존한다는 것이다. 허시(Hirschi, 1969)는 청소년의 폭력과 관련된 환경과 애착관계를 논의한 이론인 사회통제이론에서 가정에서의 부모에 대한 유대가 약화되면 비행이 증가할 가능성이 높아진다고 보았다. 이처럼 자신과 중요한 의미 있는 인간관계에서 필요한 만큼의 지지나 애착이 없으면 갈등해결방식으로 또래를 공격하는 행동으로 문제를 해결하려는 모습을 보였다(김선아, 2005).

부모 자녀 간의 의사소통과 청소년의 친구관계 질 간의 관계에 대해 살펴보면, 부모와 개방적인 의사소통을 할수록 자녀의 친구관계 질 수준은 높은 반면(정정화, 2008; 허주연, 2005; Bryant & Elder, 2002), 부모와 문제형 의사소통을 할수록 자녀의 친구관계 질 수준은 낮게 나타났다(도경숙, 2004; 박의숙, 2003). 또한 김계순(2007)의 연구에서는 부모와의 긍정적 의사소통은 자녀의 학교생활 부적응 및 비행과 부적상관을 보이는 것으로 나타났으며, 빅승해(2008)는 문제형 의사소통을 할수록 아동의 내재화 및 외현화 문제행동이 많이 나타난다고 하였다. 또한 청소년이 지각한 개방적 의사소통은 학교폭력에 대한 허용적 태도와 피해자에게 원인을 귀인하는 태도를 낮추는 데 유의미한 영향을 미친다고 하였다(이겨라, 2012). 남영옥과 한상철(2007)의 연구에서는 청소년 폭력 가해집단은 가족으로부터의 사회적 지지가 낮고 부모 자녀 간의 의사소통 또한 낮다는 것을 밝혔다. 이처럼 부모 자녀 간의 문제형 의사소통은 자녀의 또래관계에 영향을 주는데 이러한 영향은 학교폭력과도 밀접하게 관련된다.

이상에서 살펴본 바에 의하면 권위적인(억압적인) 양육태도, 애착 형성의 부재, 문제형 의사소통 등 건강하지 못한 가정환경이 심리적인 문제와 학교폭력의 매우 중요한 요인으로 작용된다고 볼 수 있다. 이처럼 학교폭력 예방을 위해 무엇보다 중요한 것이 가정, 특히 부모역할이라 할 수 있다.

따라서 부모가 자녀교육에 대한 올바른 가치관을 갖고 자녀를 이해하고 지도하는 데 필요한 지식과 정보를 제공받고, 더불어 부모 자신의 생각과 태도를 점검하고 성장할 수 있는 학부모교육 및 상담은 학교폭력 예방을 위한 필수적 요소라고 할 수 있다.

2. 학교폭력에 대한 학부모교육

1) 부모의 양육태도

양육태도는 부모 또는 주 양육자가 아동을 양육함에 일반적 · 보편적으로 나타내는 태도라 할 수 있다. 이러한 부모의 양육태도는 부모, 자녀 관계의 질을 결정해 주고, 자녀의 언어적 · 지적 · 정서적 · 사회적 · 성격적 제 측면을 발달시키는 데 절대적 영향을 미치고 있다.

그리고 가정은 자녀의 지적 · 정의적 발달 특성에 영향을 주어 행동, 가치관, 지식, 태도 등을 습득하는 중요한 교육의 장이며 가족의 구성원 중 부모가 역할을 담당하는 존재라 할 수 있다. 또한 부모는 자녀를 보호하는 기능을 담당하는 동시에 자녀의 심리적 상태에 영향을 주어 자녀의 정의적 성격형성에 주요 결정요인으로 작용하고 있다. 자녀의 심리적 특성은 자녀의 성장기에 부모가 어떤 방식으로 키웠는가에 좌우된다고 볼 수 있다. 이때 부모의 양육태도를 자녀가 어떻게 느끼고 받아들이는가 또는 부모의 리더십을 자녀가 어떻게 지각하느냐가 실제 양육태도보다 더욱 중요한 의미를 가지는 것이다. 이는 부모가 자녀에게 잘 대해 주어도 자녀가 부정적으로 지각할 수도 있으며, 반대로 그렇지 않을 경우라도 자녀가 긍정적으로 받아들일 수 있고, 그에 따라 자녀의 정의적 특성이 달라질 수 있기 때문이다(이종승, 오성심, 1982). 따라서 양육태도란 '부모 또는 양육자가 자녀를 양육함에 보편적으로 나타내는 태도'를 말하며 이는 자녀의 성격과 행동에 중요한 영향을 미친다고 할 수 있다.

부모 양육태도의 정의와 유형은 부모의 성장과정, 성격 등 여러 요소들에 의해 복합적으로 구성되기 때문에 학자들에 따라 다양하게 규정된다. 셰이퍼(Schaefer, 1965)는 시몬스(Symonds)가 임상적 사례를 토대로 양육태도를 분류했던 것과 달리 정상적인 부모 양육 대상으로 30년 동안 신생아기부터 초기 청년기에 이르는 동안의 자녀발달과 부모의 양육태도를 장기 연구하여, 요인분석을 통하여 어머니의 행동을 크게 사랑-거부(love-hostility), 자율-통제(autonomy-control)의 두 축으로 분류하였고, 오늘날까지 그의 모형이 널리 받아들여지고 있다(김진영, 2006). 바움린드(Baumrind, 1967)는 통제, 성숙에의 요구, 부모자녀 간 의사소통의 명확성 및 부모 양육성의 4차원에 기초하여 부모의 양육태도를 권위, 독재, 허용으로 나눈 뒤 권위를 나타내는 행동 특징으로는 사랑, 통제, 대화 등을, 독재는 처벌, 자녀와의 분리, 냉담함을, 허용에는 온정적이긴 하나 통제와 규율이 없고 비일관적인 자녀 양육태도로 범주화했다. 맥코비와 마틴(Maccoby & Martin, 1983)은 셰이퍼가 제시한 두 개의 차원과 바움린드가 제시한 세 가지 유형의 부모를 종합하여 부모 역할의 유형과 차원을 제시하였다. 권위적인 부모는 자녀에게 애정적이면서도 통제하는 유형으로서, 아동의 욕구와 소망을 인정한다. 독재적 부모는 바움린드의 독재적인 부모와 일치하며, 부모 권위에 도전하는 아동을 억압한다. 아동에게 적대적인 동시에 아동의 행동을 엄격하게 통제한다. 허용적 부모는 아동에 대해 수용적이고 반응적이며 애정적이나 행동을 거의 통제하지 않는다. 방임형 부모는 바움린드가 제시하지 않은 부모 유형으로서 부모의 역할을 잘 수행하지 않고 자녀와의 접촉을 회피하여 아동의 욕구에 무반응적이고 거부적이다.

부모의 양육태도와 자녀의 관계를 연구한 김향희(1996)는 부모의 양육태도에 따라 자녀는 다양한 정서적 부적응 행동이나 부정적 정서를 보인다고 보고하였다. 최유경(1999)도 비일관적인 통제를 강요하고 부모 간의 일치하지 않은 부적절한 양육행동을 보이는 부모의 자녀들은 그렇지 않은 부모의 자녀들에 비해 불안, 우울과 같은 내면화된 행동문제와 더불어 반사회적 행동을 나타낸다고 하였다.

부모의 지나친 잔소리나 심한 욕설, 폭력적 체벌 등은 자녀의 문제행동을 교정하는 것이 아니라, 오히려 증폭시키는 결과를 가져오게 된다. 부모의 양육태도가 긍정적이지 못하면 자녀는 사회부적응을 초래하게 되고 학교폭력으로 이어질 확률이 높아질 것이다(박설아, 2013).

2) 애착형성

애착이란 보울비(Bowlby, 1969)가 애착이론에서 설명한 개념으로, 개인의 삶의 초기에 자신을 돌보아 주는 양육자나 특별한 대상에게 느끼는 강한 정서적 유대관계를 의미한다. 이러한 애착형성의 대상은 주로 양육자인 부모가 되는데, 아이는 자신을 돌보아 주는 양육자에게 친밀한 애착을 형성함으로써 사회적 관계를 학습하고 그 대상을 통해 안정감을 찾으려는 욕구를 갖게 된다.

인간발달에 애착의 형성이 중요한 이유는 애착이 아동기뿐만 아니라 성인기까지 개인의 삶에 지속적인 영향을 주기 때문이다. 이러한 애착형성에는 아이와 양육자 간의 초기관계의 질이 가장 중요하며, 이는 이후의 사회성, 인지, 정서 발달에 매우 중요한 영향을 미치는 것으로 나타났다(정옥분 외, 2009).

에인스워스(Ainsworth, 1978)는 유아와 양육자 간의 애착관계를 알아보기 위해 낯선 상황 실험을 진행하였다. 20분 동안 장난감이 많이 있는 낯선 환경에 아이를 놀도록 하였으며, 부모가 있을 때와 없을 때, 부모와 떨어지고 다시 만날 때의 아이들의 행동을 관찰하였다. 에인스워스는 관찰 결과를 토대로 안정애착, 불안정애착, 불안정회피애착의 세 집단으로 애착 유형을 나누었다.

그림 6-1. 에인스워스의 낯선 상황 실험

안정애착 유형의 유아는 낯선 환경에서 양육자와 함께 있는 동안 주변을 적극적으로 탐색하였으며, 낯선 사람에게도 사교적이었다. 양육자가 없거나 떨어졌을 때에도 크게 불안해하지 않아 부모가 곁에 없어도 다시 돌아올 것이라는 신뢰를 가지고 있음을 알 수 있다. 불안정회피애착 유형의 유아는 양육자와 함께 있거나 떨어져 있을 때 모두 양육자에게 크게 관심을 보이지 않았으며, 타인에게도 피하거나 외면하는 경향을 보였다. 불안정애착 유형의 유아는 양육자가 함께 있는 동안에도 불안해하는 경향을 보였으며, 낯선 사람을 경계하고 양육자에게 꼭 붙어 있는 모습을 보였다. 양육자가 없거나 떨어졌을 때에는 화를 내면서도 가까이하려 하거나 가까이 있다가도 화를 내며 밀어내려는 모습을 보이는 등 양가적인 행동을 보였다.

에인스워스(1978)는 이와 같이 세 유형으로 분류했지만, 같은 유형 안에서도 차이가 있으며 세 유형 어디에도 들어가지 않는 유아들이 있다. 메인과 솔로몬(Main & Solomon, 1990)은 위의 세 유형에 분류될 수 없는 유아들이 어떤 공통점을 보인다는 것을 발견하고 '비조직 또는 혼란'이라는 유형이라 불렀다. 비조직 또는 혼란애착유형의 유아는 회피형과 양가형의 특성이 같이 나타나는데, 부모와 재결합 시 얼어붙거나 전혀 반응을 보이지 않기도 하고 부모에게 다가가다가 곧 화를 내며 밀치기도 하는 등 혼란스러운 행동양식을 보인다.

안정애착을 경험한 유아는 타인을 신뢰할 수 있고 도움을 주는 타인에게 접근할 수 있다는 무의식적인 확신을 지니며, 자신은 신뢰와 사랑을 받을 가치가 있는 존재라는 신념을 갖는다(김해양, 2014). 그리고 그들은 힘든 과정을 겪은 이후 고통을 인정하고 드러내는 것이 중요한 타인에게서 긍정적인 반응을 이끌어 낸다는 것을 알게 되며, 자신의 능동적인 대응들이 고통을 관리하는 데 도움이 된다는 것을 배우게 된다(문수이, 2015). 안정애착을 경험하지 못한 유아는 자신이 가치가 없다고 생각하지만, 안정애착을 형성한 유아는 자신이 유능하고 사랑받을 만한 가치가 있다고 생각하게 된다(조화진, 2005). 반면, 불안정애착을 경험한 유아는 자신이 경험하는 문제에 대해 정서적으로 과민하게 반응할 수 있으며, 특히 불안정-회피애착을 경험한 유아는 자신이 경험하는 문제에 대해 자신의 감정을 축소시키거나 다른 사람과 거리를 두는 반응을 보일 수 있다(Wei, Vogel, Ku, & Zakalik, 2005). 또한, 불안정애착을 경험한 유아는 중요한 타인과의 부정적이고 고통스러운 경험들로 인하여 애착을 정상적으로 활성화하지 못하거나, 비효율적인 정서조절 방식을 받아들일 수 있다(문수이, 2015). 이경미(2012)는 불안정애착을 형성한 유아는 외부세계에 반응하려 하지 않고 자신에게 관심을 보이더라도 회피하고 저항한다고 하였다.

부모와 안정적인 애착관계를 형성한 청소년은 자기 절제력과 정서 지능이 높은 것으로 나타났으며, 청소년의 학교생활과 또래관계에서도 긍정적인 영향을 미치는 것으로 나타났다(박정주, 2011). 또한, 정서적으로 안정되어 있었으며(이수하, 2005), 독립된 존재로서의 정체감을 가지고 있고, 자아존중감 또한 높은 것으로 나타났다(장휘숙, 2001). 즉, 안정적인 부모애착을 형성한 청소년은 자신을 사랑할 줄 알며 가치 있는 존재로서 존중하였고, 부모와 청소년기 자녀 간의 애착의 질이 높을수록 청소년의 자아통제력은 높게 나타나고 문제행동을 감소시켰다(문영숙, 2008). 이로 인해 학교생활에서의 적응이나 친구관계에서도 긍정적인 경향을 보였다. 반면, 부모와 안정된 애착을 형성하지 못한 청소년은 외부 자극에 쉽게 위협을 받고 쉽게 상처를 받았다(Rosenberg, 1989). 또한, 불안과 분노의 감정을 타인에게 투사하여 쉽게 친구들과 어울리지 못하였고 지나치게 타인을 의식하는 모습을 보였다(Kenny, 1994). 이와 같이 부모와의 애착관계는 청소년의 심리적 안녕감, 자존감, 공격성을 포함한 청소년기의 문제행동과 밀접한 관계가 있는 것으로 나타났다(박정려, 최해림, 2005).

3) 자녀와의 의사소통

(1) 의사소통의 유형

의사소통은 사람의 의견이나 의사가 상대방에게 통하는 것을 뜻한다(국립국어원, 2008). 의사소통은 함께하는 공유와 공통적인 것, 상호교류라는 뜻을 포함하는 의미가 있다고 설명할 수 있다. 즉, 의사소통이란 주변 세계를 지각하고, 정보를 획득하며, 의미를 창조하는 등 개인 내적 과정과 정보를 주고받는 외적 과정으로 구성된 상호 소통 과정이다. 상호 간에 자기 생각과 의사를 말이나 행동으로 전달하며 서로 간의 수용과 인정을 통한 상호 교류적인 작용으로 설명하고 있다(Satir et al., 1991).

사티어(Satir, 1983)는 가족 체계론적 관점에서 순기능적인 의사소통과 역기능적인 의사소통으로 구분하였다. 사람들은 긴장을 처리하는 방식으로 역기능적인 의사소통을 사용한다. 이러한 역기능적인 의사소통은 부부 하위체계가 성숙하지 못할 때 발생하게 된다. 성숙하지 못한 부모는 대화의 방식이 이중 구속적 방식을 사용한다. 결국 자녀에게도 역기능적 소통방식인 이중 구속적 방식을 사용하게 되고 건강한 의사소통을 못하게 되어 건강하지 못한 관계를 만드는 것이다. 이러한 결과 자아존중감이 낮아지기도 한다. 자녀를 자신의 가치수단으로 이용하는 가정에서는 청소년이 건강하지 못한 상태로 양육되고 학교에서의 부적응이나 폭력과 같은 문제를 유발할 가능성이 커지게 된다.

사티어(1983)는 의사소통의 유형을 태도 중심으로 회유형, 비난형, 초이성형, 산만형으로 분류하고 있다. 회유형은 자신의 원하는 방향이나 생각과 의견보단 상대방의 생각과 의견에 무조건 동의하여 상대방에게 나를 맞추는 유형이다. 비난형은 자신의 부족은 생각하지 않고 상대방의 결점만 지적하기 좋아하는 유형이다. 초이성형은 침착하고 이상적으로 보일 수 있으나 자신의 감정적인 면은 중요하게 다루어지지 않은 면을 가지고 있다. 산만형은 자신의 의견이나 남의 의견에 모두 유의하지 않은 유형이다. 이러한 유형들은 대표적인 역기능적인 의사소통 유형들이다(김진주, 2012).

반스와 올슨(Barnes & Olson, 1982)은 가족의 친밀감을 향상하고 건강한 관계를 만들 수 있는 개방적인 의사소통 유형과 이와는 반대 성향의 건강하지 못한 폐쇄적이고 역기능적인 의사소통 유형으로 구분하고 있다. 개방형 의사소통 유형은 가족 간의 상호 교류에서 건강하고 자신의 의견이나 감정을 제한받지 않는 유형이다. 자유로운 정서 교류가 가능한 긍정적인 의사소통 유형이며 통제받지 않고 자유롭게 사실 또는 감정을 표현하는 의사소통 유형이다. 이 유형의 특징은 상호 교류가 잘 이루어지는 소통적 특징을 가진다. 감정전달과 의견의 교류에서 지지적이며 공감하고 반영적 경청으로 인하여 갈등이나 문제의 발생 시에 효과적 대처가 가능하고 문제해결능력도 높아질 수 있다. 문제형 의사소통은 청소년과 부모의 상호작용에서 대화를 주저하게 한다. 대화의 주제 선택에 자율성이 떨어지고 조심하게 됨으로써 가족 간의 친밀함보단 비난적 반응의 경험을 더 많이 하게 된다. 이는 원활한 의사소통이 이루어지지 못함을 나타낸다. 오윤경(2011)은 부모와 자녀가 개방적 의사소통을 하는 경우 자녀들의 비행성향은 낮게 나타나며 역기능적 의사소통을 하는 부모 자녀의 경우 비행성향이 높게 나타난다는 결과를 보고하고 있다.

(2) 의사소통의 방법

① 나 전달법

- I-message 사용: 인간관계에서 문제가 일어나는 경우는 서로 자기주장은 정당하고 상대방의 주장은 부당하다는 것을 전제로 대화를 하기 때문이다. 달리 말하면, '나의 말은 진리고 너의 말은 틀렸다'는 투로 대화를 하기 때문에 결국 서로 언성을 높이고 불쾌한 결말을 맺게 된다. 이와 관련하여 상담자들이 생각

해 낸 방법이 '내가 하는 말은 진리가 아니고 단지 내 생각에 따른 것뿐이다'라는 투로 상대방에게 말하는 것이다. 바로 '나'를 사용하는 표현방법이다. '나' 사용의 전제는 너의 말도 일리가 있음을 인정하는 것이다. 다시 말해, 서로 상대방의 말을 인정하면서 대화를 한다. 그러면 대부분의 경우 상대방의 말에 방어하기보다는 그 말의 내용에 더 집중하고 감정의 개입이 줄어들어 문제나 내용을 보다 객관적으로 보고 판단할 가능성이 커진다. "내 생각에는~", "내가 보기에는~", "내가 들은 바로는~"과 같이 말을 시작하는 것이다.

- **현재 행동 말하기**: 상대방의 입장을 충분히 이해하지만, 현재 상대방이 하고 있거나 이전에 한 행동에 대한 나의 입장을 말하기 위해 먼저 내가 말하려는 것과 관련된 상대방의 행동을 분명히 지적한다. "수업을 마치고 바로 집에 가지 않고 PC방에서 친구들과 어울리고 심지어 게임할 비용이 모자라서 후배의 돈을 빼앗는다면……"과 같이 말하는 것이다.
- **예상되는 결과 말하기**: 예상되는 결과를 말하는 것이 핵심이다. 예상되는 결과를 제시할 때는 포괄적으로 하지 말고, 몇 가지 항목으로 나누어 객관적 자료를 통해 설득력 있게 제시해야 한다. 이때 필요에 따라서 자신의 입장을 정당화할 수 있는 사람을 만나게 할 수도 있고 여건에 따라서는 역할연기 등 다양한 방법으로 예상되는 결과를 경험시켜야 한다. 예를 들어, "세 가지 정도의 문제가 있을 것 같다. 첫째는 이런 행동이 지속될 경우 경찰에 붙잡혀 처벌을 받을 가능성이 높고, 둘째는 비행청소년이 될 가능성도 높으며, 마지막으로 부모님의 도움마저도 받지 못할 것 같다"와 같이 말하는 것이다. 이 경우 선배 중에 이런 문제로 힘들게 보낸 사람이 있으면 그와 만나 보도록 하거나 역할연기를 통해 처벌의 고통과 주변 사람의 시선 등을 간접적으로나마 경험하게 하여 느끼게 할 수도 있다.
- **자신의 느낌 전달**: 인간은 어떤 사실에 의해서도 행동에 영향을 받지만 그 사

실에 대한 상대방의 느낌을 알았을 때 더 큰 영향을 받는 경우가 많다. 따라서 대화 중 상대방을 설득하거나 상대방이 나를 설득하고 있을 때, 나의 입장을 상대방에게 정확하게 전달하기 위해서는 자신이 현재 어떤 느낌을 가지고 있는지를 정확하게 알릴 필요가 있다. 예를 들어, "너무 많이 걱정되고 가슴이 아프다"와 같이 말해 주는 것이다.

② 격려하기

격려는 용기나 의욕이 솟아나도록 북돋워 주는 것이라는 사전적 의미(표준국어대사전)가 말해 주고 있는 것처럼 격려에서의 필수적인 요소는 용기이다.

아들러(Adler, 1931)는 부정적 피드백을 받는 경우 무능함과 무력함에 주의를 기울이게 되고 이는 어떤 행동을 포기하게 만든다고 보았다. 그러나 격려는 자기 존재에 대한 결정을 수용하고 최선을 다할 가능성을 증가시키며, 비록 자신의 시도가 가끔은 실패하더라도 스스로 실패자가 되지는 않는다고 생각하도록 한다(기채영, 2009). 즉, 격려를 통해 청소년들이 용기를 잃지 않도록 하는 것이 중요하며 용기가 건강한 삶을 영위하게 하고 상황에 맞게 자신의 문제에 당당히 맞서고 스스로 해결할 수 있는 동력이 되기 때문에(유리향 외, 2018) 살면서 마주하는 어려움에 용기를 가지고 맞서게 하며 극복을 통해 새로운 건강한 생활을 할 수 있다.

격려의 기술에 대해 살펴보면, 격려는 개인적으로 인정해 주는 것보다 전체적으로 인정해 주는 것이 더 중요하다. 드라이커스와 딩크메이어(Dreikurs & Dinkmeyer, 1963)는 격려할 때 염두에 두어야 할 아홉 가지 사항을 강조했다. 구체적으로 잘한 것을 알아차리고 노력을 인정하고, 존재 자체에 가치를 두며, 신뢰를 얻고 자신에 대해 신뢰를 할 수 있도록 해야 한다. 자신의 능력을 믿고 자아존중감을 형성하는 데 확신을 갖도록 돕고, 집단 안에서 발달을 할 수 있도록 하여 각자의 위치를 차지할 수 있도록 집단을 통합시켜야 한다. 개인의 능력을 순차적으로 진행하여 성공을 경험시키고, 자신의 장점과 자산을 인식하고 이에 집중할 수 있도록 도우며, 건설적인 활동을 돕기 위해 참여자의 관심이 무엇인지 알아차려야 한다. 이에 격려를 위해 언어의 중요성을 강조한 라이머(Reimer, 1967)는 요구하지 않는 것도 격려해 주고, 실수와 시도에 대한 격려와 자신이 모두에게 도움이 된다는 것을 느끼는 것도 중요하다고 강조한다.

자신의 가치에 대해 스스로 생각할 수 있는 기회를 주고, 타인과의 비교가 아니라, 자기 자신에게 관점을 돌리고, 과정과 노력에 초점을 두어 부정적 인식을 전환할 수 있기 위하여 모든 과정에서 격려를 필요로 한다.

③ 공감하기

한 인간으로 존중받고 이해받으면, 특히 감정에 대해 이해받고 있다고 생각되면 기분이 덜 상하거나 상한 감정이 나아진다. 시험 성적 때문에 속상해하고 있는 자녀에게 어머니가 "성적이 좋지 않게 나와서 속이 많이 상했구나"라고 말해 주면, 자녀는 이해받고 있다는 느낌을 가지고 그로 인해 울먹이면서 그 순간의 감정이나 억울함 또는 속상함을 어머니에게 이야기할 가능성이 커진다. 이처럼 인간이 상대방으로부터 이해받고 있다고 느끼게 하는 방법 중 대표적인 것이 공감이다.

우리는 비록 같은 물리적 세계를 경험한다 할지라도 서로 다른 방식으로 그것을 경험하게 된다. 왜냐하면, 각자 자신이 가지고 있는 참조 틀을 통해 그것을 이해하기 때문이다. 따라서 다른 사람을 이해하기 위해서는 먼저 자신의 관점이 아닌 상대방이 가지고 있는 이해의 틀을 통해서 느끼고 생각해야 한다. 공감이란 자신의 틀은 뒤로 제쳐 두고, 상대방의 틀을 적용하여 상대방이 경험하고 있는 것을 마치 자신이 경험하는 것처럼 느끼고 이해하여 그것을 효과적으로 전달하는 것이다.

우선 공감은 상대방의 개인적 세계를 마치 자신의 것처럼 느끼고 이해하는 것이다.

여기에서 '마치'라는 말을 사용한 것은 자신의 중심을 잃을 정도로 상대방의 세계에 몰입하면, 상대방을 있는 그대로 이해해 주기 어렵기 때문이다. 공감이 동정과 다른 점이 여기에 있다. 동정은 나 자신을 잃고 완전히 상대방이 되어서 같은 감정을 가지는 것이다. 이렇게 되면 상대방이 슬퍼하면 나도 슬픔을 느끼게 되고, 상대방이 두려워하면 나도 두려워하게 된다. 뿐만 아니라, 두려움에 따른 신체적 반응(경련, 땀에 젖은 손, 불규칙적인 심장박동 등)도 함께 경험할 가능성이 크다. 물에 빠진 사람을 구하기 위해 아무 준비 없이 물속으로 달려 들어가서 두 사람 모두 물에 빠져 버리는 경우와 같은 이치다. 그래서 상대방의 개인적 세계를 깊이 이해해 보려고 노력하더라도 자신을 잃지 않고 자신의 것처럼 이해하는 것이 중요하다.

대화에서 공감은 자신이 상대방을 이해한 것에 그치지 않고, 상대방에게 자신이 이해한 것을 적절하게 전달하는 것을 포함한다. 아무리 자신이 상대방을 공감하고 있더라도 그것을 상대방에게 효과적으로 전달할 수 없다면 별 의미가 없다.

공감적으로 의사소통하는 단계를 소개하면 다음과 같다. 첫째, 상대방이 현재 당면하고 있는 문제에 대해서 스스로 어떻게 느끼는지 주의깊게 들어주는 것이다. 둘째, 상대방이 사용하는 이해의 틀을 통해 상대방이 현재 어떤 이유로 어떤 감정을 가지고 있을지를 함께 느껴 본다. 셋째, 상대방 감정과 그의 상황을 잘 이해하고 있다는 점을 말로 전해 준다. 이렇게 하기 위해서는 상대방이 이야기하고 있는 동안 경청해야 하지만, 그에게 어떻게 반응할까를 생각하느라고 시간을 허비해서는 안 된다.

내가 상대방의 감정을 잘 이해해서 말을 했을지라도 상대방이 이해받은 정도는 다를 수 있다. 어떻게 하면 상대방이 더 이해받았다고 느낄 수 있는지를 생각해 보자. 상대방의 감정을 이해해 준다고 한 말이 상대방을 더 기분 나쁘게 하는 경우가 있다. 이는 상대방이 가진 이해의 틀로 그의 감정을 이해해 보려고 노력하지 않고, 나 자신이 가진 이해의 틀로 상대방을 이해하려고 했을 가능성이 높다.

상대방의 기분을 상하게는 하지 않더라도 상대방이 느끼기에 자신이 이해받고 있다고 느끼지 못하는 수준의 공감도 별로 도움이 되지 못한다. 공감을 할 때는 상대방이 나타내 보이는 수준만큼은 이해하고 느낄 수 있어야 한다. 그러나 이 정도에 만족하지 말고, 상대방 스스로도 미처 몰랐던 부분에 대해 이해하고 느껴서 이를 상대방에게 드러낼 수 있어야 한다. 예를 들어, 어떤 청소년이 "저는 집에 들어가기 싫습니다. 집에 가면 제가 아버지나 어머니와 싸우거나 두 분이 서로 싸우는 등 집 안에 두 사람만 모이면 싸우거든요"라고 말한 경우, "그런 집에 들어가는 것이 너무 싫겠구나. 친구들처럼 집에 가면 부모님이 너를 반갑게 맞아 주기는커녕 싸움만 일어나니 너무나 속이 상하고 그런 자신이 비참하게 느껴지기도 하겠다"라고 말해 주는 것이다. 이 경우 그 청소년은 가족이 반갑게 맞아 주기를 바란다는 점과 그렇게 가족이 반겨 주는 친구를 부러워하고 있다는 점은 미처 모르고 있었던 감성일 수도 있다. 많은 경우 자신이 미처 몰랐던 보다 심층적인 감정에 대해 공감을 받으면 비언어적 측면의 변화가 나타나는데, 대개 눈물이 고이거나 음성이 달라진다.

3. 학교폭력 학부모 상담과 사례

1) 학부모 학교폭력 예방교육 프로그램

학교폭력과 관련한 국내·외 부모교육 프로그램들을 살펴보면, 특히 교육기관에서는 학부모에 대한 학교폭력 예방교육을 「학교폭력예방 및 대책에 관한 법률」 제15조 제5항에 따라 학기별로 1회 이상 실시하고 교육과정 중에 학교폭력 징후 판별, 학교폭력 발생 시 대응요령, 가정에서의 인성교육에 관한 사항을 중점으로 부모교육을 진행하도록 규정되어 있다. 부모의 학교폭력 예방교육의 참여는 「학교폭력예방 및 대책에 관한 법률」 제17조 1항에 따라 학교폭력의 가해학생에 대한 특별교육 이수조치가 결정될 경우에만, 학생과 보호자가 함께 특별교육을 이수하도록 규정하고 있어 학교와 교육청, 위탁기관에서는 가해학생과 부모를 대상으로 하는 집단상담 형식의 교육프로그램만이 법적으로 마련되어 있을 뿐이다. 부모의 학교폭력 예방교육에 대한 참여의무는 부여되지 않고 있는 만큼, 학교폭력 문제의 근원적인 해결과 예방을 위하여 수요자 중심의 다양한 부모대상 학교폭력 예방교육 프로그램이 마련되어야 하고 동시에 부모의 적극적인 관심과 참여분위기 조성으로 이어져야 할 것이다.

최근 부모교육으로 새로운 접근방식인 부모코칭이 주목받고 있다. 부모코칭은 부모가 부모의 역할을 효과적으로 수행하여 자녀가 행복하고, 자녀발달단계에 따른 욕구를 고려하면서 잠재력을 키워 주어야 하는 부모의 과제를 잘 수행할 수 있도록 지원할 수 있는 커뮤니케이션 시스템(김응자, 2013)이며, 성공적인 부모역할을 수행하는 데 효과적인 도구(장문규, 이완정, 2013)로 부모자녀의 긍정적인 행동변화를 일으키는 데 유용하다(최순덕, 2011). 또한 부모자녀 간의 잠재능력을 최대한 발휘할 수 있도록 돕고 가족역할의 효율성을 증대(도미향, 2008)시키고 체계적인 목표설정과 개선, 자녀양육 및 자녀교육에 대한 실제적인 교육활동이다(송정애 외, 2008)라는 점에서 기존 부모대상 학교폭력 예방 교육의 한계를 넘어서 학교폭력 문제를 해결하고 예방하기 위한 실제적이면서 효과적인 학교폭력 예방 부모교육이다.

그룹코칭 프로그램은 주1회 90분씩 총7회기의 프로그램으로 구성되어 회기별 주제와 목표를 수립하여 회기별 과정마다 코칭 스킬인 경청, 질문, 피드백을 충분히 활용하여 그룹코칭의 장점인 그룹역동을 극대화한다. 코치는 해결책을 제시하거나 지시적이기보다 그룹원, 즉 피코치가 스스로 대안을 탐색해 나갈 수 있도록 실천 가능한 행동계획을 수립하도록 지원한다. 세부적인 프로그램은 〈표 6-1〉과 같다.

표 6-1. 그룹코칭 프로그램 회기별 구성

회기	주제	목표	세부내용
1	그룹코칭 그게 뭔데?	변화의 시작1 프로그램 소개 및 관계형성	• 그룹코칭 및 프로그램 소개 • 자기소개 및 규칙 정하기 • 학교폭력에 대한 생각 등 나눔 • 나의 목표와 행동계획 • 회기소감문 작성
2	학교폭력 그게 뭔데?	변화의 과정2 학교폭력 바로알기	• 한 주간 나 돌아보기 • 학교폭력 개념, 유형, 원인, 실태 등 • 학교폭력 징후 알아보기 • 피해자, 가해자, 방관자 역할 체험 • 부모는 어떻게(올바른 대응 등) • 회기소감문 작성 • 과제: 학교폭력 O, × 퀴즈풀기(자녀와 함께 퀴즈를 풀어 보며 지도 및 관계형성)
3	내가 정말 원하는 것?	변화의 과정2 청소년기 바로 알기	• 2회기 과제 나눔 • 청소년기 발달특성 및 문화 이해 • 학교폭력 사례 나눔 • 회기 소감문 작성 • 과제: 자녀와 대화하기(자녀의 요즘 가장 큰 관심사는? 가장 큰 고민거리는? 알아보기)
4	우리 ○○가 달라졌어요	변화의 과정2 학교폭력과 양육행동의 관계 이해	• 3회기 과제 나눔 • 나의 양육태도 점검 • 자녀에 대한 이해와 존중 • 학교폭력 사례 나눔 • 합리적 의사전달(나 전달법) • 회기 소감문 작성 • 과제: 생활 속의 작은 실천(자녀와 특별한 시간 보내기)
5	우리 ○○가 달라졌어요	변화의 과정2 분노(화) 다스리기	• 4회기 과제 나눔 • 화날 때 인지 · 신체 · 감정 · 행동 이해 • 화날 때 상황목록 작성해 보기 • 학교폭력 사례 나눔 • 대처방법(생각 바꾸기, 분노조절 연습 등) • 회기 소감문 작성 • 과제 생활 속의 실천, 연습

회기	주제	목표	세부내용
6	우리 ○○가 달라졌어요	변화의 과정2 학교폭력과 의사소통방식의 관계 이해	• 5회기 과제나눔 • 나의 의사소통 방식 점검 • 학교폭력 사례 나눔 • 경청, 감정 읽기, 공감하기 연습 • 긍정적 피드백 칭찬, 격려 연습 • 나와 자녀의 강점 찾기 • 회기 소감문 작성 • 과제: 자녀에게 격려의 편지 쓰기
7	나도 코치	변화의 지속3 목표수립과 실천 행동	• 6회기 과제 나눔 • 프로그램 돌아보기 • 나의 목표와 다짐! 나도 코치!(나와 자녀성장을 돕는 실천 행동) • 소감문 작성!

2) 학교폭력 학부모 상담과 사례

(1) 피해학생 보호자 상담

피해학생의 보호자는 자녀의 피해사실에 대하여 놀라고 당황스러워 하는 한편 가해학생에 대한 분노와 원망, 억울함, 자신의 자녀에 대한 미안함 등으로 보호자가 자녀를 대신하여 무엇이라도 해 주고 싶은 마음이 들 수 있다. 이러한 면을 고려하여 다음과 같은 사항에 중점을 두어 상담한다.

- 우선 보호자의 감정이 격앙됨을 이해하고 보호자에게 정서적 지지를 보낸다.
- 확인된 사실을 부모가 정확히 알고 있는지에 대해 파악한다.
- 조사한 사실에 대한 추가 의견이나 자료 여부에 대해 점검한다.

- 피해학생과 보호자가 현재 무엇을 원하는지 정확히 묻는다(화해, 사과, 전학, 가해학생 처벌 등).
- 학교의 공정한 진행 절차에 대해 안내한다.
- 피해 측이 가해 측과 면담을 요청할 경우, 다른 문제가 생길 수 있으므로 교사나 전문가 입회 하에 만날 수 있도록 한다.
- 학생의 보호와 안정, 적응을 위해 학교에서 최선의 노력을 다할 것임을 약속한다.
- 피해를 당한 학생의 심리적 안정을 위해 가정에서의 보호자 역할을 안내한다.
- 피해학생 보호자에게 외부기관의 상담이나 지원(학교폭력피해자가족협의회의 피해학생 학부모 위로상담가, 푸른나무재단의 화해, 분생소정 시원 등)을 받을 수 있음을 안내한다.

예시) 피해학생 보호자 상담

1. 피해사실의 확인 단계

- 학생의 피해사실에 대해 객관적으로 인지한다.
  (학생의 학교폭력을 언제, 어떻게 알게 되셨습니까? 학생은 누구에게, 얼마 동안, 어떤 일이 있었다고 이야기하였나요? 혹시 주변에 이 사실을 객관적으로 본 친구가 있나요?)
- 학생의 피해사실을 구체적으로 메모한다.
- 학생의 현재 상태에 대해 질문한다(○○는 현재 어떤 상태인가요?)

2. 감정의 이해 단계

- 보호자의 감정을 수용하고 학생의 피해사실에 대해 유감을 표현한다.
  (많이 속상하셨죠? 저도 걱정이 되고, 몹시 가슴이 아픕니다)

3. 사안처리 과정에 관한 설명 단계

- 추후 처리과정에 대해 설명한다.
  (앞으로 이 일이 심의위원회에 회부가 (학교장 자체해결이) 되면 ... 식으로 절차가 진행이 됩니다)
- 사실에 근거하여 문제가 해결되도록 노력하고 있음을 알린다.
  (실제 어떤 일이 일어났는지와 그 과정에서 ○○가 어떤 어려움이 있었는지를 객관적으로 조사

하여 그에 맞는 조치를 취하게 될 것입니다)
- 분쟁조정 절차에 대해 안내한다.

4. 신뢰구축 단계
- 학생의 보호와 안전, 적응을 위해 노력할 것임을 약속한다.
(현재 가장 중요한 것은 ○○가 안전하게 학교생활을 하는 것이며, 심리적인 충격 없이 학교에 적응하는 것이라고 생각합니다. 학교에서도 노력하겠습니다)

(2) 가해학생 보호자 상담

가해학생 보호자 역시 자녀가 다른 학생에게 폭력을 휘둘렀다는 사실에 당황스러움과 혼란스러움, 의심, 미래에 대한 불안감 등을 경험하게 된다. 동시에 잘못을 인정하면 더 큰 피해를 입을지도 모른다는 우려도 할 수 있다. 따라서 교사는 가해학생 보호자를 다음과 같은 사항에 중점을 두어 상담한다.

- 가해학생 보호자의 감정을 일단 수용하되, 가해학생의 행위는 정확히 알려 준다.
- 피해학생의 피해정도 등 학교폭력 상황을 정확하게 알려 준다.
- 조사한 사실에 대한 추가 의견이나 자료 여부에 대해 점검한다.
- 학교폭력 사안처리의 진행절차에 대해 안내한다.
- 학교폭력 행위에 대하여 책임과 결과가 따른다는 인식을 갖도록 한다.
- 가해학생을 낙인찍지 않고, 교육적으로 적절한 지도와 선도가 이루어질 것임을 알린다.
- 가해학생에 대하여 가정에서의 관심과 지도를 부탁한다.

예시) 가해학생 보호자 상담

1. 감정의 이해 단계
- 보호자의 감정을 수용하고 학생의 가해사실에 대해 유감을 표현한다.

2. 신고내용 및 상대학생의 피해사실 고지 단계
- 신고내용 및 상대학생의 피해사실 등을 객관적으로 안내한다.

3. 사안처리 과정에 관한 설명 단계
- 추후 처리과정에 대해 설명한다.
- 진심 어린 사과의 중요성을 인지시킨다.
- 분쟁조정 절차에 대해 안내한다.

4. 화해 및 학생지도에 관한 조언 단계
- 궁극적 학생지도 방안에 대해 말한다.
  (이 문제를 해결하는 데 있어서 가장 중요한 것은 앞으로 우리 학생들이 안전하게 학교생활을 하고 두 학생 모두 심리적인 충격 없이 학교에 잘 적응하는 것이라고 생각합니다. 그러기 위해 한 발짝 뒤로 물러서서 무엇이 문제해결과 궁극적인 자녀지도에 도움이 될지 어른의 입장에서 함께 생각해 보는 것이 좋겠습니다) → '가해학생 보호자의 경우에 자신의 자녀가 피해 보지 않을까?' 라는 걱정이 많으므로, 담임교사가 객관적인 입장에서 가해학생 역시 걱정하고 있음을 알려 주어야 한다.
- 진심 어린 사과의 중요성을 인지시킨다.
  (가해 측에서 피해학생의 신체적 · 심리적 후유증에 대해 이해하고 진심으로 사과한다면 피해학생이 안정을 찾는 데 큰 도움이 됩니다)

(3) 위기청소년과 부모의 상담사례

① 내담자에 대한 기본적인 정보

- 이름: 사랑(가명) • 성별: 여 • 나이: 16세 • 종교: 기독교
- 학교생활부적응으로 자퇴
- 상담의뢰 경위: 내담자의 엄마에 의해 의뢰되었음.
- 가족관계: 아버지(66세)와 어머니(54세), 이복언니 두 명(36세, 34세).

아버지: 서울의 일류대를 나와서 약국을 경영하고 있으며, 키가 크고 둥근형의 얼굴, 전 부인의 자녀들을 많이 사랑하고 의지하고 있음. 사랑의 일탈적인 행동을 전혀 이해하지 못함. 완고하고 엄격한 편이심.

어머니: 키가 크고 말랐으며 어두운 모습, 왠지 짜증이 느껴지며 피곤해 보임. 3녀 1남의 3녀로 일찍 아버지를 여의시고 홀어머니 밑에서 경제적인 어려움을 겪었음. 친정어머니에게 미움의 감정이 있음. 둘째 아이를 유산시킴.

큰언니: 서울의 명문대를 졸업하고 결혼해서 미국에서 살고 있음. 사랑을 조금 이해하려 하는 편임.

작은언니: 서울의 명문대를 졸업하고 결혼하여 시댁에서 살고 있으며, 간간이 아버지의 약국 일을 도와주고 아버지에 대한 사랑이 유별나서 사랑 엄마가 힘들어함.

② 주 호소 문제

- 엄마: 딸이 가출하지 않았으면 좋겠다.
- 내담자: 집에서 나가서 살고 싶다.

③ 내담자에 대한 인상

- 중학생 나이이기 때문에 앳된 모습이 있을 것이라는 상상과는 달리, 사랑은 노랗게 염색한 긴 웨이브 머리에 화장한 얼굴, 짧은 치마와 부츠를 신은 모습이 마치 여대생 같은 느낌이었다. 간간이 상담자를 쳐다보는 표정에서 당돌함이 느껴졌고, 툭-툭-내뱉는 듯한 말투였다. 저녁 식사 때가 되어서 간단한 음식을 먹자고 하자 사랑은 그냥 커피나 사달라고 하였다. 아이라는 느낌보다는 왠지 어른 같은 느낌이었음.

④ 내담자의 가정생활

아버지가 첫 부인과 사별 후, 내담자의 엄마와 재혼을 했다. 내담자의 엄마는 초혼이었으나 나이가 많았다. 이복언니 둘이 있는데 모두 공부를 잘했고 모범생이었다. 아버지가 자신에게 할아버지뻘 되며, 엄마도 언니들도 나이가 많아서 자신을 도저히 이해하지 못하고 있다고 말하고 있다. 어렸을 때 부모님이 자주 싸웠으나(소리치고 물건을 집어던짐), 자신이 학교에서 사고를 치기 시작하자 사이가 좋아졌다고 한다(내담자는 사기 엄마가 돈이 없어서 아빠와 결혼한 것이라고 말함). 둘째 언니는 아빠를 지나치게 염려하고 사랑하여 아빠가 조금만 아프다고 하면 만사를 제치고 친정으로 달려오며, 새엄마에게 아빠를 잘 돌볼 것을 강요하고 있다고 한다. 그래서 아빠는 둘째 딸을 제일 사랑하고 있으며, 반항적인 사랑이를 이해하지 못하고 밀어내는 입장이라고 한다. 사랑의 엄마는 누구든지 자신과 같은 결혼은 결사적으로 말리고 싶다며 재혼 자리에 결혼하는 것에 대해서 많은 후회를 하고 있는 모습이다. 사랑의 엄마 또한 어려서 아버지를 여의고, 어머니 밑에서 4형제 중 셋째로 자라면서 부모의 사랑을 충분히 받지 못하고 늘 어두운 그늘에서 자랐다(현재도 친정엄마에 대한 불편함이 있고 연세가 있으시지만 잘해 주고 싶은 마음이 없다고 한다). 그래서 사랑하는 방법을 모르고 무조건 아이가 원하는 대로만 해 주면 되는 줄 알았고, 자신이 마음껏 배우지 못한 것에 대한 보상심리로 아이에게 많은 것을 강요한 것이 있다고 한다. 아이를 지나치게 보호한 나머지 아이가 먹는 모든 음식을 거의 집에서 엄마가 손수 만들어 주었다고 한다. 그것이 지금은 오히려 엄마를 힘들게 하는 부분으로 작용하기도 한다고 하였다.

⑤ 병력

우울증상 처방을 받은 일이 있음.

⑥ 내담자의 발달력

가. 신체적: 여러 가지 질병(위염과 위궤양 등)

사랑은 음식물 섭취를 함에 있어서 균형 잡힌 식사를 하지 않고, 떡볶이나 라면, 커피 등을 위주로 하고 있어서 늘 위염이나 위궤양을 앓고 있다. 요즘 중 2학년 여자아이로서는 키가 작은 편이다(중 1학년 정도).

나. 인지, 사회: 학교 자퇴, 청소년 비행

- 학교생활을 통하여 인지발달과 친구, 선생님들을 통한 사회 발달, 도덕 발달 등을 이루어 나가야 하는데, 사랑은 중 2학년 3월에 학교에 적응하지 못하고 자퇴를 하여 학원에 다니고 있으나, 이것도 원활히 이루어지지 않고 있다.
- 청소년 비행(음주와 흡연, 가출 등)
  사랑은 초등학교 5학년 무렵에 일시적이나마 친구들과 비행을 저지르기 시작하였는데, 삥을 뜯거나 무리지어 다니면서 친구를 왕따시키거나 폭력을 휘두르기도 하였다. 중학교에 올라와서 학교를 자퇴한 후, 검정고시 학원을 다니면서 음주와 흡연을 시작하게 되었고, 그것은 이미 사랑의 생활의 일부분이 되었다. 또한 건전하지 못한 이성교제를 시작하게 되면서 잦은 가출을 일삼고 있다.
- 부모자녀관계가 극도로 불안정하며, 부모에 대한 반항과 미움의 갈등이 매우 심하다. 그런 극심한 갈등으로 인해 대화가 단절되었고 가출로 이어지게 되었다.

다. 자아정체감

사랑은 자신에 대한 생각을 하려 하지 않고 있으며, 더욱이 자신의 미래의 모습은 상상도 하지 못하며 지금, 현재에만 시선이 고정되어 있다. 엄마의 결혼방식에 대해 심각하게 부정적이고 거부적인 태도를 보이며, 그렇게 태어난 자신에 대한 혐오감이 있다. 그냥 이대로 살다가 죽고 싶은 생각을 하고 있다.

라. 자살충동

엄마에 대한 반항의 표시와 삶에 대한 무의미로 인하여 자살하고자 하는 욕구가 많이 일어나고 있으며 실제로 자살시도를 하기도 했다. “몇 번 죽으려고 했는데 안 죽어지더라구요”

⑦ 목표 설정

가. 초기 목표

- 가출하지 않기, 자살하지 않기

나. 중반기 목표

- 미래에 대한 소망 가지기
- 부모와 화해하기

⑧ 상담내용

가. 제1단계: 신뢰관계를 형성하라

초기 면접에서 상담자와 피상담자의 신뢰관계가 바르게 형성되어야 앞으로 만나는 모든 회기에서 서로 진솔하고 꾸밈이 없는 상담이 이루어질 수 있고, 지속적인 상담이 가능하다.

사랑

피상담자는 자신의 의지와 상관없이 엄마에 의해서 상담이 의뢰되었다. 전화로 상담에 대한 의사를 물어보자 거부반응을 보였다. 그러나 상담자가 일관된 목소리와 억양으로 관심을 보이자 일단 만나기로 합의할 수 있었다. 처음 만나는 자리에서 사랑은 자신과 상담자가 세대차이가 난다고 느낀 것 같았으나(선생님 몇 살이세요? 하고 물어봄), 상담자가 사랑보다 조금 어린 딸이 있고, 사랑이 같은 청소년을 많이 만나 보았다고 하면서 마음을 열어 보이자 사랑도 조금씩 대화에 응했다.
이처럼 초기 상담은 첫 면접이 중요하므로 상담자는 피상담자에게 좀 더 부드럽고 따뜻한 말투와 관심어린 표정으로 피상담자를 바라보며 말을 해야 한다. 또한 피상담자가 편안히 마음을 열 수 있도록, 대답을 종용하거나 다그치지 않고, 피상담자가 다소 반응을 늦게 하더라도 기다려 줄 수 있어야 한다. 이렇게 상담자와 피상담자가 신뢰관계가 형성되면 의뢰된 상담에서 자발적인 상담으로 변환이 가능하고, 이후의 상담은 순조로울 수 있다. 그리고 항상 상담에서의 비밀유지에 대해서 언급을 하면 피상담자는 더욱 안심을 하고 자신의 이야기를 할 준비를 하게 된다.

사랑엄마
사랑엄마는 자신이 사랑 때문에 너무 힘듦을 느낀 상태에서 사랑의 상담을 의뢰하여서인지 초기부터 상담자에 대한 거부감보다는 무언가 의지하고 도움을 받으려 하는 모습이 많이 보였다. 그래서 사랑의 상황과 자신의 상황에 대해서 거리낌 없이 잘 말해 주었다.

나. 제2단계: 소망을 주라

상담자는 슬픔과 분노, 미움과 절망에 빠져 미래에 대한 소망이 없는 피상담자들에게 위로와 격려로 힘을 북돋아야 한다.

사랑
피상담자는 부모에 대한 거부감과 왜곡된 생각이 너무 강해서 부모자녀 간의 사랑은 회복될 수 없다고 생각하고 있으며, 더구나 자신은 이미 학생도 아니고, 부모나 언니들로부터도 나쁜 아이로 인식되어졌기 때문에, 다시 모범적이거나 부모님의 기대에 부응하는 자녀가 될 수 없다고 생각하고 있다. 미래에 대한 소망이나 바람이 없고, 그냥 남자친구와 온종일 함께하고 싶은 마음뿐이다. 그래서 '죽고 싶은' 생각을 자주 하며, 실제로 뛰어내리려는 시도와 손목을 자해하는 일이 몇 번 있었다. 부모는 너무 늙었고, 자신을 이해하지 못한다고 생각하며 언니들조차도 나이 차가 많아서 자신을 이해해 주지 못한다고 가정에서의 회복에 대해 상당 부분을 포기하고 있었다.
이런 피상담자에게 그런 마음을 공감해 주며, 그래도 상담자를 만난 것이 피상담자에게 또 하나의 다른 기회가 될 수 있음을 말해 주어서 피상담자의 곁에 자신을 돕고자 하는 누군가가 있음에 소망을 갖게 하였다. 결코 해결할 수 없는 문제인 것 같아도 함께 풀어 나가면 얼마든지 해결 가능한 것을 인식하게 함이 필요하다.

사랑엄마
친정 언니들이 말리는데도 불구하고 이런 결혼을 했는지 모르겠다, 이런 재혼 자리는 정말 말리고 싶다고 하였다. 남편이 자신과 전처를 비교하며 무시하고, 전처의 아이들은 자신을 가정부처럼 대했다고 하면서 우셨다. 딸이라도 자신을 속 썩이지 말고 자신을 이해해 주어야 하는데 정말 때로는 너무 싫다고 하였다. 이제는 사랑에게 잘하려고 애쓰고 있는데 쳐다보지도 않는다고 한다. 사랑에 대한 이야기와 자신의 친정이야기를 하면서 계속 우셨다.

다. 제3단계: 문제를 이해하라

상담자는 피상담자의 문제와 상황을 상담자 개인의 사고와 세계관으로 이해하는 것이 아니라, 내담자의 입장에서 이해하는 것이 필요하다.

사랑
사랑은 엄마를 향한 극심한 분노와 미움을 가지고 있었다. 엄마에게 "더럽다!"라는 말을 하면서 엄마의 마음을 후벼 파는 행동을 서슴지 않고, 심지어 칼을 들고 죽겠다고 소동을 부리거나, 손목을 긋는 행동들을 함으로 자신을 파괴하고자 하는 극심한 상황 가운데 있었다. 잦은 가출과 잘못된 이성교제를 하고 있으며, 소위 말하는 불량 청소년들과 어울려 다니며 음주와 흡연을 일삼았다. 그러나 그런 사랑의 행동의 이면에는 부모의 따뜻한 사랑을 받고 싶은 마음이 가득한 것을 알 수 있다. 이러한 사랑의 마음을 알아주고 일관되고 지속적인 관심의 표현으로 면접상담을 마친 후에도 간간이 전화나 문자로 안부를 묻는 등의 간략한 접촉을 시도하였다. 또한 사랑을 꼬옥 안아 주는 행동을 통하여 사랑이 상담자와의 신뢰뿐 아니라 누군가 자신을 진정으로 염려하며 관심을 갖고 있다는 것을 알게 하였다.
그러면서 상담자가 사랑에게 갖는 사랑은 한시적이며 그보다는 사랑이 엄마를 사랑하고 엄마와의 관계가 바르게 정립되는 것이 중요함을 알렸다.

사랑엄마
사랑엄마는 자신이 왜 그렇게 친정 언니들이 말리는데도 불구하고 이런 결혼을 했는지 모르겠다고 하며, 이런 재혼 자리는 정말 말리고 싶다고 하면서 자신의 결혼생활에 대한 회의를 보이고 있었다. 또한 남편과 자신 사이에서 낳은 하나뿐인 딸 사랑이 자신을 이해해 주지 않고, 자기 말을 잘 듣지도 않고, 오히려 반항하며 비행을 일삼고, 폭력적으로 행동하는 것에 대해서 분노와 원망이 가득하였다.
상담자는 결혼과 가정에 대한 왜곡된 생각을 갖고 있는(돈이 많은 사람과 결혼을 하면 자신의 남은 인생이 좀 더 여유롭고 풍족할 것이라는, 자기만 잘하면 모든 상황은 저절로 해결될 것, 자녀는 내 마음대로 움직일 수 있는 나의 것이라는 사고) 사랑엄마에게 준비된 결혼이 무엇인지, 부모의 역할과 위치가 무엇인지 알게 하려는 계획을 세우게 되었다.

라. 제4, 5단계: 자료수집과 해석

자료수집은 피상담자와의 대화로 얻을 수 있지만, 피상담자와 관련된 사람들을 통해서, 태도나 몸짓, 말투를 통해서도 많은 정보를 얻을 수 있다. 또한 계절에 맞는 옷차림이나 악세서리를 통해서도 알 수 있다. 그러나 가장 질적이고 중요한 핵심자료를 얻을 수 있는 것은 직접 대화를 통해서이다. 상담자는 사랑과 사랑엄마를 통해 수집한 자료에 의해서, 주관적인 사고와 해석을 배제하고 객관적인 해석을 하고자 노력하였다.

사랑

사랑은 외모에서 먼저 정보를 주고 있었다. 중학생에게 어울리지 않는 노랗게 물들인 머리카락과 짙은 화장, 추운 겨울에도 아주 짧은 치마에 외투를 걸치지 않는 것, 모자를 깊이 눌러 써서 얼굴을 제대로 볼 수 없게 하는 것, 눈을 마주치지 않는 것, 툭툭 내뱉는 말투와 길가에 함부로 침을 내뱉는 행동, 식사를 하고서도 이어서 계속 음식을 먹는 행동, 어두운 저녁인데도 불을 켜려고 하지 않은 것 등으로 사랑의 학생으로서 일탈된 모습과 어긋나고자 하는 사랑의 내면을 읽을 수 있었으며, 그러면서도 부모에 대한 애정을 음식에 대한 욕구와 자신을 학대하는 것으로 표현하는 것을 알 수 있었다.
사랑이 얼마나 부모에 대해 미운 마음과 분노를 가지고 있는지에 대해서는 가장 바라는 것이 무엇이냐고 묻는 질문에 “집에서 나가서 혼자 살고 싶다, 엄마 얼굴도 보기 싫고 목소리 듣는 것도 싫다”고 대답하였고, 사랑엄마가 사랑에게 잘해 주려 하는 것 같다고 하자 사랑은 “글렀어요”라고 대답하는 것에서 알 수 있었다.
사랑은 또, 미래에 대한 계획이나 소망이 없음을 말하였는데, 집을 나가면 어떻게 먹고 살겠냐는 질문에 “그냥 남자친구랑 같이 아르바이트해서 살면 돼요, 그렇게 사는 친구들도 있어요” “아니면 부모님한테 돈을 달라고 해야죠”라고 대답하였다.
사랑이 일탈을 하게 된 원인을 탐색하기 위해서 어릴 때 부모님의 사이가 어떠했냐고 묻는 질문에 “자주 싸웠어요, 소리 지르고 집어던지고...” 그때 사랑이의 마음이 어땠냐고 묻는 질문에는 그러나 자신은 아무 상관이 없었다고 말하였고, 요즘은 자기가 사고를 치니까 둘이 사이가 좋아졌는데 그것도 자신과는 상관없는 일이라고 말하였다.

상담자가 사랑에게 어릴 때 하고 싶은 것과 원하는 것을 모두 다 하고 자란 것 아니냐고 물어보자 사랑이 어린 시절 이야기를 하면서 자신이 늦둥이로 태어났고, 몸이 너무 약해서 엄마가 매일 데리고 다녔고, 원하는 것을 다 받아 주는 편이어서 자신이 이렇게 버릇이 없고, 막무가내로 하는 것이 있다고 하여, 부모의 양육태도가 자녀에게 미치는 영향을 확인할 수 있었다. 한편으로 자신의 생명에 대한 감사가 없음으로 자살시도가 여러 번 있었다.

사랑엄마
사랑이 언제부터 일탈을 하며 반항을 했는지 묻는 질문에 사랑엄마는 원래 사랑은 집 근처에 있는 일반 초등학교에 다녔고, 욕심이 많아서 상이라는 상은 거의 다 휩쓸 정도였다고 하면서 그 과정에서 자신이 욕심을 부린 것도 있다고 하였다. 초등학교 5학년 때 사랑이 학교에서 사건을 일으켰을 때 강남에 있는 사립초등학교로 옮겼다고 하면서 그것이 후회된다고 하였으며, 사랑이 7살 무렵 언니들이 거의 결혼을 했고, 자살소동이 있을 때 정신과에서 우울증 약을 주었으나 한방치료를 하려고 약을 끊은 상태라고 하였다.
친정아버지가 일찍 돌아가셔서 친정엄마가 고생이 많았고, 자신도 어렵게 자랐지만 착하게 살았다고 하면서 자신이 왜 이런 고통을 받아야 하는지 모르겠다고 하면서 눈물을 흘렸다. 그리고 사랑이 어린 시절에 힘들었던 가정생활과 사랑이 초등학교 5학년 때 남편과 이혼까지 생각했었다고 말하였다. 이런 사랑엄마의 이야기로 보아 사랑엄마는 자신이 어릴 때 누리지 못했던 물질적인 부유함을 자신의 자녀를 통해 보상받고자 함이 있었고, 자녀를 자신의 소유로 생각하고 강압적으로 다루면서도(그것은 학업성취 등 자신의 욕구를 채우고자 하는 것), 한편으로는 전처의 자녀를 돌보는 과정에서 자신의 딸을 과보호하는 양육태도가 사랑으로 하여금 엄마에 대한 거부감과 일탈을 하게 한 원인으로 생각되어졌다.

마. 제6단계: 권면하라

사랑
행동에 자유는 있으나 그 자유롭게 행동한 것에는 책임이 뒤따른다는 것, 그러나 자신이 무엇을 잘못했다고 느낀 순간에는 언제든 돌아오면 된다는 것, 그러나 되돌릴 수 없는 것은 목숨이라고 말해 주었다. 그리고 모든 것이 자신의 선택에 있다는 것을 이야기하였다. 또한 사랑의 남자친구가 사랑에게 서로를 인격적으로 만나고, 욕을 하거나 폭력을 쓰지 말 것을 말해 주고, 결혼을 할 때까지 서로를 지켜주라고 말하였다(육체의 결합은 결혼 안에서만 가능한 것임을 말해 줌). 부모님께 대한 말투를 고치고 장래계획을 세워서 공부를 시작하게 하였다.

사랑엄마
사랑이 상담자가 상담자의 친정어머니와 전화 통화하는 것을 보게 되었는데 그때 사랑은 자신의 엄마와는 다른 모습을 보았다고 하면서 자신의 엄마와 외할머니의 관계가 원만하지 않음을 말한 적이 있어서, 사랑이 엄마와 외할머니의 관계를 보고 자신과 엄마와의 관계를 배울 수 있다고 말해 주면서 사랑엄마에게 친정어머니에 대해 좋게 하라고 권면해 줌(사랑엄마가 자신이 자라 온 과정을 말하면서 친정엄마에 대한 부정적인 면이 있다고 말하심)으로 부모자녀 간의 의사소통의 중요성을 알게 하였다.

바. 제7, 8단계: 변화하게 하라

사랑

부모님을 미워하고 스스로 목숨을 끊으려 했던 잘못을 고백하고, 낳아 주시고 길러 주신 부모님께 감사해야 한다고 하였다. 이것을 이루기 위해서 사랑은 아빠가 출근을 할 때, 도시락을 싸 드리기도 하고 엄마에게 감사의 말을 하게 되었다. 이제는 가출을 하지 않기로 다짐을 하였고, 자신의 방을 깨끗이 정돈하고 엄마의 부엌일도 돕기로 하였다. 간간이 아빠의 약국에서 아르바이트를 하는 등 가정에 대한 관심과 애정을 길러 가고 있다. 남자친구에 대한 미련이 있으나 그릇된 이성교제를 끊고, 좀 더 성숙한 시간을 기다리게 되었으며, 자신의 미래에 대한 소망과 보다 넓은 세계관으로 인생을 바라볼 수 있는 안목을 기르기로 하였다. 도서실에서 공부를 시작하고, 학원과 과외공부를 통하여 상급학교로의 진학을 계획하고 있다.

사랑엄마

사랑에게 무조건적으로 허용하며 부모로서 마땅히 자녀를 훈육하지 못했던 것을 깨닫고, 적절한 훈계와 사랑이 담긴 훈련을 하도록 하였다. 물질이나 명예를 따르려고 자녀를 그릇되게 가르친 것을 뉘우치고, 사랑이가 온전히 살아갈 수 있도록 먼저 부모가 모범을 보이게 하였다.

자녀와의 의사소통방법에 있어서도 좀 더 부드럽고 따뜻한 말투와 시선으로 사랑을 마음으로 사랑하고 대할 수 있도록 도와주었다.

사. 상담후기

그 후 사랑은 자신이 모아 둔 저금통의 돈으로 상담자에게 맛있는 저녁 식사를 대접하였고, 사랑의 엄마도 상담자에게 선물을 하는 등 자신과 자녀의 변화에 고마워하고 있다. 사랑과 사랑엄마는 종종 전화로 상담자의 안부를 물으며, 상담자도 사랑에게 전화로 근황을 살피고 있다. 오랫동안 쉬다가 새로이 시작한 학업을 계속하는 것에 대해서 격려와 지지를 주고 있으며, 사랑은 힘들어하기는 했지만 어려운 고비를 무사히 넘기고 고등학교 입학 자격고시에 합격한 상태이다.

Chapter

07

문제행동유형과 학교폭력

배울내용

1. 비행과 학교폭력
2. 정신질환과 학교폭력
3. 대중매체와 학교폭력

학습목표

1. 비행과 학교폭력의 관계를 설명하고 예방법을 모색해 본다.
2. 정신질환과 학교폭력과의 관계를 설명하고 대처방안을 모색해 본다.
3. 대중매체와 학교폭력과의 관계를 설명하고 건전한 사용법을 모색해 본다.

개 요

최근 청소년의 경우 음주와 흡연, 가출, 무단결석 및 음란물 접촉이 증가하고 있으며, 다양한 원인으로 청소년의 정신질환이 증가하고 있는 실정이다. 이러한 비행과 정신질환은 청소년들의 학교폭력과 밀접한 관련이 있다. 그리고 최근 인터넷과 스마트폰 등 대중매체에 쉽게 노출될 가능성이 높아지면서 청소년의 발달에 긍정적인 영향과 부정적인 영향을 미치는 요인으로 작용하고 있다. 이러한 청소년기의 문제행동(비행, 정신질환 및 대중매체 등)은 신체발달, 정서 · 사회성발달 및 정신건강에 영향을 미치게 되고, 그 결과 학교폭력 행동으로 나타날 가능성이 높다. 따라서 본 장에서는 비행, 정신질환 및 대중매체가 청소년의 학교폭력과 어떤 관계가 있는지에 대해 살펴보고 예방 방법을 모색해 보고자 한다.

Chapter 07

문제행동유형과 학교폭력

최근 연구들에서 학교폭력과 관련된 요인으로 비행, 정신질환 및 대중매체에 관심을 가지고 많은 연구들이 진행되어 오고 있다. 따라서 본 장에서는 비행과 학교폭력, 정신질환과 학교폭력 및 대중매체와 학교폭력 간의 관련성에 대해 자세하게 살펴보고자 한다.

1. 비행과 학교폭력

1) 비행의 개념

비행(delinquent)이라는 용어는 라틴어에서 '과오를 범하다', '의무를 태만히 하다'라는 뜻에서 유래된 것으로, 그 사전적 의미는 '도리나 도덕 또는 법규에 어긋나는 행위'를 말한다. 그리고 비행은 본래 법률적인 용어로서 주로 청소년들에게만 적용되는 것을 의미하며, 성인인 경우에는 범죄라는 말로 사용하고 있다(김경식, 이현철, 2007). 따라서 비행이라는 용어는 청소년 비행(juvenile delinquency)이라는 용어로 사용하고 있다. 일반적으로 청소년 비행에 대한 연구에서는 연구의 초점을 행위에 둘 것인가, 아니면 행위자에 둘 것인가에 따라 청소년 비행의 개념적 정의에 차이를 두고 있다. 우선 비행 행위를 중심으로 하는 연구에서는 일회적이고 우발적인 사소한 비행뿐만 아니라, 청소년에게 금지된 규범 위반 행위까지를 포함하고 있다. 반면 행위자를 중심으로 하는 연구는 누가 비행청소년이 되는가에 초점을 두었기 때문에, 청소년 관련 법규에 위반되는 행위만을 비행이라고 정의하고 있다.

세나와 시겔(Senna & Siegel, 2000)의 연구에서는 청소년 비행을 청소년기에 걸맞지 않은 행동에 초점을 두었기 때문에 부모에게 반항, 흡연과 음주, 무단결석 및 교사에 대한 반항, 비행 또래와의 접촉, 가출, 비윤리적 측면의 성행위 등이 해당된다고 주장하였다. 반면 황성현(2010)의 연구에서는 청소년 비행에 해당되는 흡연과 음주는 약물사용으로 분류하고 무단결석과 가출은 일탈행위로 양분화해야 한다고 주장한다. 그리고 청소년이 호기심이나 주위 친구들의 유혹에 못 이겨 한두 번 하는 음주나 흡연 행위를 비행으로 분류하는 것은 무리가 있다고 판단하여, 지난 1년 이상 지속적으로 음주와 흡연을 한 경우만 약물사용자로 분류하고 있다. 이에 비해 무단결석과 가출은 의도적으로 하는 행위이기 때문에 지속성보다는 일회성에 강조점을 두어 청소년 비행을 설명하고 있다.

2) 비행의 유형

청소년 비행의 유형으로는 대표적으로 흡연과 음주, 가출, 무단결석 및 음란물 접촉 등이다. 첫째, 흡연과 음주는 청소년 비행의 유형 중에서도 대표적인 요인들이다. 다수의 연구에서는 청소년이 음주 및 흡연에 의존할 수밖에 없는 이유를 단순 호기심에 따른 모방심리, 스트레스를 해소하기 위한 수단, 또래 집단과의 동질감 때문이라고 주장한다(조선희 외, 2012). 이와 같은 이유로 한국사회는 청소년기에 하는 음주와 흡연을 한 때의 호기심으로 인식하는 경향이 매우 높다. 그러나 청소년의 흡연과 음주는 일탈행위로 보는 관점이 일반적이기 때문에 비행으로 간주한다.

둘째, 청소년이라는 사회적 지위 때문에 일탈행동으로 간주되는 비행에는 가출과 무단결석이 있다. 이러한 행동은 현재의 생활에서 벗어나고 싶은 강한 충동으로 인해 발생되는 것들이다. 경찰청(2013)에 따르면, 먼저 가출이라는 용어는 법률 상 개념이 아닌 학술적 용어로서, 본인 스스로 집이나 가정을 버리고 떠난 상태 또는 그 행위를 의미한다. 따라서 경찰청 예규인 "실종아동 및 가출인 업무처리 규칙"에 따르면, 실종신고 당시 보호자로부터 이탈된 18세 이상인 자를 '가출인'이라고 정의하고 있으며, 그 중 14세 이상에서 20세 미만의 자를 '가출 청소년'이라 규정하고 있다. 무단결석 또한 중·고등학교에서 발생할 수 있는 일반적인 현상이다. 그러나 반복적이거나 사유 없이 무단결석을 하는 경우는 청소년 비행의 위험요인으로서 작용할 수 있기 때문에 청소년 비행으로 본다. 무단결석이라는 용어는 학교공포증, 등교거부, 학교결석 등과 관련하여 사용하고 있는 용어이다. 학교공포증이란 학교 생활에 대한 심한 불안감 때문에 학교 가기를 싫어하는 현상을 의미한다. 그리고 등교거부 또한 심리적인 원인으로 학교에 가는 것을 싫어하거나 아예 거부하는 현상을 의미한다. 따라서 심리적으로 일어나는 등교거부의 상태는 공포증 상태에 한정되지 않는다는 이유로 학교공포증보다는 등교거부라는 용어가 넓은 의미로 사용되고 있다.

청소년들의 가출 현황을 살펴보면〈그림 7-1, 표 7-1〉, 2020년 초·중·고등학생의 최근 1년 내 가출 경험률은 2.9%로 나타났으며, 남학생(3.3%)이 여학생(2.5%)보다, 학교급이 높을수록 가출 경험이 많았고, 가출 이유로는 부모님과의 문제(61.0%)가 가장 많았고, 다음으로 학업 문제(20.8%), 친구들과 함께하기 위해서(8.0%) 순서로 나타났다.

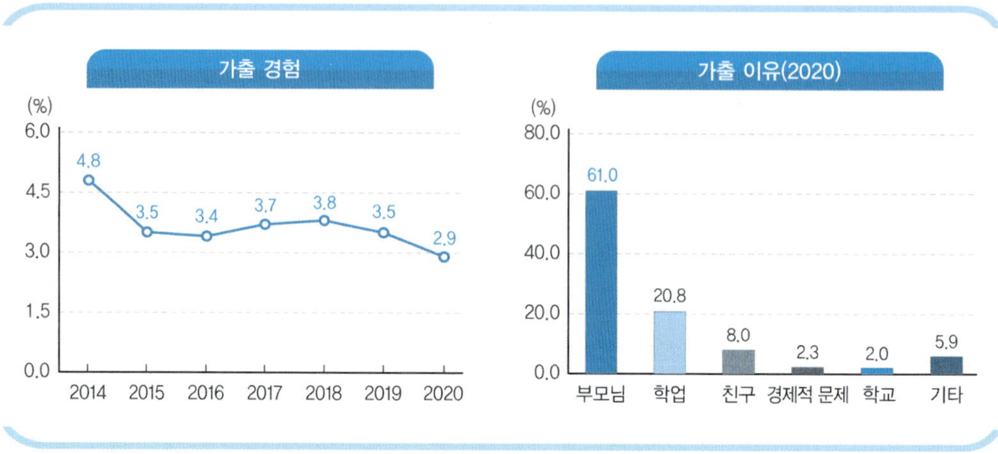

그림 7-1. **가출 경험과 가출 이유**

표 7-1. 가출 경험 및 이유

(단위: %)

	가출 경험[1]	가출 이유[2]					
		부모님과의 문제	학업문제	친구들과 함께 하기 위해서	가정의 경제적 문제	학교문제	기타
2014	4.8	57.4	12.0	16.2	0.2	2.7	11.6
2015	3.5	63.5	12.8	12.4	1.4	3.6	6.2
2016	3.4	60.7	12.4	12.8	0.8	2.7	10.6
2017	3.7	60.9	14.3	10.6	1.7	5.1	7.4
2018	3.8	58.0	15.6	12.0	4.1	3.0	7.2
2019	3.5	61.7	15.9	9.6	2.3	1.1	9.5
2020	2.9	61.0	20.8	8.0	2.3	2.0	5.9
남자	3.3	58.7	20.0	8.2	2.9	2.4	7.8
여자	2.5	64.2	21.8	7.9	1.5	1.3	3.3
초(4~6)	2.3	57.0	28.5	0.0	1.9	4.7	7.9
중	3.1	62.5	24.1	7.3	1.5	0.7	3.9
고	3.2	62.0	13.3	13.3	3.3	1.5	6.5

자료: 한국청소년정책연구원,「아동청소년인권실태조사」, 초(4~6) · 중 · 고등학생 대상

주: 1) 최근 1년 동안 가출한 적이 있는 사람의 비중

2) 최근 1년 동안 가출한 적이 있는 사람의 주된 가출 이유

셋째, 청소년들의 음란물 접촉이다. 음란물이 청소년에게 어떤 영향을 미치는지에 대한 논란은 선행연구를 통해 끊임없는 논쟁이 있어 왔다. 즉, 역기능적인 측면에서는 청소년들로 하여금 폭력성과 잘못된 성적 개념으로 인해 성적 일탈행위를 조장할 수 있다는 주장이 있는 반면, 순기능적인 측면을 강조하여 오히려 음란물이 청소년의 성적 욕구를 해소시켜 주기 때문에 청소년에게 무해하다는 주장도 있다.

3) 비행과 학교폭력의 관계

청소년 비행은 대부분 청소년기에 걸맞지 않은 행동에 초점을 두고 있기 때문에 부모에게 반항, 흡연과 음주, 무단결석, 교사에 대한 반항, 비행 또래와의 접촉, 가출 및 비윤리적 측면의 성행위 등으로 나타날 수 있고, 학교폭력은 학교내 · 외에서 학생 간에 발생한 상해, 폭행, 감금, 협박, 약취 · 유인, 명예훼손 · 모욕, 공갈, 강요 및 성폭력, 따돌림, 정보통신망을 이용한 음란 · 폭력 정보 등에 의하여 신체 · 정신 또는 재산 상의 피해를 수반하는 행위로 정의하고 있다. 이 두 가지 각각의 개념이 융합될 때, 다음과 같은 관련성을 보일 수 있다.

첫째, 청소년들의 폭력적 미디어의 접근에 따른 학교폭력과의 연관성이다. 즉, 폭력적 게임이나 영상물의 이용 빈도가 높을수록 비행행위를 더 많이 실행에 옮기고 있어, 학교내에서 또래 친구들에게 폭력을 일삼을 수 있는 계기가 될 수 있다.

둘째, 부모의 양육태도는 학교폭력, 집단 괴롭힘 등 비행의 주요인으로 이어지고 부모의 정서적 지지의 부족 등 부정적 기능에 영향을 받은 청소년의 경우, 또는 부모와의 유대가 약하거나 불안정한 양육형태에서 학교폭력의 가해자가 될 가능성이 높아질 수 있다.

셋째, 무단결석 및 교사에 대한 반항, 비행 또래와의 접촉 등을 경험하는 청소년의 대부분은 부모나 교사들이 자신의 생각을 충분히 헤아리지 못한다고 생각한다. 따라서 자신의 삶에 대해 적극적인 조언과 지지를 보내고, 삶의 고민들을 함께 공유할 수 있는 친구들을 매우 소중하게 생각한다. 이와 같이 청소년에게 있어 강력한 영향력을 발휘하는 또래 친구집단의 성격이 어떠한지에 따라 그 청소년의 행동에 영향을 받게 된다.

넷째, 청소년들은 학업능력에서의 실패, 교사 및 또래와의 부정적 관계 등은 청소년의 심리적 긴장 및 좌절, 분노 등을 초래하여 비행의 원인이 되기도 하며, 학교폭력이 나타날 가능성을 높이게 된다.

다섯째, 청소년의 흡연과 음주 및 가출경험 등의 비행이 학교폭력의 가능성을 높인다. 즉, 학교폭력을 경험한 학생의 경우 흡연이나 음주, 가출 등 비행에 더 많이 노출되어 높은 상관관계를 가지는 것으로 나타났다(박상호, 2015). 이러한 현상은 비행청소년뿐만 아니라 일반학생들까지도 보편화되어 가고 있는 경향이 있으며, 사회문제로 대두되면서부터 학교와 민간단체들이 학교폭력을 뿌리 뽑으려는 노력을 하고는 있지만, 아직 그 효과는 미흡하다. 청소년들은 자신이 하는 행동 자체가 학교폭력의 범주에 해당된다는 인식을 하지 못하고 학교안에서 흔히 발생해 버리는 일로 생각하는 경향이 강하다. 따라서 청소년들을 대상으로 비행과 학교폭력의 명확한 정의에 대한 교육이 필요하고, 더불어 비행과 학교폭력의 관련성을 교육시킬 필요가 있다.

4) 소년 비행

「형법」과 「소년법」에 따르면, '소년 비행'은 '10세 이상 19세 미만인 소년의 범죄행위 · 촉법행위 · 우범행위'를 말한다. 즉, 「민법」에서는 만 19세를 성년으로 정하고 있고, 「형법」에서는 '14세가 되지 아니한 자의 행위는 벌하지 아니한다'는 형사미성년을 규정하고 있으며, 「소년법」에서는 19세 미만의 자로 정하고 있는 바, 법률적으로 소년이라 함은 미성년자로서 용어 상 남·여를 포괄한다. 소년 비행에 대한 구체적인 용어의 구분은 〈표 7-2〉와 같다.

표 7-2. 소년 비행에 대한 나이의 구분

구분	내용
범죄행위	14세 이상 19세 미만인 소년의 형벌 법령에 저촉되는 행위를 말한다.
촉법행위	위형벌법규를 위반하였으나 10세 이상 14세 미만인 형사미성년자의 행위로 형사책임을 묻지 않는 행위이다.
우범행위	10세 이상인 소년이 행한 다음의 행위로, 성격이나 환경에 비추어 앞으로 형벌 법령에 저촉되는 행위를 할 우려가 있다고 인정되는 행위를 말한다. • 집단적으로 몰려다니며 주위 사람들에게 불안감을 조성하는 성벽(性癖)이 있는 것 • 정당한 이유 없이 가출하는 것 • 술을 마시고 소란을 피우거나 유해환경에 접하는 성벽이 있는 것

다만, 「소년법」의 제정 목적이 반사회성 있는 소년에 대하여 그 환경의 조정과 성행의 교정에 관한 보호처분을 행하고 형사처분에 관한 특별처분을 행함으로써 소년의 건전한 육성을 기하기 위함이라고 하여 형벌보다는 교육에 중점을 두고 있음에 비추어 우범행위에 관한 규정이 다소 포괄적이고 성인중심의 하향적이라는 느낌이 강하다. 아무튼 가장 관심을 가질 것은 비행소년들은 인격형성 과정에 있다는 점이다.

최근의 소년 비행의 특색으로서는 행위의 조폭화(粗暴化), 연소화(年少化), 중류출신자의 증가, 도시집중화, 집단화를 들 수 있고, 전체적 경향으로서 수의 증가와 더불어 우려되는 사회문제가 되고 있다. 소년범죄자의 현황을 살펴보면〈그림 7-2, 표 7-3〉, 2019년 소년범죄자는 전체 범죄자의 3.8%인 6만 6,247명으로 나타났으며, 전체 범죄 중 소년범죄자의 비중은 2017년 이후 다소 감소하는 것으로 나타났다. 범죄유형으로는 재산범죄(42.0%)가 가장 많았고, 강력(폭력)범죄(28.1%), 강력(흉악)범죄(5.5%) 순서로 나타났다.

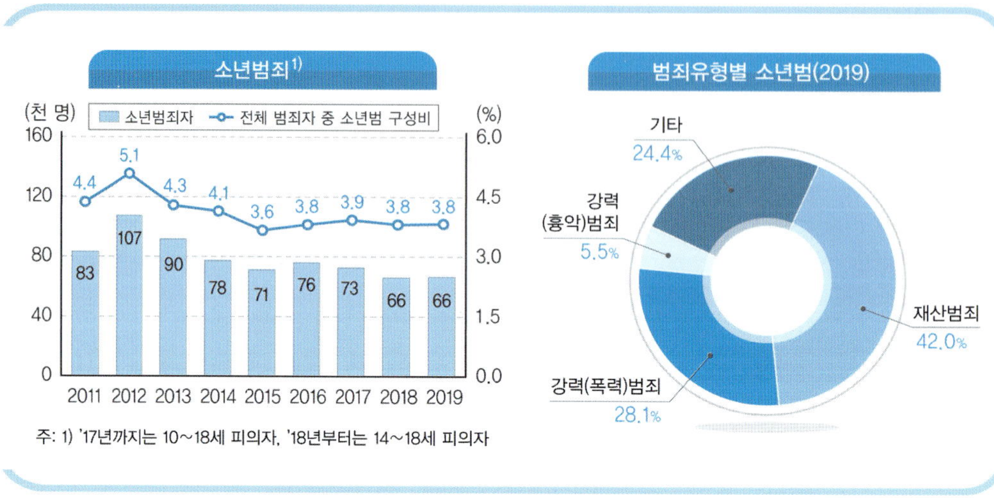

그림 7-2. **소년범죄와 유형**

출처: 대검찰청(2020). 범죄분석통계.

표 7-3. 소년범죄자의 연도별, 유형별 현황

(단위: 천 명, 명, %)

	전체 범죄자 (천 명)	소년 범죄자1) (명)	구성비 (%)	범죄유형별 구성비(%)			
				재산범죄2)	강력(폭력) 범죄3)	강력(흉악) 범죄4)	기타5)
2011	1,908	83,068	4.4	45.7	26.8	4.0	23.6
2012	2,118	107,490	5.1	44.3	30.5	2.9	22.3
2013	2,147	91,633	4.3	49.9	24.1	2.8	23.2
2014	1,880	77,594	4.1	46.7	24.9	4.1	24.2
2015	1,949	71,035	3.6	45.1	24.6	3.8	26.4
2016	2,020	76,000	3.8	43.5	25.6	4.4	26.4
2017	1,862	72,759	3.9	39.9	28.9	4.8	26.4
2018	1,749	66,142	3.8	40.1	29.8	5.3	24.8
2019	1,755	66,247	3.8	42.0	28.1	5.5	24.4

자료: 대검찰청,「범죄분석통계」

주: 1) '17년까지는 10~18세 피의자, '18년부터는 14~18세 피의자

2) 절도, 장물, 사기, 횡령 등

3) 공갈, 폭행·상해 등

4) 살인, 강도, 방화, 성폭력

5) 교통사범, 저작권법 위반, 기타

소년 비행의 하나의 특색은 그것이 비행집단이라고 불리는 무리를 형성해서 이루어지는 일이 많다는 점에 있다. 따라서 문제를 파악하려고 할 때에는 그에 대해 그 집단이 어떠한 의미를 가지고 역할하고 있는가를 먼저 생각할 필요성이 있다.

비행소년의 지도는 비행을 한 소년의 지도만으로는 효과를 올리기 어렵다. 비행의 원인은 소년 자신의 개인적 문제성에만 의한 것이 아니라, 사회적 환경 가운데의 많은 요소와 상호 간의 관련을 갖기 때문이다. 이 환경 가운데에서 가장 영향력이 있는 것은 가정이다. 가정은 비행 발생원인으로서 중요할 뿐만 아니라 비행 회복과정에 있어서도 양친을 비롯한 가족의 적극적 · 자주적인 협력이나 지도가 큰 힘을 갖는다. 일반적으로 비행소년의 가정은 가치관이 편중되어 있거나, 의욕 및 도덕성이 낮은 경우가 많다. 이와 같은 가정에 대해 교사가 지도력을 발휘하기 위해서는, 평소부터 모든 수단을 활용하여 교사와 부모와의 유대를 밀접하게 맺어 두어야만 한다. 비행소년의 가정, 특히 양친으로 하여금 비행의 원인으로 눈을 돌리게 하고, 소년의 갱생에 힘을 합치려는 자주적 · 적극적 관심을 일으켜야 한다.

사회적 환경의 제2요소는 학교 및 이웃지역 안에서 맺어지는 친구관계이다. 중학생 · 고등학생의 경우, 학생의 행동기준 · 방향 등에 영향을 미치는 힘은 가정에서 친구관계로 옮겨간다. 따라서 교사는 학생이 소속하는 형식적(formal) · 비형식적(informal)인 소집단을 파악하고, 그 소집단이 바람직한 방향으로 계속 지속할 수 있도록 평소부터 항상 지도해 둘 필요가 있다. 비행소년의 지도에 있어 각자를 분리하여 별도로 지도한다는 것은 노력에 비해 효과가 크지 않으며, 대부분의 경우 집단에 작용하여 집단 전체를 변용시키므로, 집단의 힘을 통해 지도하는 방법이 효과적이다.

사회적 환경의 제3요소는 지역사회이다. 매스커뮤니케이션을 매개로 하여 성립하는 복잡한 현대사회에서는 국가라고 하는 대사회 전체의 구조나 문화적 가치체계 등은 인간의 행동에 영향력을 갖고 있긴 하지만, 직접적인 개개의 행동 통제력은 무엇보다도 소년들이 그 안에서 생활하고 있는 지역사회로부터 영향을 받는다. 지역사회를 교육적 의도로써 재구성하고, 건전한 관심을 주민 전체에게 각성시켜 청소년을 비행으로부터 지키고 보호하기 위하여 꾸준하고 적극적인 활동을 계속하여야 하며, 지역사회와 밀접한 관계를 맺으면서 비행소년을 지도하여야 한다.

2. 정신질환과 학교폭력

1) 주의력결핍 과잉행동장애와 학교폭력

주의력결핍 과잉행동장애(ADHD)는 기능 또는 발달을 저해하는 부주의 또는 과잉행동·충동성을 보이는 것이 주 특징이다. 즉, 매우 산만하고 부주의한 행동을 나타낼 뿐 아니라 자신의 행동을 적절히 통제하지 못하고 충동적인 과잉행동을 나타내는 경우를 주의력결핍 과잉행동장애(ADHD)라고 한다. 부주의는 주의력결핍 과잉행동장애(ADHD)의 행동적 측면에서 과제를 수행하지 않고 돌아다니기, 인내심 부족, 지속적인 집중의 어려움, 무질서함과 같은 모습으로 나타나며, 이는 반항이나 이해의 부족에 기인한 것이 아니다. 과잉행동은 적절하지 않은 상황에서 과도한 운동활동(예: 아이들이 여기저기 뛰어다니는 것과 같은)이나 과도하게 꼼지락거리거나 두드리는 행동 또는 수다스러운 말과 관련이 있다. 충동성은 심사숙고 없이 순간적으로 일어나는 성급한 행동과 연관이 있으며, 이러한 행동은 타인에게 해를 끼칠 가능성이 높다(예: 주위를 둘러보지 않고 차도로 뛰어들기). 충동성은 즉각적인 보상 욕구나 만족을 지연시키지 못하는 것에 영향을 준다. 즉, 충동적 행동은 사회적 참견(예: 타인에 대한 지나친 방해)과 장기적 결과를 고려하지 않고, 중요한 결정을 내리는 것(예: 적절한 정보 없이 취직하기)과 같은 양상으로 나타날 수 있다(권준수 외, 2015).

이와 같은 주의력결핍 과잉행동장애(ADHD)는 학업수행, 학업성취와 대인관계에 부정적인 영향을 미치게 된다. 주의력결핍 과잉행동장애(ADHD)가 있는 아동은 주의력결핍 과잉행동장애(ADHD)가 없는 또래에 비해 청소년기에 품행장애, 반사회적 성격장애가 나타날 가능성이 높으며, 그 결과 물질관련장애를 경험할 가능성을 증가시킨다. 지속적인 노력이 필요한 과제에 대한 부적절하고 다양한 노력은 종종 다른 사람들에게 나태하고 책임감이 부족하며 협동심이 없는 것처럼 보이기도 한다. 또한 가족 간의 불화, 부정적 상호작용의 가족관계가 특징으로 나타난다. 또래관계에서도 배척, 무시, 놀림을 경험하게 된다. 주의력결핍 과잉행동장애(ADHD)의 학업적 결함, 학교 관련 문제와 또래들의 무시는 부주의 증상과 강한 상관이 있고, 또래들의 배척과 그 정도가 심하지 않더라도 우발적인 가해는 과잉행동 또는 충동성 증상이 있을 때 두드러지게 나타난다.

주의력결핍 과잉행동장애(ADHD)를 경험하는 경우 부주의, 과잉행동 및 충동성의 증상과 2차적인 영향으로 인해 학교생활에 부적응적인 행동을 보일 가능성이 매우 높으며, 그 결과 학교폭력으로 이어질 수 있다.

2) 파괴적, 충동조절 및 품행장애와 학교폭력

파괴적, 충동조절 및 품행장애는 정서 및 행동에 대한 자기조절문제와 관련 있으며, 아동기나 청소년기에 처음으로 발병하는 경향이 강하다. 이 장애는 여성보다 남성에서 더 흔하게 나타난다. 그러나 남성에서 상대적으로 더 우세한 정도는 장애의 종류에 따라 다르고, 같은 장애 내에서도 연령대에 따라 차이가 있다. 이 장애와 관련된 문제들은 다른 사람의 권리를 침해하는 것(예: 공격성, 재산파괴), 그리고 사회적 규준, 권위자 혹은 성인과 현저한 갈등을 유발하는 행동을 보인다는 점이다. 이 장애에는 적대적 반항장애, 간헐적 폭발장애, 품행장애 등이 포함된다.

적대적 반항장애의 핵심 특징은 분노·과민한 기분, 논쟁적·반항적 행동 또는 보복적 특성이 빈번하고 지속적인 것이다. 적대적 반항장애에서는 부정적인 기분문제가 수반되지 않고 행동문제가 보이는 경우도 종종 있다. 그러나 이 장애가 있는 사람들은 전형적으로 행동문제뿐만 아니라 분노·과민한 기분 증상도 함께 보인다. 적대적 반항장애의 증상들은 한 가지 상황에서만 나타날 수도 있으며, 집에서만 문제를 보이는 경우가 가장 흔하다. 집에서만 이런 문제를 보인다 하더라도 진단적 역치를 충족하는 충분한 증거가 있다면 현저한 사회적 기능의 손상이 있을 수 있다. 반항행동은 형제자매 간에서 흔히 보일 수 있기 때문에 형제자매가 아닌 다른 사람들과의 상호작용에서도 관찰되는지 확인해야 한다. 또한 이 장애의 증상은 전형적으로 성인과의 상호작용이나 개인적으로 잘 아는 또래들과의 관계에서 나타나는 경향이 있다.

간헐적 폭발장애에서 보이는 충동적인 공격적 행동폭발은 급성으로 발병하며, 반복적이고 충동적이며 문제가 되는 공격 행동은 대개 아동기 후반이나 청소년기에 시작되며, 40세 이상의 사람들에게서 처음 나타나는 경우는 드물다. 간헐적 폭발장애의 경과에서 충동적인 공격적 행동폭발이 반복되는 삽화로 나타날 수 있다. 충동적인 공격적 행동폭발은 그것이 유형적인 대상이냐 아니냐에 상관없이 대상을 손상시키거나 파괴하기도 하고, 사람이나 동물을 공격하거나 때리거나 상해를 입히는 것이 특징이다.

품행장애의 핵심 특징은 다른 사람의 기본 권리를 침해하고 연령에 적절한 사회적 규범 및 규칙을 위반하는 지속적이고 반복적인 행동 양상이다. 이런 행동은 크게 4가지 영역, 즉 다른 사람이나 동물에게 신체적 위해를 주는 공격행동, 재산손실이나 파괴를 야기하는 비공격적인 행동, 사기 또는 절도, 심각한 규칙 위반이 있으며, 이 중 3가지 이상의 행동이 지난 12개월 동안 존재해야 하며, 적어도 지난 6개월 동안 존재해야 한다. 품행장애가 있는 사람은 흔히 공격적 행동을 취하고, 다른 사람들에게 공격적으로 반응한다. 다른 사람을 괴롭히고, 위협하거나 협박한다(문자나 인터넷 기반 소셜미디어를 통한 괴롭힘도 포함), 자주 신체적인 싸움을 걸고, 다른 사람에게 심각한 신체적 손상을 입힐 수 있는 무기를 사용한다(예: 방망이, 벽돌, 깨진 병, 칼, 총), 사람이나 동물에게 신체적으로 잔인하게 대하며, 피해자가 보는 앞에서 도둑질을 하고(예: 노상강도, 소매치기, 강탈, 무장강도), 다른 사람에게 성적 활동을 강요한다. 신체적인 폭력은 강간, 폭행, 드물게는 살인과 같은 형태로 표현될 수도 있다. 고의적인 재산 파괴에는 심한 손해를 입힐 목적으로 고의로 방화를 계획하는 경우와 다른 방식(예: 자동차 창문을 파손하기, 학교 기물 파손하기)을 사용하여 고의로 타인의 재산을 파괴하는 경우가 있다. 사기 또는 절도 행위에는 다른 사람의 집, 건물 또는 자동차를 망가뜨리는 경우와 어떤 물건을 얻거나 환심을 사기 위해 또는 의무를 피하기 위해 자주 거짓말을 하는 경우(예: 다른 사람을 속인다), 그리고 피해자와 대면하지 않은 상황에서 귀중품을 훔치는 경우(예: 파괴와 침입이 없는 도둑질, 문서위조)가 포함된다.

품행장애가 있는 사람은 자주 심각한 규칙 위반을 보인다(예: 학교, 부모, 직장에서). 품행장애 아동들은 부모의 제지에도 불구하고 13세 이전부터 자주 밤늦게까지 들어오지 않는다. 또한 집에서 가출하는 양상을 보이기도 한다.

3) 우울증과 학교폭력

우울장애는 파괴적 기분조절부전장애, 주요우울장애(주요우울 삽화 포함), 지속성 우울장애(기분저하증), 월경전불쾌감장애, 물질 · 약물치료로 유발된 우울장애, 다른 의학적 상태로 인한 우울장애, 달리 명시된 우울장애, 명시되지 않는 우울장애를 포함한다. 이 장애의 공통적인 특징은 슬프고, 공허하거나 과민한 기분이 있고, 개인의 기능 수행 능력에 영향을 주는 신체적 · 인지적 변화가 동반되는 것이 특징이다.

파괴적 기분조절부전장애(Disrptive Mood Dysregulation Disorder)는 전형적인 양극성장애에 비해 만성적이고 지속적인 과민성을 보이는 아동에게 적절한 진단적 분류 및 치료를 위해 DSM-5에 추가되었다. 파괴적 기분조절부전장애의 주요 특징은 만성적이고 지속적인 과민성이다. 이러한 고도의 과민한 기분은 2가지 두드러진 임상적 징후를 보이는데, 첫째는 빈번한 분노발작이다. 이는 전형적으로 좌절에 대한 반응으로 나타나며 언어적일 수도 있고 행동적일 수도 있다(후자의 경우 사물, 자신, 타인에 대한 공격성의 형태로 나타난다). 이 증상들은 반드시 빈번하게 발생하여야 하며, 가정과 학교와 같이 2가지 이상의 환경에서 최소한 1년 이상 발생하고, 발달적으로 부적절해야 한다. 고도의 과민한 기분의 두 번째 징후는 분노발작 사이에 만성적이고 지속적으로 과민한 또는 화가 난 기분이 존재하는 것이다. 과민하거나 화가 난 기분이 이 장애를 가진 아동에서 특징적으로 거의 매일, 하루의 대부분 시간 동안 나타나며 객관적으로 관찰할 수 있어야 한다.

우울증을 보이는 아동은 가족 및 또래와의 관계 그리고 학교에서의 수행능력 저하와 밀접한 관련이 있다. 극도로 낮은 좌절에 대한 내성으로 인해 이러한 아동들은 일반적으로 학교에 적응하는 데 어려움을 경험한다. 이들은 또래 아동들이 일반적으로 즐기는 활동에 참여하지 못하는 경우가 많으며, 친구 관계를 형성하고 유지하는 데 어려움을 겪는다. 아동 우울증 증상으로는 학교공포증, 부모에 대한 지나친 집착 등이 나타날 수 있으며, 청소년 우울증 증상으로는 학업능력 저하, 물질남용, 무단결석, 가출 등으로 나타나기도 한다.

통계청과 여성가족부(2021)의 청소년 우울증 경험을 살펴보면〈그림 7-3, 표 7-4〉, 2020년 중·고등학생 25.2%는 최근 1년 내 우울감을 경험하였으며, 고등학생 27.4%, 중학생 22.9%가 1년 내 우울감을 경험하였고, 여학생(30.7%)이 남학생(20.1%)보다 우울감 경험률이 높은 것으로 나타났다.

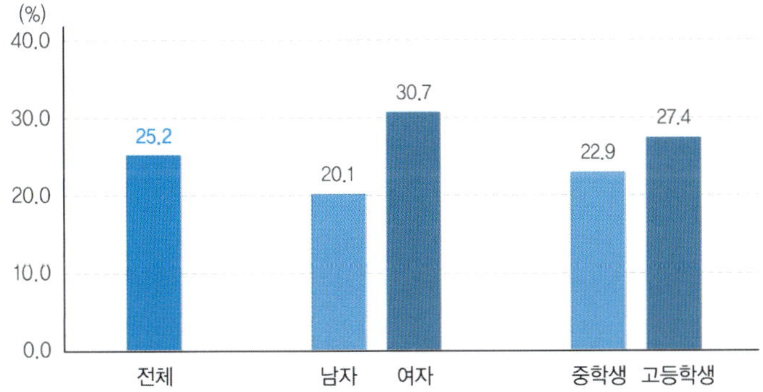

그림 7-3. 우울감 경험률(2020)

출처: 통계청, 여성가족부(2021). 2021 청소년 통계.

표 7-4. 우울감 경험률

(단위: %)

	우울감 경험률[1]	남자	여자	중학생	고등학생
2011	32.8	28.0	38.2	30.0	35.5
2012	30.5	25.5	36.0	28.2	32.6
2013	30.9	25.2	37.1	29.0	32.6
2014	26.7	22.2	31.6	24.4	28.8
2015	23.6	19.7	27.8	21.2	25.6
2016	25.5	20.9	30.5	22.7	27.7
2017	25.1	20.3	30.3	23.5	26.4
2018	27.1	21.1	33.6	25.2	28.7
2019	28.2	22.2	34.6	26.9	29.4
2020	25.2	20.1	30.7	22.9	27.4

자료: 교육부 · 질병관리청,「청소년건강행태조사」

주: 1) 최근 1년 동안 2주 내내 일상생활을 중단할 정도로 슬프거나 절망감을 느낀 적이 있는 사람의 비율

출처: 통계청, 여성가족부(2021). 2021 청소년 통계.

4) 알코올과 학교폭력

알코올 사용장애에는 금단, 내성 그리고 갈망감이 포함된 행동과 신체 증상의 집합체로 정의된다. 알코올 금단은 과도하게 장기간 음주하던 것을 중단하거나 양을 줄인 지 4~12시간 정도 후 금단 증상들이 나타나는 것이 특징이다. 알코올로 인한 금단은 불쾌하고 강렬하기 때문에 개인은 부작용에도 불구하고 금단 증상들을 피하거나 경감시키기 위해 음주를 지속하게 된다. 일부 금단 증상(예: 수면문제)은 몇 달간 강도가 약할 정도로 지속될 수 있고, 재발의 원인이 될 수도 있다. 1회 반복되고 강한 사용 양상이 발생하면, 알코올사용장애를 가진 사람은 상당 기간 동안 알코올성 음료를 얻고 소비하는 데 몰두하게 된다.

알코올에 대한 금단은 다른 것을 생각하기 어려울 만큼 강한 음주 욕구를 말하며, 주로 음주의 시작으로 이루어진다. 급성 중독의 영향 혹은 음주 이후의 효과로 인해 학업적 혹은 직업적 수행에 어려움을 겪고, 육아나 집안일도 소홀해지고, 음주와 관련하여 학교나 직장을 빠질 수도 있다. 이들은 신체적으로 위험한 상황에도 음주한다(예: 운전, 수영, 중독 상태에서 기계조작). 결국 알코올 장애가 있는 사람들은 지속되는 음주로 인한 신체적(예: 일시적 기억상실, 간 질환), 정신적(예: 우울), 사회적 혹은 대인관계의 문제(예: 중독 상태에서 과격한 언쟁)가 있다는 사실을 알면서도 음주를 지속한다.

특히 청소년에게 알코올은 신체 및 정신에 부담을 줄 뿐만 아니라 과도하게 마시면 과운동, 발한, 떨림, 얼굴과 사지에 경련 등과 같은 이상을 초래한다. 알코올 문제는 그가 속한 사회가 인정하는 수준을 넘는 술을 마시고, 그 때문에 건강과 대인관계에 장애가 있는 만성행동장애로 볼 수 있으며, 비록 중독은 아니더라도 청소년의 경우 음주로 인해 2차적 사고, 즉 폭력행동을 보이는 경우가 흔하다.

통계청과 여성가족부(2021)의 청소년의 흡연율과 음주율 현황을 살펴보면〈그림 7-4, 표 7-5〉, 2020년 흡연율은 4.4%, 음주율은 10.7%로 나타났으며, 흡연율은 남자(6%)가

여자(2.7%), 음주율도 남자(12.1%)가 여자(9.1%)보다 많은 것으로 나타났다.

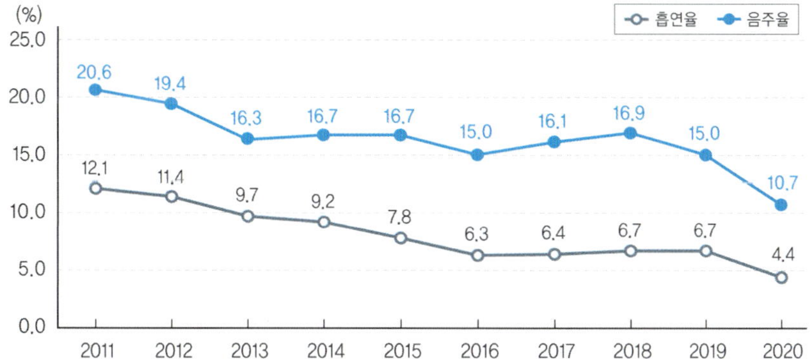

그림 7-4. 청소년의 음주와 흡연

출처: 통계청, 여성가족부(2021). 2021 청소년 통계.

표 7-5. 청소년의 음주 및 흡연 실태

(단위: %)

		현재 흡연율[1)]	중학생	고등학생	현재 음주율[2)]	중학생	고등학생
2011		12.1	8.1	16.1	20.6	12.0	29.0
2012		11.4	7.2	15.4	19.4	10.3	28.2
2013		9.7	5.5	13.8	16.3	8.3	23.8
2014		9.2	4.7	13.5	16.7	8.3	24.6
2015		7.8	3.3	11.7	16.7	7.4	24.9
2016		6.3	2.5	9.5	15.0	6.5	21.9
2017		6.4	3.0	9.2	16.1	7.6	23.0
2018		6.7	3.0	9.8	16.9	8.5	24.2
2019		6.7	3.2	9.9	15.0	7.6	21.8
2020		4.4	1.7	7.1	10.7	5.4	15.9
	남자	6.0	1.9	10.1	12.1	5.8	18.3
	여자	2.7	1.5	3.8	9.1	5.0	113.2

자료: 교육부 · 질병관리청,「청소년건강행태조사」, 중 · 고등학생 대상

주: 1) 최근 30일 동안 1일 이상 일반담배(궐련)를 흡연한 사람의 비율

2) 최근 30일 동안 1잔 이상 술을 마신 적이 있는 사람의 비율

출처: 통계청, 여성가족부(2021). 2021 청소년 통계.

5) 청소년 자살

우리나라는 1997년 IMF 경제위기 이후 자살문제가 큰 사회적 문제로 부각되기 시작하였다. 우리나라는 2017년 한 해 동안 12,463명이 자살하면서 하루 평균 34.15명이 자살을 하고 있는 것으로 나타났다. 이것은 OECD 국가 중 자살률 1위, 자살 증가율 1위의 불명예를 나타내는 것이다. 더구나 자살기도자는 자살자의 10~20배가 된다는 통계를 볼 때, 우리 국민은 자살 또는 자살기도로 큰 정신적 충격과 고통을 경험하고 있는 것으로 보고되고 있다. 특히 10대 청소년들의 사망원인 중 1위가 자살로 나타났다. 청소년 사망원인을 살펴보면〈그림 7-5, 표 7-6〉, 2019년 한 해 청소년 사망은 1,953명이었으며, 그중 고의적 자해(자살)은 876명으로 44.85%를 차지하고 있는 것으로 나타났다.

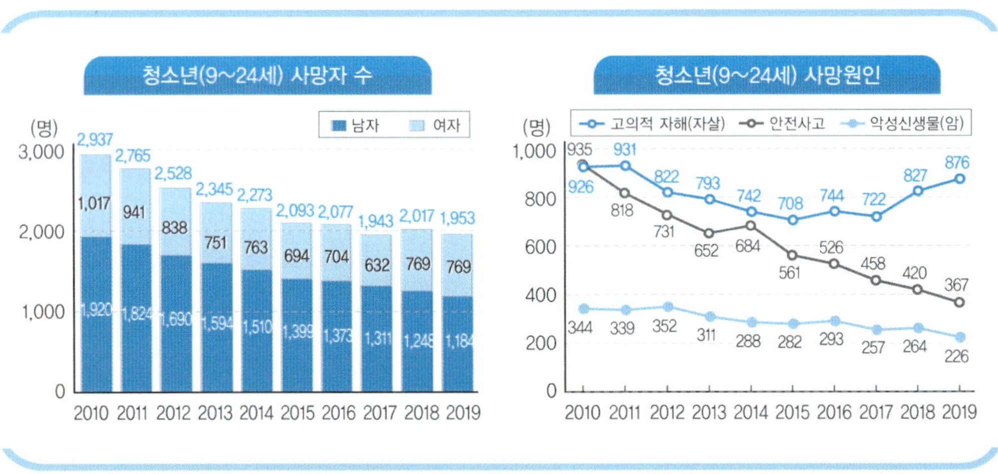

그림 7-5. 청소년 사망원인 1위 고의적 자해(자살)

출처: 통계청, 여성가족부(2021). 2021 청소년 통계.

표 7-6. 청소년(9~24)의 사망원인 (단위: 명, 청소년 인구 10만 명당 명)

	사망자 수 (명)	사망원인(사망률)[1]		
		1위	2위	3위
2010	2,937	안전사고2) (8.9)	고의적 자해(자살) (8.8)	악성신생물(암) (3.3)
2011	2,765	고의적 자해(자살) (8.9)	안전사고 (7.8)	악성신생물(암) (3.3)
2012	2,528	고의적 자해(사살) (8.0)	인전사고 (7.1)	악성신생물(안) (3.4)
2013	2,345	고의적 자해(자살) (7.8)	안전사고 (6.4)	악성신생물(암) (3.1)
2014	2,273	고의적 자해(자살) (7.4)	안전사고 (6.9)	악성신생물(암) (2.9)
2015	2,093	고의적 자해(자살) (7.2)	안전사고 (5.7)	악성신생물(암) (2.9)
2016	2,077	고의적 자해(자살) (7.8)	안전사고 (5.5)	악성신생물(암) (3.1)
2017	1,943	고의적 자해(자살) (7.7)	안전사고 (4.9)	악성신생물(암) (2.7)
2018	2,017	고의적 자해(자살) (9.1)	안전사고 (4.6)	악성신생물(암) (2.9)
2019	1,953	고의적 자해(자살) (9.9)	안전사고 (4.1)	악성신생물(암) (2.6)

자료: 통계청,「인구동향조사」 및 「사망원인통계」

주: 1) ( ) 안의 수치는 사망률, 사망률 = (사망자수/당해 연도 9~24세 연앙인구)*10만 명

2) 운수사고, 추락, 익사, 화재, 중독, 기타 외인

출처: 통계청, 여성가족부(2021). 2021 청소년 통계.

청소년들이 자살로 생을 마감하고 있다는 현실은 생명을 경시하는 사회적인 풍조와 무관하지 않다. 청소년의 자살의 원인은 어느 한 가지 원인으로 설명하기는 매우 어렵다. 그러나 자살에 이르게 하는 과정 상에 영향을 주는 것으로 생각되는 일반적 요인으로는 크게 네 가지로 구분할 수 있다. 첫째, 개인의 성격적 특성과 감정에 의한 개인심리적 원인이다. 둘째, 학교, 가정, 친구관계 및 사회변화 등에 영향을 받는 사회환경적 원인이다. 셋째는 우울증, 충동성, 만성신체질환 등의 정신질환적 원인이다. 넷째, 앞의 세 가지 요인이 복합된 것으로 학교폭력 경험의 결과로 자살이 나타나기도 한다. 예로, 학교폭력으로 고통을 경험하는 청소년들이 학교폭력의 문제를 해결하기 위한 방

법으로 자살을 선택하기도 한다.

청소년의 자살은 자살한 청소년 개인의 문제로만 끝나는 것이 아니라 사회적 파급효과가 큰 사회적 문제이다. 자살한 청소년을 둔 가족들은 그 죽음을 막지 못했다는 죄책감으로 평생 고통을 감수해야 하며, 친구들과 주위의 사람들은 정신적 충격과 함께 자살을 유발하게 하기도 한다. 또한 자살 청소년이 다녔던 학교와 지역 공동체는 불안한 마음을 갖게 되며, 생명경시 풍조가 확산될 가능성이 매우 높다. 더욱이 한 청소년의 자살 또는 자살시도로 인한 사회·경제적인 손실과 치료비용은 국가적으로도 큰 부담을 주게 된다.

청소년들의 대부분은 숙제를 하거나, 그림을 그리거나, 간접적인 언어적 표현 중에 자살에 대해 말할 수 있다. 또한 다양한 수단을 사용하여 실제 자살시도를 할 수 있다. 그런 상황에서 신속하고, 합리적인 결정을 통해 자살을 방지하는 지혜가 필요하다.

3. 대중매체와 학교폭력

대중매체란 신문, 서적, 잡지, 라디오, 영화, TV, 컴퓨터 등 일반 대중을 대상으로 하는 정보 전달 매체를 의미하며, 우리의 일상생활에 미치는 영향력은 매우 높다. 대중매체가 우리생활의 다양한 정보를 빠르게 전달하여 삶의 질에 긍정적인 영향을 미치고 있지만 부정적인 영향도 많다. 특히 청소년들에게 부정적인 영향을 미치는 것이 대중매체의 폭력성으로 볼 수 있다.

대중매체의 폭력성은 대중매체를 통해 무기(예: 칼, 폭탄, 돌, 나무 등)를 사용한 싸움, 구타, 무기를 사용하지 않은 싸움 및 구타와 욕설, 언쟁, 고함 등의 장면을 듣거나 본 경험, 사람의 안전이나 생명을 불안하게 하는 위협이나 협박 등을 사용하는 장면이 청소년들에게 간접적으로 노출되는 경우를 의미한다.

대중매체의 폭력성은 비단 TV 매체뿐 아니라 영화, 비디오, 컴퓨터게임, 각종 서적으로까지 확대하여 생각할 수 있으며 청소년들이 이러한 유해매체에 자주 접촉할수록 폭력행동에 대한 학습효과가 커진다고 보고되고 있다. 즉, 이 현상은 사회학습이론으로 설명할 수 있는데, 인간은 직접 경험하지 않고 눈으로 관찰하는 것으로도 학습이 일어날 수 있다는 주장에 근거한다. 대중매체를 통해 이루어지는 사회적 학습이란 대중매체에서 제시하는 모델로부터의 모방, 동일시, 역할학습 등을 통해 이루어지는 것으로 이전의 대가족사회에서 가족 간에 담당했던 기능을 TV가 대신하면서부터 청소년들이 대중매체를 통해 모방, 시행착오 등을 거치면서 사회화가 되이 긴다. 이런 이유로 청소년들이 유해매체에 자주 접촉할수록 폭력에 대한 태도 형성에 직·간접적으로 영향을 받으며 폭력행동에 대한 학습효과가 커진다는 것을 유추할 수 있으며, 실제로 폭력적이고 범죄적인 내용에 많이 접촉하는 청소년일수록 비행을 많이 일으킨다고 보고되고 있다. 그 이유로는 대중매체의 폭력에 대한 빈번한 노출은 실제 생활에 대한 감정반응을 둔화시키며 TV, 비디오, 컴퓨터게임 등 매체의 폭력적인 내용은 현실과 가상의 구분력을 약화시키고, 갈등상황에서 폭력적으로 쉽게 문제를 해결하도록 가르치며, 폭력에 대한 미화와 심지어는 폭력에 대한 보상을 줌으로써, 특히 성인보다는 청소년에게 미치는 부정적인 영향은 더욱 크게 작용하기 때문이다. 최근 청소년에게 가장 영향을 미치는 대중매체는 인터넷과 스마트폰이다.

1) 인터넷 사용

인터넷 중독의 기본개념은 가상공간의 활용에 집착하고 의존하여 기분의 변화, 내성, 금단 증상, 현실생활에 지장을 받을 정도의 신체적·정신적·사회적 이상 현상을 경험하는 것을 말한다. 인터넷 중독과 관련되어 흔히 호소하는 증상으로는 수면부족이다. 가족과 함께 시간을 보내거나 사교활동, 학교나 건강유지를 위한 행동이나 운동 등 여타의 중요한 활동을 무시하고, 하루 중 많은 시간을 인터넷에 접속하여 보내며, 주변의 가까운 사람, 친한 친구, 또는 가족이 접속행동에 대해 못마땅해 한다. 또한 접속 중이 아닌데도 불구하고 계속하여 접속 시의 경험을 생각한다. 온라인 접속시간을 줄이려고 노력하며 굳게 다짐하기도 하지만 마음대로 되지 않는다. 잠깐 동안만 접속한다고 스스로 다짐하지만 몇 시간이 지나고 나서야 시간이 많이 지났다는 것을 깨닫는 경우가 흔하다.

인터넷과 미디어는 현대인이 반드시 익히고 사용해야 할 필수품이 되었다. 인터넷을 통해 정보를 구하고, 물건을 구매하고, 멀리 있는 사람들과 연락을 주고받는다. 이와 같은 순기능 외에도 과도한 사용으로 부작용이 나타나기도 한다. 인터넷 사용의 장·단점은 〈표 7-7, 표 7-8〉에 제시되어 있다.

표 7-7. 인터넷 사용의 장점

- 다중 정체성의 형성으로 현실과는 다른 모습으로 다른 사람과 상호작용을 할 수 있어 사이버 상의 대인관계에서 자신감을 가질 수 있다.
- 성격적으로 소심하거나 수줍음이 많아 다른 사람 앞에 나서기 어려운 사람이 사이버공간에서 활동함으로써 자신감이 생길 수 있다.
- 사이버공간은 자신의 의견이나 생각을 자유롭게 표현할 수 있는 기회가 많아 자기주장이 뚜렷해지고, 자신감 또는 자기효능감이 높아질 수 있다.
- 다양한 배경을 가진 사람과 의사소통을 할 수 있게 되어 사회적 배경, 연령, 성 등에 상관없이 개방적이고 평등한 인간관계를 형성할 수 있다.

표 7-8. 인터넷 사용의 단점

- 인터넷의 과다 사용으로 사이버공간에서의 익명성과 다중 정체성으로 분절된 자아상을 형성하게 되어 자아정체감 혼미의 현상으로 이어질 수 있다.
- 사이버 상에서의 즉각적 반응은 충동적 성향으로 이어질 수 있다.
- 사이버공간의 활동은 익명성에 의해 타인을 배려하는 사회적 능력을 감소시키고, 현실에서 충족되지 못하는 사회적 욕구를 가상공간에서 추구하다 보면 현실감각이 떨어질 수 있다.

청소년 인터넷 주 평균 사용 현황을 살펴보면〈표 7-9〉, 2020년 10대 청소년은 인터넷을 일주일에 27.6시간 이용하였으며, 10대 인터넷 이용 시간은 2019년 대비 10.0시간 증가한 것으로 나타났다. 그리고 2020년 20대는 인터넷을 일주일에 29.5시간 이용하였으며, 20대 인터넷 이용 시간은 2019년 대비 5.2시간 증가한 것으로 나타났다.

표 7-9. 인터넷 주 평균 이용시간 (단위: 시간)

	2014	2015	2016	2017	2018	2019	2020
10대	14.4	14.5	15.4	16.9	17.8	17.6	27.6
20대	20.5	21.0	22.8	23.6	24.2	24.3	29.5

자료: 과학기술정보통신부 · 한국지능정보사회진흥원,「인터넷이용실태조사」
주: 1) 이동전화, 스마트폰, 스마트패드, IPTV, 인터넷전화 등을 이용한 인터넷 접속을 모두 포함
출처: 통계청, 여성가족부(2021). 2021 청소년 통계.

인터넷 이용 목적에 대한 조사에서는〈표 7-10〉, 10대 청소년은 교육 · 학습, 여가활동, 커뮤니케이션 순이었고, 20대는 자료 및 정보 획득, 커뮤니케이션, 여가활동 순서로 나타났으며, 교육 · 학습 목적의 인터넷 이용은 10대와 20대에서 2019년 대비 각각 16.4%, 12.4% 증가하였고, 홈페이지 등 운영은 10대와 20대에서 2019년 대비 각각 5.1%, 4.4% 감소한 것으로 나타났다.

표 7-10. **인터넷 이용 목적(복수응답)** (단위: %)

		여가활동	커뮤니케이션	자료 및 정보 획득	교육 · 학습	홈페이지 등 운영	직업 · 직장
2016	10대	97.5	95.1	88.4	72.4	51.5	7.9
	20대	98.5	99.9	99.8	60.4	74.7	42.2
2017	10대	98.9	97.1	92.6	73.6	53.8	7.8
	20대	99.4	100.0	100.0	64.3	78.2	51.3
2018	10대	99.5	98.2	95.6	83.8	70.1	7.7
	20대	99.7	100.0	100.0	65.5	90.9	59.8
2019	10대	99.5	98.6	96.0	83.5	69.9	8.9
	20대	99.7	100.0	100.0	70.2	91.8	60.8
2020	10대	99.1	98.5	95.2	99.9	64.8	9.4
	20대	99.8	99.9	100.0	82.6	87.4	51.5

자료: 과학기술정보통신부 · 한국지능정보사회진흥원, 「인터넷이용실태조사」

주: 1) 최근 1년 이용자

출처: 통계청, 여성가족부(2021). 2021 청소년 통계.

인터넷 서비스 이용률에 대해 각 학급별로 살펴보면〈그림 7-6, 표 7-11〉, 2020년 초등학생이 이용하는 인터넷 서비스는 인스턴트 메신저(83.8%), SNS(36.0%), 인터넷 쇼핑(28.6%), 이메일(21.1%), 인터넷 뱅킹(11.6%) 순이었고, 중학생이 이용하는 인터넷 서비스는 인스턴트 메신저(98.7%), SNS(74.2%), 이메일(52.0%), 인터넷 쇼핑(45.7%), 인터넷 뱅킹(18.2%) 순이었고, 고등학생이 이용하는 인터넷 서비스는 인스턴트 메신저(99.2%), SNS(81.4%), 이메일(65.1%), 인터넷 쇼핑(63.1%), 인터넷 뱅킹(39.6%) 순이었고, 대학생이 이용하는 인터넷 서비스는 인스턴트 메신저(99.8%), 이메일(94.3%), 인터넷 쇼핑(92.8%), SNS(90.8%), 인터넷 뱅킹(88.5%) 순으로 나타났다.

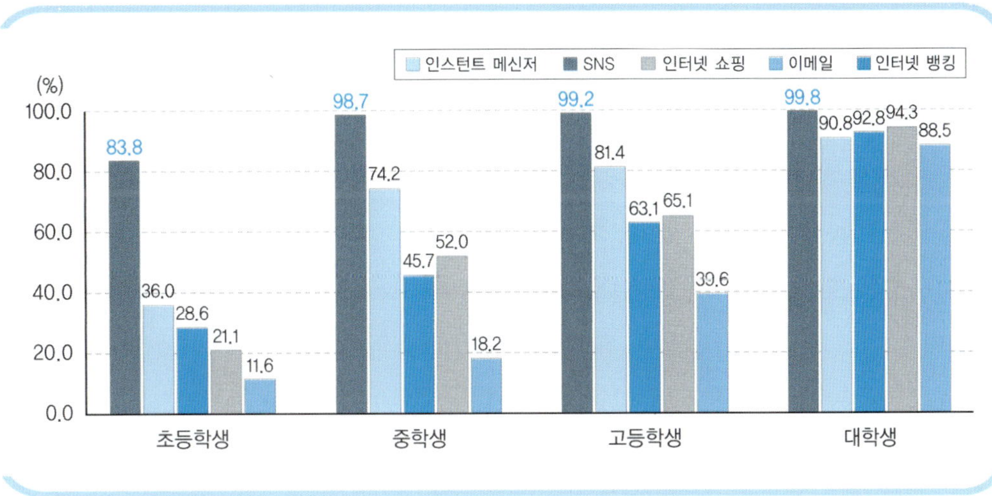

그림 7-6. **인터넷 서비스 이용률(2020)**

출처: 통계청, 여성가족부(2021). 2021 청소년 통계.

표 7-11. **인터넷 서비스 이용률(복수응답)** (단위: %)

	인스턴트 메신저[2]	주 이용 서비스[1]			SNS	주 이용 서비스				인터넷 쇼핑[3]	이메일	인터넷 뱅킹[3]
		카카오톡	페이스북 메신저	라인		페이스북	카카오스토리	인스타그램	블로그			
초등학생	83.8	99.0	14.8	3.3	36.0	63.0	23.2	45.4	10.8	28.6	21.1	11.6
중 학 생	98.7	99.2	35.3	5.1	74.2	71.9	22.8	63.2	14.9	45.7	52.0	18.2
고등학생	99.2	98.9	38.1	6.9	81.4	72.4	21.1	70.0	14.7	63.1	65.1	39.6
대 학 생	99.8	97.8	45.2	9.0	90.8	78.4	17.1	75.4	17.3	92.8	94.3	88.5

자료: 과학기술정보통신부 · 한국지능정보사회진흥원, 「인터넷이용실태조사」

주 1) 최근 1년 이용자

2) 컴퓨터, 스마트폰 등으로 온라인상에서 개인 간 실시간으로 메시지, 사진 등의 데이터를 주고받을 수 있는 서비스로 카카오톡, 라인, 네이트온, 페이스북 메신저, 텔레그램 등이 포함

3) 인터넷 쇼핑과 인터넷 뱅킹은 12세 이상임

출처: 통계청, 여성가족부(2021). 2021 청소년 통계.

2) 스마트폰 사용

스마트폰은 일반 PC와 같은 고기능의 운영체제(OS)를 탑재하여 "손 안의 PC"로 불린다. 일반적인 휴대전화의 기본 기능이었던 음성통화와 문자메시지 기능 이외에 정보검색, 음악 감상, 게임, 교육, 금융, 메신저, 사진촬영, 동영상 등을 시간과 공간의 제약 없이 사용할 수 있는 다기능 휴대전화이다(나혜연, 2016).

스마트폰의 특징으로는, 첫째, 휴대성과 편리성에 있다. 기존의 인터넷은 PC를 켜고 접속해서 이용하는 번거로움이 있었다면, 스마트폰은 PC에 비해 크기가 작아 휴대하기 간편하고, 터치 한 번으로 인터넷에 접속하여 정보를 얻을 수 있다. 둘째, 접근성과 지속성이 좋다. 늘 휴대하고 다니며 사용하기 때문에 시공간 제약을 받지 않는다. 그로 인해 문자메세지를 주고받거나 인터넷에 댓글을 다는 것이 지속으로 가능하다. 셋째는 개인 적합성에 있다. 스마트폰을 통해 자신이 원하는 콘텐츠를 선택하여 사용할 수 있는데, 학생은 교육관련 어플리케이션을 이용하여 사전, 책, 뉴스 등 학습 콘텐츠를 활용할 수 있으며, 직장인은 스마트폰을 활용하여 실시간으로 금융, 유통 등의 업무가 가능하다. 그러나 이와 같은 다양한 기능들로 인해 이용자들이 스마트폰에 쉽게 빠져들게 되며, 과다몰입하게 되는 현상으로 이어져 각종 문제를 유발하는 요인이 되기도 한다(이창호 외, 2013).

중독이란 술이나 마약 따위를 지나치게 복용한 결과, 그것 없이는 견디지 못하는 병적 상태를 말한다. 흔히 스마트폰을 많이 사용하는 성인의 경우에 그럴 것이라 예상하지만, 이런 중독 현상은 특정연령에서만 일어나는 현상이 아니다. 흔하게 가족끼리, 지인들끼리의 식사자리에서 앞의 사람과 대화하지 않고 각자 스마트폰에 심취해 있는 것을 볼 수 있다. 앞에 직접 대면하고 있는 상대방의 이야기는 경청하지 않으면서 SNS의 가상의 누군가의 글에는 답하고 있는 어처구니 없는 상황은 아주 흔한 풍경이다. 이런 환경에서 어린 연령일수록 스마트폰에 빨리 적응하고, 그 대신 더 빠른 속도로 자신에게 반응해 주길 기대한다. 그와 동시에 아이는 인내라는 것과 멀어지기 시작하는 것이다. 스마트폰의 중독 유형을 살펴보면 〈그림 7-7, 표 7-12〉와 같다.

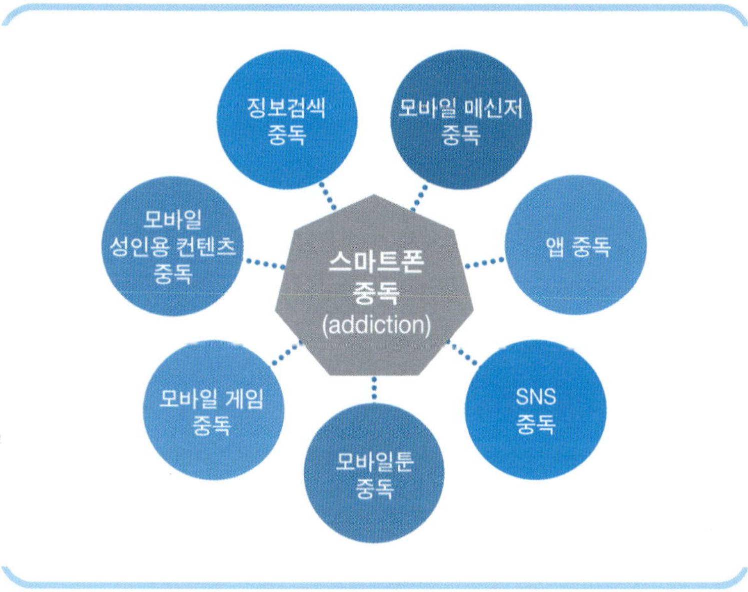

그림 7-7. **스마트폰 중독 유형**

표 7-12. **스마트폰 중독 유형**

구분	내용
정보 검색 중독	자신에게 정말 필요한 것보다는 정보수집 자체에 집착하여 강박적으로 웹사이트나 자료를 검색하는 경우
모바일 메신저 중독	모바일 메신저를 통한 인간관계에 몰두해 실제 인간관계를 등한시하는 경우
SNS 중독	개인 홈페이지, 인터넷 동호회 등을 운영하거나 SNS를 사용하는 데 과도하게 시간을 할애하는 경우
앱 중독 (앱 피로 증후군)	스마트폰에서 모바일 앱을 끊임없이 내려 받기에 빠진 경우

구분	내용
모바일게임 중독	스마트기기를 통한 게임을 과다 사용하는 경우
모바일툰 중독	스마트기기를 통한 웹툰을 과다 사용하는 경우
모바일 성인용 콘텐츠	섹스나 포르노 등의 내용물을 담고 있는 모바일 콘텐츠를 강박적으로 계속 탐색하는 경우(음란 채팅, 음란물 공유, 야동, 야설 등)

출처: 한국정보화진흥원(http://www.iapc.or.kr).

청소년 스마트폰 사용 현황과 주 이용 콘텐츠를 살펴보면〈그림 7-8, 그림 7-9, 표 7-13, 표 7-14〉, 2020년 10대 청소년 10명 중 4명(35.8%)은 스마트폰 과의존 위험군으로 나타났으며, 스마트폰 과의존 위험군은 전년 대비 5.6% 증가하였고, 여자(36.5%)가 남자(35.0%)보다 스마트폰 과의존 위험군 비중이 높으며, 학교급별로는 중학생 39.6%로 스마트폰 과의존 위험에 가장 취약하며, 고등학생 35.0%, 초등학생 30.5% 순서로 나타났다. 그리고 2020년 10대 청소년의 스마트폰 주 이용 콘텐츠는 메신저(98.3%), 영화·TV·동영상(98.2%), 학업·업무용 검색(96.6%), 게임(95.6%) 순서였고, 초등학생은 영화·TV·동영상, 중·고등학생은 메신저를 주로 이용하는 것으로 나타났다.

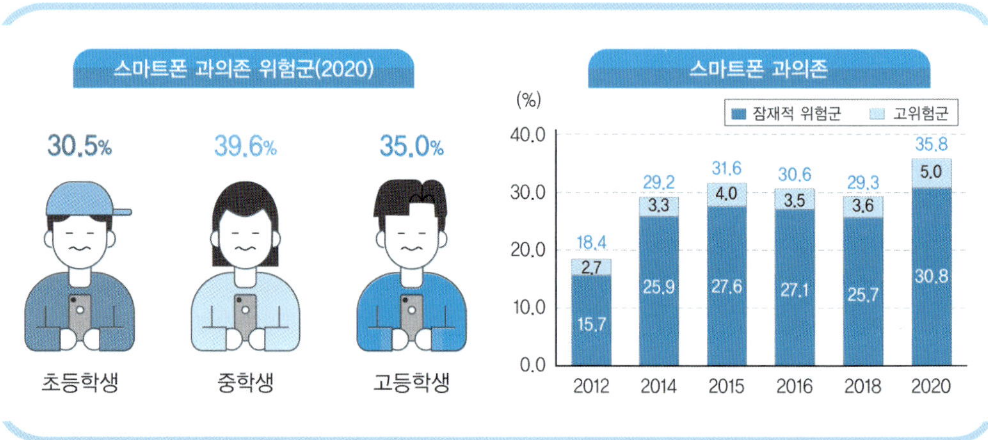

그림 7-8. **스마트폰 과의존 위험군(2020)** 그림 7-9. **스마트폰 과의존**

출처: 통계청, 여성가족부(2021). 2021 청소년 통계.

표 7-13. 스마트폰 과의존 위험군 (단위: %)

	과의존1) 위험군 (10~19세)	고위험군	잠재적 위험군
2016	30.6	3.5	27.1
2017	30.3	3.6	26.7
2018	29.3	3.6	25.7
2019	30.2	3.8	26.4
2020	35.8	5.0	30.8
남자	35.0	5.0	30.0
여자	36.5	4.9	31.6
초	30.5	4.3	26.2
중	39.6	5.8	33.8
고	35.0	5.3	29.7

자료: 과학기술정보통신부 · 한국지능정보사회진흥원,「스마트폰과의존실태조사」

주: 1) 과도한 스마트폰 이용으로 스마트폰에 대한 현저성이 증가하고, 이용 조절력이 감소하여 문제적 결과를 경험하는 상태

출처: 통계청, 여성가족부(2021). 2021 청소년 통계.

표 7-14. 스마트폰 주 이용 콘텐츠(복수응답) (단위: %)

	메신저	영화 · TV · 동영상	학업 · 업무용 검색	게임	관심사 (취미) 검색	음악	상품/서비스 정보 검색
청소년(10~19세)	98.3	98.2	96.6	95.6	95.2	91.1	85.1
초	88.2	97.6	83.3	95.6	74.4	79.3	54.9
중	98.6	98.3	98.1	97.0	96.9	93.2	88.8
고	99.7	98.4	98.5	93.8	98.9	95.6	93.3

자료: 과학기술정보통신부 · 한국지능정보사회진흥원,「스마트폰과의존실태조사」

주: 10대 청소년의 스마트폰 이용률이 높은 상위 7개 콘텐츠

출처: 통계청, 여성가족부(2021). 2021 청소년 통계.

(1) 영유아의 스마트폰 사용

디지털 미디어 기기는 PC를 기반으로 한 인터넷으로부터 시작해서 휴대전화, 인터넷과 휴대폰 기능을 결합된 스마트폰, 태블릿 PC까지 진화된 상태이며(한국정보화진흥원, 2012), 이러한 디지털 문명의 발전은 사회 전반에 걸친 패러다임의 전환, 시간과 공간 제약의 극복, 인간 간 소통방식의 변화 등을 초래하게 되었다(박소영, 2015). 이 중 양방향 소통형의 스마트미디어(스마트폰, 태블릿 PC 등)는 기존 매체에 비해 상호작용의 특성이 강화된 이유로 급속도로 보급, 확산되고 있으며, 특히 손만 갖다 대면 기계가 작동하는 터치스크린은 영유아가 쉽게 사용할 수 있기 때문에 영유아들의 스마트폰 사용이 증가되고 있는 실정이다(유구종, 2012).

영유아의 스마트폰 사용은 긍정적인 영향과 부정적인 영향으로 구분할 수 있는데, 긍정적인 영향으로는 신체발달과 인지발달, 사회·정서발달에 도움이 된다고 주장하고 있으며, 부정적인 영향으로는 자기조절능력, 문제행동, 자기효능감에 부정적인 영향을 미친다고 주장한다. 특히 최근에는 영유아기의 스마트폰 사용이 그들의 뇌에 미치는 영향을 분석하려는 시도가 있었는데, 그 결과는 〈그림 7-10〉과 같다.

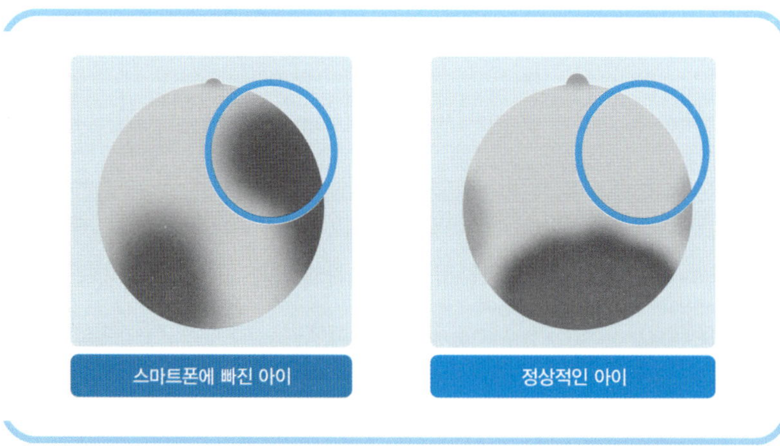

그림 7-10. 영유아의 스마트폰 사용이 뇌에 미치는 영향

〈그림 7-10〉에서 보는 것과 같이 영유아의 스마트폰의 사용은 그들의 뇌의 우측 전두엽에 부정적인 영향을 주는 것으로 나타났다. 우측 전두엽의 이상은 주의력결핍 과잉행동장애(ADHD) 아동에게 나타나는 현상으로, 아이들의 경우 하루 30분 이상 휴대폰에 노출되면 매우 위험하다고 주장한다. 또한 3~5세의 아동이 있는 27가족을 대상으로 관찰한 결과에 의하면 TV시청 동안 부모자녀 사이의 상호작용이 거의 발생되지 않음으로써 가족 구성원 간의 친밀성을 유지하게 되는 대화 및 접촉이 거의 없는 것으로 보고되고 있다.

(2) 청소년의 스마트폰 사용

청소년의 스마트폰 사용도 긍정적인 영향과 부정적인 영향으로 구분할 수 있다. 먼저 청소년의 스마트폰 사용의 긍정적인 영향은 청소년에게 있어 스마트폰은 서로의 감정과 정서를 쉽고 빠르게 공유하고 또래 간 의사소통을 가능하게 하며, 또래집단의 유대감을 형성하고 강화시키는 도구로서 활용되는 것이다. 또한 사회적 관계망 속에서 그들의 친화 동기 및 소통 욕구를 채워 주는 역할을 하게 된다. 청소년들이 스마트폰을 통해 그들만의 또래문화를 구축하는 도구로 활용한다는 점은 다른 매체들보다 스마트폰이 청소년 문화와 밀접한 관계가 있음을 보여 준다. 즉, 스마트폰은 일반적인 휴대전화의 개념을 넘어서 자기표현의 욕구를 충족시켜 주는 도구이자 청소년들의 대표적인 커뮤니케이션 수단으로서 중요한 의미를 지닌다.

이에 비해 청소년의 스마트폰 사용의 부정적인 영향으로는 스마트폰의 과도한 사용은 사회적으로 고립될 수 있으며, 특히 또래관계에 부정적 영향을 미칠 가능성이 매우 크고 사이버불링[1)]에 노출될 가능성이 많아, 스마트폰 사용이 사이버불링에 영향을 미

1) 사이버불링은 사이버(cyber)와 불링(bullying)이 결합된 용어로, 여기서의 불링이란 "힘의 불균형으로 인해 생기는 공격적인 행동이며, 한 학생이 지속적으로 한 명 또는 그 이상의 학생들에게 불합리한 행동을 당하는 것"을 의미한다. 사이버불링은 정보통신기술의 발달로 인터넷과 휴대기기를 사용하여 타인에게 해를 입힌다는 점에서

치는 것으로 나타났다(나혜연, 2016). 또한 스마트폰을 과다사용하는 청소년은 스마트폰에 더욱 몰두해 공격성과 폭력성에 영향을 미치고, 부정적 학교폭력태도가 형성될 수 있으며, 스마트폰으로 인해 형성된 개인의 폭력성이나 학교폭력태도는 다시 사이버 상에서의 폭력이나 비행행동으로 나타나게 된다.

(3) 스마트폰과 학교폭력

청소년기의 스마트폰 중독으로 인해 신체적 심리적 고통 호소, 사회부적응, 일탈 등의 문제에 시달리게 되며, 이로 인해 학업에 전념하기 어려우며, 반복되는 문제발생으로 학교나 교사와의 빈번한 마찰, 가족 사이의 갈등 야기로 인한 유대 약화, 교우관계 형성의 어려움 등이 되풀이되면서 악순환이 계속된다.

스마트폰의 중독으로 인한 여러 가지의 정서적 문제가 다음과 같이 나타남을 알 수 있다. 첫째, 인간관계 결여의 문제가 발생한다. 학생들이 가상의 공간에서 사람들을 만나기 때문에 실제로 사람들을 만나서 관계를 맺는 것이 어렵다. 둘째, 공격성의 문제이다. 감정표현이 매우 강하게 나타나고, 화가 나면 때리는 행동과 함께 공격적으로 표현하는 등 감정표현의 미숙함이 드러난다. 자신이 원하는 물건을 만지거나 자신을 조금만 건드려도 또래는 물거나 때리고 밀치는 행동으로 표현한다. 셋째, 의사소통의 문제이다. 정서적 사회성 발달이 원만하지 않고 일탈 및 부적응하고, 또래와의 의사소통이 활발하지 않다. 선생님과 또래의 말을 경청하려 하지 않고 언어적 표현능력이 낮아 같은 단어를 주로 반복해서 말하고 일방적인 의사표현만 한다. 넷째, 불안의 문제이다. 스마트폰을 사용 못하게 했을 때 분노를 표출하고, 스스로 자해하는 경우를 보이기도 한다. 다섯째, 게임중독의 문제이다. 입시위주의 교육에 의한 학업스트레스로 게임에 빠져든다. 그 결과 우울, 불안, 자살 충동을 느낀다. 여섯째, 신체 변화 및 활동의

기존의 불링에서 진화된 것이라고 볼 수 있다.

문제이다. 앉아 있는 자세가 구부정하고 신체활동에 의욕이 없으며, 거북목 증후군, 손목 터널 증후군을 보이기도 한다. 일곱째, 공감 능력 결여의 문제이다. 스마트폰의 일방적인 자극에 노출되다 보니 발달과정에서 습득해야 할 타인조망능력을 학습할 수 있는 기회를 놓치게 된다. 여덟째, 학업능력 부진의 문제이다. 스마트폰을 과다 사용하여 성적이 낮아질 가능성이 높고, 성적이 낮기 때문에 학업에 흥미를 잃어 또 다시 스마트폰에 몰입할 가능성이 높다. 아홉째, 수면부족의 문제이다. 스마트폰 불빛은 수면 호르몬의 분비를 억제시켜 수면장애를 유발하고, 수면이 부족하면 우울하거나 자살 충동을 유발할 수 있다.

이 외에도 스마트폰이 부모와 자녀 간 갈등의 주원인이 되며, 청소년에게 강압적으로 스마트폰을 사용하지 못하게 했을 때에는 경련, 자해, 금단 현상을 동반하기까지 한다. 청소년 스마트폰 중독과 정서행동 문제와의 관계를 살펴보고 바람직한 스마트폰 사용을 권장하며, 스마트폰 중독 예방프로그램 개발과 중독 현상을 보이는 사람들을 대상으로 상담, 치료 프로그램을 마련해야 한다.

표 7-15. 인터넷 · 스마트폰 과다 이용의 예방 방법

- 스마트폰 게임이나 SNS가 스트레스를 해소하는 통로라는 사실을 먼저 인정한다.
- 컴퓨터는 부모와 공유할 수 있는 곳에 두고, 스마트폰은 적절한 요금제를 선택하도록 교육한다.
- 시간을 정하고 사용하는 습관을 스스로 가질 수 있도록 함께 의견을 조율한다.
- 특별한 이유 없이 휴대전화를 교체해 주지 않는다.
- 공부 중, 특히 수업 중에는 반드시 스마트폰 전원을 끄도록 교육한다.
- 자녀가 사용한 통화 내역은 반드시 직접 확인하고 자녀의 용돈으로 요금을 내는 습관을 들인다.
- 자녀가 사용하는 어플리케이션을 확인하고 성인 음란물이나 불건전한 콘텐츠에 접속하지 않도록 교육한다.

Chapter

08

국내·외 학교폭력 예방교육

배울내용

1. 학교폭력 예방교육의 필요성
2. 우리나라의 학교폭력 예방 프로그램
3. 외국의 학교폭력 예방 프로그램

학습목표

1. 학교폭력 예방교육의 필요성을 설명할 수 있다.
2. 우리나라의 학교폭력 예방 프로그램을 이해하고 각 특성을 설명할 수 있다.
3. 외국의 학교폭력 예방 프로그램을 이해하고 각 특성을 설명할 수 있다.

개 요

학교폭력이 증가하고 이에 따른 피해가 다양하고 심각한 수준에 이르고 있어 학교를 비롯한 여러 단체에서 학교폭력 예방에 다각적으로 힘쓰고 있다. 학교폭력의 결과로 인해 가해자, 피해자, 방관자 모두가 피해자가 된다. 가해자, 피해자, 방관자 이 모두가 우리 자녀이고, 우리의 미래이다. 학교폭력 예방 프로그램의 목적은 이 아이들이 학교폭력이라는 아픔을 겪지 않도록, 혹여 당면하더라도 지혜롭게 대처할 수 있도록 학교폭력 예방 프로그램을 구성하여 실시하고자 함이다. 우리나라의 학교폭력 예방 프로그램은 어떻게 진행되고 있는지, 그리고 해외의 학교폭력 예방 프로그램은 어떤 배경 아래 어떻게 발전했는지 살펴보고, 우리나라와 비교하고 개선점을 모색해 보고자 한다.

Chapter 08

국내·외 학교폭력 예방교육

학교폭력은 우리나라만 안고 있는 문제가 아니라 세계 각국에서 몸살을 앓고 있는 사회문제의 하나로 대두되었다. 학교폭력의 심각성은 각 나라의 원인과 배경은 다르지만 모두 다 공감하고 있는 사실이다. 폭력성의 자체 기준에 대한 무지함과 학교폭력에 대한 경각심 부족은 사태를 악화시키고 부정적인 결과를 만든다. 그러나 학교폭력에 대한 다양한 예방프로그램의 개발, 초기개입, 그리고 신속한 실천적 대응은 학교폭력을 학교내 · 외에서 종식시킬 뿐만 아니라 학교폭력으로 인한 여러 가지 사회문제 또한 사전에 방지하는 예방효과가 있다는 것을 외국의 대표적인 학교폭력 예방프로그램을 통해 확인할 수 있다. 우리는 이러한 외국의 선진적 학교폭력 예방프로그램을 우리나라의 학교폭력 예방프로그램과 비교해 보고 더 효율적이고 실천적인 프로그램으로 수정 보완해 나갈 필요가 있다.

1. 학교폭력 예방교육의 필요성

학교폭력이 우리사회의 심각한 사회문제로 대두되면서 이를 사전에 방지하는 것이 최선책이라는 판단 아래 예방적인 다양한 측면의 학교폭력 대책들이 마련되고 있다. 학교폭력 예방교육의 목적은 학생들로 하여금 안전한 교육적 환경을 조성하여 학생들의 교육적 역량을 극대화할 수 있도록 하는 것에 있다. 즉, 청소년들에게 학교폭력에 대한 올바른 인식과 태도를 함양하여 가해자 또는 가해 징후가 있는 학생들에게는 학교폭력은 범죄라는 의식을 심어 주고 바람직한 태도를 고취시키고, 일반학생들에게는 언제 당할지 모를 학교폭력에 대해 효과적으로 대처할 수 있도록 교육시킴으로써 학교폭력의 잠재적 가능성까지도 최소화하는 데 그 목적이 있다.

학교폭력의 원인으로는 학생들로 하여금 입시위주의 교육환경에서 받는 스트레스, 가정의 기능약화로 인한 부모와 자녀의 대화부족, 매스미디어의 영향으로 인한 폭력성, 공격성 배양, 부정적인 사회분위기에 의한 지나친 개인주의와 공감능력의 약화 등이 있다. 이러한 여러 가지 병폐들로 인해 학교폭력은 더욱 다양한 방법으로 우리 아이들을 병들게 하고 있다. 학교폭력이 일어난 이후 피해자, 가해자, 방관자들이 받는 상처와 다시 학교생활에 적응하려고 할 때에 우리 사회가 치루어야 할 사회적 비용과 우리의 미래를 짊어질 아이들이 받을 정신적 고통은 돈으로 환산할 수 없을 것이다. 여러 가지 손실을 막을 수 있는 방법으로 우리 교육현실에서 실천할 수 있는 예방교육 프로그램이 지속적으로 개발되고 실천하는 것이야말로 우리 아이들이 안전한 학교에서 행복한 학교생활을 영위할 수 있는 지름길이 될 것이다. 이제는 개인이나 학교의 노력만으로는 학교폭력을 해결하고 종식시키기에는 무리가 있다. 그러므로 범정부적인 차원에서의 개선책이 필요하며, 이에 학교폭력에 대한 사회 전반적인 인식의 변화와 실천적 각성이 따라야 할 것이다.

2. 우리나라의 학교폭력 예방 프로그램

"학교폭력, 현장에서 해결한다"라는 슬로건 아래 '사전예방'에 중점을 둔 현장중심의 학교폭력 대책을 발표하고 실행해 오고 있다. 이는 학교폭력 예방교육 프로그램 개발·적용 및 자율적 예방활동을 적극 장려하는 데 목적이 있다. 우리나라의 경우 '어울림 학교폭력 예방교육 프로그램'과 '사이버 어울림 프로그램'이 대표적이라고 할 수 있다.

1) 어울림 학교폭력 예방교육 프로그램

(1) 어울림 프로그램의 개념 및 중요성

어울림 프로그램은 교육부에서 개발한 국가 수준의 학교폭력 예방교육 프로그램으로, 다양한 유형의 학교폭력 사례를 기반으로 학생의 발달단계를 고려하여 학교 학급 특성 및 실정에 따라 선택하여 활용할 수 있도록 모듈 형태로 개발되었다(학교폭력예방교육지원센터, 2020). 이러한 어울림 프로그램은 핀란드의 키바 코울루(KiVa Koulu)프로그램을 기반으로 하는데 KiVa는 핀란드어로 '괴롭힘에 맞서다(Kiusaamista Vastaan)'의 앞 두 글자를 따서 만든 용어이고 Koulu는 '학교'를 뜻한다. 이처럼 키바 코울루 프로그램은 '괴롭힘에 맞서는 학교'라는 뜻을 가지고 있으며 KiVa라는 단어가 '좋은'이라는 뜻이 있어 좋은 학교, 즐거운 학교로 해석되기도 한다.

학교폭력 예방 어울림 프로그램은 2018년 교육부가 한국청소년정책 연구원에 위탁하여 프로그램을 개발·개정하고 단위 학교의 프로그램 운영을 지원하고 있는 국가 수준의 학교폭력 예방 프로그램이다(성윤숙 외, 2020). 2019년에는 기존에 개발된 어울림 기본 프로그램과 심화 프로그램을 통합하여 2015년 개정 교육과정에 따른 어울림 기본 프로그램으로 개정하였다. 어울림 프로그램은 지속적인 연구를 통해 학교폭력 예방 역량 향상에 효과가 있음을 검증하여 왔다.

어울림 프로그램은 학생용과 학부모용이 개발되어 있으며, 학생용은 어울림 프로그램과 사이버 어울림 프로그램이 있다. 일반적으로 교사가 학생들을 대상으로 사용할 수 있는 어울림 프로그램은 초 · 중 · 고 학급별로 기본, 심층, 교과연계(중 · 고), 중학교 자유학기(학년)제로 개발되어 있다. 기본 프로그램은 일반학생을 대상으로 기본적 수준의 예방교육을 하며 심층 프로그램은 학교폭력 가 · 피해 우려가 높은 관심군 학생을 대상으로 한다. 교과연계 프로그램은 교과 교육과정과 연계한 학교폭력 예방교육으로 중 · 고등학교에 해당한다. 학교폭력 예방 어울림 프로그램의 개발내용은 〈표 8-1〉과 같다(박수연, 2021).

표 8-1. 학교폭력 예방 어울림 프로그램의 개발내용

	구분	역량/유형/교과	학교급	대상	차시
어울림 프로그램	어울림 기본 프로그램	• 공감 • 의사소통 • 갈등해결 • 자기존중감 • 감정조절 • 학교폭력 인식 및 대처	• 초저 • 초중 • 초고 • 중 • 고	• 학생	• 학생용 총30종 90차시
			• 초저 • 초고 • 중 • 고	• 부모	• 학부모용 총24종 48차시
	어울림 심층 프로그램	• 신체 · 물리적 폭력 • 언어폭력 • 따돌림 • 사이버폭력	• 초저 • 초고 • 중 • 고	• 관심군 학생	• 학생용 총16종 32차시
	교과연계 어울림 프로그램	• 국어(중학교) • 도덕(중학교) • 사회(중학교) • 국어(고등학교) • 통합사회(고등학교)	• 중 • 고	• 학생	• 학생용 총5종 128차시

교사는 2020 교육과정에서 제시하는 핵심역량을 기반으로 하여 각 교과의 성취기준을 살펴보고 적절한 차시에 어울림 프로그램을 재구성하여 활용할 수 있다. 2020년에 개정된 기본 어울림 프로그램은 <표 8-2>와 같다(박수연, 2021).

표 8-2. **2020년 개정 기본 어울림 프로그램**

구분	기존 어울림 프로그램 (2012~2019)	어울림 프로그램 (2020~) 개정본
단계	[3단계] 기본 – 심화 – 심층	[2단계] 기본 – 심층 ※ 사이버어울림 프로그램도 동일한 단계
구성	[4수준] 초등학교 저학년, 초등학교 고학년, 중학교, 고등학교	[5수준] 초등학교 1~2학년 초등학교 3~4학년 초등학교 5~6학년, 중학교, 고등학교
역량	6개 역량 (공감, 의사소통, 감정조절, 자기존중감, 갈등해결, 학교폭력 인식 및 대처)	
종수	기본 24종, 심화 24종, 심층 16종	기본 30종, 심층 16종
차시 구성	역량별 4차시 (초: 40분, 중: 45분, 고: 50분)	역량별 3차시 (초 · 중 · 고 각각 30분)
특징	개인 기반 사회 · 정서적 역량 함양 중심	• 공동체성에 기반한 타인의 이해 조망 등 공감역량 강화 • 의사소통, 감정조절 역량 강화를 위한 단계별 스킬 학습 강화 • 학교폭력 인식 및 대처: 제도개선을 반영한 대응방법 보완

(2) 어울림 프로그램 구성요소

2020년 개정 어울림 프로그램은 2015 개정 교육과정에서 제시한 핵심역량과 연계하여 학교폭력 예방을 위해 꼭 필요한 공감역량, 의사소통역량, 자기존중감역량, 감정조절역량, 갈등해결역량, 학교폭력 인식 및 대처역량을 추출하였다. 이는 학생들의 사회

정서적 역량이 함양될 수 있도록 구성되었다(박수연, 2021).

① 공감역량

공감은 인지적이며 정서적인 영역을 포함하여 타인의 정서를 이해, 추측하는 것이다. 또한 타인이 표현하는 감정에 적절하게 반응하는 능력을 말한다. 공감능력은 저절로 혹은 쉽게 형성되는 것이 아니다. 다른 사람과 공감적인 관계를 형성하거나 타인의 내면세계를 공감적으로 경험하는 것이 실제 공감능력 향상의 중요한 기반이 된다.

어울림 프로그램에서는 공감을 자신과 타인의 마음을 정서적으로 느끼고 인지적으로 이해하여 효과적으로 반응하거나 의사소통하는 능력으로 정의한다(학교폭력예방교육지원센터, 2020). 로저스(Rogers, 1975)에 따르면 공감이란 자신과 타인 등에 대한 정서적, 인지적 공감과 의사소통을 기본 구성요소로 한다. 더불어 인간이 자신이 사용하는 가장 우아하고 효과적인 방법은 다른 사람에게 공감을 표현하는 행위에 있다고 말하며 공감의 중요성을 강조하였다

피아제(Piaget, 1965)는 인지발달단계를 통해 타인의 관점을 이해하지 못하는 아동의 미성숙을 자기중심성과 관점수용능력의 부족으로 설명하였다. 다시 말해, 아동은 자기중심성에서 벗어나 탈중심성을 발달시켜야 타인의 관점수용이 가능하다고 설명한다. 이는 공감을 인지적 관점에서 해석하고자 하는 학자들의 연구에 중요한 근거가 되었으며, 이후 앞에서 언급한 탈중심성의 개념에서 한 단계 발전한 역할 취하기(role-taking)로 공감능력을 설명하려는 학자들이 등장하였다(정명선, 2010).

공감은 일반적으로 정서적 공감, 인지적 공감, 추상적 공감 순으로 발달한다. 정서적 공감은 타인의 상태나 상황 및 감정에 대해 마음으로 느끼는 것, 인지적 공감은 타인의 상태나 상황 및 감정을 이해하는 것, 추상적 공감은 자신과 타인뿐 아니라 환경과 그 이상의 포괄적이고 추상적인 개념을 공감하는 것이다.

② 의사소통역량

의사소통은 사회구성원들이 언어적이고 비언어적인 수단을 사용하여 자신들의 감정, 느낌, 메시지를 전달하며 서로를 이해하고 영향을 미치는 과정으로서 인간관계를 지속, 발전시키는 필수적인 수단이다. 아이들의 실제적인 의사소통능력은 자연스러운 상호접촉상황에서 이루어지는 경우가 많으며 의사소통을 통해 구성원 간 바람직한 관계를 형성할 수 있다.

비고츠키(Vygotsky, 1935)는 개인과 사회의 관계를 중시한 학자로서 사회 · 문화적 상호작용이론을 소개하면서 또래 간의 의사소통의 중요성을 강조하였다. 또한 그는 아동은 주변 환경과의 사회적 상호작용 결과를 내면화시키는 과정을 통해 발달하며, 이때 사회적이라는 말을 의사소통적이라고 표현하였다. 구커와 체르키아(Cooker & Cherchia, 1976) 또한 의사소통은 타인을 이해하려는 과정이며 자신의 느낌이나 생각을 개방하는 것이라고 말한다. 이를 통해 자기중심성에서 벗어나 타인의 느낌이나 생각과 감정을 이해하게 되는데, 이는 인간관계와 자기 성장에도 긍정적인 영향을 미친다.

따라서 어울림 프로그램의 의사소통역량 프로그램은 학생들이 언어적, 비언어적 방법을 통해 자신의 생각과 의사를 효과적으로 전달하는 능력을 기르고, 이를 바탕으로 한 상호작용을 통해 원만한 인간관계를 형성하고 유지 · 조절하는 역량을 함양하는 것에 그 목적이 있다(학교폭력예방교육지원센터, 2020). 개정 교육과정에서도 의사소통을 핵심역량 중 하나로 설정하여, “다양한 상황에 적합한 언어, 매체, 텍스트, 상징을 활용하여 자신의 감정과 생각을 효과적으로 표현하는 능력, 다른 사람의 의견을 경청하고 존중하며 갈등을 효과적으로 조정하는 능력, 타인의 글과 말에 나타난 감정과 생각을 올바르게 이해하는 능력”으로 정의하고 있다(국가교육과정정보센터, 2015).

③ 갈등해결역량

갈등은 학생과 학생 사이의 또래관계 중에서 발생하는 것으로, 나와 타인을 이해하지 못하는 데에서 오는 인간관계의 어려움, 또래관계를 통해 나타나는 의사소통의 어려움, 타협을 통한 문제해결과정, 의사결정의 차이에 따른 어려움 등을 의미한다. 초등학교 저학년의 경우 화내는 행동의 주된 원인이 자신의 행동을 방해받았을 때, 요구를 거절당했을 때, 자리 다툼, 규칙이 지켜지지 않을 때, 강요당했을 때, 신체적 · 언어적 공격 등으로 나타난다. 이러한 갈등을 공격성의 표현이 아닌 비폭력적인 방법으로 해결하는 것을 갈등해결이라고 한다.

과거에는 이러한 갈등들이 부정적이며 피해야 하는 것으로 간주되어 왔지만, 현재에는 이러한 갈등을 어떻게 긍정적으로 해결할 수 있는지에 중점을 두고 있다. 이지은(2015)에 따르면 여러 선행연구에서 효과적인 갈등해결은 오히려 응집력을 강화시키고, 긍정적인 인간관계 형성 및 창조적인 문제해결에 도움이 된다는 것을 확인하였다. 따라서 학교에서는 피할 수 없는 갈등을 긍정적으로 인식하고, 학생들이 현명하게 갈등을 해결하는 데 도움을 줄 수 있는 방법을 교육해야 한다.

어울림 프로그램의 갈등해결역량은 학생들이 갈등이나 문제상황을 정확하게 인식하고, 문제를 원만히 해결할 수 있는 대안적인 해결방안들을 사고하도록 한다. 또한 각 해결방안에 따른 결과를 예상하여 적절한 해결방안을 선택하여 활용할 수 있는 능력을 향상시키고자 하는 데 그 목적이 있다. 더불어 갈등의 부정적인 측면뿐 아니라 갈등이 해결되었을 때 일어날 수 있는 긍정적인 측면을 이해하여, 갈등해결에 대한 긍정적인 태도를 함양하고자 한다.

④ 자기존중감역량

자기존중감은 자신이 능력이 있고, 의미 있으며, 성공적이고, 가치 있다고 믿는 정도이다. 자기존중감의 결핍은 개인내에서 나타나는 따돌림의 중요한 원인이자 따돌림을 고착화시키는 요인이다. 긍정적인 자기존중감을 형성하지 못하고 자신에 대한 지속적인 무가치함이나 왜곡된 부정적인 자아상을 갖는 것은 성인이 되어서도 긍정적인 사회생활에 부정적인 영향을 미친다.

자기존중감역량 프로그램은 학생들이 자신의 다차원적 특성을 올바르게 이해하고, 타인으로부터의 긍정적인 평가와 수용경험을 통하여 자기수용 및 타인수용능력을 기르도록 한다. 또한 타인과의 긍정적인 상호작용을 통해 형성된 소속감 및 유대감을 바탕으로 자신을 충분히 가치 있는 존재로 인식하는 태도를 기르는 것에 그 목적이 있다. 학생들은 프로그램을 통해 자신의 강점뿐만 아니라 약점에 대해서도 객관적으로 인식하게 된다. 이를 바탕으로 자신을 있는 그대로 받아들이는 자기수용태도를 함양하고, 긍정적 자기수용을 넘어 타인과의 긍정적 교류를 통한 타인수용의 태도를 함양하고자 한다.

⑤ 감정조절역량

웨스턴(Western, 1994)에 따르면 감정조절이란 유쾌한 감정을 극대화하고 불쾌한 감정을 최소화하기 위한 의식적, 무의식적 과정이라 할 수 있다. 그로스(Gross, 1998)는 감정조절이란 개인이 어떠한 감정을 언제 가지는지 그리고 그러한 감정을 어떻게 경험하고 표현하는지에 개인이 영향을 받는 과정이라고 정의하였다. 즉, 감정은 어떤 일이나 현상, 사물에 대하여 느끼어 나타나는 심정이나 기분을 의미한다. 감정조절이란 자신의 감정을 잘 인식하고 그것을 적절하게 표현하며 불편한 감정이 생겼을 때 재빨리 긍정적인 감정으로 되돌리는 능력이다. 초등학교 저학년 학생은 다양한 정서를 구분하기 어렵고 자신의 감정과 욕구를 표현하는 것에 어려움이 있는 시기에 있다. 따라서 정서적으로 조절능력이 부족한 학생들에게 다양한 정서를 소개하고 감정을 느끼는 연습, 자신의 감정을 당당하게 주장할 수 있는 표현력 배양이 필요하다. 감정조절능력은 긍정적인 정서를 확장시킬 수 있는 삶의 태도를 기르고 원만한 대인관계를 형성하는 데 도움을 준다.

따라서 감정조절역량 프로그램에서는 학생들이 불쾌한 감정을 완화하거나 스스로 안전하게 해소하는 등 자신의 감정을 조절하는 기술을 함양하는 데 목적이 있으며, 나아가 자신의 감정을 스스로 조절하거나 선택할 수 있다는 효능감을 기르도록 구성하고 있다(학교폭력예방교육지원센터, 2020). 어울림 프로그램의 감정조절역량 차시의 핵심 요소는 감정알기, 감정조절의 필요성, 감정의 연쇄성(감정의 원인은 무엇이며, 어떠한 방식으로 전달하는가에 따라 상대방에도 불쾌하거나 유쾌한 감정이 생겨날 수 있음), 자신의 감정조절 양식 진단 및 평가, 감정을 효과적으로 해소하거나 완화하기, 인지 수정 및 대안적 사고로 바꾸어 보기, 상대방에 감정 전달하기이다. 이 프로그램에서는 학생들이 어떠한 감정이 생겨나게 되는 원인, 즉 상황맥락을 친구들과 함께 의사소통하며 알아가게 된다.

⑥ 학교폭력 인식 및 대처역량

최근 학교폭력이 가해학생의 저연령화, 폭력의 잔인화, 신종 학교폭력의 등장 등과 같이 폭력 양상이 다양화되어 매우 심각한 사회문제로 대두되고 있으며 가치 판단 능력이 미숙한 초등학교 저학년 학생들은 별명 부르기, 놀림, 조롱, 욕설과 같은 행동을 또래 간의 사소한 장난으로 여기는 경우가 많다. 또한 따돌림과 괴롭힘의 양상이 점점 더 어린 연령으로까지 확산되고 있어 초등학교 저학년의 학교폭력 인식 및 대처에 관한 교육이 필요한 실정이다. 학교폭력 인식 및 대처 능력은 옳고 그름을 판단할 수 있는 가치 판단 능력을 향상시키고 폭력행동에 대해 정확히 인지하며 스스로 학교폭력에 대처할 수 있는 힘을 기르게 하여 행복한 학교생활을 할 수 있도록 도움을 준다.

따라서 학교폭력 인식 및 대처 역량은 학교폭력의 개념 및 유형, 심각성에 대해 인식하고, 학교폭력 관련 법률과 학교 및 학급의 규칙을 이해하며, 학교폭력 발생 상황에서의 대처 방안에 대해 학습하는 데 그 목적이 있다. 모든 학교급의 공통된 학교폭력 인식 및 대처역량의 목표는 〈표 8-3〉과 같다

표 8-3. 공통된 학교폭력 인식 및 대처역량

구분	내용
학교폭력 인식 및 이해	학교폭력의 정의와 종류에 대해 공부하여, 이를 인식할 수 있다.
학교폭력 관련 법령, 학교 · 학급 규칙, 사회적 · 정서적 결과 이해	학교폭력을 가한 학생은 학교폭력이 가져올 수 있는 여러 결과를 앎으로써 경각심을 가질 수 있게 된다. 학교폭력을 당한 학생은 보호체계를 인식함으로써 보호받을 수 있음을 인식하게 된다.
학교폭력 대처 기술 함양	학교폭력 발생 시, 주변의 사람들에게 도움을 요청하거나 스스로 대처할 수 있는 방안을 학습한다.
관계회복/폭력근절	관계회복 · 폭력근절의 중요성과 필요성을 인식하고, 실천방안들을 모색한다.

2) 사이버 어울림 프로그램

사이버 어울림 프로그램은 청소년들의 사이버 폭력에 대한 예방 교육을 위해 한국교육학술정보원(KERIS) 주관으로 교육부, 시도교육청이 후원하고, 기존 학교폭력 예방 어울림 프로그램과 연계하여 개발된 프로그램이다. 사이버 어울림 프로그램은 기본(역량), 심층(유형), 교과연계 프로그램으로 구성되어 있다(정태성, 2021).

(1) 사이버 어울림 기본(역량) 프로그램

사이버 어울림 기본(역량) 프로그램은 학생들의 사이버폭력 예방을 위해 공감, 의사소통, 자기존중감, 인터넷 윤리의식 및 활용, 자기조절, 감정조절, 사이버 상의 갈등관리 및 문제해결, 사이버폭력 인식 및 대처를 핵심역량으로 선정하고, 이를 배양하기 위한 학습 내용으로 구성되어 있다. 사이버 어울림 기본(역량) 프로그램의 내용 요소는 〈표 8-4〉와 같다(한국교육학술정보원, 2019).

표 8-4. 사이버 어울림 기본(역량) 프로그램 내용 요소

- (동기유발) 역량 부족으로 발생된 사이버폭력 및 예방 사례 제시(카드 뉴스/영상 등)
※ 관련 역량을 통해 예방된 긍정적 사례도 포함
- (문제 원인이나 근거 파악) 무슨 역량이 부족했나? 바람직한 역량은 무엇인가?
- (자기 동기화 촉진) 어떻게 해야 할까? 무엇이 바람직한 해결책인가?
- (역량 배양을 위한 다양한 체험 · 참여) 개인이 갖춰야 할 역량에 대한 연습
- (성찰) 해당 역량의 배양으로 예방될 수 있는 사이버폭력 유형이나 내용

프로그램 내용 요소를 살펴보면, 학생들에게 사이버폭력 관련 사례를 제공하여 사이버폭력 예방 역량의 필요성을 느끼게 하고, 자기 성찰과 체험을 통해 사이버폭력 예방 역량을 배양하도록 구성된 것을 확인할 수 있다. 학생들이 예방 지침을 기계적으로 배우는 것이 아니라, 예방 역량 함양의 필요성을 느끼고 자기에게 부족한 것을 고민하도록 설계되었다는 점에서, 참여자의 능동적인 프로그램 참여를 기대할 수 있다. 이 프로그램은 교육과정 연계를 통해 사이버폭력 예방 역량 함양 교육자료로 활용할 수 있다. 그리고 모듈 단위의 차시 구성을 제시하여 독립적인 차시 운영이나 차시별 연계가 모두 가능하다.

(2) 사이버 어울림 심층(유형) 프로그램

사이버 어울림 심층(유형) 프로그램은 학생들이 경험하기 쉬운 일상적 사이버폭력이나 또래 간 자주 발생하는 사이버폭력의 유형을 고려하여 개발되었다. 이 프로그램은 사이버폭력 유형별 특성에 초점을 두고, 교사가 일정 기간 집중교육의 형태로 예방교육을 진행할 수 있도록 설계되어 있다. 사이버 어울림 심층(유형) 프로그램의 내용 요소는 〈표 8-5〉와 같다(한국교육학술정보원, 2019).

표 8-5. 사이버 어울림 심층(유형) 프로그램 내용 요소

- 관련 사례 2~3개 케이스 (윤리적 동기화)
- 무엇이 잘못이고 문제인가? (판단 근거, 필요한 덕목)
- 왜 이런 일이 일어날까? (태도 반성, 분석)
- 관련 법규 등 장난이 아닌 현실을 성찰 (관련 정보 · 사실 이해 · 성찰)
- 어떻게 대처할까? (반응 · 요령에 대한 실행 연습)
- 평소에 조심하고 바꿀 습관은? (변화 방안)
- 관련 역량 제시 및 해당 역량 증진시키는 방법 (실천 복표)

프로그램 내용 요소를 살펴보면, 사이버폭력 유형별 구체적 사례를 제시하여 학생들이 문제점을 분석하도록 한 후, 대처와 예방안을 파악하고 이를 연습해 보도록 구성된 것을 확인할 수 있다. 학생들에게 사이버폭력 상황에 대한 태도와 평소 습관에 대한 자기 성찰의 기회를 줌으로써, 참여자의 사이버폭력 인식 및 사이버공간에서의 행동 개선을 기대할 수 있다. 이 프로그램 역시 모듈 단위 차시 구성을 제시하여 독립적인 차시 운영이 가능하며, 사이버폭력 유형별로 기본(역량) 프로그램과 연결하여 활용할 수 있다.

3. 외국의 학교폭력 예방교육 프로그램

각국의 학교폭력의 양상 및 원인에는 그 나라마다의 사정이 다양하게 존재하지만 학교폭력 예방교육 프로그램의 목적은 하나로 동일하다. 우리는 선진국의 학교폭력 예방 및 해결 정책을 분석하여 우리의 실정에 맞도록 분석하고 수정할 필요가 있다. 여기서의 선진국이라 함은 학교폭력이라는 사회문제가 발생한 후 국가적인 범주에서의 체계적이고 적극적인 자세로 예방 프로그램 및 법과 정책을 수립한 나라로서 이미 그 효과성을 증명한 나라들을 뜻한다. 해외 사례들을 살펴보면 공통적으로 나타나는 몇 가지 경향이 있다. 이를 구체적으로 살펴보면, 첫째, 안전한 학교시설 구축에서 교육시스템으로 진전, 둘째, 학교폭력에 대한 광역적 정의, 셋째, 학교폭력에 대한 무관용 원칙, 넷째, 폭력대응보다는 예방, 다섯째, 폭력에 대한 간접적 교육전략 강화, 여섯째, 특정기관의 문제에서 지역사회 전체의 개입으로, 일곱째, 각 문화에 적합한 프로그램 개발 등으로 다양하다. 이를 바탕으로 미국, 영국, 노르웨이, 독일의 학교폭력의 양상과 예방프로그램을 소개하여 각국의 학교폭력 예방교육 프로그램을 비교 분석하여 우리나라의 학교폭력 예방교육 프로그램의 개발과 역량강화를 위해 자세하게 살펴보고자 한다(정향기, 2017).

1) 미국

1960년대 후부터 미국은 학교폭력은 물론, 학생범죄에 대해선 Zero Tolerance Policy(무관용 정책)를 유지한다는 점이 특징이다. 미국은 학교폭력이 발생하게 되면, 예정된 정학, 또는 퇴학을 엄격하게 적용한다. 규칙을 위반하게 되면, 위반자의 개별적인 형편을 고려하지 않고 적극적인 처벌을 시행하는 것을 의미한다. 이를 통해 실제로 학교폭력의 발생률이 감소하고 있는 것으로 나타났다는 분석과 함께 사소한 비행일지라도 엄격하게 처벌함으로 비행이 더욱 악화하였다는 분석도 존재하기 때문에 효율성에 대한 비판이 제기되기도 한다. 그 해결방안으로 '무관용 정책'을 유지하더라도 학교폭력의 가해 정도에 따라 처벌수준을 달리해야 한다는 새로운 방안이 제시되고 있다.

이것은 학교폭력에 사건에 대해서는 표면적으로 '무관용 정책'을 펴고 있지만, 청소년 범죄, 특히 학교내·외에서 발생하는 학생범죄에 대해서는 오랜 기간 많은 연구를 해 온 미국도 아직 관심이 있지만, 학생범죄에 대해서는 명확하고도 뚜렷한 기본방침이나 해결책을 내놓지 못한 채 여러 가지 이견들이 제기되고 있다.

(1) 학교폭력 예방 관련 법령

① 안전하고 마약이 없는 학교와 지역사회를 위한 법(The Safe and Drug-Free Schools and Communities Act 1994)

이 법률은 연방정부 차원에서 제정된 법령이다. 1994년에 미연방 정부는「안전하고 마약이 없는 학교와 지역사회를 위한 법(SDFSCA)」을 제정했다. 이 법률은 각 학교에서 학생을 대상으로 한 술과 담배, 마약의 사용이나 소유, 판매 등의 예방을 위한 프로그램과 폭력 예방프로그램을 의무적으로 실시하게 했고 학생들의 발달단계에 적합한 폭력 예방프로그램을 하게 했다. 폭력 또는 수업에 방해되는 행동을 유발할 수 있는 법적 사회적 결과, 건강에 미치는 영향 등을 다루고 있다. 폭력 예방프로그램에 구체적으로 포함될 내용은 학생 개인의 책임과 학교의 안전과 징계에 대한 정보 등이 공시되어야 한다.

학교폭력 예방을 위한 전략의 설계와 실천과정에서 학교 및 교직원, 학부모, 학생, 검찰과 경찰, 법원 관계자, 지역사회 유지 등이 참여하도록 하고 있다. 이 법률에 따라 학교마다 상담, 위기개입, 기술훈련, 또래 상담, 지역사회프로그램, 교사를 위한 프로그램과 안전대책 등 다양한 폭력 예방과 관련된 프로그램을 진행하도록 규정하고 있다.

② 폭력 없는 안전한 학교에 관한 교육법(The Safe Schools Against Violence in Education Act)

이 법령은 2002년 뉴욕 주(州)에서 학교폭력을 예방하기 위해 제정한 법령이다.「폭력 없는 안전한 학교에 관한 교육법(SAVE)」의 주요 요소로는 학교의 안전계획을 교육청 담당 전체 차원과 학교 개별 건물 차원에서 각각 달리 취급, 개발되어야 한다는 것이다. 즉, 교육청 담당 전체 차원의 점검표를 작성하고, 학교 개별 건물 차원에서 점검표를 작성하여, 학교폭력 안전에 대한 계획을 만들어야 한다. 이러한 계획에는 폭력 행동에 대한 대응법과 예방이나 처방, 응급상황 대처 그리고 관리를 통해 다양한 상황에 극복하는 요령 등이 포함된다.

③ 학생 존엄에 관한 법(Dignity for All Student Act)과 집단 괴롭힘 방지법(The Anti-Bullying Bill of Rights)

1999년 조지아 주(州)에서 최초로 법제화된 「학생 존엄에 관한 법」과 「집단 괴롭힘 방지법」은 미국의 각 주(州)에서 시행되고 있다. 이 법안은 인종이나 성별, 성적 취향, 종교, 장애, 체중 등에 대하여 폭력이나 차별 및 괴롭힘을 규제하는 내용을 담고 있다.

이 법률의 주요 내용은 모든 학교는 교내에서 발생하는 집단 괴롭힘 사건을 신고하는 핫라인 전화번호알림판을 의무적으로 부착하게 했다. 또한 학교는 전 학생을 대상으로 일정 시간 예방교육을 하고 피해자 지원 서비스를 제공해야 한다. 피해자 이외의 학생이 익명으로 제보하는 것도 가능하다. 보고된 사건에 대한 은폐를 막는 방안으로 제3의 기관에서 조사하게 한 후, 가해자에게는 강제전학이나 접근 금지명령을 내리고 피해자에게는 필요할 경우 안전한 학교로 전학하게 한다. 죄질이 심각한 집단 괴롭힘은 다수의 가해자 모두 거리가 상당히 먼 여러 학교로 분산시켜서 이들의 조직적인 만남을 방지하고 있다.

④ 안전한 학교 개선법(Safe School Improvement Act(SSCI))

미국 「헌법」에는 교육에 관한 조항은 없고 '학교 안전사고' 대한 교육에 관련 사항은 주 정부에 속하고 있으며, 즉 연방정부는 복지조항 등, 교육에만 개입한다. 미국연방은 학교폭력과 관련된 법률은 존재하지 않는다. 단지, 「초 · 중등교육법(Elementary and

Secondary Education Act)」에서 학교폭력과 관련된 규정만 존재한다. 이것은 특별한 목적에 의해 제정된 법률도 「교육법」에 통합되는 입법제도에 의한 것임을 알 수 있다.

「안전한 학교 개선법」 역시 1965년에 제정되었던 「초 · 중등교육법」을 개정하여 2013년에 제정된 것이며, 이 법 취지와 배경은 크게 세 가지로 살펴볼 수 있다. 첫째, 초 · 중등학교에서 발생하는 희롱(harassment)과 괴롭힘(bullying)은 피해자의 신체적 · 정신적인 손상을 입히게 되어 잠재적 성취기반을 약화하게 된다. 둘째, 괴롭힘과 희롱은 피해학생의 중퇴와 결석률을 높이게 되어 학업성취도를 떨어뜨린다. 셋째, 이 법에 따라 연방정부는 안전한 학교환경을 긍정적으로 조성한다.

(2) 학교폭력 예방 관련 프로그램

① 창조적 갈등 해결 프로그램(Resolving Conflict Creative Program: RCCP)

창조적 갈등 해결 프로그램은 미국 뉴욕 주에서 학교폭력 예방을 위해 실시하고 있는 프로그램으로서 '사회적 책임을 위한 교육자 모임(Educators for Social Responsibility: ESR)'과 뉴욕 주 교육위원회가 공동 개발하여 현재는 미국 전역에서 16개 교육청과 400여 학교에서 실시되고 있다. 학생들의 폭력적이고 공격적인 행동은 학습된 결과로 보고 교육을 통하여 이를 교정하게 하고 있다.

이 프로그램의 목적은 갈등상황을 해결하는 기술의 습득과 갈등상황에 대한 접근방법, 그리고 학생들 상호 간 집단적 관계를 긍정적으로 상승시키는 방법에 대한 지식을 가르친다. 갈등을 해결하기 위한 갈등상황에서 수동성과 공격성 이외에 다른 반응을 선택할 수 있다는 것을 알려 준 후, 이러한 반응으로 인한 선택이 일상생활에서 자주 나타날 수 있도록 돕는 훈련이다. 또한 다른 사람의 문화를 존중하도록 하고 편견과 선입견을 배제하도록 가르친다.

② Second Step

이 프로그램은 유아원 시기인 4세부터 14세까지의 아동을 대상으로 충동성과 공격성을 변화시키는 과정이다. 인간의 공격성은 사회적 관계의 부적응이 그 원인이다. 따라서 Second Step의 목적은 대인관계에 대한 문제해결, 충동성에 대한 통제, 분노조절의 발달 등을 통해, 아동의 사회적 관계에 필요한 적응능력을 향상하는 데 있다. Second Step에서 사용되는 기법에는 모형화와 총연습, 역할극과 언어 중재 과정(verbal mediation) 등이 있다. 이 프로그램의 효과는 공감, 충동억제, 분노조절 등과 같은 능력을 발달시키는 데 있다. 'Second Step' 프로그램의 경우 플로리다 주내 67개 중 13개의 교육국에서 시행되고 있다.

③ Peers Making Peace

이 프로그램은 동료 간 친사회적 관계를 형성하게 하여 평화롭게 갈등이 해결될 수 있도록 가르치는 프로그램이다(a peer-mediation program). 즉, 갈등예방과 해결을 위한 프로그램으로써, 교육을 통하여 해결하는 방법과 동료에 의해 자체적으로 해결될 수 있는 두 가지 전략방안이다. 동료에 의한 중재는 동료 간 갈등상황을 제3자 관점에서 중재하거나 조정할 수 있도록 하는 훈련이다. 이 프로그램은 유치원에서 고등학교까지 적용되는 객관적 훈련을 받게 되며, 도시, 교외 및 농촌 환경에서 인종 등과 관계없이 모든 학교에 적용할 수 있는 보편적이고 선택적인 훈련이다.

2) 영국

영국은 중앙 정부 차원에서 학교폭력과 학교안전을 별도의 법률에서 규정하고 있다. 영국은 사회적 쟁점이 되었던 몇몇 학교폭력사건을 겪고 난 뒤, 1990년대 후부터 다양한 대책 마련을 내놓고 있다.

(1) 학교폭력 예방 관련 법령

① 교육법(The Education Act, 1996)

영국의 경우, 학교폭력과 관련한 최초의 법적 근거를 「교육법」에서 찾을 수 있다. 이 법에서는 지역교육청이 학교에서 수업을 받지 못하는 문제학생, 퇴학 및 자퇴생에 대한 교육대책을 세워 시행하도록 규정하고 있다. 또한 개정된 「교육법(The Education Act 2011)」에서는 사이버폭력을 해결하기 위하여 사건에 대해 조사나 부정적인 이미지의 삭제 등 교사들에게 더욱 강력한 권한을 부여하고 있다는 점이 특징이다.

영국의 학교폭력과 관련한 가장 대표적인 법령은 1998년 공표된 「School Standard and Framework Act」이다. 이 법은 학교폭력 예방에 대한 법적인 책임이 각 교장에게 있음을 명확히 함으로써 예방 및 대처에 관한 정책을 학교행정의 핵심으로 주목받게 하였다. 이후 2006년도에 제정된 「The Education and Inspections Act」는 모든 학교가 학생들의 좋은 행동(good behavior)을 격려하고, 어떠한 학교폭력이라도 철저히 예방해야 하며, 학교 행동 정책을 수립할 뿐만 아니라 모든 학생, 학교직원, 부모들과 이를 공유해야 한다고 규정하고 있다.

② 범죄와 무질서 방지법(The Crime and Disorder Act, 1998)

영국은 이를 운영하면서 그 주요 역할을 경찰이 담당하도록 하였는데, 학부모와 더불어 경찰에게 학생지도 및 단속의무 조항을 두어 야간통행금지 시간을 정하거나 통행금지 위반 학생을 귀가시키고 필요한 경우 별도의 시설에서 보호하게 하는 등, 학교폭력을 비롯한 학교내·외의 사고를 예방하고 단속하는 데 있어서 경찰에게 많은 권한과 역할을 요구하고 있다. 이 법은 영국 전역을 1천여 명으로 구성된 학교전담경찰관이 학교에 각각 파견되어 근무하도록 하고 있는데, 이 학교전담경찰관이 자신의 휴대전화와 이메일 주소까지 학생들에게 공개하도록 하고, 학교내의 우범 장소에 순찰함을 설치하여 신고를 접수하는 등, 적극적으로 학생들을 위하여 예방활동을 펼쳐야 하며, 또한 학교는 학교전담경찰관에게 학교내에 별개의 사무실을 제공하여 이들의 활동을 돕도록 하고 있다.

(2) 학교폭력 예방 관련 프로그램

① 셰필드 집단따돌림 방지 연구(Sheffield Anti-Bullying Project)

노르웨이의 ABC(Anti-Bullying Campaign) 프로그램이 성공한 이후 그 영향으로 인하여 1985년부터 셰필드 집단따돌림방지 연구가 시작되었다. 전략에 의한 학교폭력 예방에 대한 교육과정은 학생들에게 경각심을 갖게 하고 폭력행동에 대한 태도 변화와 피해학생에 대한 이해심을 증진함으로써 세 가지 교육과정 활동을 통하여 학교폭력 예방을 꾀하게 되었다.

첫째, 품질관리모임(Quality Circles)을 통한 예방 활동이다. 이것은 경영학이론에서 발췌한 이론이다. 일반기업처럼 5~12명이 정기적으로 모여 자신이 소속된 학급과 학교의 문제점을 논의하고 분석하여 자신이 속한 집단의 문제점들을 해결해 나가는 모임 활동이다. 둘째, 역할놀이와 드라마를 통하여 학교폭력 문제를 이해하도록 하는 활동이다. 역할놀이와 드라마를 통하여 가해학생과 피해학생, 교사 모두에게 체험, 가해행위에 대한 동기, 폭력행동으로부터 가져오게 된 문제파악, 학교폭력을 차단할 방안 등에 대하여 생각할 기회를 제공하게 된다. 셋째, 독서와 토론, 글짓기 등을 통하여 학교폭력에 대한 이슈를 생각해 보게 하는 활동이다. 다양한 맥락에서 스스로 생각해 보고 다른 사람들과의 관계를 어떻게 맺어야 하는지 새로운 관점에서 경험할 수 있게 한다. 또한 상담기법을 이용하여 학생들이 집단으로 한 명 이상의 학생들을 정기적으로 괴롭힐 때, 규제할 학교규칙을 스스로 결정하여 세우게 하고 있다.

② 정서장애 학교의 운영

정서장애 학교란 집단 따돌림에서 가해자와 피해자가 각각 방문해야 할 두 종류의 기관이 따로 있다. 가해자가 가야 할 학교(SSU)에는 교사와 학교장, 부모의 동의로 결정되며, 이곳은 한 주간에 하루를 SSU에서 별도로 수업을 받아야 한다. 이 학교는 정서교육과 미술, 음악 등을 공부하게 된다. 수업은 1대 1로 진행되며, 가해자 학생은 한 학기를 이곳에 다녀야만 한다. 또 다른 학교는 피해자를 위한 교육기관이다. 대표적인 기관이 케임브리지에 소재하고 있는 Red-Balloon이다. 이곳은 가해자들이 교육받는 기관과 달리 학교의 정규교과과정(curriculum)을 모두 진행하고 있으며, 피해자들은 이곳에서 학교생활에 적응할 수 있을 때까지 머물면서 교과과정을 이수할 수 있다. 이 기관은 학교폭력 피해자들이 선택할 수 있는 마지막 장소이며, 은퇴한 교사들이 중심이 되어 시작되었다.

3) 노르웨이

노르웨이는 다른 국가에 비교해 학교폭력에 관한 연구와 노력에서 절대 뒤지지 않는 나라이다. 학교폭력의 새로운 개념으로 댄 올베우스(Dan Olweus)는 '괴롭힘(bullying)'의 개념을 구체적으로 정리하여 학계에 발표함으로써 외국의 여러 국가의 법학, 교육학, 심리학, 상담학 등 청소년 관련분야에 큰 영향력을 미쳤다. 학교폭력 예방 및 대책 분야에서 노르웨이는 큰 노력과 함께 중요성을 인식시킨 나라이다.

(1) 학교폭력 예방 관련 법령

① 교육법(The Education Act)

노르웨이는 1998년의 「교육법(The Education Act)」에 따라 학교폭력 예방과 대책을 위한 법적 근거를 두고 있다. 이 법은 2002년과 다음 해 2003년 두 번의 개정을 거쳐 학교폭력을 위한 예방과 대응을 위해 학교환경의 증진을 강조하는 법률로 발전하였다. 2003년 4월부터는 노르웨이 모든 학교에 이를 강제 적용하게 되었다.

학교폭력과 직접적인 관련이 있는 법 조항은 「교육법」 9조 제2항과 3항이다. 제2항은 학생들의 기본적인 안정을 보장하는 데 필요한 학교의 물리적 환경에 대한 권리를 규정하고 있다. 이 조항에 따르면 학생들은 스스로 학교의 물리적 환경, 즉 채광, 환기, 온도 및 소음 등에 관심을 가지고 지켜보고, 개선이 필요한 경우 반드시 보고하도록 저학년부터 철저하게 교육받는다. 이렇게 학생 스스로 자신의 환경적 권리에 대한 인식과 개선 요청의 주체가 됨으로써, 모든 학생이 실질적으로 물리적 보호를 받을 수 있도록 보장하고 있다.

제3항은 "학교에 고용된 사람들은 특정 학생이 괴롭힘에 관한 행위, 인종차별적 행위, 폭력적 행위를 당한 사실에 대해 숙지하거나 의심할 수 있어야 하며 가능한 한 빨리 해당 문제를 조사해서 학교 관리자에게 알려야 한다. 만일, 가능하다면 직접 개입하여 조처해야 한다"고 규정하고 있다. 이 조항을 통해 학교내 모든 성원 중 한 명의 학생이라도 본인에게 상처가 되는 공격적인 언어나 행동에 노출되지 않도록 하는 책임이 있음을 보여 주며, 학교 당국 역시 이러한 부정적 사건에 대해 빨리 감지할 수 있도록 하는 일상적 업무 패턴을 갖추고 이러한 문제를 해결하는 방안들이 효과적으로 가능하도록 하여야 한다는 것을 강조하고 있다.

② 행정법

「교육법」과 아울러 "이러한 피해를 본 학생은 누구든지 학교에 연락할 수 있으며 학교에 적절한 조처를 해 주라고 요구할 수 있다"라고 규정하고 있으며 덧붙여 "노르웨이 「행정법」에서 정해진 절차에 따라 이 문제를 다루고 학교는 행정적 의사결정을 통해 어떠한 불만 사항도 가능한 한 빨리 결정하여 조처해야 한다"고 밝히고 있다. 한 가지 주목할 점은, 노르웨이는 학교폭력에 대한 대책에서 「교육법」과 「행정법」이 주도하고 있다는 점이다. 위에서 언급한 것처럼 노르웨이는 「행정법」에 정해진 절차에 따라, 학교폭력 문제를 다루는 것으로 명시하여 형사법적 처리를 원천적으로 차단하였다.

(2) 학교폭력 예방 관련 프로그램

① ABC 프로그램(Anti-Bullying Information Campaign)

노르웨이는 집단 괴롭힘에 대응하는 올베우스(Olweus) 프로그램을 운영하고 있다. 올베우스의 프로그램은 베르겐 대학의 댄 올베우스(Dan Olweus)가 개발한 괴롭힘 개입 프로그램으로서 괴롭힘 현상을 교사와 행정가, 직원을 대상으로 학교폭력 문제에 심각성을 인식시키고 괴롭힘과 관련된 실태조사를 통하여 지도 감독을 강화하고 학교폭력 예방위원회를 운영함으로써 교사와 학부모, 학생들이 참여하게 하고 폭력예방위원회에 학생들의 의견을 반영하고 있다. 또한 학급에도 괴롭힘에 대한 규칙을 정하고 학생 스스로가 괴롭힘을 이겨내고 대비하게 하고 있다. 집단 괴롭힘 방지 운동을 ABC 프로그램이라고 하며, 수준별로 살펴보면 다음과 같다.

첫째, 먼저 학교에서 발생할 수 있는 학교 수준에 따른 학교폭력 예방 또는 처치를 살펴보면, 학교폭력 예방 및 처치 활동에서 학교폭력의 성격과 현황을 파악하고 학교폭력과 그 대처방안을 논하기 위해 학교협의회를 소집한다. 학교 프로그램을 조정하기 위해 학교폭력 예방을 위한 위원회를 구성하고 이 위원회를 통하여 학교폭력 예방과 관련된 모든 사항을 조정하고 학교폭력이 자주 발생하는 장소에 대한 지도 감독을 강화한다. 부모와 만날 기회를 확보하여 학교와 부모가 서로 협력하여 학교폭력 문제 예방을 위한 만남을 기획한다.

둘째, 학급 수준에 따른 학교폭력 예방 또는 처치에 대하여 살펴보면, 각 학급에서 발생하는 예방 및 처치에 대한 활동은 괴롭힘 등의 폭력에 반대를 표명하는 학급규칙을 정하고 강화해 나가면서 정규적인 학급회의와 친사회적인 행동에 대한 규범, 공감능력과 지식의 증가, 부모와의 만남과 부모의 적극적인 개입 등으로 학교폭력 예방을 위하여 활동하도록 하고 있다.

셋째, 개인 수준에 따른 학교폭력 예방 또는 처치에 대하여 살펴보면, 교사가 학급을 중심으로 학교폭력 가해 및 피해문제가 발생한 사실을 인지할 경우 곧바로 조처해야 한다. 우선 가해자 면담에서 주의할 사항은 다른 학생들을 괴롭히는 행동을 할 수 없게 해야 한다. 가해학생들은 자신의 행동을 축소하려 할 것이기 때문에 신뢰할 만한 다양한 정보를 수집하여 대응할 수 있도록 준비하는 것이 중요하다. 피해학생의 면담에서는 폭행에 관한 사례를 다양한 측면에서 숙지할 필요가 있다. 괴롭힘을 당한 학생이 다시 폭행을 당하지 않도록 도와야 하며, 학급에서 학생들을 괴롭히는 학생과 괴롭힘을 당하는 학생들을 발견할 때, 학생의 부모와 즉각적인 연락을 취해야 한다. 부모들은 상황에 대하여 알 필요가 있고 교사와의 논의를 통하여 문제를 해결할 방안을 마련해야 한다.

② 기타 프로그램

노르웨이는 폭력을 목격하면 반사적인 표현으로 '멈춤(Stop)'을 합창하게 한다. 수시로 학급회의를 개최할 때에도 학생들은 방관자가 아닌 적극적으로 대응할 수 있도록 교육하고 있다. 또한 2003년도에는 집단 따돌림에 대한 대처 방안으로 Zero Program(제로 프로그램)을 도입했다. 제로(Zero)내에는 각 학교의 교장과 담임, 부모와 학생 등으로 집단을 구성하고 세미나를 개최한다. 학교폭력 예방을 위한 대응방안으로 학교폭력에 대응하는 역량을 키우는 일에 집중되어 있다. 매년 6회 이상 세미나를 개최하고 외부전문가를 초청한다. 무관용, 책임과 헌신, 지속적인 대처라는 3대 원칙에 따라 운영되고 있다.

1983년 심리학자 올베우스 교수의 연구팀에 의해 학교폭력 예방프로그램을 2년 동안 시범학교에 적용하여 운영했던 결과를 발표했다. 이것은 올베우스 프로그램이라 불렀고, 나라마다 교과서처럼 활용되었다. 올베우스 프로그램이 중점을 두고 있는 것은 학교폭력사건이 발생하게 될 때 교사와 학부모 등 성인들의 개입이다.

그리고 학교폭력 예방을 위한 4가지 원칙과 3가지 수준에서 개입 방안이 제시되어 있다. 첫째, 학교폭력 현상에 대한 바른 인식을 고취하는 일이다. 둘째, 교사와 학부모 등 성인들의 능동적인 참여를 유도할 수 있다. 셋째, 학교폭력 금지에 대한 명확한 규칙 마련과 적용이다. 넷째, 피해학생에 대한 보호와 지원에 초점을 두고 있다. 이러한 체계적 개입을 진행한 후 놀라운 결과를 나타냈다.

노르웨이는 이러한 체계적인 개입 효과로 90년대에 접어들면서 지속적인 관리와 전국규모의 실태조사 및 심층 면접을 한 결과 외형적 폭력사건은 줄었으나, 심리적으로 괴롭히는 유형은 남아 있는 것을 발견하고 학교폭력 0%를 목표로 총리가 '학교폭력 근절선언'을 선포함과 동시에 2002년에는 'Values in school(학령 전 유아기부터 가치교육에 중점, 경쟁보다는 페어플레이를 가르치는 활동)'을 운영하고 있으며, 2003~2006년에는 'Zero Program(학교폭력 절대불가방침)' 등 지속적인 개입을 통해 학교폭력근절을 위해 노력하고 있다.

4) 독일

독일의 학교폭력은 여러 가지 유형으로 구분하고 있다. 즉, 심리적 폭력(Psychische Gewalt)과 신체적 폭력(Physische Gewalt)으로 나누고 있다. 즉, 신체적 폭력은 성폭력(Sexuelle Gewalt)으로 드러나기도 하고 물건파손(Vandalismus) 형태로도 나타난다. 심리적 폭력은 비언어적 폭력(Non-verbale Gewalt)과 언어적 폭력(Verbale Gewalt)의 형태로 나타나기도 한다.

(1) 학교폭력 예방 관련 법령

① 베를린 시 학교법(Schulgesetz)

학교폭력을 규정하고 있는 대표적인 법으로써, 학생조치 관련 법률이 비교적으로 세밀히 잘 나타나 있는 것이 「베를린학교법」이다. 학교폭력 예방법은 학생과 학교의 의무와 권리에 관한 내용이 기록되어 있고, 세부적인 조치의 실현방법에 대하여 나타내고 있다. 학생의 정보권(제47조), 학교의 제51조(감독 의무), 제62조(교육 조치), 제63조(징계 조치) 등에 대하여 나타내고 있다. 「베를린학교법」의 주요 내용은 학교폭력이 발생할 때 사안의 처리와 학교내 가해학생에 대한 조치이다. 학교폭력이 발생할 때는 사안의 처리와 관련하여 학교 당국은 주(州) 청소년 국(Jugendamt)에 그 사안을 보고하거나 지원을 요구하게 되어 있다. 아울러 가해학생과 피해학생의 부모에게 적절한 방식으로 사안에 대해 보고하며, 학교의 조치 등에 대하여 학부모의 참석을 의무화하고 있고, 학교폭력의 피해가 가볍다고 판단될 때는 학교 자체적으로 교육 및 징계의 방법 중 하나를 선택하여 조치한다.

② 소년형법과 청소년 복지지원법

「청소년 형법(Jugendstrafrecht)」은 14세 이상의 청소년을 대상으로 하는 사법적 절차를 명시한 법이다. 14세 미만 청소년의 경우 형사처분 대상에 해당하지 않는다. 15~18세 청소년의 경우 학교폭력으로 경찰에 신고된 경우 경찰은 청소년청에 알리고, 사건의 경중에 따라 검찰로 송치된다.

검찰과 소년법원은 사건의 경중에 따라 여러 가지 조처를 할 수 있다. 검찰에서 조건부 기소유예의 방법으로 폭력치료집단 프로그램에 참여하도록 하고 있다. 또는 소년법원에서 재판받게 되며 판사는 사건의 심각성을 바탕으로 가해학생 행위를 검토하여 필요한 교육적 조치와 형사적 처벌을 하게 된다. 이 단계에서 가해자와 피해자 간의 조정을 통한 합의가 필요하다. 가해학생에게 일정 기간 사회봉사가 필요하다고 판단하는 경우에 사회봉사명령을 내리기도 하고, 구금이 필요하다고 하면 주말구금 또는 단기구금에 대하여 조치하기도 한다. 매우 심각한 사건이나 반복성을 보이는 가해학생에 대하여는 소년법원에서 소년교도소 구금이나 폐쇄형 대안치료 교육센터 입소 등을 명령하기도 한다.

독일의 「청소년 복지 지원법(Kinder-und Jugendhilfegesetz)」은 모든 양육권자는 교육이나 안전의 위협을 받을 때 아동 · 청소년이 성장하는 과정에서 지원해야 함을 규정하고 있다. 이에 이 법은 학교폭력으로 문제의 내용이나 상황에 따라 위기 상황에 놓인 청소년에 대하여 민간단체 등의 다양한 지원서비스를 제공한다. 「청소년 복지 지원법」에 따라 청소년 복지 지원이 학교와 연계되어 이루어질 수 있도록 하고 있다.

(2) 학교폭력 예방 관련 프로그램

독일은 사전예방적인 관점에서 프로그램을 운영하는 경우가 많아 가해학생이 되기 이전의 단계에서 운영하는 프로그램이 많은데, 폭력 행위 방지를 위한 지역 네트워크 구축을 위한 헤센주의 PiT프로그램(Prävention in Team)이 대표적이다. 베를린 지역에서 유명한 것으로는 1997년부터 베를린 지역에서 시행되고 있는 가해학생과 직접 관련된

Übergang 프로젝트가 대표적이라고 할 수 있다. 이 프로젝트는 아동 정신과 의사에 의해 일반적인 학교 시스템에 입학시키는 것이 부적합하다고 평가되어 특별한 지원이 요구되는 학생, 자신 또는 타인에게 위험을 가할 가능성이 커 일반 학급에 수용하는 것이 어렵다고 평가되는 학생에 대하여 지원하는 프로그램이다. 특히 징계 조치를 받아 다른 학교로 전학을 가게 된 아이들이 이전 학교에서의 부정적 경험으로 인해 쉽게 새로운 학교에 적응하지 못하거나, 수업을 꺼리거나, 계속해서 폭력적 성향을 표출하게 될 때 적용한다. 이 프로젝트는 주로 교사 상담(Lehrerberatung), 학부모 상담(Elternberatung), 학급에의 융화(Integration in den Klassenverband), 임시 학습 그룹(Übergangsklasse), 학교와 청소년지원자의 협력(Kooperation zwischen Schule und Jugendhilfe) 등을 활용한다.

Übergang 프로젝트에는 매년 개최되는 통합전문운영위원회(Integrationsfachkonferenz)에서 참여 여부는 결정하지만, 아동의 프로젝트 참여 기간은 1년에서 3년 사이로 결정된다. 학생의 참여가 결정되면 10시부터 11시 30분까지 임시 학습그룹에 참석하여 당해 학생은 기본적인 학교 수업에 참석하고 일주일에 4회, 정서발달을 위한 다양한 지원을 받게 된다.

Chapter

09

학교폭력 예방을 위한 지도

배울내용

1. 자아존중감 높이기
2. 감정조절하기
3. 갈등해결하기
4. 문제해결을 돕는 의사소통기법 사용하기

학습목표

1. 자아존중감을 높이는 방법을 알고 실천할 수 있다.
2. 감정조절하기 방법을 알고 실천할 수 있다.
3. 갈등해결하기 방법을 알고 실천할 수 있다.
4. 문제해결을 위한 의사소통기술을 익힌다.

개 요

오늘날 우리는 여러 방면의 발전을 이루고 있는 동시에 우리 사회에 대한 불신이 높아지고, 학교에서는 교권의 실추에 대한 논란이 끊임없이 제기되고 있으며, 가정에서는 갈등으로 멍들고 있다. 그리고 사이버 관련 범죄와 자살이 늘어나고 있다. 그렇다면 왜 동전의 양면처럼 사회의 발전의 또 다른 얼굴이 사회 각계각층의 다양한 얼룩진 모습일까? 이것은 우리 사회가 발전함에 따라 너무나 빠르게 진행되기 때문에 여러 가지 이유로 인한 소통의 부재가 아닐까 한다. 대화를 통해 불필요한 갈등을 해소시키고 서로에게 친밀하고 스스로의 삶도 가치 있게 느끼며 더불어 살아갈 수 있는 공동체 의식을 가지는 것이 문제의 열쇠가 될 것이다. 스스로의 자아존중감을 높이며, 안정적인 애착 형성에 힘쓰며, 감정조절하기와 갈등해결하기의 방법을 숙지하고 실천하여 긍정적인 정서를 함양한다면 개인과 개인의 불신이 없어지고 모두가 공동체 의식으로 더불어 살아가는 기쁨을 누릴 수 있을 것이다.

Chapter 09

학교폭력 예방을 위한 지도

교육부의 학교폭력근절 종합대책(2020)이나 해마다 실시되는 학교폭력 실태조사를 참고해 보면, 학교폭력 최초 발생 연령의 저연령화, 가해자와 피해자의 불분명한 구분, 정서적 폭력의 증대, 폭력의 집단화 현상 등을 나타내고 있다. 특히 학교폭력 최초 발생 연령의 저연령화에서 폭력에 노출되는 시기가 점점 빨라지고 있다는 것을 알 수 있으며, 가해자와 피해자의 불분명한 구분을 통해 가해와 피해의 악순환적 특성을 통해 현재의 피해자가 미래의 '잠정적 가해자'가 될 수 있음을 간과해서는 안 될 것이다(오경희, 2013). 처음부터 학교폭력의 원인이 되는 낮은 자아존중감이나 사회성 또는 공격성 등은 어느 날 갑자기 형성되는 것이 아니라 유아기부터 인성에 뿌리를 두고 서서히 성장하게 된다. 따라서 유아기부터 올바른 발달을 할 수 있도록 지도를 하는 것이 무엇보다 중요하다고 할 수 있다.

1. 자아존중감 높이기

자아존중감(Self-esteem)이란 평가적인 개념으로서 자신에 대한 긍정적, 부정적인 태도이며, 자신에 대한 만족과 호감도인 동시에 다른 사람과 비교하여 자신에 대해 지각하는 가치감이다(Brinthaupt & Erwin, 1992). 왓킨(Watkin, 1978)은 자아존중감에 대해서 개인의 자기 자신에 대한 평가로서 일상의 대화나 성격 면에 있어 개인의 사회적 행동과 역할을 결정하는 중심 특성이라고 정의하고 있다. 또한 자아존중감은 자아개념과 혼용하여 사용하는 경우도 있으나 선행연구들의 정의들을 살펴보면 자아존중감은 자기 평가적인 개념이며, 이와 비교하여 자아개념(self-concept)은 능력, 태도, 느낌을 포함한 자신에 대한 주관적인 인식개념으로 자아존중감을 포괄하는 설명적인 개념이다. 즉, 자기존중감이란 자신에게 부여한 가치뿐 아니라 타인과의 관계에 의해 영향을 받는다는 입장에서 자신이 자랑스럽고 유능하며 가치 있는 존재로 느끼며 가족과 친구를 사랑하고, 또한 자기가 사랑을 받고 있다고 느낄 수 있는 의식 상태로 정의되고 있으며, 인간의 행동을 설명하고 예언하는 데 매우 중요한 변인으로 사회인지 이론에서 많은 관심을 가지고 연구가 이루어지고 있는 개념 중의 하나이다.

현대사회의 여러 다른 요인과 더불어 낮은 가치감, 학문적 자존감 등 여러 가지 문제 상황의 원인으로 낮은 자기존중감을 지적하는 목소리가 높다. 학생들은 치열한 경쟁과 과도한 입시 스트레스로 인해 항상 경직되어 있고, 여기에서 느끼는 잦은 실패감과 성공하지 못한 자녀와 학생에게 보내는 주변 성인들의 거부감은 자신의 삶의 방향을 정립해 나가고 있는 청소년들에게 낮은 자기존중감을 형성하도록 한다. 이러한 낮은 자기존중감은 타인과의 대인관계 형성에 어려움을 주고, 대인관계형성에서의 실패감은 학교폭력으로 이어질 수 있다. 또한 학교폭력으로 자신의 감정을 표현한 결과로 사회에서 격리되고 낙인찍혀 부정적인 자아개념을 형성하게 됨으로써 다시 자기존중감이 낮아지는 악순환의 고리를 끊을 수 없게 된다.

학교폭력 관련 연구들에서 주로 학교폭력 가해 또는 피해를 경험한 아동·청소년의 특성으로 낮은 자아존중감을 지적하고 이들의 10년 후 자아존중감도 낮게 나타났다. 학교 내 폭력경험은 아동청소년의 자아존중감에 부정적 영향을 미치고, 낮은 수준의 자아존중감은 결과적으로 학교부적응으로 이어진다고 볼 수 있다.

표 9-1. 자기존중감이 높은 아이와 낮은 아이의 특징

구분	특징
자기존중감이 높은 아이	• 자기에 대한 지각이 긍정적 • 또래와 협동하며 규칙을 지키는 등 사회적 기술과 사회적 능력이 높음 • 사회적 상황과 요구에 적합한 능동적이고 긍정적인 정서조절능력을 사용함 • 기본적인 학습활동에 대한 자신의 수행능력을 긍정적으로 지각함 • 또래들에게 더 잘 수용되어 유능하고 학교기관에 잘 적응함 • 이타적이고 협동적인 친사회적 행동을 보임
자기존중감이 낮은 아이	• 열등감, 자신을 무가치한 사람으로 여김 • 정서적 불편감과 다양한 심리적 문제 유발

자기존중감의 기본이 형성되는 시기가 바로 영유아기이므로 영유아들의 바른 자기존중감을 형성시켜 주어야 하는 유아교육기관의 교사들 역할이 매우 중요하다고 할 수 있다. 이것은 유아가 스스로를 괜찮은 사람이라고 생각하는 가치감과 스스로의 능력에 대한 확신과 믿음, 그리고 교육기관에서 학업성취를 이룰 수 있다는 스스로에 대한 믿음과 기대가 행복한 바른 인성을 가진 사회인으로서 매우 중요한 밑거름이며 이러한 토대가 영유아기에 형성되기 때문이다.

아이의 자기존중감을 높이려면 교사가 자신을 존중하는 긍정적인 자세를 갖고, 아이의 장단점을 이해하고, 아이에 대한 왜곡 없는 전반적인 이해를 토대로 아이를 존중하는 건강한 대화가 중요하다. 아이를 존중하는 건강한 대화의 기본원리는 〈표 9-2〉와 같다.

표 9-2. **아이를 존중하는 건강한 대화의 기본원리**

구분	내용
잘 들어주기	• 아이와 대화할 때 딴청을 피우지 않고 들어준다. • 끝까지 집중해서 들어준다. • 바쁘다, 피곤하다는 말로 아이와의 대화를 피하지 않는다. • 아이의 말이 담은 아이의 생각, 의도, 감정까지 헤아리려고 노력한다. • 아이의 말을 중간에 막지 않으며, 끝까지 듣고 난 뒤 이야기한다.
공감해 주기	• 아이의 입장에서 감정을 공감해 준다. (예: "기분이 정말 나빴겠구나", "기뻤겠구나", "속상했겠구나", "내가 너였다면 서운했을 거야" 등) • 아이의 말에 호응하는 표현을 해 준다. (예: 고개를 끄덕인다던지, "그랬구나", "어머나", "어쩌나" 등) • 아이를 이해하려는 노력을 표현한다. (예: "엄마는 이렇게 이해했는데 맞니?", "니 얘기는 이런 얘기지?" 등)
나-전달법 사용하기	• 너-전달법(you-message): 수직관계에서의 일방적이고 지시적인 대화를 말한다. • 나-전달법(I-message): 수평적인 관계에서의 상호적이고 평등적인 대화를 말한다.

나-전달법

나-전달법(I-Message)은 아동이 성인의 욕구충족을 방해해서 성인에게 문제가 생겼을 때 성인의 경험이나 감정을 아이에게 표현하는 방법이다. 성인은 아이를 비난하지 않고 자신의 감정을 솔직하게 표현하게 됨으로 아이는 방어적이 되지 않고 성인을 도와야겠다는 책임감을 갖게 된다. 나-전달법의 사용은 성인 자신의 이해를 돕거나 자신의 감정을 솔직하게 표현하는 데 도움이 된다. 나-전달법은 자신의 현재 느낌, 생각, 바람을 솔직하고 진지하게 전달하는 것이다. 보통 성인은 아이에게 명령, 지시, 경고, 훈계 등의 말을 많이 하게 되는데, 이를 너-전달법(You-Message)이라고 한다. 엄마가 이야기를 하고 있는데, 아이가 시끄럽게 떠들고 있을 때, 나-전달법과 너-전달법의 예를 살펴보면 다음과 같다.

너-전달법: "엄마가 이야기하는데 조용히 안하면 혼날 줄 알어"
나-전달법: "엄마가 이야기할 때 네가 큰 소리로 말하면 상대방의 소리가 잘 안들려서 엄마는 답답하단다."

나-전달법은 아이의 행동에 대한 성인의 느낌을 설명하기 때문에 자녀를 탓하지 않는다. 따라서 고든(Gordon)은 너-전달법보다는 나-전달법으로 의사소통을 할 것을 강조하고 있다. 나-전달법의 원칙은 〈표 9-3〉, 나-전달법과 너-전달법의 전달과정은 〈그림 9-1〉과 같다.

표 9-3. 나-전달법의 원칙

- 타인의 어떤 행동에 대해 서술한다.
- 그 행동이 당신에게 미치는 구체적인 영향에 대해 서술한다.
- 타인의 행동이나 또는 구체적인 영향에 대한 당신의 감정과 느낌을 서술한다.

예: "내가 저녁뉴스를 보고 있는데 네가 떠들면(행동), 나는 뉴스에서 무슨 소리를 하는지 들을 수 없어서(영향), 짜증이 난다(감정)"
예: "네가 방 정소를 하지 않으면(행동), 내가 치워야 하고 힘들기 때문에(영향), 화가 난다(감정)"
예: "네가 쓰레기를 치워 주니(행동), 나의 일이 줄어들어(영향), 기분이 좋구나(감정)"

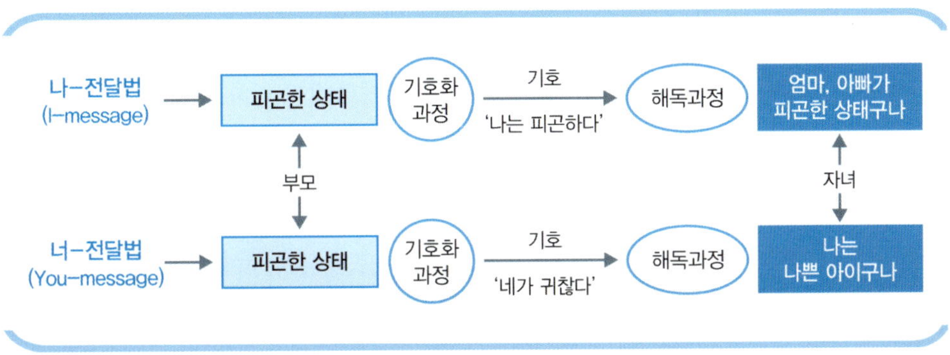

그림 9-1. 나-전달법과 너-전달법의 과정 비교

출처: 권화숙 외(2020). 부모교육. 수양재.

2. 감정조절하기

1) 자기통제

아이의 자기통제력(self-control)이란 즉각적인 만족보다는 미래의 더 좋은 결과를 얻기 위해 즉각적인 충동이나 행동을 억제하고 인내하며, 상황적 요구에 적절하게 자신의 행동이나 전략을 조절하는 능력 또는 타인 조절의 반대되는 의미로 성인의 지시나 요구 없이 아이 스스로 자신의 감정과 생각을 상황적 요구에 맞추어 조절하는 능력으로 정의한다. 또한 외부의 감시 없이도 사회적 규칙을 준수하려는 능력 또는 바람직한 목표를 위해 충동적인 욕구나 행동을 지연시키는 능력으로 자기규제(self-regulation)와 혼용하기도 한다(고정곤 외, 2014).

성취지향적인 사회에서 아동이 미래의 성취를 위해 즉각적인 욕구나 충동을 자제하는 것은 자신의 잠재력을 한껏 발휘하는 한 사람의 성인으로 성장하는 과정에서 중요한 의미를 지닌다. 최근 연구에 의하면, 아이의 자기통제력은 또래관계를 성공시키는데 중요한 역할을 하며(Denham, 2006), 다양한 사회적 맥락에서 나타나는 적응행동에 영향력을 미친다고 한다(Eisenberg, Champion, & Ma, 2004). 즉, 아이의 자기조절력(자아통제력)이 외현화 행동 및 또래 인기도, 친사회성, 또래 유능성에 영향을 미치며 추후 사회적 적응능력에도 영향을 미친다고 한다. 이 외에도 인지적 발달뿐만 아니라 공격성, 정서성, 도덕성 등에도 영향을 미치는데 도덕성의 경우, 도덕적 판단과 행위가 일치하지 않는 원인 중의 하나로 무엇이 옳은지의 판단능력이 있음에도 불구하고 이를 행동으로 옮기는 자기통제력이 부족하기 때문이라고 주장한다. 따라서 아이들에게 자기통제력을 높일 수 있도록 충동을 억제하며, 인내하고, 자신의 행동을 상황에 맞게 조절할 수 있도록 교육을 실시하는 것이 필요하다.

표 9-4. 머쉬멜로우 실험

쇼다(Shoda), 미쉘(Mischel), 그리고 피크(Peake)의 실험결과를 예로 들면, 4세의 아이에게 머쉬멜로우를 나누어 주고 그것을 당장에 먹지 않고 20분 정도 기다리는 아이에게 두 개의 머쉬멜로우를 더 주는 실험을 실시하였다. 실험 후 장기 추적 조사를 통해서 당시 충동을 억제하고 만족을 유보하는 능력이 있었던 아이가 충동적이었던 아이보다 15년 후 대학입학시험(SAT)에서 훨씬 높은 성적을 얻은 것을 밝혀냈다(Goleman 1995). 이 머쉬멜로우 실험결과를 통해서도 감성지능이 인지적 성취에 긍정적으로 영향을 미치고 있다는 사실을 시사하고 있다.

2) 공격성

공격성이란 타인을 해치려는 의도를 가지고 행하거나 시도하는 신체적 · 언어적 행동을 의미한다. 여기에는 다른 사람을 밀치기, 때리기, 꼬집기, 발로 차기, 물기, 침뱉기, 물건을 부서뜨리기 등의 신체적 가해행동이 있고, 위협하기, 모욕 주기, 무안하게 하기, 놀리기 등의 언어적 형태도 있다. 교사에게는 아이들의 건강한 사회성 발달을 위해 아이의 공격성은 어떤 원인으로 발달하는지, 어떤 유형들이 있는지, 공격성을 어떻게 감소시킬 수 있을지에 대한 이해가 필요하다. 공격성의 유형과 특징을 살펴보면 〈표 9-5〉와 같다.

표 9-5. 공격성의 유형과 특징

유형	구분	특성
적대적 공격성	정서적 공격성	상대에게 위협을 가하려는 의도를 가지고 한 행동을 말한다. 적대적 공격성을 나타내는 아이는 다른 사람의 신체적 혹은 심리적 고통에 대한 만족을 경험한다. 적대적 공격은 모욕이나 상해에 대한 보복이거나 공격자가 원하는 대로 상대방이 피해를 입도록 하는 고의적인 특성을 지닌 목적적인 공격성이다. 아이들은 자신의 지위나 안전이 손상되는 위협을 느낄 때 자신이 하려고 하는 것을 상대방이 방해하려고 한다고 느낄 때, 자기 자신이 상대방보다 힘이 있다는 것을 느끼기를 원할 때 적대적 공격성을 가진다.

유형	구분	특성
도구적 공격성	약탈적 공격성	동물이 먹이를 얻기 위한 수단으로 공격하는 것처럼 다른 사람을 해칠 의도는 없이 자신이 원하는 것을 가지려고 하거나 자신의 것이라고 생각하는 것을 지키려고 할 때 나타나는 공격성을 말한다. 예로, 두 아이가 자전거를 서로 먼저 타려고 밀치고 당기는 공격적인 행동을 한다면 이것은 도구적 공격성이라고 할 수 있다. 이때 아이들은 서로 해치려고 한 것이 아니라 먼저 자전거를 타려는 목적을 달성하고자 한 것이다. 아이는 자신이 가지고 싶은 물건이나 자신이 놀고 싶은 영역 또는 같이 놀고 싶은 친구를 원하는 욕구로 인하여 도구적 공격성을 나타낸다.

아이들의 공격성도 학교폭력 양상의 원인들처럼 한 가지가 아니라 여러 가지 요인들이 복합적으로 영향을 미쳐 발생한다고 보아야 한다. 성인들도 자신의 감정을 통제하고 절제하는 것이 어려운 일인 만큼 아직 미성숙 단계인 아이들이 자신의 감정을 통제하고 조절하는 것은 상당히 어려운 과제일 것이다. 하지만 아이들의 공격성을 인터넷, 게임, 교육 유해환경 등의 영향을 받아 가속화되고 있는데도 한없이 자연적인 성숙만을 기다릴 수는 없다. 어느 순간에 점점 빠르게 성장해 가고 있는 아이들의 공격성의 원인을 찾아보고 개선책을 찾을 필요가 있다. 공격성의 원인을 살펴보면 다음과 같다.

(1) 부모의 양육태도와 아이의 공격성

현대의 가정의 형태는 과거 전통적인 획일화된 가정의 형태와는 달리 매우 다양한 형태가 존재한다. 가정의 형태가 다양해지고 일상이 빠르게 진행되다 보니 가정의 원래의 기능 가운데 가정교육의 기능이 급격히 약화됨을 알 수 있다. 자녀들은 부모를 가장 가깝고 친근한 모델링의 대상으로 상정하고 모방 또는 동일시를 통해 성격을 형성하고 인지를 발달시킨다. 이 가운데 부모의 공격적인 행위는 아이의 공격성의 모델이 되어 공격성을 강화시키는 역할을 하게 된다. 부모의 양육형태에 대해서는 자녀에 대한 무관심, 자녀와의 낮은 질적 수준의 상호작용, 그리고 제일 악영향을 미치는 요소로는 일관성 없는 훈육을 들 수 있다. 일관성 없는 양육방식은 자녀로 하여금 불안을 높이고, 훈육의 근간을 마련하지 못하고 자녀의 공격성 형성과 밀접한 관련이 있다.

(2) 교실에서의 아이의 공격성

교실에서 아이의 공격성을 유발하는 첫 번째 요소는 교사의 적절치 못한 교수법이다. 교사의 토큰 시스템(token-system)과 같은 경쟁을 일으키는 교수법들은 아이들 간에 갈등과 질투를 유발하여 협동심을 저해하고 공격성을 자극하는 요소가 된다. 그래서 교사들은 이러한 교수법을 남용하지 않고 적절하게 사용할 수 있도록 수업을 계획해야 한다. 두 번째 요소로 교실의 크기나 교구의 양 등은 아이의 공격성을 유발할 수 있다. 먼저 교실의 크기가 좁거나 교구의 수가 아이의 수에 비해 적을 때 아이들의 경쟁이 심해지고, 갈등이 빈번하게 발생한다. 이러한 부족으로 인한 갈등은 아이의 공격성을 유발한다. 그러므로 교실의 크기나 교구의 수는 항상 아이의 수에 비례하여 적절하게 구성되어야 한다.

(3) 미디어 매체와 아이의 공격성

현대인들은 너무나 다양한 미디어 매체에 둘러싸여 있다. 심지어 교수방법까지도 미디어를 활용한 방법들이 사용되어지고 있다. 아이들도 마찬가지로 다양한 미디어에 무분별하게 노출되고 있어 문제점으로 대두되고 있다. 그중에 폭력물은 아이의 공격성에 악영향을 미치고 있다. 이와 관련된 반두라(Albert Bandura)와 그의 동료들(1963)은 모방이 공격행동의 학습에 미치는 영향을 보보인형실험을 통해 밝혀냈다. 그들은 두 집단의 어린이들 중 한 집단에게는 성인 또는 만화 주인공이 인형을 격렬하게 공격하는 영상을 보여 주었고, 다른 한 집단의 어린이에게는 보보인형을 공격하지 않는 영상을 보여 주었다. 그 후 보보인형이 있는 방에서 어린이들을 놀게 하고 관찰한 결과,

공격적인 영상을 본 어린이들만 보보인형을 격렬하게 공격하고, 그중 많은 공격행동의 유형들은 대다수 영상에서 본 행동들과 동일하였다.

이처럼 아이에게 폭력적인 미디어들은 아이들의 공격성을 자극하고, 이로써 아이들은 공격적 행동을 그대로 모방한다는 사실을 알 수 있다. 그러므로 아이들에게 미디어 노출을 부모가 제한적으로 관리하여 폭력물이나 공격적인 미디어는 피하도록 하는 것이 바람직하다.

3) 감정이입하기

(1) 친사회적 행동

산업화의 발달로 인해 생활의 많은 편리함과 더불어 여러 가지 병폐들도 함께 나타나게 되었다. 그중에서 가장 위험하지만 빠른 속도로 다양하게 우리 생활에 침투하고 있는 것이 사람들과의 직접적인 관계형성보다 사이버 상에서의 관계형성을 더 선호한다는 점이다. 인간은 사회적인 동물이지만 이제는 사이버 상에서만 사회적이고 싶은 사람들이 늘어나고 있다. 1인 가구의 증가와 함께 혼밥(혼자 먹는 밥 또는 그런 행위), 싱글족(탄탄한 경제력과 인터넷 활용 능력을 갖추고 자신들만의 삶을 만끽하며 홀로 사는 신세대 남녀), 딩크족(Double Income No Kids의 머릿글자를 따서 아이를 갖지 않는 맞벌이 부부) 등 가족의 의미를 재해석하게 하는 신조어들이 쏟아지고 있다. 사회적 접촉의 의미가 무색해지고 가족의 필요성도 절대적이지 않은 시대가 되었지만, 건강한 사회인으로 살아가는 데에 있어 친사회적 행동은 필수적인 요소이다. 그러므로 친사회적 행동의 양성은 영아기부터 반복적이고 지속적인 연습을 통해 다른 사람들과 편안하게 대화하고 어울려 살아갈 수 있도록 부모, 교사 등 성인들은 격려와 지원을 아끼지 않아야 한다.

친사회적 행동은 학자들마다 정의가 다양하며, 이타주의(altruism)와 혼용하여 사용하기도 한다. 아이젠베르크(Eisenberg, 1992)는 종합적으로 친사회적 행동과 이타주의를 정의하고 있다. 친사회적 행동은 타인을 이롭게 하기 위해 의도된 자발적 행동이며, 구체적인 보상이나 사회적 인정에 대한 기대, 또는 자신의 부정적인 내적 상태(예로, 죄의식 또는 도움이 필요한 사람을 바라보는 것에 대한 고통 등)를 감소시키려는 욕구와 같은 요인들에 의하여 동기화된 행동이라고 주장한다. 이타적 행동은 친사회적 행동의 범주 안에 포함되어 있으며, 타인에 대한 동정이나 내재화된 도덕적 원리에 순응하려는 욕구에 의해 동기화된 사회적 행동으로 정의하고 있다. 일반적으로 이타적 행동이란 외적 보상을 기대하지 않고 자기희생을 감수하더라도 타인을 이롭게 하기 위해 행해진 친사회적 행동보다 더 도덕적인 것으로 본다.

타인을 이롭게 하기 위해 우리는 먼저 타인의 상황과 감정을 이해하고 공감하는 작업이 우선되어야 한다. 이것을 우리는 감정이입이라고 정의할 수 있다. 호프만(Hoffman, 1987)은 감정이입이란 타인의 상황에 적합한 정서적 반응이라고 한다. 호프만이 제시한 감정이입의 발달적 분석은 〈표 9-6〉과 같다. 아이의 감정이입은 인지적 능력을 바탕으로 총 네 단계를 거쳐 발달하게 된다.

표 9-6. **호프만의 감정이입의 발달단계**

단계	연령	특성
총체적 감정이입	영아기	영아는 자신을 타인과 분리된 존재로 지각하지 못한다. 그러므로 다른 사람의 고통과 자신의 불쾌한 감정을 혼돈한다. 영아는 다른 아기의 울음에 대한 반응으로 운다.
자아중심적 감정이입	유아기	자신이 아니라 다른 사람이 고통스러워 한다는 것을 알게 된다. 그러나 다른 사람의 내적 상태는 자기 자신과 같을 것이라고 가정한다.
타인의 감정에 감정이입	아동전기	조망수용능력이 발달되고 타인의 감정이 자신의 것과 다르다는 것을 인식하게 되며 타인의 감정은 자신의 것과 다를 수 있는 타인의 욕구에 근거한다는 것을 안다.

단계	연령	특성
타인의 삶에 감정이입	아동후기	다른 사람의 감정을 일시적인 감정으로서가 아니라 전반적인 경험을 나타내는 것임을 알게 된다. 타인에 대한 감정이입과 그들의 전반적인 상황에 대한 내적 표상과 함께 나타난다.

(2) 감정조절 지도방안

성인이 되더라도 모두가 사회에서 쉽게 주변 사람들과 사귀고 수월하게 그 집단에 적응하는 것은 아니다. 자신의 감정을 쉽게 표현하지 못할 수도 있고, 자신은 의도하지 않은 상황에서 남에게 상처를 줄 수도 있다. 이 모두가 감정을 제대로 조절하지 못해 발생하는 일들이다. 아동기에 폭력에 노출되거나 건강한 정서함양이 어려운 경우 대다수 성인이 되어서도 정서결핍의 몸살을 앓는다. 이 결핍은 성인이 되어서 두 배, 세 배의 노력을 기울여도 채워지지 않으며 아동기에 결정적으로 필요한 시기에 양질의 정서를 함양해 주어야 제대로 충족이 된다. 따라서 양질의 정서를 함양해 주는 과정에서 발달하는 정서지능은 인위적으로 개발 가능하다고 한다. 고트만(Gottman) 박사는 이 방법을 감정코칭이라 부르고 감정코칭을 위한 5단계를 〈표 9-7〉과 같이 소개하고 있다.

표 9-7. 감정코칭을 위한 5단계

단계	제목	내용
1단계	감정 인식하기	감정코칭은 아이가 감정을 내보일 때 하는 것이다. 아이의 감정을 정확하게 읽기 위해 아이의 감정을 늘 관찰하고 인식하며 적절한 때에 포착 가능해야 한다. 아이의 행동에 숨은 감정까지도 잘 포착할 수 있어야 한다. 아이가 퉁명스레 문을 쾅 닫고 들어갈 때나 말없이 거친 행동을 보일 때 뒤에 숨어 있는 감정을 찾아낼 수 있어야 한다.
2단계	감정적 순간을 좋은 기회로 삼기	'화가 났구나', '짜증이 났구나', '억울하구나' 하고 아이의 감정을 알아차렸다면 감정코칭을 할 것인지 그냥 넘길 것인지 결정해야 한다. 아이가 강한 감정을 보인다면 감정코칭을 하기 좋은 기회이다. 예로, 집에서 키우던 강아지

단계	제목	내용
		가 죽었다든지 동생과 크게 싸웠다는 일이 일어났을 때 선생님이 아이의 감정을 수용해 주고 공감해 주면 강한 애착을 형성할 수 있다.
3단계	감정을 공감하고 경청하기	아이가 감정을 보일 때 아이 스스로 자기 감정에 대해 살펴보고 이야기할 수 있도록 지도하는 것이 중요하다. 만약 아이가 "오늘 나 점심 안 먹을래요"라고 말하면 "왜?"라고 묻지 않고 "네가 점심을 먹고 싶지 않구나"라고 아이의 마음을 읽어 주어야 한다. 그다음에 천천히 왜 그런지에 대한 이유에 대해 우회적으로 물어보면서 대화를 진행시켜야 한다.
4단계	감정을 표현하도록 도움주기	감정은 여러 가지로 표현된다. 화가 나더라도 열등감으로 화가 날 수도 있고, 단순한 경쟁심으로 화가 날 수도 있다. 따라서 세밀하게 이렇게 조금씩 다른 감정들에 대해서 각기 정확한 이름을 붙여 주는 작업이 중요하다. 만약 자신의 감정을 정확하게 읽지 못한다면 현명하게 대처하기 어려울 것이다. 가능한 한 아이 스스로 자신의 감정을 정확하게 표현할 수 있는 단어를 찾을 수 있도록 시도해야 한다.
5단계	스스로 문제 해결하도록 지도하기	아이의 감정을 읽어 주고 공감하고 그 감정에 이름을 붙였다면 마지막에는 함께 문제를 해결하는 것이다. 마지막 단계에는 한계 정하기, 목표 확인하기, 해결책 찾기, 해결책 검토하기, 아이가 스스로 해결책을 선택할 수 있도록 도와준다. 이때 아이의 감정은 수용하지만 행동은 다 허용해 줘서는 안 된다. 예로, 친구가 아끼는 책을 찢어 버려서 화가 났더라도 화난 감정은 수용하되 친구를 때리는 행동은 허용해서는 안 된다.

3. 갈등해결하기

학교폭력의 출발점이 되는 아동기의 갈등해결에 대해서 교사의 중재보다는 아이들 스스로 갈등의 원인을 찾아보고 문제해결을 위해 고민하고 시도하고 최상의 방법을 찾는 과정이 시간적으로는 더 걸리겠지만 근본적인 해결책이며 다시 같은 문제가 재발되는 악순환의 고리를 끊을 수 있다. 따라서 교실에서 발생할 수 있는 갈등상황에 대해 살펴보고, 그 상황마다 적절한 갈등해결의 활동을 시행해 봄으로써 아이들의 자생적인 문제해결능력을 배양할 수 있을 것이다. 윌리엄(William)의 '창의적 갈등해결을 위한 활동'에서 아이들에게 적용 가능한 부분을 발췌하여 정리해 보면 다음과 같다. 교실에서는 무엇이 갈등을 유발시키는가? 갈등의 원인을 살펴봄으로써 해결책을 찾는 데 활용할 수 있다.

1) 교실내 갈등

교실내 갈등의 원인은 매우 다양한데, 즉 교실내의 경쟁적인 분위기, 참을 수 없는 분위기, 대화의 부족, 감정을 잘못 표현하기, 갈등해결하기 기술의 부족 및 교사의 권위 남용 등이다〈표 9-8〉. 따라서 교실내 갈등의 종류를 파악하고 갈등 상황을 미리 피하거나 해결하려는 노력이 필요하다.

표 9-8. 교실내 갈등의 원인

구분	내용
경쟁적인 분위기	모든 사람들이 자신만을 위한 태도를 가질 때, 그룹 안에서 함께 작업하는 기술이 부족한 경우, 자긍심이 부족한 상태에서 서로를 이겨야 한다는 강압적 분위기, 교사와 또래들에 대한 신뢰감이 부족할 때, 자신에게 적당하지 않은 경쟁을 경험할 때 등등 대체적으로 높은 경쟁적 분위기일 때 아이들은 누군가와 대항하는 것을 배우게 된다.
참을 수 없는 분위기	참을 수 없는 교실은 서로 우호적이지 않으며, 어떻게 협조해야 할지, 참아야 할지 말지에 대한 판단도 서지 않는 상황이 되어 버린다. 주로 파벌형성 또는 책임전가, 인종차별이나 문화차이로 인한 인내심 결핍, 외로움과 고립을 주도하는 반 어린이들의 지지 부족, 타인의 성취나 소유에 대한 반감, 질투 등이 참을 수 없는 상황을 만든다.
대화의 부족	아이들이 자신의 요구나 희망을 적절하게 표현하지 못할 때, 감정과 요구를 표현할 대상이 없거나 두려울 때, 주의 깊게 관찰할 수 없을 때에 대화의 부족은 갈등을 유발한다.
감정을 잘못 표현하기	갈등이 지속될 때 감정의 표현은 특히나 주요한 요소이다. 아이들이 자신들의 분노와 좌절의 감정을 비공격적으로 표현하는 방법을 알지 못하거나 익숙하게 표현하지 못할 때, 자신에 대한 통제력이 약화되었을 때에 갈등을 유발한다.

구분	내용
갈등해결력 부족	교실내 갈등은 아이들과 교사가 창의적 대응이 어려울 때 증가한다. 아이의 주변 성인들의 올바르지 못한, 즉 때로는 공격적이거나 폭력적인 대응은 아이들에게 부정적인 모델로 인지되어 아이들의 갈등해결기술 습득에 영향을 미친다.
교사의 권위 남용	교실에서 교사가 권위를 남용하여 갈등을 해결하는 상황은 실제로 빈번하게 발생한다. 교실안에서의 교사의 영향력은 생각보다 크고, 다음과 같은 상황에서 교사의 권위 남용으로 인한 갈등을 경험하게 된다. • 아이들에게 적당하지 않은 기대치를 요구하여 좌절시킬 때 • 융통성 없는 규율로 교실을 운영할 때 • 지속적으로 권위적으로 아이들을 대할 때 • 두려움과 불신의 분위기를 확산시킬 때

2) 갈등해결기술 습득하기

아이들 스스로 비폭력적인 방법으로 갈등을 진정시키고 적극적으로 해결할 수 있는 다음에서 설명하고 있는 기술을 습득하는 것은 매우 유용하다.

(1) 진정시키기

진정시키기는 갈등을 해결하지는 못한다. 하지만 화가 진정되면 전체 상황을 인식할 수 있게 된다. 이후 아이들을 자유롭게 해 준다. 진정시키기의 구체적인 기술은 〈표 9-9〉과 같다.

표 9-9. 진정시키기를 위한 활동

- 진정시킬 수 있는 공간을 만든다. 당사자들끼리 따로 분리된 공간에서 화를 누그러뜨릴 수 있도록 하고 진정된 후 방을 떠날 수 있도록 한다.
- 심호흡은 진정시키기에 도움이 된다. 열을 헤아리면서 천천히, 깊게 숨쉬게 하고 한 번 더 반복한다.
- 당사자들에게 몇 분 동안 조용히 앉아 있게 한다.

(2) 중재하기

아이들에게 하는 갈등해결의 대다수는 중재일 것이다. 중재는 사람들 사이의 차이점을 잘 해결해 주는 좋은 방법으로서 모든 면에서 공정하고 누구에게도 치우침이 없는 관찰자라는 평가가 있는 사람에 의해서만 가능하다. 중재는 시간이 다소 걸리므로 적당한 시간을 주어야 한다. 중재하기의 구체적인 활동은 〈표 9-10〉과 같다.

표 9-10. 중재하기의 구체적인 활동

- 아이들에게 자신들의 입장을 아무런 방해 없이 이야기할 수 있는 기회가 주어졌다고 생각할 수 있도록 해야 한다.
- 각자 아이들이 이야기를 할 때, 먼저 문제가 무엇이었고, 갈등하는 동안에 어떠한 사건이 발생했는지도 설명하도록 한다.
- 아직도 문제가 남아 있다면, 아이들에게 어떤 가능한 해결책을 찾도록 유도하여 실행할 수 있는 것을 선택하도록 한다.
- 문제가 더 이상 존재하지 않는다면 아이들에게 자기들이 선택한 것보다 문제를 해결하는 데 있어 더 효율적인 방안이 있는지 물어본다.

(3) 반영적 경청하기

적극적으로 경청하기를 보다 쉽게 할 수 있도록 바꾸어 주는 방법으로서, 말하고 있는 사람이 무엇을 말하는지를 다시 조심스럽게 생각할 수 있게 하는 방법이다. 다시 말해, 말하는 사람에게 자신의 인식을 확인시켜 주고 수정하게 하는 기회를 제공한다. 이 방법만으로 갈등해결의 충분한 기술은 아니지만 의식을 명료화시켜 주는 장치로서 사람들로 하여금 갈등상황에 대해 어떻게 의식하고 느끼는지를 알기 쉽게 구체화해 주는 장점이 있다. 반영적 경청하기의 구체적인 활동은 〈표 9-11〉과 같다.

표 9-11. **반영적 경청하기의 구체적인 활동**

- "~처럼 들리는데 다시 말해, ~라고 네가 말한 것처럼"라는 표현을 활용하여 조심스럽게 생각을 정리할 수 있도록 한다.
- 우리들이 알기 쉽게 바꾸어 말할 때 사실에 비추어 감정적인 내용들을 섬세하게 생각해 본다. "~ 때문에 네가 느끼는 것처럼 나도 그렇게 들린다"는 뜻으로 자신의 언어 유형에 적용시켜 사용하면 상대방의 감정을 재정리하면서 공감을 표현하는 효과가 있다.
- 반영적 경청은 상호작용을 상당히 느리게 진행시킬 수 있으므로 적절하게 선택적으로 사용해야 한다.

(4) 달래기

달래기는 갈등에 대해서 단순하게 변호하는 것이지만 이것이 갈등을 해결하는 최선의 방법일 때도 있다. 갈등의 문제들이 그렇게 심각하거나 큰 문제일 때가 아닐 경우가 많기 때문에 가장 빠른 방법이 될 수 있다. 하지만 주의해야 할 점들이 있는데, 먼저 달래기를 너무 자주 사용하다 보면 효과가 없다. 달래기는 갈등을 종식시킬 수 있지만 진정한 갈등해결 기술은 아니다. 왜냐하면 어떤 것도 해결되지 않았고 성인의 입장에서 대수롭지 않은 문제지만 아이들끼리는 매우 중요한 문제일 수도 있기 때문에 이 부분을 간과해서는 안된다.

(5) 이야기 나누기

이야기 나누기 기술은 아이들에게 갈등으로부터 자신이 떨어져서 자기들이 자신들의 이야기를 할 수 있도록 도와준다. 특히 이것은 공적인 갈등상황에서 유익한 방법이다. 이야기 나누기의 구체적인 활동은 〈표 9-12〉와 같다.

표 9-12. **이야기 나누기의 구체적인 활동**

- "옛날에~"라는 형식을 활용하여 이야기를 시작하게 한다. 필요하다면 참여자들의 이름을 바꾸어 사용해도 좋다.
- 이야기가 갈등의 시점에 도달했을 때, 중단하고 아이들에게 이것을 어떻게 해결할 수 있는지 방법적인 대안을 가지고 있는지 질문을 던져 본다.
- 제안들 중에 하나를 이야기 속에 포함시켜 방법적 대안을 결론으로 가져가도록 한다.
- 실제 참여자들에게 대안적 방법이 사실상 자기들의 요구를 충족시켜 주는지 그리고 다음에 다시 어떤 문제가 발생했을 때 지금의 제안을 그대로 실천할 것인지 물어본다.

이 기술은 연령이 높은 아동들에게도 갈등을 중재하는 데 활용할 수 있다. 마치 자신들이 당사자가 아니라 관찰자인 것처럼, 제3자에게 갈등을 이야기하게 한다. 갈등으로 인해 위협받는다는 느낌을 주지 않고 상황과 자기들의 행동을 객관적으로 분석하게 하는 데 효과적이다.

(6) 잠시 중단하기

이 기술은 아이들이 자신들의 갈등을 해결하는 데 있어 교사에게 의존하는 것에서 탈피할 수 있도록 하는 데 유익한 방법이다. 잠시 중단하기의 구체적인 활동은 〈표 9-13〉과 같다.

표 9-13. **잠시 중단하기의 구체적인 활동**

- 아이들이 교사에게 갈등문제를 가지고 오면 조용한 장소로 옮겨 3분간의 시간을 주면서 교사의 도움 없이 문제를 해결할 수 있도록 하는 것이 좋다.
- 3분이 지나면 해결책을 찾았는지 물어본다. 만일 그렇지 못하다면 마치 교사가 처음으로 그 갈등을 듣는 것처럼 진행하면서 교사가 적극적으로 개입해 준다.
- 만일 해결책을 찾았다면 칭찬해 주고 해결방법에 대해 물어본다.

분명 이 방법은 분노가 치밀어 올랐을 때, 싸움이 반복될 때에 활용하는 기술이 아니다. 어떤 상황이 비교적 평온하고 아이들 스스로 작업을 할 준비가 어느 정도 되어 있을 때 활용가능하다.

(7) 손 인형 놀이를 통한 문제해결하기

손 인형과 함께하는 문제해결방법을 활용할 수 있다. 이 방법은 어린 연령의 아이들이 갈등상황으로부터 객관적인 외부의 강요 없이 자신의 행동에 대해 쉽게 털어놓을 수 있다. 손 인형 놀이를 통한 문제해결하기의 구체적인 활동은 〈표 9-14〉와 같다.

표 9-14. **손 인형 놀이를 통한 문제해결하기의 구체적인 활동**

- 몇몇의 손 인형을 활용하여 이름을 붙여 주고 아이들에게 설명해 준다.
- 갈등이 있을 때 손 인형들을 활용해서 단체 혹은 개인들 앞에서 그 상황들을 재현한다. 만일 경험자가 없는 경우 교사가 투입되어 진행을 도와준다.
- 갈등 순간에 도달하게 되면 역할놀이를 중단시켜야 한다. 그리고 관중들에게 해결방법을 물어본다. 이런 제인들 중에서 하나를 선택하게 해서 그 역할놀이를 끝맺음 한다.
- 시간적 여유가 있다면 다양한 제안들을 가지고 손 인형 놀이를 진행해 본다. 이 중에 효과가 없는 방법도 한두 개 섞어서 진행해 보면 아이들은 자기들이 제안한 결과를 통해 사고하는 방법을 학습하는 좋은 기회가 된다.
- 효과적으로 해결될 것 같은 해결책을 받아들였을 때 아이들에게 해결책에 대해 만족스러운 해결책인지 물어본다.

4. 문제해결을 돕는 의사소통기법 사용하기

사람들은 상대방과 문제가 생겼을 때 대화를 통해 문제를 해결하려고 노력한다. 따라서 문제의 소유자가 누구인지를 파악한 후에는 이에 맞는 적절한 의사소통기법을 적용하는 것이 중요하다. 예를 들어, 부모가 문제를 소유한 경우는 나-전달법을, 자녀가 문제를 소유한 경우에는 적극적 경청의 사용이 효과적이다. 그리고 〈표 9-15〉에서와 같이 아이와의 의사소통에 장애가 될 수 있는 12가지 언어 표현은 금지하는 것이 좋다.

표 9-15. 12가지 금지 언어 표현

구분	정의	내용
명령 · 지시 · 요구	아이에게 어떻게 하라고 혹은 하지 말라고 명령, 지시하는 것	성인이 아이들에게 명령하기 때문에 대화 속에서 자녀는 저지당하여 공포감, 반항적인 행동, 말대꾸를 유발시킬 수 있다.
경고 · 주의 · 위협	아이에게 어떤 행동을 하면 어떤 결가가 될 것이라고 말하는 것	아이가 두려움으로 인하여 겉으로는 순종하는 것처럼 행동하지만 내적으로 저항, 거부, 분노 등을 유발할 수 있다.
훈계 · 설교 · 설득	해야 할 일과 해서는 안 되는 일을 알려 주는 것	아이는 의무감이나 죄책감을 갖게 되며, 자신을 방어하거나 고집을 부리게 된다.
충고 · 제안	어떻게 하면 문제가 해결되는지 조언하고 제안하는 것	문제를 해결할 수 없고 암시하는 것이 되며, 스스로 문제를 해결할 수 있는 노력을 포기하여 반항심, 의존성을 조장한다.
강의 · 교수 · 논리적 논쟁	사실, 정보, 논리, 부모 자신의 의견 등으로 자녀의 판단에 영향을 주는 것	아이들이 부모의 말을 무시하거나 듣기를 거부하며, 방어적이며, 반론, 열등감, 무력감을 유발한다.
비판 · 비난	아이에 대해 부정적 판단이나 평가를 내리는 것	아이가 신중하지 못하고 게으르고, 어리석고, 부모와 대화가 단절된다. 이러한 결과로 반항적인 말대꾸를 하게 되고 자신을 스스로 낮게 평가하게 된다.
칭찬 · 동의	긍정적 평가 및 판단을 보이는 것	성인의 기대를 암시하게 되고, 바라는 행동을 조장하는 것처럼 보이며, 자녀가 칭찬 받지 못할 때 불안을 느끼게 된다.

구분	정의	내용
욕설 · 조롱 · 수치감	아이에게 욕하거나 조소하거나 수치심을 주는 것	아이 스스로가 바보로 느끼고 수치심을 갖도록 한다. 또한 자녀는 자신을 쓸모없고 사랑받지 못하는 존재로 느끼면서 부정적인 자아개념을 형성하게 된다.
해석 · 분석 · 진단	아이의 동기가 무엇인지, 자녀가 왜 그런 말을 하는지 분석하고 진단하는 것	아이가 궁지에 몰리거나 자신의 모든 것이 노출되었고, 불신당했다고 느껴 대화를 꺼려 하게 된다.
격려 · 동정 · 위로	아이의 지금 당장의 기분을 풀어 주기 위해 기분을 맞추려고 하는 것	아이가 이해받지 못했다고 느낄 수 있으며, 반발심을 유발한다.
심문 · 질문 · 탐문	성인 자신이 문제를 해결하는 데 필요한 정보를 자녀로부터 얻으려고 하는 것	질문에 답하면 성인이 비판을 하기 때문에 아이는 대답을 안 하거나 대충 말하거나 거짓말을 하게 된다.
철회 · 주의 돌림	자신의 관심을 다른 곳으로 돌리려 하거나 성인 자신이 문제를 회피하려고 하는 것	아이들이 어려운 문제에 부딪쳤을 때 극복하기보다는 회피하도록 하며 아이의 문제는 하나도 중요하지 않고 쓸데없는 것으로 생각하게 된다.

출처: 권화숙 외(2020). 부모교육. 수양재.

Chapter

10

심리검사의 활용

배울내용

1. 심리검사의 조건
2. 표준화된 심리검사
3. 아동 · 청소년 병리 검사 도구들

학습목표

1. 심리검사의 조건을 설명할 수 있다.
2. 표준화된 심리검사의 조건과 다양한 심리검사 종류를 설명할 수 있다.
3. 아동 · 청소년 병리를 측정할 수 있는 검사를 이해하고, 학교폭력과 관련된 검사도구를 활용하는 방안을 모색해 본다.

개 요

학교폭력의 가해자와 피해자에게 실질적인 도움을 주기 위해서는 무엇보다 그들의 심리적 상태에 대해 정확하게 이해하는 것이 무엇보다 필요하다. 그들의 정확한 심리적 상태를 이해하기 위해서는 표준화된 심리검사에 대해 이해하고, 목적에 맞는 검사도구를 선별하고, 표준화된 절차에 따라 검사를 실시하고, 채점하고 해석하는 것이 중요하다. 최근 문제행동 및 학교폭력과 관련된 검사도구들이 개발되어 보급되어 왔다. 그러나 단순하게 하나의 검사도구를 가지고 진단을 내려서는 안되며, 필요에 따라 추가적인 심리검사를 통해 정확한 진단을 내리고, 진단에 맞게 상담 및 치유프로그램을 실시하는 것이 효과적이다. 따라서 본 장에서는 심리검사의 조건, 표준화된 심리검사 및 아동 · 청소년 병리를 측정할 수 있는 검사들을 살펴보고 활용방법을 모색해 보고자 한다.

Chapter 10

심리검사의 활용

학교폭력의 가해자 및 피해자 대상의 특성을 정확하게 이해하기 위해서는 심리검사 도구들에 대한 이론적인 기본가정, 측정내용들과 함께 심리적 특성을 변별해 줄 수 있는 심리검사 도구들의 기능을 파악하는 것이 중요하다. 예를 들어, 집중력의 결함이라는 인지적 손상이 주의력결핍 과잉행동장애(ADHD)의 주요 특징이지만 이러한 인지적 특성은 학업수행뿐만 아니라 정서 및 공격성향 측면에도 영향을 주고, 결과적으로 학교폭력(공격성 혹은 따돌림 등)에도 다소 영향을 주게 된다. 따라서 주의력결핍 과잉행동장애(ADHD)의 인지적 특성을 파악하는 도구뿐만 아니라 2차적 문제인 학습의 기능, 정서 상태를 측정하는 도구에 대한 이해까지도 필요하다. 또한 반항성장애 및 품행장애는 발달과 학습에서의 불규칙성과 신경생리학적인 문제 및 행동 상의 문제를 보이기 때문에 이러한 다양한 영역의 검사도구를 이해하고 있어야 한다.

1. 심리검사의 조건

심리검사(psychological test)란 표준화된 절차를 이용하여 한 개인이 가지고 있는 능력, 행동, 성격 등 고유한 특성을 측정하는 것이다. 이러한 측정은 개인적인 특성을 파악하는 것이기 때문에 개인차 측정이라고도 한다(박권생 외, 2004). 심리검사는 직접적인 관찰이 불가능한 심리적 특성을 측정하는 것이므로, 심리검사의 결과를 믿고 신뢰하기 위해서는 심리검사의 시행절차와 채점방법 등에 있어 갖추어야 할 조건들이 있다.

1) 신뢰도

신뢰도(reliability)란 검사 도구를 사용하여 측정한 결과가 매번 일관성 있게 나오느냐의 문제이다. 즉, 한 가지 검사를 사용하여 여러 번 측정하였을 때 그 결과가 일정하게 나오는가를 의미하는 것이다. 예를 들어, 체중계를 이용하여 체중을 측정하는데, 측정을 할 때마다 몸무게가 다르게 나온다면, 그 체중계는 신뢰롭지 못한 것이다.

검사의 신뢰도를 판단하기 위한 몇 가지 방법이 있다. 첫 번째로 검사-재검사 신뢰도(test-retest reliability)이다. 이것은 같은 검사를 같은 사람에게 두 번 실시하여 그 결과를 비교하는 방법인데, 두 측정치 간의 상관계수로 신뢰도를 측정한다. 상관계수가 +1.00이면 완전상관으로 두 측정치가 완전하게 일치함을 의미한다. 그러나 어떤 검사이든 완전상관은 나올 수가 없으며, 상관계수가 높아짐에 따라 검사의 신뢰도가 증가함을 의미한다.

두 번째로 동형검사 신뢰도(equivalent-form reliability)인데, 이 방법은 처음 실시한 검사와 측정하는 내용이 같은 다른 검사를 실시하여 나온 측정치와 비교하는 방법이다.

즉, 두 검사가 문항은 다르지만, 측정하는 것이 동일한 검사를 사용하는 것이다. 이 방법은 검사-재검사 신뢰도에서 발생할 수 있는 연습효과와 문항내용을 기억하여 답하는 문제를 최소화할 수 있는 방법이다.

세 번째는 반분신뢰도(split-half reliability)이다. 이 방법은 한 검사의 문항을 반으로 나누어서 그 결과의 일치도 내지 동질성을 비교하는 것이다. 즉, 검사의 홀수 문항과 짝수 문항을 나누어서 그 점수를 비교하는 것이다. 반분신뢰계수를 통해 검사의 내적 타당성의 정도를 알 수 있다.

2) 타당도

타당도(validity)란 한 검사가 측정하고자 하는 것을 얼마만큼 잘 측정하고 있는가를 의미한다. 즉, 지능검사를 통해서 지능을 측정하고자 할 때, 만일 지능검사가 그 사람의 성격이나 혹은 불안 수준을 측정하고 있다면, 그 검사는 타당성이 없는 것이다. 타당도는 검사의 목적이나 의도와 연관된 행동이나 결과를 정확히 예측하는 정도를 의미한다(박권생 외, 2004).

타당도를 측정하는 방법에는 몇 가지 방법이 있다. 먼저 내용타당도(content validity)란 검사의 문항내용에 대한 것인데, 검사의 문항이 측정하고자 하는 내용을 측정하고 있는지를 알아보는 것이다. 이 방법은 문항의 표면적인 내용에 대한 것이므로 안면타당도(face validity)라고도 한다. 타당도를 측정하는 두 번째 방법은 예언타당도(predictive validity)이다. 이 방법은 검사를 통해 측정한 결과가 미래의 상황을 어느 정도로 정확하게 예언하는가를 비교하는 것이다. 예를 들어, 대학수학능력시험은 그 점수가 그 학생의 대학 성적을 예측한다고 생각한다. 따라서 수학능력 시험의 점수가 높은 학생은 대학에서의 학점도 높을 것으로 예상한다. 이 타당도는 측정한 점수가 다른 상황을 예측하는 데 필요한 기준을 제공하기 때문에 준거타당도(criterion validity)라고도 한다. 세 번째 방법은 구인타당도(construct validity)인데, 이 방법은 검사를 통해 측정한 결과가 그 검사가 원래 측정하고자 한 속성과 목적에 비추어 얼마나 적절하게 측정을 했는가를 알아보는 것이다.

신뢰도와 타당도의 관계를 살펴보면, 신뢰도가 낮으면 타당도도 낮게 나타난다. 왜냐하면 검사를 통해 나온 결과의 신뢰성이 떨어진다면, 그 검사가 측정하고자 한 특성을 적절하게 측정했다고 볼 수 없기 때문이다. 하지만 타당도가 낮아도 신뢰도는 높게 나올 수가 있다. 예를 들어, 체중계로 키를 측정한다고 할 경우, 몇 번을 측정하여도 유사한 값이 나오기 때문에, 그 측정치는 신뢰롭지만 체중계로 키를 측정한다면 타당성은 없게 된다.

3) 표준화와 규준

검사를 통해 얻은 결과가 신뢰롭기 위해서는 검사가 표준화되어 있어야 한다. 표준화(standardization)란 검사의 실시와 채점, 해석의 방법이 일정하게 정해져 있어 누가 그 검사를 사용하더라도 동일한 절차에 따라 검사를 진행하도록 하는 것이다. 이렇게 표준화된 절차에 따라 검사가 진행이 될 때 그 검사의 신뢰성이 높아질 것이다.

검사를 통해 얻은 점수는 그 자체로는 아무런 의미가 없다. 이 점수가 의미하는 바를 알기 위해서는 비교할 수 있는 어떤 기준이 있어야 하는데, 이를 규준(norm)이라고 한다. 규준은 검사가 사용될 대상을 대표할 수 있는 집단으로부터 얻은 점수의 분포인데, 검사점수를 이 분포와 비교함으로써 그 의미를 해석하게 된다. 예를 들어, 지능검사에서 105점을 받은 것만으로는 아무런 의미가 없으며, 이 점수가 자신의 나이와 성별 등이 비슷한 규준과 비교할 때 비로소 어떤 의미를 가지게 되는 것이다.

2. 표준화된 심리검사

현재 아동 · 청소년의 문제행동을 파악하기 위한 다양한 검사들이 표준화되어 왔다. 현장에서 많이 사용되고 있는 검사를 지능 및 인지검사, 성격검사, 신경심리검사 및 투사검사로 분류해서 살펴보면 다음과 같다.

1) 지능검사 및 인지검사

학교폭력 혹은 비행을 행하는 청소년의 경우 대부분 지능과 인지기능이 낮다는 것이 하나의 특징으로 인식되고 있다. 물론 범죄자 중 지능이 낮은 사람도 있지만 지능이 높은 자들도 있다는 것을 명심해야 한다. 일반적으로 지능 및 인지검사에 사용되는 심리검사는 〈표 10-1〉과 같다.

표 10-1. 지능 및 인지검사의 종류와 특징

구분	내용
KEDI-WISC	만 5세에서 15세 아동들에게 실시할 수 있는 지능검사이다. KEDI-WISC(Korean Education Development Institute-Wechser Intelligence Scale of children)는 언어성 검사 7개와 동작성 검사 7개로 구성되어 있으며, 두 검사에서 나온 언어성 지능과 동작성 지능을 합쳐 전체 지능을 측정한다.
K-WISC-Ⅲ	우리나라에서 현재 가장 널리 사용되고 있는 아동용 지능검사로, 만 6세에서부터 16세 11개월 된 아동까지의 지능을 측정할 수 있다. K-WISC-Ⅲ(Korean-Wechsler Intelligence Scale for Children)의 경우, 언어성, 동작성 및 전체 검사 IQ뿐만 아니라, 요인에 근거한 지표점수들(factor-based index score)이 계산된다. 많은 연구결과들은 언어성과 동작성 두 개의 주요인 이외에 세 번째 요인으로 주의집중을 지적하고 있으며 이는 기호쓰기, 산수, 숫자 소검사에서 주로 나타난다.

구분	내용
K-ABC	2½~12½세 아동의 지능과 습득도를 평가하기 위하여 고안된 것이다. K-ABC(Kaufman Assessment Battery for Children)로 측정되는 지능은 문제를 해결하고 정보를 처리하는 개인의 인지처리양식으로 정의된다. K-ABC는 문제해결과 사실에 대한 지식을 명확하게 구별하여 측정하고 있는데, 즉 문제해결과 관련된 일련의 기능을 지능으로 정의하여 인지처리척도(순차처리척도와 동시처리척도)에서 측정하고 있으며, 사실에 관한 지식을 습득도로 정의하여 측정하고 있다.
K-WAIS	16세~64세 성인을 대상으로 실시할 수 있는 지능검사도구이다. K-WAIS(Korean Wechsler Adult Intelligence Scale)는 언어성 검사 6개와 동작성 검사 5개로 구성되어 있고, 각 검사를 통해 나온 언어성 지능과 동작성 지능의 점수를 합쳐 전체 지능을 측정한다.
사회성숙도 검사	미국의 돌(Doll)의 "바인랜드 사회성숙 척도(Vineland Social Maturity Scale)"를 김승국과 김옥기(1991)가 표준화한 검사이다. 이 검사는 자조능력, 이동능력, 작업능력, 의사소통능력, 자기관리 능력, 사회화 등과 같은 사회적 능력(social competence), 즉 적응행동(adaptive behavior)을 평가하는 검사이다. 따라서 피검자에 해당되는 사회연령을 구하고, 실제 생활연령과의 비율을 알아보는 사회성지수(Social Quotient)를 구하여 사회적 적응행동의 발달 정도를 알아본다.
기초 학습기능 검사	박경숙 등(1989)이 제작한 검사(KEDI-Individual Basic Learning skills test)로서 아동의 학습수준이 정상으로부터 어느 정도 떨어지는가를 알아보거나 학습집단 배치에서 어느 정도 수준의 아동집단에 들어가야 하는가를 결정하는 검사이다. 특히 선수학습 정도나 학습결손 사항의 파악, 학습 곤란의 현상이나 요인을 밝혀내어 구체적인 개별화 교수안(IEP)을 계획하는 검사목적을 갖고 있다. 대상아동은 유치원부터 초등학교 6학년까지이며 정보처리, 셈하기, 읽기 I, 읽기 II, 쓰기의 5개 하위 소검사들로 구성되어 있다.

2) 성격검사

성격이론에서는 비행과 범죄가 비정상적이거나 부적절한 성격적 특성을 지닌 사람에 의해서 일어나는 것으로 보는 것이 그 특징이다. 성격을 파악하기 위한 성격검사의 종류와 특징은 〈표 10-2〉와 같다.

표 10-2. **성격검사의 종류와 특징**

구분	내용
MMPI 및 MMPI-2	13세 이상 아동과 성인의 성격평가를 위해 가장 많이 사용되는 검사(The Minnesota Multiphasic Personality Inventory)이다. 주로 임상진단용으로 개발되었기 때문에, 임상장면에서 정신병리적인 측면을 평가하기 위해 주로 사용된다. 하지만 개인의 성격이나 행동을 측정하게 위한 도구로도 활용된다. 4개의 타당도 척도와 10개의 임상척도로 구성되어 있다. 1943년 개발된 MMPI가 표준화집단에 대한 논란으로 1989년 MMPI-2로 개정되어 사용되고 있다.
KPI-C	임상장면에서 아동의 정신과적인 문제를 선별 · 진단하고 학교장면에서 심리적인 도움을 필요로 하는 아동들을 조기에 발견하여 도움을 주는 데 목적이 있는 검사(Korean Personality Inventory for Childern)이다. 검사는 최근 6개월간 아동과 함께 생활한 보호자가 아동의 발달, 정서, 행동, 대인관계, 현실접촉 등에 대해 응답하여 다차원으로 평가할 수 있다. 4개의 타당도 척도, 1개의 자아탄력성 척도, 11개의 임상척도로 구성되어 있다.
한국판 아동 행동척도	아헨바흐(Achenbach, 1991), 아헨바흐와 에델브록(Achenbach & Edelbrock, 1983)이 제작한 CBCL은 부모 또는 아동, 청소년과 함께 생활하는 어른이 아동, 청소년의 문제행동과 사회적 능력을 표준화된 형태로 기록하는 행동평가 도구이다. K-CBCL(Korea-Child Behavior Checklist)은 임상장면이나 학교 등 아동 개인의 평가자료를 필요로 하는 다양한 상황에서 실제적으로 활용이 가능할 뿐 아니라 역학조사, 병인론 연구, 치료효과 연구 등 다양하게 활용될 수 있다. 즉, 평가대상이 각 평가치들에서 또래 집단에 비해 얼마나 일탈되었는지, 사회능력 척도와 문제행동증후군 척도의 총점이 준거집단에 비해 얼마나 일탈되어 있는가를 평가하고 그 정도가 임상범위에 있는지 혹은 정상범위 내에 있는지를 판별하여 하나의 진단자료로서 활용될 수 있다.
MBTI	융(Jung)의 심리유형론에 근거하여 4가지 선호지표를 조합하여 16가지 유형으로 성격을 구분하는 검사(Myers-Briggs Type Indicator)이다. 이 검사는 임상장면이 아닌 일반장면(학교, 상담, 교육, 산업, 의사소통 훈련 등)에서 주로 활용이 되며, 자신과 타인의 성격유형을 이해하는 데 유용하게 사용된다. 외향성(E)-내향성(I), 감각형(S)-직관형(N), 사고형(T)-감정형(F), 판단형(J)-인식형(P)의 4가지 차원에 근거해 성격유형을 분류한다.

3) 신경심리검사(Neuropsychological Assessment)

신경심리검사는 뇌와 행동과의 관계를 알아보는 것으로 신경심리평가를 통해 뇌의 특정부위의 손상에 대한 추론을 가능하도록 하는 검사이다. 따라서 신경병리학적인 관련 장애를 갖고 있는 사람들에게 적용되어 왔고(Taylor & Fletcher, 1990), 다양한 영역의 인지기능을 포함하여 지각기능과 운동기능을 평가하게 된다. 신경심리검사의 종류와 특징은 〈표 10-3〉과 같다.

표 10-3. 신경심리검사의 종류와 특징

구분	내용
연속수행검사(CPT)	지속적 주의력은 상대적으로 긴 시간 동안 특정과제 수행을 위해 주의집중을 유지하는 능력으로 정의된다. 이러한 지속적 주의력 연구에 가장 널리 사용되는 실험과제는 연속수행검사(Continuous Performance Task: CPT)이다. 지속적 주의력을 측정하기 위하여 제작된 프로그램은 X-CPT(표적자극과 방해자극 모두 알파벳으로 구성되어 있으며, 알파벳 X에 대해 반응을 하도록 하는 방법)와 같은 유형의 검사이다.
TOVA	TOVA(Test of Variables of Attention)는 주의력결핍 과잉행동장애를 가진 아동과 성인의 진단 및 약물효과를 평가하기 위해 제작된 일종의 연속수행 검사(CPT)이다. TOVA는 컴퓨터를 사용하여 실시하는 표준화된 검사로서, 목표자극은 배경이 되는 직사각형 내부의 위쪽에 정사각형이 위치해 있는 것인데, 피검자는 목표자극이 나타날 때마다 반응을 하도록 지시를 받는다. 전체 수행 시간은 약 20~40분이며, TOVA 결과를 통하여 아동의 부주의성, 충동성, 과제에 대한 정보처리 속도, 주의력의 비일관성의 심한 정도를 알 수 있다. 즉, 아동의 연령과 약물복용 여부에 따른 다양한 기준에 따라 주의력결핍 과잉행동장애의 여부를 결정하게 된다.
위스콘신 카드분류검사	WCST(Wisconsin Card Sorting Test) 검사의 목적은 전두엽의 실행기능을 측정하는 검사이다. 이를 위해 필요한 재료는 4개의 자극카드 세트와 64개의 반응카드 세트(2벌) 그리고 기록지이다. 실시하는 방법은 한 개의 빨간색 삼각형, 두 개의 초록색 별, 세 개의 노란색 십자가, 네 개의 청색 원이 그려진 4개의 자극카드를 피험자 앞에 일렬로 놓고 피험자로 하여금 검사자가 정해진 기준에 따라 반응카드 더미를 배열하도록 요구하는 것이다. 피험자의 과제는 각각의 반응카드 64개를 하나씩 4장의 반응카드 앞에 놓는 것이다. 반응카드들을 어디에 놓아야 하는지는 피검자가 스스로 판단해야만 하고 검사자는 놓은 위치가 맞았는지 틀렸는지에 대한 정보만 준다. 분류기준은 색깔, 모양, 수이며, 피험자가 10장의 카드를 연속적으로 올바르게 놓으면 분류기준이 바뀐다. 검사는 6번의 성공적인 범주(색깔, 모양, 수가 각각 2번)가 완료될 때까지 또는 128장의 카드 모두가 분류될 때까지 계속한다.
ADS	주의력 장애 진단 시스템은 아동 · 청소년들의 주의력 문제를 진단하는 전산화된 도구이다. ADS(ADHD Diagnostic System)는 주의력 평가를 위해 사용할 수 있는 객관화되고 표준화된 연속수행검사로서 시각버전과 청각버전으로 구성된 비언어적 검사이다. 일정한

구분	내용
	간격으로 자극과 비자극이 혼합되어 제시되고 피검자는 자극에 대해서만 반응하여야 한다. 시각자극, 청각자극에 대하여 각각 15분간 검사하게 된다. 단 5세는 5분, 6세는 10분이다.

4) 투사검사

여기서 소개되는 검사들은 채점과 해석에 있어 표준화된 규준은 없지만 실제 임상장면에서 유용하게 사용되고 있는 검사들이다. 투사검사의 종류와 특징은 〈표 10-4〉와 같다.

표 10-4. 투사검사의 종류와 특징

구분	내용
BGT	BGT(Bender Gestalt Test for Young Children) 검사는 형태심리학의 원리에서 발달된 검사로서 성인들의 정신병과 기질적인 문제를 탐색하기 위해 실시되어 왔으나 최근 아동용 신경심리평가 도구 중 하나로 주로 선별(screening)검사로 사용된다. 이 검사는 9개의 기하학적 도형을 하나씩 보여 주면서 그리게 하는 것으로, 점으로 구성된 선과 원, 교차하는 2개의 곡선 등으로 구성되어 있다. 현재는 뇌손상이나 시각-운동 협응에 대한 평가, 그리고 지각적 성숙뿐만 아니라, 정서적 혼란이나 성격 특성의 평가 및 아동의 학업 성취에 대한 예측이나 대략적인 지능 추정을 위한 목적으로도 사용되고 있다.
Rorschach 검사	스위스의 정신의학자인 헤르만 로르샤흐(Hermann Rorschach)가 잉크반점을 이용하여 만든 10의 카드로 구성되어 있다. 임상장면에서 정신과 질환의 증상과 정신역동을 파악하는 데 매우 유용하게 사용된다. 실시 및 채점, 해석 등을 배우기 위해 상당히 많은 시간이 요구되고, 전문적인 교육과정이 필요하다.
TAT	헨리 머레이(Henry Murray)와 크리스티아나 모건(Christiana Morgan)이 개발한 그림검사(Thematic Apperception Test)로, 사람이 나오는 특정장면의 그림을 사용한다. 피검자는 제시되는 그림을 보고 그 장면에 대한 이야기를 만들게 된다. 이 검사는 자아와 환경 간의 관계를 파악하는 데 도움을 주며, 특히 개인의 동기, 정서, 기분, 콤플렉스, 갈등 등의 다양한 요소를 파악하는 데 유용하다. 검사 결과의 해석을 위해서는 많은 시간과 다양한 경험을 필요로 한다.

구분	내용
CAT	TAT가 아동에게 실시하기에 부적합하여 아동에게 적용하도록 만든 검사가 CAT(Children Apperception Test)이다. 아동들은 동물을 자신과 쉽게 동일시하며, 자신과 연관된 이야기를 한다는 전제하에 개발되었다. 이 검사는 아동의 역동적 평가에 매우 유용하다.
HTP	HTP(House/Tree/Person: 집, 나무, 사람 그림검사)는 벅(Buck, 1948)이 인간의 심리상태에 대한 정보를 알기 위해 집, 나무 그리고 사람을 하나로 묶어서 검사로 제작한 것이다. 이후 해머(Hammer, 1958)에 의해서 임상적 적용이 확대되었다. HTP는 일종의 투사적 성격검사로서 평가자의 지시에 따라 아동이 흰 종이 위에 집과 나무와 사람을 그리게 되며, 그 그림에 대하여 솔직하고 자유롭게 설명하게 된다. 이 검사는 친숙한 소재를 통해 아동의 생각이나 내부의 욕구상태, 자아개념, 부모와의 관계나 가족관계, 현재 보이는 정서적 상태 등에 대해 알아볼 수 있다는 장점이 있다.
동작성 가족화	번스와 카우프만(Burns & Kaufman, 1970)은 아동에게 그의 가족 구성원이 무엇인가를 하고 있는 장면을 그리도록 요구하는 동작성 가족화 검사(KFD: Kinetic Family Drawing)를 창안하였다. K-F-D는 흰 종이 위에 가족들이 하고 있는 활동들을 그리게 되는 투사검사의 일종으로 가족관계에서의 문제나 역동에 대하여 알아볼 수 있다. 특히 피검사자가 가족관계에서 느끼는 자신의 위치나 가족들에 대한 감정상태 등에 대해 알 수 있다는 장점을 가지고 있는 검사이다.

3. 아동 · 청소년 병리 검사 도구들

최근 문제행동을 보이는 아동 · 청소년이 증가하면서 이들을 쉽게 변별할 수 있는 검사 도구들이 개발 보급되어 왔다. 지금부터 제시하는 도구들은 현재 아동 · 청소년의 상태를 알아볼 수 있는 유용한 도구이다. 그러나 여기에 제시된 검사 도구만으로 진단을 내려서는 안되며, 필요한 경우 추가적인 심리검사를 통해 정확한 진단을 내리는 것이 무엇보다 중요하다.

1) 한국어판 ADHD 평정척도(Korean ADHD Rating Scale: K-ARS)[1)]

교사 또는 부모 평정용

번호	내용	전혀 그렇지 않다	때때로 그렇다	자주 그렇다	매우 자주 그렇다
1	세부적인 면에 대해 꼼꼼하게 주의를 기울이지 못하거나 학업에서 부주의한 실수를 한다.	⓪	①	②	③
2	손발을 가만히 두지 못하거나 의자에 앉아서도 몸을 꼼지락거린다.	⓪	①	②	③
3	일을 하거나 놀이를 할 때 지속적으로 주의를 집중하는 데 어려움이 있다.	⓪	①	②	③
4	자리에 앉아 있어야 하는 교실이나 다른 상황에서 앉아 있지 못한다.	⓪	①	②	③
5	다른 사람이 마주 보고 이야기할 때 경청하지 않는 것처럼 보인다.	⓪	①	②	③
6	그렇게 하면 안 되는 상황에서 지나치게 뛰어다니거나 기어오른다.	⓪	①	②	③
7	지시를 따르지 않고, 일을 끝내지 못한다.	⓪	①	②	③
8	여가활동이나 재미있는 일에 조용히 참여하기가 어렵다.	⓪	①	②	③
9	과제와 일을 체계적으로 하지 못한다.	⓪	①	②	③
10	끊임없이 무엇인가를 하거나 마치 모터가 돌아가듯 움직인다.	⓪	①	②	③
11	지속적인 노력이 요구되는 과제(학교공부나 숙제)를 하지 않으려 한다.	⓪	①	②	③
12	지나치게 말을 많이 한다.	⓪	①	②	③
13	과제나 일을 하는 데 필요한 물건들은 잃어버린다.	⓪	①	②	③
14	질문이 채 끝나기도 전에 성급하게 대답한다.	⓪	①	②	③
15	쉽게 산만해진다.	⓪	①	②	③
16	차례를 기다리는 데 어려움이 있다.	⓪	①	②	③
17	일상적으로 하는 일을 잊어버린다.	⓪	①	②	③
18	다른 사람을 방해하거나 간섭한다.	⓪	①	②	③

1) 이 척도는 듀폴(Dupaul, 1991)이 DSM-IV(1994)의 ADHD 진단기준을 기본으로 하여 18문항으로 구성하였으며, 소유경 등(2002)이 신뢰도와 타당도를 검증하여 2003년부터 포괄적으로 사용하고 있는 척도로서 고위험군 판별 기준은 부모용은 19점 이상, 교사용은 17점 이상임.

2) 청소년 우울척도(Beck Depression Inventory: BDI)[2)]

번호	내용	점수
1	⓪ 나는 슬픔을 느끼지 않는다. ① 나는 슬픔을 느낀다. ② 나는 항상 슬프고 그것을 떨쳐 버릴 수 없다. ③ 나는 너무나도 슬프고 불행해서 도저히 견딜 수 없다.	
2	⓪ 나는 앞날에 대해 특별히 낙담하지 않는다. ① 나는 앞날에 대해서 별로 기대할 것이 없다고 느낀다. ② 나는 앞날에 대해 기대할 것이 아무것도 없다고 느낀다. ③ 나의 앞날은 암담하여 전혀 희망이 없다.	
3	⓪ 나는 실패감 같은 것을 느끼지 않는다. ① 나는 다른 사람들보다 실패의 경험이 더 많다고 느낀다. ② 나의 살아온 과거를 되돌아보면 나는 항상 많은 일에 실패를 했다. ③ 나는 한 인간으로서 완전히 실패했다고 느낀다.	
4	⓪ 나는 전과 다름없이 일상생활에 만족하고 있다. ① 나의 일상생활은 전처럼 즐겁지가 않다. ② 나는 더 이상 어떤 것에서도 실제적인 만족을 얻지 못한다. ③ 나는 모든 것이 다 불만스럽고 지겹다.	
5	⓪ 나는 특별히 죄의식을 느끼지 않는다. ① 나는 많은 시간 동안 죄의식을 느낀다. ② 나는 대부분의 시간 동안 죄의식을 느낀다. ③ 나는 항상 죄의식을 느낀다.	
6	⓪ 나는 내가 벌을 받고 있다고 느끼지 않는다. ① 나는 내가 벌을 받을지도 모른다고 느낀다. ② 나는 벌을 받아야 한다고 느낀다. ③ 나는 현재 내가 벌을 받고 있다고 느낀다.	

2) 이 척도는 벡(Beck, 1961)이 우울증상의 유무와 증상의 심각성 정도를 평가하기 위한 목적으로 제작된 자기보고형 척도로 우울증의 인지적, 정서적, 동기적, 신체적 증상 영역을 포함하는 21문항으로 이루어져 있음. BDI를 한국판으로 개발하기 위해 한홍무 등(1986)이 번안하여 성인을 대상으로 표준화하였고, 우울정도의 채점 기준은 비우울 0~9점, 경한 우울증 10~15점, 중등도 우울증 16~23점, 중증 우울증 24~63점으로 고위험군은 중등도 및 중증 우울증으로 봄.

번호	내용	점수
7	⓪ 나는 내 자신에 대해 실망하지 않는다. ① 나는 내 자신에 대해 실망하고 있다. ② 나는 내 자신을 역겨워하고 있다. ③ 나는 내 자신을 증오한다.	
8	⓪ 나는 내가 다른 사람보다 못하다고 생각하지 않는다. ① 나는 나의 약점이나 실수에 대해 내 자신을 비관하는 편이다. ② 나는 나의 잘못에 대해 항상 내 자신을 비난한다. ③ 나는 주위에서 일어나는 모든 잘못된 일에 대해 내 자신을 비난한다.	
9	⓪ 나는 사살할 생각 같은 것은 하지 않는다. ① 나는 자살할 생각은 하고 있으나 실제 실행하지는 않을 것이다. ② 나는 자살하고 싶다. ③ 나는 기회만 있으면 자살하겠다.	
10	⓪ 나는 전보다 더 울지는 않는다. ① 나는 전보다 더 많이 운다. ② 나는 요즈음 항상 운다. ③ 나는 전에는 자주 울었지만 요즈음은 울래야 울 기력조차 없다.	
11	⓪ 나는 전보다 화를 더 내지는 않는다. ① 나는 전보다 쉽게 화가 나고 짜증이 난다. ② 나는 항상 화가 치민다. ③ 전에는 화를 내게 했던 일인데도 요즈음은 화조차 나지 않는다.	
12	⓪ 나는 다른 사람에 대한 흥미를 잃지 않고 있다. ① 나는 다른 사람들에게 흥미를 덜 느낀다. ② 나는 다른 사람들에 대하여 거의 흥미를 잃었다. ③ 나는 다른 사람들에 대하여 완전히 흥미를 잃었다.	
13	⓪ 나는 전과 같이 결정하는 일을 잘 해낸다. ① 나는 어떤 일에 대해 결정을 못 내리고 머뭇거린다. ② 나는 어떤 결정을 할 때 전보다 더 큰 어려움을 느낀다. ③ 나는 이제 아무 결정도 내릴 수가 없다.	
14	⓪ 나는 전보다 내 모습이 나빠졌다고 느끼지 않는다. ① 나는 내 용모에 대해 걱정한다. ② 나는 남들에게 매력을 느끼게 할 용모를 지니고 있지 않다. ③ 나는 내가 추하고 불쾌하게 보인다고 생각한다.	

번호	내용	점수
15	⓪ 나는 전과 다름없이 일을 잘할 수 있다. ① 어떤 일을 시작하려면 전보다 더 힘이 든다. ② 어떤 일을 시작하려면 굉장히 힘을 들이지 않으면 안된다. ③ 나는 너무 지쳐서 아무런 일도 할 수가 없다.	
16	⓪ 나는 전과 다름없이 잠을 잘 잔다. ① 나는 전처럼 잠을 자지 못한다. ② 나는 전보다 한두 시간 빨리 잠이 깨며, 다시 잠들기가 어렵다. ③ 나는 전보다 훨씬 빨리 잠이 깨며, 다시 잠들 수가 없다.	
17	⓪ 나는 전보다 더 피곤하지 않다. ① 나는 전보다 더 쉽게 피곤해진다. ② 나는 무슨 일을 하든지 곧 피곤해진다. ③ 나는 너무나 피곤해서 아무 일도 할 수가 없다.	
18	⓪ 내 식욕은 전보다 나빠지지 않았다. ① 내 식욕이 전처럼 좋지 않다. ② 내 식욕은 요즈음 매우 나빠졌다. ③ 요즈음에는 전혀 식욕이 없다.	
19	⓪ 요즈음 나는 몸무게가 줄지 않았다. ① 나는 전보다 몸무게가 줄은 편이다. ② 나는 전보다 몸무게가 많이 줄었다. ③ 나는 전보다 몸무게가 너무 많이 줄어서, 건강에 위협을 느낄 정도이다.	
19–2	나는 현재 음식조절로 체중을 줄이고 있는 중이다. 예 ○ 아니오 ○	
20	⓪ 나는 전보다 건강에 대해 더 염려하지는 않는다. ① 나는 두통, 소화불량 또는 변비 등의 현상이 잦다. ② 나는 내 건강에 대하여 매우 염려하기 때문에 제대로 일을 하기가 어렵다. ③ 나는 내 건강에 대하여 너무 염려하기 때문에 다른 일을 거의 생각할 수가 없다.	
21	⓪ 나는 요즈음도 이성에 대한 관심에 변화가 없다고 생각한다. ① 나는 이전보다 이성에 대한 흥미가 적다. ② 나는 요즈음 이성에 대한 흥미를 상당히 잃었다. ③ 나는 이성에 대한 흥미를 완전히 잃었다.	

3) 한국형 청소년 인터넷중독 자가 진단척도(K-척도)[3)]

2002__년 ____월 ____일 ___________학교 ____학년 (남 , 여) 나이 ____ 이름 _______

번호		내 용	전혀 그렇지 않다	때때로 그렇다	자주 그렇다	항상 그렇다
1	1	인터넷 사용으로 건강이 이전보다 나빠진 것 같다.	1	2	3	4
	2	인터넷을 너무 사용해서 머리가 아프다.	1	2	3	4
	3	인터넷을 하다가 계획한 일들을 제대로 못한 적이 있다.	1	2	3	4
	4	인터넷을 하느라고 피곤해서 수업시간에 잠을 자기도 한다.	1	2	3	4
	5	인터넷을 너무 사용해서 시력 등에 문제가 생겼다.	1	2	3	4
	6	다른 할 일이 많을 때에도 인터넷을 사용하게 된다.	1	2	3	4

3) 이 척도는 2002년 한국정보문화진흥원과 서울대학교가 공동 개발 하였으며, 인터넷중독에 관한 고위험 사용자군, 잠재적 위험 사용자군, 일반 사용자군을 분류할 수 있는 문항을 중심으로 일상생활장애, 긍정적 기대, 금단, 가상적 대인관계지향성, 일탈행동, 내성에 대한 6개의 하위척도로 구성됨. 이 척도의 채점과 해석은 다음과 같음.

채점방법	1점 ☞ 전혀 그렇지 않다 2점 ☞ 때때로 그렇다 3점 ☞ 자주 그렇다 4점 ☞ 항상 그렇다	채점하기	총점 ▶ ① 1~20번 합계 요인별 합계 ▶ ② 1요인(1~6번) 합계 ③ 3요인(8~11번) 합계 ④ 6요인(17~20번) 합계
고위험 사용자군	중고교생	총 점▶ ① 53점 이상 요인별▶ ② 1요인 17점 이상 ③ 3요인 11점 이상 ④ 6요인 13점 이상	
	초등학생	총 점▶ ① 46점 이상 요인별▶ ② 1요인 14점 이상 ③ 3요인 10점 이상 ④ 6요인 12점 이상	
	판정: ①에 해당하거나, ②~④ 모두 해당되는 경우		
잠재적 위험 사용자군	중고교생	총 점▶ ① 48~52점 요인별▶ ② 1요인 15점 이상 ③ 3요인 10점 이상 ④ 6요인 12점 이상	
	초등학생	총 점▶ ① 41~45점 요인별▶ ② 1요인 13점 이상 ③ 3요인 9점 이상 ④ 6요인 10점 이상	
	판정: ①~④ 중 한 가지라도 해당되는 경우		
일반 사용자군	중고교생	총 점▶ ① 47점 이하 요인별▶ ② 1요인 14점 이하 ③ 3요인 9점 이하 ④ 6요인 11점 이하	
	초등학생	총 점▶ ① 40점 이하 요인별▶ ② 1요인 12점 이하 ③ 3요인 8점 이하 ④ 6요인 9점 이하	
	판정: ①~④ 모두 해당되는 경우		

번호		내 용	전혀 그렇지 않다	때때로 그렇다	자주 그렇다	항상 그렇다
2	7	인터넷을 하는 동안 나는 더욱 자신감이 생긴다.	1	2	3	4
3	8	인터넷을 하지 못하면 생활이 지루하고 재미가 없다.	1	2	3	4
	9	인터넷을 하지 못하면 안절부절못하고 초조해진다.	1	2	3	4
	10	인터넷을 하고 있지 않을 때에도 인터넷에 대한 생각이 자꾸 떠오른다.	1	2	3	4
	11	인터넷을 할 때 누군가 방해를 하면 짜증스럽고 화가 난다.	1	2	3	4
4	12	인터넷에서 알게 된 사람들이 현실에서 아는 사람들보다 나에게 더 잘해 준다.	1	2	3	4
	13	오프라인에서보다 온라인에서 나를 인정해 주는 사람이 더 많다.	1	2	3	4
	14	실제에서 보다 인터넷에서 만난 사람들을 더 잘 이해하게 된다.	1	2	3	4
5	15	인터넷 사용시간을 속이려고 한 적이 있다.	1	2	3	4
	16	인터넷 때문에 돈을 더 많이 쓰게 된다.	1	2	3	4
6	17	인터넷을 하다가 그만두면 또 하고 싶다.	1	2	3	4
	18	인터넷 사용 시간을 줄이려고 해 보았지만 실패한다.	1	2	3	4
	19	인터넷 사용을 줄여야 한다는 생각이 끊임없이 들곤 한다.	1	2	3	4
	20	주위 사람들이 내가 인터넷을 너무 많이 한다고 지적한다.	1	2	3	4

4) 스트레스 측정 질문지[4)]

지난 일주일 동안 나는?

성 명		성 별	M / F	생년월일		연 령	
학 력		직 업		검사자		검사일	
전체 점수							

번호	내용	항상 느낌	자주 느낌	가끔 느낌	전혀 없음
1	매우 긴장하거나 불안한 상태가 되었다.	3	2	1	0
2	기분이 매우 동요되었다.	3	2	1	0
3	사소한 일에 매우 신경질적이 되었다.	3	2	1	0
4	소모감, 무기력감을 느꼈다.	3	2	1	0
5	침착하지 못하나.	3	2	1	0
6	아침까지 피로가 남고, 일에 기력이 솟지 않았다.	3	2	1	0
7	화가 나서 자신의 감정을 억제할 수 없었다.	3	2	1	0
8	생각지도 못한 일 때문에 곤욕을 치렀다.	3	2	1	0
9	심각한 고민이 머리에서 떠나지 않았다.	3	2	1	0
10	모든 일이 생각대로 되지 않아 욕구불만에 빠졌다.	3	2	1	0
11	모든 일에 집중할 수가 없다.	3	2	1	0
12	남 앞에 얼굴을 내미는 것이 두려웠다.	3	2	1	0
13	남의 시선을 똑바로 볼 수 없다.	3	2	1	0
14	똑같은 실수를 반복했다.	3	2	1	0
15	가족이나 친한 사람과 함께 있는 시간도 편안하지 않았다.	3	2	1	0
16	불면	3	2	1	0
17	심장이 두근거림	3	2	1	0
18	얼굴이나 신체일부의 경련	3	2	1	0
19	현기증	3	2	1	0
20	땀이 많이 남	3	2	1	0
21	감각이 예민(몸이 근질거리거나 따끔따끔한 통증을 느낀다)	3	2	1	0
22	요통	3	2	1	0
23	눈의 피로	3	2	1	0
24	목이나 어깨 결림	3	2	1	0
25	두통	3	2	1	0
26	감염증(감기, 후두염 등)	3	2	1	0
27	변비	3	2	1	0
28	발열	3	2	1	0
29	소화불량	3	2	1	0
30	설사	3	2	1	0

4) 스트레스 척도의 점수의 해석은 0~12점은 평균, 13~19점 주의 요함, 20점 이상은 경고수준으로 위험수위가 높다는 것을 의미함.

5) 인터넷중독 자가진단[5)]

부모 평정용

성 명		성 별	M / F	생년월일		연 령	
학 력		직 업		검사자		검사일	
전체 점수							

번호	내용	전혀 아니다 (0)	가끔 그렇다 (1)	보통 그렇다 (2)	자주 그렇다 (3)	대부분 그렇다 (4)	항상 그렇다 (5)
1	당신의 자녀는 인터넷 사용에 대해서 정해 놓은 시간을 자주 어깁니까?	0	1	2	3	4	5
2	당신의 자녀는 인터넷 사용으로 집안일(혹은 학업)을 소홀히 한 적이 있습니까?	0	1	2	3	4	5
3	당신의 자녀는 가족과 함께 즐기기보다 컴퓨터하는 것을 더 좋아합니까?	0	1	2	3	4	5
4	당신의 자녀는 사이버 공간에서 새로운 친구를 사귑니까?	0	1	2	3	4	5
5	당신은 자녀의 인터넷 사용 시간에 대해서 불평을 자주 토로합니까?	0	1	2	3	4	5
6	자녀의 인터넷 사용 때문에 성적이나 학교생활에 문제가 있습니까?	0	1	2	3	4	5
7	당신의 자녀는 친구와 밖에 나가 노는 것보다 인터넷 사용을 더 좋아합니까?	0	1	2	3	4	5
8	당신의 자녀는 해야 할 일을 미루고 먼저 인터넷에 접속부터 합니까?	0	1	2	3	4	5
9	당신의 자녀는 인터넷을 시작한 이후로 다른 사람과의 관계가 감소했습니까?	0	1	2	3	4	5

5) 인터넷 중독 자가진단의 점수의 해석은 nomal(20~39점), mild(40~69점), moderatesevere(70~100점)임.

10	자녀에게 인터넷에서 무엇을 했냐고 물어보면 숨기거나 얼버무립니까?	0	1	2	3	4	5
11	당신의 자녀는 당신의 의사를 무시하고 몰래 컴퓨터 접속을 합니까?	0	1	2	3	4	5
12	당신의 자녀는 자기 방에서 자주 혼자 컴퓨터를 합니까?	0	1	2	3	4	5
13	당신의 자녀는 인터넷에서 알게 된 새로운 친구들과 전화를 한 적이 있습니까?	0	1	2	3	4	5
14	당신의 자녀는 컴퓨터를 사용하는 동안 방해를 받으면 소리를 지르고 화를 낸적이 있습니까?	0	1	2	3	4	5
15	당신의 자녀는 밤늦게까지 접속해 있느라 잠을 자지 못해 그전보다 피곤해하거나 지쳐 보입니까?	0	1	2	3	4	5
16	당신의 자녀는 인터넷을 하지 않을 때에도 접속할 생각에 몰두해 있거나 인터넷을 사용하려고 자주 시도하나요?	0	1	2	3	4	5
17	당신이 자녀의 인터넷 사용시간에 대해 간섭했을 때 자녀는 자주 짜증을 내나요?	0	1	2	3	4	5
18	자녀는 다른 취미활동이나 밖에 나가 노는 것보다 컴퓨터 하는 것을 더 좋아하나요?	0	1	2	3	4	5
19	당신이 자녀의 컴퓨터 사용 시간을 제한했을 때 자녀는 자주 화를 내나요?	0	1	2	3	4	5
20	자녀가 컴퓨터 접속을 하지 않을 때에는 우울하고 침울하며 신경질적이 되었다가 다시 온라인 상태로 오면 이런 감정들이 사라진 것처럼 보인 적이 있습니까?	0	1	2	3	4	5

6) 알코올문제 자가진단법(AUDIT)[6)]

성 명		성 별	M / F	생년월일	. .	연 령	
학 력		직 업		검사자		검사일	
전체 점수							

번호	내용	0점	1점	2점	3점	4점
1	얼마나 술을 자주 마십니까?	전 혀 안 마심 ( )	월 1회 미만 ( )	월 2~4회 ( )	주 2~3회 ( )	주 4회 ( )
2	술을 마시면 한번에 몇 잔 정도 마십니까?	전 혀 안 마심 ( )	소주 1~2잔 ( )	소주 3~4잔 ( )	소주 5~6잔 ( )	소주 7~9잔 ( )
3	한번에 소주 한 병 또는 맥주 4병 이상 마시는 경우는 얼마나 자주 있습니까?	없음 ( )	월1회 미만 ( )	월 1회 ( )	주 1회 ( )	거의 매일 ( )
4	지난 일 년간 한번 술을 마시기 시작하면 멈출 수 없었던 때가 얼마나 자주 있었습니까?	없음 ( )	월1회 미만 ( )	월 1회 ( )	주 1회 ( )	거의 매일 ( )
5	지난 일 년간 평소 같으면 할 수 있던 일을 음주 때문에 실패한 적이 얼마나 자주 있었습니까?	없음 ( )	월1회 미만 ( )	월 1회 ( )	주 1회 ( )	거의 매일 ( )
6	지난 일 년간 술을 마신 다음날 일어나기 위해 해장술이 필요했던 적은 얼마나 자주 있었습니까?	없음 ( )	월1회 미만 ( )	월 1회 ( )	주 1회 ( )	거의 매일 ( )
7	지난 일 년간 음주 후에 죄책감 든 적이 얼마나 자주 있었습니까?	없음 ( )	월1회 미만 ( )	월 1회 ( )	주 1회 ( )	거의 매일 ( )
8	지난 일 년간 음주 때문에 전날 밤에 있었던 일이 기억나지 않았던 적이 얼마나 자주 있었습니까?	없음 ( )	월1회 미만 ( )	월 1회 ( )	주 1회 ( )	거의 매일 ( )
9	음주로 인해 자신이나 다른 사람이 다친 적이 있었습니까?	없음 ( )	–	있지만 지난 일 년간에는 없었다 ( )	–	지난 일 년간 있었다 ( )
10	친척이나 친구, 의사가 당신이 술 마시는 것을 걱정하거나 당신에게 술 끊기를 권유한 적이 있었습니까?	없음 ( )	–	있지만 지난 일 년간에는 없었다 ( )	–	지난 일 년간 있었다 ( )

6) 알코올문제 자가진단법의 해석은 nomal(0~11점), mild(12~14점), moderate(15~25점), severe(26점 이상)임.

7) 품행장애 체크리스트[7)]

성 명		성 별	M / F	생년월일	. .	연 령	
학 력		직 업		검사자		검사일	
전체 점수							

번호	내용	예	아니오
1	자주 다른 사람을 못살게 굴거나 위협한다.		
2	먼저 싸움을 건다.		
3	다른 생물에게 신체적인 상해를 입힐 수 있는 물건을 사용한 적이 있다.		
4	사람에게 신체적으로 잔인하고 무자비하게 행동한 적이 있다.		
5	동물에게 잔인하고 무자비하게 행동한 적이 있다.		
6	다른 사람의 지갑이나 금품을 강탈한 적이 있다.		
7	남에게 피해를 주기 위해 고의적으로 불을 지른 적이 있다.		
8	다른 사람의 물건이나 재산을 고의적으로 부순 적이 있다.		
9	다른 사람의 집이나 차를 부수고 들어간 적이 있다.		
10	책임을 회피하거나 이득을 얻기 위해 자주 거짓말을 한다.		
11	비싼 물건을 훔친 적이 있다.		
12	부모 말을 어기고 밤늦도록 집에 들어오지 않은 적이 있다.		
13	적어도 2번 이상 가출한 적이 있다. 혹은 집을 나가서 오랫동안 들어오지 않은 적이 있다.		
14	학교에 무단 결석한다.		

7) 이 척도는 김영화(2011)에 의해 제시된 척도이며, 14개의 항목 중 8개 이상에 체크한 경우 품행장애의 가능성이 높은 상태이므로 전문적인 도움이 필요함으로 해석.

8) 불안장애 체크리스트[8)]

성 명		성 별	M / F	생년월일	. .	연 령	
학 력		직 업		검사자		검사일	
전체 점수							

번호	내용	그런 일이 거의 없다.	때로 그렇다	자주 그렇다
1	실수하지 않을까 걱정된다.	1	2	3
2	울고 싶다.	1	2	3
3	불행하다고 느낀다.	1	2	3
4	결심하기가 어렵다.	1	2	3
5	내 문제를 직접 해결하기가 어렵다.	1	2	3
6	걱정이 너무 많다.	1	2	3
7	집에 있으면 마음이 편치 않다.	1	2	3
8	부끄러움이 많다.	1	2	3
9	고민이 많다.	1	2	3
10	쓸데없는 생각이 나를 괴롭힌다.	1	2	3
11	학교생활에 대해 걱정한다.	1	2	3
12	무엇을 할까 결정하기가 어렵다.	1	2	3
13	심장이 빨리 뛰는 것을 느낀다.	1	2	3
14	남이 모르는 두려움이 있다.	1	2	3
15	부모님에 대해 걱정한다.	1	2	3
16	손이 땀에 젖는다.	1	2	3
17	앞으로 일어날지도 모르는 일에 대해 걱정한다.	1	2	3
18	밤에 잠들기가 어렵다.	1	2	3
19	내 속에 이상한 느낌이 들 때가 있다.	1	2	3
20	남들이 나를 어떻게 생각할지 걱정된다.	1	2	3

8) 이 척도는 김영화(2011)에 의해 제시된 척도이며, 38점 이하 정상범위, 39점~42점 불안수준이 약간 높은 상태, 43점~46점 불안수준이 상당히 높은 상태로 전문상담이 필요함, 46점 이상 불안수준이 매우 높은 상태로 전문치료가 필요함으로 해석.

9) 충동성 척도[9)]

성 명		성 별	M / F	생년월일	. .	연 령	
학 력		직 업		검사자		검사일	
전체 점수							

번호	문항	예	아니오
1	나는 생각 없이 떠오르는 대로 말한 적이 자주 있다.		
2	문제를 천천히 조심스럽게 풀어 나가기가 어렵다.		
3	지킬 수 있는지 생각하지 않고 약속을 하는 경우가 자주 있다.		
4	경제적 사정을 고려하지 않고, 물건을 사는 경우가 자주 있다.		
5	상황을 모든 각도에서 검토하지 않고, 마음을 정해 버리는 경우가 많다.		
6	가끔 깊이 생각하지 않고 행동해 버린다.		
7	가끔 생각 없이 행동하는 바람에 곤란을 겪는다.		
8	사전에 조심스럽게 검토하지 않아 계획을 망치는 경우가 많다.		
9	생길 수 있는 모든 문제점들을 고려하지 않고 새로운 일을 착수하는 경향이 있다.		
10	중요한 결정을 내리기 전에 신중하게 장점과 단점을 따져 보지 않는다.		
11	신중한 추론을 잘하지 못한다.		
12	결과를 생각하지 않고 행동하는 경우가 많다.		

9) 이 척도는 김영화(2012)에 의해 제시된 척도이며, 12개 문항 중 8개 이상인 경우 전문적인 상담이 필요함으로 해석.

10) 공격성 척도[10)]

성 명		성 별	M / F	생년월일	. .	연 령	
학 력		직 업		검사자		검사일	
전체 점수							

번호	내용	전혀 그렇지 않다	약간 그렇다	꽤 그렇다	확실히 그렇다
1	누가 나를 때리면 같이 싸운다.	1	2	3	4
2	때때로 싫어하는 사람 앞에서 그의 험담을 늘어놓는다.	1	2	3	4
3	때때로 다른 사람을 해치고 싶은 충동을 억제할 수 없다.	1	2	3	4
4	화가 나면 물건을 잘 던진다.	1	2	3	4
5	상대방과 다른 의견이 있으면 그의 입장을 고려하지 않고 나의 생각을 말한다.	1	2	3	4
6	무슨 일이 생기면 다른 사람을 때릴 수 있다고 생각한다.	1	2	3	4
7	사람들이 나에게 동의하지 않으면 논쟁할 수밖에 없다.	1	2	3	4
8	누가 먼저 때린다면 나도 때리겠다.	1	2	3	4
9	계속해서 나를 괴롭히는 것은 나에게 한 대 얻어 맞기를 자청하는 셈이다.	1	2	3	4
10	사람들이 나에게 호통을 칠 때 나도 맞서서 호통친다.	1	2	3	4
11	매우 흥분했을 때 누군가를 때릴 수 있다.	1	2	3	4
12	때때로 시비조로 행동한다.	1	2	3	4
13	누가 괘씸해서 혼내 주어야 할 때에는 상대의 자존심을 상하게 해서라도 혼내 준다.	1	2	3	4
14	누구 하고나 잘 싸운다.	1	2	3	4
15	거짓 협박을 자주 한다.	1	2	3	4
16	내가 싫어하는 사람에게는 좀 무례한 행동을 한다.	1	2	3	4
17	다른 사람에 대한 나의 좋지 않는 견해를 쉽게 드러낸다.	1	2	3	4
18	권리를 지키기 위해 폭력을 써야 한다면 쓰겠다.	1	2	3	4
19	논쟁할 때 언성을 높이는 경향이 있다.	1	2	3	4
20	나를 궁지로 몰리게 한 사람을 알면 그 사람과 싸운다.	1	2	3	4
21	어떤 일에 반박해 논쟁하기를 좋아한다.	1	2	3	4

10) 이 척도는 김영화(2012)에 의해 제시된 척도이며, 54점~58점 공격적 성향이 약간 있음, 59점~61점 공격적 성향이 상당히 있음, 62점 이상 공격적 성향이 매우 높으며 전문적인 상담이 필요함으로 해석.

11) 집단 따돌림 진단 척도[11)]

성 명		성 별	M / F	생년월일	. .	연 령	
학 력		직 업		검사자		검사일	
전체 점수							

번호	내용	없다	약간 그렇다	상당히 그렇다	아주 심하다
1	나는 학교에서 다른 아이들에게 위협이나 협박을 당한 적이 있다.	1	2	3	4
2	나는 다른 아이들에게 이유 없이 신체적으로 구타를 당한 적이 있다.	1	2	3	4
3	나는 학교에서 친한 친구가 없다.	1	2	3	4
4	나는 학교에서 다른 아이들과 잘 어울리지 못한다.	1	2	3	4
5	나는 학교에서 다른 아이들에게 강제로 돈을 빼앗긴 적이 있다.	1	2	3	4
6	나는 학교에 가기가 두렵다.	1	2	3	4
7	나를 도와주는 친구가 없다.	1	2	3	4
8	나를 이유 없이 괴롭히는 아이가 있다.	1	2	3	4
9	친구들이 나를 일부러 따돌리고, 소외시키며, 완전히 무시한 적이 있다.	1	2	3	4
10	나에 대해 나쁜 말을 하고 다녀서 다른 친구들이 나를 싫어하게 만든 친구가 있다.	1	2	3	4
11	친구들이 내가 싫어하는 별명으로 나를 부르며 비웃은 적이 있다.	1	2	3	4
12	내가 하기 싫어하는 일을 강제로 시키는 친구가 있다.	1	2	3	4

11) 이 척도는 한국임상심리학회의 아동 및 청소년 정신건강 진단검사에서 제시된 척도이며, 상당히 그렇다와 아주 심하다에 표시된 수를 합해 총합계를 구한다. 2개 이하는 일시적 따돌림일 가능성이 많음, 3~7개 학교에서 따돌림을 받을 가능성이 있음, 8개 이상 따돌림을 받고 있을 가능성이 매우 높으며 전문적인 상담이 필요함으로 해석(김영화, 2012).

12) 스마트폰 과의존 척도(유아동 만3~9세 관찰자용)[12)]

성 명		성 별	M / F	생년월일	. .	연 령	
학 력		직 업		검사자		검사일	
전체 점수							

번호	내용	없다	약간 그렇다	상당히 그렇다	아주 심하다
조절실패	1. 스마트폰 이용에 대한 부모의 지도를 잘 따른다.	1	2	3	4
	2. 정해진 이용 시간에 맞춰 스마트폰 이용을 잘 마무리한다.	1	2	3	4
	3. 이용 중인 스마트폰을 빼앗지 않아도 스스로 그만둔다.	1	2	3	4
현저성	4. 항상 스마트폰을 가지고 놀고 싶어 한다.	1	2	3	4
	5. 다른 어떤 것보다 스마트폰을 갖고 노는 것을 좋아한다.	1	2	3	4
	6. 하루에도 수시로 스마트폰을 이용하려 한다.	1	2	3	4
문제적 결과	7. 스마트폰 이용 때문에 아이와 자주 싸운다.	1	2	3	4
	8. 스마트폰을 하느라 다른 놀이나 학습에 지장이 있다.	1	2	3	4
	9. 스마트폰 이용으로 인해 시력이나 자세가 안 좋아진다.	1	2	3	4

12) 이 척도는 학생사이버폭력 예방 및 대응 실무협의체(2022)에 제시한 척도로 최고 점수는 36점임. 1번~3번은 역채점 문항이며, 고위험군 28점이상, 잠재적 위험군 24~27점, 일반 사용자군 23점 이하로 해석할 수 있음.

13) 스마트폰 과의존 척도(청소년 만10~19세 및 성인 자기보고용)[13]

성 명		성 별	M / F	생년월일	. .	연 령	
학 력		직 업		검사자		검사일	
전체 점수							

번호	내용	없다	약간그렇다	상당히 그렇다	아주심하다
조절실패	1. 스마트폰 이용시간을 줄이려 할 때마다 실패한다.	1	2	3	4
	2. 스마트폰 이용시간을 조절하는 것이 어렵다.	1	2	3	4
	3. 적절한 스마트폰 이용시간을 지키는 것이 어렵다.	1	2	3	4
현저성	4. 스마트폰이 옆에 있으면 다른 일에 집중하기 어렵다.	1	2	3	4
	5. 스미트폰 생각이 머리에서 떠나지 않는다.	1	2	3	4
	6. 스마트폰을 이용하고 싶은 충동을 강하게 느낀다.	1	2	3	4
문제적 결과	7. 스마트폰 이용 때문에 건강에 문제가 생긴 적이 있다.	1	2	3	4
	8. 스마트폰 이용 때문에 가족과 심하게 다툰 적이 있다.	1	2	3	4
	9. 스미드폰 이용 때문에 친구 혹은 동료, 사회적 관계에서 심한 갈등을 경험한 적이 있다.	1	2	3	4
	10. 스마트폰 때문에 업무(학업 혹은 직업 등) 수행에 어려움이 있다.	1	2	3	4

13) 이 척도는 학생사이버폭력 예방 및 대응 실무협의체(2022)에 제시한 척도로 최고점은 40점임. 채점결과 청소년(만10~19세)은 고위험군 31점 이상, 잠재적 위험군 23~30점, 일반 사용자군 22점 이하이며, 성인(만20~59세)은 고위험군 29점 이상, 잠재적 위험군 24~28점, 일반 사용자군 23점 이하이며, 고령층(만60세 이상)은 고위험군 28점 이상, 잠재적 위험군 24~27점, 일반 사용자군 23점 이하로 해석할 수 있음.

Chapter

11

학교폭력 예방을 위한 인성교육

배울내용

1. 인성교육의 개념 및 필요성
2. 인성교육의 실천방안

학습목표

1. 인성교육의 개념을 설명할 수 있다.
2. 학교폭력 예방을 위한 인성교육의 필요성을 설명할 수 있다.
3. 인성교육의 실천방안을 살펴보고, 학교폭력 예방을 위해 실천할 수 있는 인성교육 방안을 모색해 본다.

개 요

「교육기본법(제2조 교육이념)」에서는 홍익인간의 이념 아래 국민으로 하여금 인격을 도야하고, 자주적 생활 능력과 민주 시민으로서 필요한 자질을 갖추게 함으로써 인간다운 삶을 영위하게 하고, 민주 국가의 발전과 인류 공영의 이상을 실현하는 데 이바지함을 목적으로 한다고 명시되어 있다. 그리고 「인성교육진흥법(제2조 정의)」에서는 자신의 내면을 바르고 건전하게 가꾸고, 타인 · 공동체 · 자연과 더불어 살아가는 데 필요한 인간다운 성품과 역량을 기르는 것을 목적으로 하는 교육으로 정의되고 있다. 이와 같이 최근에는 공동체 의식을 가지고 세계와 소통하는 민주시민으로서 배려와 나눔을 실천하는 더불어 사는 사람을 강조하고 있다. 즉, 현대사회는 인성을 갖춘 사람을 요구하고 있다. 또한 인성은 학교폭력과 관련이 있기 때문에 학교폭력을 예방하기 위한 방안으로 인성교육을 강조하고 있는 실정이다. 따라서 본 장에서는 인성의 개념과 필요성, 인성교육의 실천방안을 살펴보고, 학교폭력 예방을 위해 실천할 수 방안들에 대해 모색해 보고자 한다.

Chapter 11

학교폭력 예방을 위한 인성교육

학교폭력을 예방하기 위해 최근 가장 강조되고 있는 것이 올바른 인성을 함양하도록 지도하는 것이다. 인성은 선천적인 요인과 후천적인 요인으로 구성되며, 무엇보다 학습을 통해 형성될 수 있기 때문에 인성교육이 매우 중요하다. 인성교육은 영유아기부터 시작해서 청소년기까지 계속되어야 한다. 따라서 본 장에서는 인성교육의 개념과 필요성, 인성교육을 위한 실천방안에 대해 자세하게 살펴보고자 한다.

1. 인성교육의 개념 및 필요성

1) 인성의 의미

인성이 무엇인지 한마디로 정의내리는 것은 매우 복잡하고 어렵다. 왜냐하면 인성이라는 단어와 유사한 의미로 쓰이는 말은 인품 · 인격 · 성품 · 기질 · 성격 · 인간성 · 사람 됨됨이 등 여러 가지 용어들이 있고, 각각에 대해 확실한 구분이 어려워 이를 혼용하여 사용하고 있으며, 특히 사전에서도 개념 간의 차이를 밝히지 못하고 있는 실정이기 때문이다(이은영, 2004).

일반적으로 인성을 3가지 측면, 즉 사전적 의미, 개인적 특성 및 도덕적 측면에서 정의하고 있는 것을 살펴보면 다음과 같다. 먼저 인성(人性)에 대한 사전적 의미는 사람의 성품(性品)으로 정의된다(표준국어대사전). 성품은 사람의 성질(性質)과 품격(品格)을 합한 말로써, 성질은 마음의 바탕이고 품격은 사람된 모습(사람 됨됨이)으로 설명되어 인성이란 사람의 '마음'과 '사람됨'으로 정의할 수 있다(한국교육학회, 1998). 이에 남궁달화(1999, 2010)는 인성은 마음의 바탕과 사람됨이라는 두 가지 요소로 구성되어 있다고 보았다. 그에 따르면 마음의 바탕은 사물을 인식하고 이해하고 판단하는 지(知-앎), 사물에 느끼어 일어나는 정(情-느낌), 무엇을 하겠다고 속으로 다짐하는 의(意-다짐)의 세 요소로 구성되고 마음은 선악을 느낄 수 있고, 시비를 판단할 수 있으며, 행동을 다짐할 수 있는 정신능력이다. 그리고 사람됨은 가치를 추구하고 실현하는 삶의 모습으로 정의된다. 이에 따라 인성교육은 마음의 바탕을 교육하고 인간이 되는 것을 교육하는 것이라고 하였다.

인성을 개인적 특성으로 이해하는 것은 주로 심리학자들에 의해 이루어지고 있으며, 인성을 성격(personality)으로 정의한다. 'personality'는 무대에서 배우가 쓰는 가면이나 마스크를 의미하는 라틴어 '페르조나(persōna)'에서 유래되었다(이철주, 2014). 성격

(personality)은 개인의 독특하고 고유한 특성으로써 개인이 지닌 어떤 심리적 특성에 의해 드러나는 특징적인 반응양식 내지는 행동양식이며, 환경과 상호작용하면서 나타나는 독특하고 일관성 있으며 안정된 인지적, 정의적, 감정적, 행동적 양식이다(강진령, 2010).

인성을 도덕적 특성으로 정의하는 것은 주로 윤리학자들에 의해 이루어지며, 인성을 인격(character)으로 정의한다. 'character'는 새기는 사람, 조각용 도구, 도장, 낙인 도구, 조각된 표시, 인상 등의 뜻을 가진 희랍어 카락테르(charaktēr)에서 유래된 것으로(이철주, 2014) 인간만이 가지는 고유한 품격이다. 이에 따라 character(인격)으로써의 인성은 가치관이 내재된 개인의 고유한 특성으로써 도덕적이고 실천적인 선택과 행동에 관련된 인격적 특성으로 정의된다.

인성의 희랍어 의미는 '표시하기'(to mark)이고 도덕발달이 도덕적 행위에 의해 나타난다는 것을 의미하는 용어이다. 즉, 개인은 그의 활동과 행동에 의해 표시된다는 것이다. 영어로는 'personality' 또는 'character'이고, 이 용어는 성격 · 인성 또는 인격으로 번역되어 문맥에 따라 다양하게 사용되고 또한 다양하게 적용되고 있다. 비록 인성이라는 용어에 대해 정의 내리기가 어렵고, 동서양이 좀 다른 개념으로 사용되고 있지만 인성이란 선천적으로 타고난 기질과 후천적으로 주어진 환경의 영향에 의해서 그리고 개인의 가치관과 의지적 결단에 의해서 결정된다는 것에는 많은 연구자들이 동의를 하고 있다. 즉, 인성은 사람의 타고난 성품으로 남에게 인상을 주는 신체적 · 정신적 · 정서적 · 사회적 특질의 동일체로 인간의 본성이라고도 볼 수 있지만, 관점에 따라서는 후천적으로 형성된, 즉 자신의 노력이나 교육의 결과로 형성된 바람직한 성격을 인성의 의미로서 볼 수도 있다.

이러한 점에 유의해 보면 인성교육이란 바로 그러한 성품을 회복하고 확장해 가는 학습과정이라고 볼 수 있다. 즉, 각자가 자신의 내부에 인간적인 품위를 지니고 있다는 것을 일깨우고, 자신의 인간성을 지키게 하고 또한 다른 사람의 권리를 존중하게 하는 것이다. 따라서 그러한 인성을 잘 간직해 가는 방법이 중요하고 동시에 그것을 방해하는 요인들을 제거해 가는 일 또한 중요하다. 이것은 인간본성에 대한 바른 이해의 내면화와 그러한 이해를 바탕으로 성립되는 인간이 되기 위한 실천적 노력으로 가능하기 때문이다.

2) 인성교육의 필요성

오늘날 사회문제로 대두되고 있는 학교폭력 문제의 극복과 같은 시대적 요구에 부응하기 위해 학교교육에서 인성교육을 강화해야 한다는 목소리가 점차 높아지고 있다. 정부에서는 이러한 요구를 국가 차원의 인성교육 관련 정책 수립 및 시행에 적극적으로 반영해 왔다. 정부 교육정책 차원에서 볼 때, '학교 폭력 근절 종합대책'(2012. 2. 6.)을 통해 교육 전반에 걸친 인성교육이 강조된 이후, '인성교육 비전 수립 및 실천 방안 연구'(천세영 외, 2012)를 통한 인성교육 추진의 기본 방향 및 큰 틀(framework)이 구축되었고, 2015년에는 「인성교육진흥법」이 제정되어 실행되고 있다. 「인성교육진흥법」에서는 인성교육의 기본방향을 '가정과 학교, 사회에서 모두 장려되고 인간의 전인적 발달을 고려해 장기적 차원에서 계획되어야 하며 다양한 사회적 기반을 활용해 전국적으로 시행되어야 한다'는 세 가지로 규정하고 있다. 또한 '인성지수 개발 연구'(지은림 외, 2012)를 통하여, 초 · 중 · 고등학교 학생들에 적합한 인성 구인모형을 설정하고 인성지수를 측정할 수 있는 검사 도구도 개발되어 왔다. 하지만 이와 같이 정부와 학계의 노력을 통해 인성교육 정책의 기본 방향을 설정하고 인성교육의 질적 개선에 필요한 도구를 개발하는 등 인성교육 활성화를 위한 기본 조건들이 차츰 마련되어 왔지만, 인성교육 활성화는 아직 미흡한 실정이다(정창우 외, 2014).

인성교육을 통해 함양시켜야 할 인성에 대한 논란은 계속되고 있지만 일반적으로

'개인의 내면을 바르고 건전하게 가꾸는 데 필요한 인간다운 성품과 역량'(개인적 차원) 및 '타인 · 공동체 · 자연과 더불어 살아가는 데 필요한 인간다운 성품과 역량'(타인 · 공동체 · 자연과의 관계 차원)을 포함한다. 이러한 두 가지 측면은 편의 상 구분되는 것이지 실제로 엄밀하게 구분될 수 있는 것은 아니다. 내면의 건실(健實)함을 추구하는 사람이 타인 및 공동체와 바람직한 관계를 형성할 가능성이 높으며, 자기중심적인 삶을 넘어서 타인 및 공동체적 삶을 소중하게 여기는 사람일수록 개인 영혼도 건전하고 아름다울 가능성이 높기 때문이다. 이와 같이 이 두 가지 측면이 밀접한 관련성을 지니지만, 그렇다고 동일한 것은 아니다. 개인의 내면이 긍정적이고 건전하다고 하더라도 다른 사람과의 관계적 측면에서 삶의 기술 혹은 테크네(techne)가 부족할 수도 있기 때문이다.

이러한 인성 개념을 바탕으로 인성교육의 개념을 도출한다면, 〈그림 11-1〉에서와 같이 인성교육은 '개인의 내면을 바르고 건전하게 가꾸고 타인 · 공동체 · 자연과 더불어 살아가는 데 필요한 인간다운 성품과 역량을 길러 주는 일'로 정의될 수 있다.

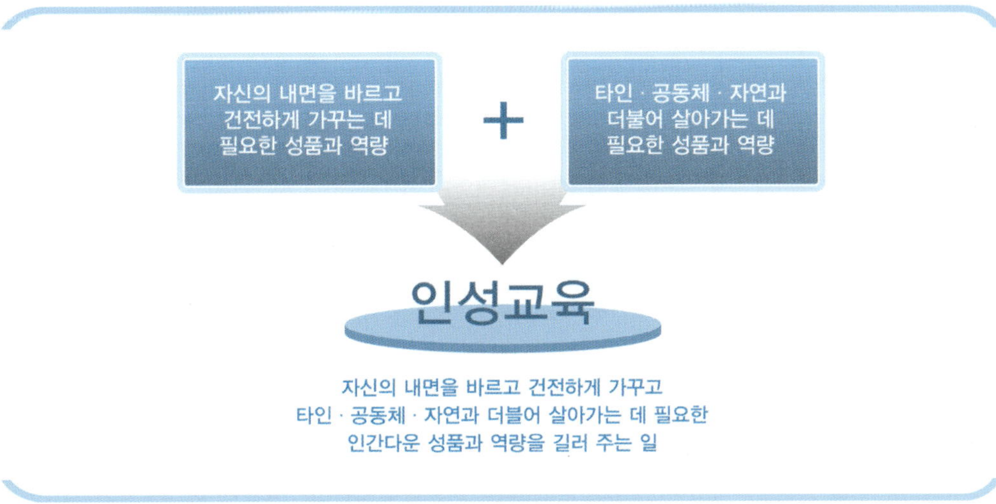

그림 11-1. **인성교육의 개념**

출처: 정창우 외(2014). 학교급별 인성교육 실태 및 활성화 방안. 교육부.

한편 인성교육을 위해 적극적인 노력을 기울여야 하는 대상 혹은 책임 있는 주체들을 살펴보면, 여기에는 학교, 가정, 공동체, 대중매체 등이 포함된다. 〈그림 11-2〉에서 제시된 바와 같이, 학교, 가정 및 공동체의 풍토, 대중매체의 역할 등이 모두 아동 및 청소년들의 인성 형성에 중대한 영향을 미치는 후천적인 요인들에 해당되기 때문이다. 따라서 우리나라 아동 및 청소년들은 학교, 가정, 공동체로부터 인성함양을 위한 자양분을 공급받으면서 존중, 책임, 배려, 공정성, 공감 및 소통능력, 갈등해결능력 등을 함양해야 한다. 이를 위해 교사, 학부모, 행정가, 공동체 지도층 등은 이들 앞에서 좋은 인성의 모델이 되어야 하고 이러한 핵심 덕목들을 지지하고 강화하는 것이 무엇보다 중요하다(정창우 외, 2014).

그림 11-2. 인성 형성에 영향을 미치는 요인 및 인성교육의 참여 주체

출처: 정창우 외(2014). 학교급별 인성교육 실태 및 활성화 방안. 교육부. p.13.

3) 인성교육의 목표

학교폭력과 같은 문제를 극복하기 위해 학교교육에서 강조하고 있는 인성교육의 목표를 살펴보면 〈표 11-1〉과 같다.

표 11-1. 인성교육의 목표

- 인성교육을 통해 학생 자신에 대한 올바른 이해를 도모하는 것이다. 자기 자신을 올바르게 이해하는 사람은 자신에게 가장 합리적이고 현실적인 행동을 선택하고 실행할 수 있기 때문이다. 또한 자신을 이해하고 사랑하는 사람이 타인을 사랑하고 이해할 수 있을 것이다.
- 인성교육을 통해 자신을 존중하고 수용하는 자세를 기르는 일이다. 이는 자신의 가치와 장점을 인식하면서 동시에 자신의 부족함도 인식함으로써 자신을 있는 그대로 받아들이는 것이다.
- 인성교육을 통해 자기통제 및 조절능력을 함양하는 것이다. 자기통제능력을 상실한 사람은 충동적으로 행동하게 되고, 다른 사람과 그가 속한 사회에 일탈 행동으로 물의를 일으키는 경향이 있다. 바람직한 인성의 소유자는 자신의 본능적 충동이나 감정 때문에 좌절하기보다는 이를 사회적으로 용납되는, 생산적이고 창조적이며 적극적인 방식으로 승화시켜 표현한다.
- 인성교육을 통해 올바른 현실 감각을 배양하는 것이다. 이상이나 기대를 지나치게 앞세운 나머지 현실을 무시하고 행동하는 것은 타인과의 원만한 인간관계를 방해하고 지나친 이상주의와 현실 사이의 모순에 빠지게 할 위험이 있다. 자신의 환경, 사회적 맥락, 그리고 주어진 과제의 특징 등을 정확히 이해하는 현실에 기초한 사고는 건전한 인성의 필수적인 요소인 것이다.
- 인성교육을 통해 타인에 대한 공감적 이해와 타인 존중의 자세를 함양하는 것이다. 공감이라는 말은 말 그대로 타인의 감정을 공유하는 것으로서, 상대방의 입장을 이해하면서도 결코 자신을 잃지 않는 것을 말한다. 솔직한 자기표현과 타인에 대한 공감적 자세는 보다 깊고 원숙한 인간관계를 형성하는 토대가 된다.

인성교육의 목표는 결국 인간으로서 지녀야 할 바람직한 성향을 지니게 하는 것으로서 학생들로 하여금 개인적으로 만족스럽고 사회적으로 건설적인 삶을 영위하는 데 필요한 지식 · 기능 · 태도 · 가치를 획득할 수 있도록 도와주는 것이라고 할 수 있다. 이러한 목표는 인간다운 인간을 길러 내는 데 있으므로, 구체적인 목표를 실천해 가는 과정 속에서 바람직한 인성을 기를 수 있으며, 이를 통하여 올바른 도덕성을 함양할 수 있다. 교육부(2015)가 제시하고 있는 유치원, 초등학교, 중학교 및 고등학교의 인성 교육 목표를 살펴보면 〈표 11-2〉와 같다.

표 11-2. 학교 인성교육의 목표

구분	내용
유치원	• 심신의 균형적 발달과 바른 품성의 기초적 소양을 갖출 수 있도록 하는 데 중점을 둔다. 1) 기초적 지식과 경험을 통해 자신과 타인의 소중함을 알고 이를 지키기 위한 안전한 생활태도를 기른다. 2) 바른 언어를 사용하여 타인과 적절히 의사소통하는 능력을 기른다. 3) 나와 상대방의 의견에 차이가 있을 때 긍정적인 방법으로 해결하는 능력을 기른다.
초등학교	• 기본 생활 습관과 관련한 가치들을 올바로 이해하고 이를 일상생활에서 실천할 수 있도록 하는 데 중점을 둔다. 1) 기본 지식과 경험을 통해 삶에 대한 긍정적 태도를 확립하고 더불어 살아가기 위해 필요한 규칙과 질서를 준수하는 능력을 기른다. 2) 경청과 공감을 바탕으로 하는 기본적 의사소통 역량을 기른다. 3) 생활 주변의 갈등 상황에서 평화적 해결방안을 찾고 실천적 능력을 기른다.
중학교	• 자신과 타인에 대한 이해를 바탕으로 삶과 세상에 대한 긍정적 태도를 확립하여, 더불어 사는 삶을 실천하는 데 중점을 둔다. 1) 다양한 지식과 경험을 통해 자신과 타인을 이해하고, 바람직한 삶의 방향과 진로 탐색 능력을 기른다. 2) 타인 존중의 태도를 바탕으로 다양한 방식의 의사소통 역량을 기른다. 3) 다양한 갈등 상황에서 합리적 의사소통을 통한 평화적 해결 능력을 기른다.
고등학교	• 성숙한 자아의식을 토대로 국가 및 세계와 소통하는 공동체 의식을 갖추어 공동체 발전에 기여하는 능력을 기르는 데 중점을 둔다. 1) 다양한 분야의 지식과 경험을 융합하여 창의적이고 능동적인 자세로 공동체 발전에 기여하는 능력을 기른다. 2) 논리성과 비판성, 창의성과 윤리성에 기반한 사회적 상호의사소통 역량을 기른다. 3) 윤리의식과 공동체 의식을 바탕으로 사회의 다양한 갈등을 극복하기 위한 소양을 기른다.

출처: 교육부(2015). 2015년 인성교육 포럼: 인성교육 5개년 종합계획 공청회.

4) 인성의 핵심 덕목 및 하위 덕목

인성을 갖추기 위해서는 인성의 덕목을 파악하고 이들 덕목들을 갖추어 나가기 위한 노력들이 필요하다. 인성의 덕목은 인성에 대한 정의만큼이나 학자들에 의해 다양하게 제시되어 왔다. 일반적으로 인성교육의 주요 덕목에는 기본적인 생활습관(규칙적인 생활, 정리정돈, 청결위생, 물자절약)에서부터 자아확립(정체성, 정직, 근면, 성실, 자주) 그리고 공동체 의식(질서, 협동, 준법, 타인존중, 책임, 봉사, 정의, 효, 충) 등을 제시하고 있다. 김은영 등(2016)의 연구에서는 인성 덕목을 자신과의 관계, 타인과의 관계, 조직과의 관계로 구분하고 자신과의 관계에는 비전, 자신감, 자기관리, 자아성취의 덕목을, 타인과의 관계에는 사회적 문제해결능력, 효율적 의사소통, 습관형성의 덕목을 조직과의 관계에는 직업윤리, 직장예절, 조직내에서의 대인관계, 업무활동 계획 및 평가, 팀워크의 덕목으로 구성하고 있다. 그리고 최근 제정되어 시행되고 있는 「인성교육진흥법」에서는 '핵심 가치 · 덕목'이란 인성교육의 목표가 되는 것으로 예(禮), 효(孝), 정직, 책임, 존중, 배려, 소통, 협동 등의 마음가짐이나 사람됨과 관련되는 핵심적인 가치 또는 덕목을 의미하고, '핵심 역량'이란 핵심 가치 · 덕목을 적극적이고 능동적으로 실천 또는 실행하는 데 필요한 지식과 공감 · 소통하는 의사소통능력이나 갈등해결능력 등의 통합된 능력으로 보고 있다.

이와 같이 인성의 덕목에 대해 많은 연구자들의 연구들이 진행되어 왔으며, 정창우 등(2014)의 연구에서는 지금까지 주장되어 온 덕목들을 대부분 포함하고 있는데, 그들이 주장하고 있는 인성교육을 위한 핵심 덕목에 대한 요인들을 살펴보면 〈그림 11-3〉과 같다.

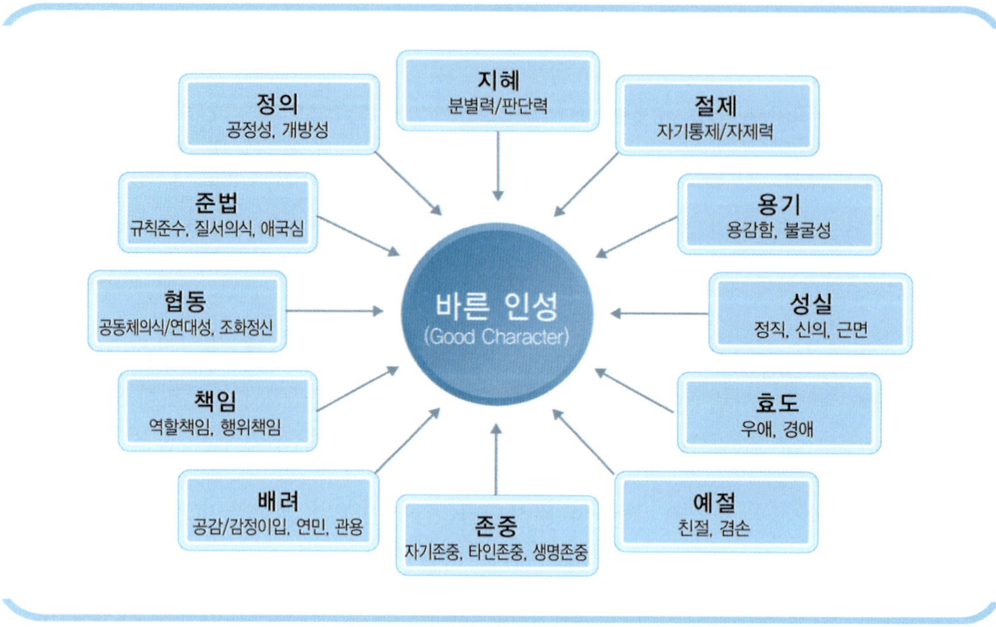

그림 11-3. 인성교육을 위한 핵심 덕목 구성

출처: 정창우 외(2014). 학교급별 인성교육 실태 및 활성화 방안. 교육부.

〈그림 11-3〉과 같이 지혜, 용기, 성실, 절제, 효도, 예절, 존중, 배려, 책임, 협동, 준법, 정의를 포함하여 12개의 핵심 덕목들은 삶의 상황에서 윤리적 판단이나 의사결정을 안내하는 역할을 하고, 학생들이 함양해야 하는 덕성의 필수 요소이자 덕성을 떠받치는 기둥 역할을 한다고 주장한다. 각 덕목의 의미와 특성 및 하위 덕목과의 관계를 제시하면 〈표 11-3〉과 같다.

표 11-3. 인성교육을 위한 핵심 덕목별 정의

차원	덕목	정 의
개인적 차원	지혜	어떤 상황에서 취해야 할 것이 무엇이고, 버려야 할 것이 무엇인지를 분별하는 것이고, 지식의 사용과 획득에 수반되는 인지적인 힘

차원	덕목	정 의
	용기	자신이 옳다고 믿는 것을 지지하고 옹호할 수 있는 능력과 의지, 또한 어떤 반대에 직면하거나 성공할 가능성이 부족하더라도 가치 있는 목적을 위해 굳은 의지를 발휘하는 정서적인 힘
	성실	거짓됨이 없이 자기가 하는 일에 정성을 다하는 자세이며, 성실성을 가진다는 것은 '전체성'을, 전체적으로 일관성을 지니는 것이며, 도덕원리를 준수하고 도덕적 양심에 충실하여 자기가 한 말을 실행하고 자기가 믿는 것을 지켜나간다는 것을 의미함
	절제	스스로의 욕구, 감정 등을 잘 통제하고 다스리는 것을 말하며, 절제는 과도함에 맞서는 힘이자, 자신의 욕망과 욕구, 충동을 알맞게 조절해서 표출하는 힘
관계적 차원 (타인 · 공동체 · 자연과의 관계 차원)	효도	인(仁)을 행하는 근본이 되는 것으로서 부모의 은혜에 감사하고 이에 보답하고자 하는 것
	예절	사람이 만든 질서에 따라 나와 남을 구분하고 그 구분에 따라 알맞게 표현하는 것
	존중	정중하고 사려 깊은 방식으로 다른 사람들을 대함으로써 그들이 존엄성을 가진 가치 있는 존재라는 것을 보여 주는 것
	배려	다른 사람의 행복이나 복지 등에 관심을 가지면서 그들의 필요나 요구에 민감하게 반응을 보이는 것
	책임	공동선의 실현을 위해 각 구성원들에게 부여된 역할과 의무를 충실히 이행하는 것
	협동	사회의 공동선(common good)을 창출하고 증진하기 위해 구성원들이 힘과 뜻을 모아 노력하는 것
	준법	기본생활규칙과 공중도덕, 법, 그리고 기타의 사회적 약속과 의무 등을 준수하고 실천하는 성향
	정의	각자에게 그의 정당한 몫을 주고자 하는 항상적이고 영속적인 의지

출처: 정창우 외(2014). 학교급별 인성교육 실태 및 활성화 방안. 교육부.

〈표 11-3〉과 같이 인성교육을 위한 핵심덕목은 크게 개인적 차원과 관계적 차원으로 구분하고 있으며, 개인적 차원에는 지혜, 용기, 성실, 절제의 하위덕목으로, 관계적 차원에는 효도, 예절, 존중, 배려, 책임, 협동, 준법 및 정의로 구분하고 있다.

2. 인성교육의 실천방안

1) 학교에서의 인성교육

학생들은 가장 많은 시간을 학교에서 생활하고 있다. 학교폭력이 발생하는 장소 역시 학교이다. 학교는 폭력 예방을 위하여 기반을 조성해야 할 책임과 역할이 주어져 있다. 학교 교육의 주된 목표가 입시제도에 얽매여 있는 현실에서 본질적인 개선이 요구된다. 학생 개인의 적성과 소질에 따라 교육받을 수 있게 되고 학교생활이 즐겁고 보람된 장소가 되도록 할 필요가 있다.

그리고 학교는 학생들이 원하는 것을 제공하고 자신들의 욕구가 발산될 수 있는 곳이어야 한다. 즉, 특별활동, 생활교육, 취미 활동, 봉사 활동 등의 프로그램이 개발되어야 하며, 특히 인간관계를 증진할 수 있는 교육의 장이 되어야 하며, 자아존중감을 형성될 수 있는 교육의 장이 되어야 한다. 교사는 학교폭력에 노출될 가능성이 큰 학생들을 부모와 연계하여 폭력이 발생하지 않도록 하는 사전지도에 중점을 두어야 한다.

또한 학교폭력 예방을 위한 교육정책의 근본적인 개선책은 입시 위주의 비인간적인 교육풍토로부터 학생 개인의 욕구를 충족시키기 위한 학교현장의 개선이 절실하게 요구된다. 일선 학교 현장에서는 교사를 포함한 관계자의 적극적인 관심과 참여가 요구된다. 교직원 간의 유대, 학교폭력 예방을 위한 긴밀한 협조와 공조, 상담과 생활지도를 통하여 학교폭력 예방을 위한 제도적 방안이 요구된다. 학교의 주인이 학생이 되어 주도적인 문화 창조와 자신들의 문제해결을 위한 자율활동, 지도교사를 중심으로 열린 교육체제를 위하여 학교 부근의 시설, 단체 등과 긴밀한 협조와 지원이 요구된다. 학교에서 할 수 있는 학교폭력 예방대책은 '학교에서의 실효성 있는 대책 마련', '학교 교육에 대한 정상화 노력', '상담 또는 인성교육의 강화', '학교내 여가시설의 확충 및 성과보수적용', '학생들의 실천사항' 등이 있다.

학교폭력에 대한 학교의 대책은 입시 위주의 교육을 지양하고 학생들의 인성교육과 함께 동료 간의 나눔과 배려, 그리고 협동심을 고양해야 한다. 활력이 넘치는 청소년기에 자신의 욕구와 체력을 발산할 수 있는 교육환경을 조성하고 다양한 프로그램을 개발하여 지원해야 한다. 담임교사는 피해자와 가해자 학생의 징후를 민감하게 파악할 수 있어야 하고 사건이 크게 확대되거나 만성화되지 않도록 학교 안팎의 관계자들과 협력하여 대처해야 한다.

2) 가정에서의 인성교육

가족이 어울려 살아가던 시대는 지나갔다. 즉, 1인 가구가 급증하고 남들과 어울려 갈등하고 그 갈등을 해결하는 삶을 힘겨워하는 시대로 변모하고 있다. 1인 가구의 편리함에는 '함께'라는 의미가 포함되지 않는다. 더구나 가족의 의미조차 퇴색되어 1인 가구, 자녀를 낳지 않는 딩크(DINK)족 등 가족의 필요성도 절대적이지 않은 시대이다. 남들과 어울려 사는 것을 기피하고 개인주의를 선호하지만 추후 내 자녀가 사회적 관계를 맺지 않고 1인 가구로 살아가는 것을 바라는 부모는 없을 것이다. 남들과 어울려 살아갈 수 있도록 가르치는 일차적인 교육의 장은 바로 가정이다. 그러므로 인성교육은 가정에서부터 비롯되어 학교, 사회와 연계될 때 가장 효과적인 결과를 낳을 것이다.

(1) 인성을 키우는 부모의 역할

아이들이 전인적으로 성장하는 데 있어 부모의 역할은 매우 중요하다. 자녀의 인성을 바람직하게 키우기 위한 부모의 역할을 구체적으로 살펴보면 〈표 11-4〉와 같다.

표 11-4. 인성함양을 위한 부모의 역할

- 자녀에게 간섭이 아니라 관심으로 대하자. 간섭과 관심을 구별하고 선을 지키는 것은 부모로서 매우 어려운 일이다. 자녀에게 사랑이 넘쳐 사소한 것까지 간섭하고, 자녀의 의사를 존중하지 않는 태도는 자녀로 하여금 독립된 인격체로 건강하게 성장할 수 없게 한다. 자녀가 주체적으로 진로를 선택하고, 선택에 대한 책임감을 길러 주므로 자녀의 선택을 존중하고 탐색하고 고민할 수 있는 기회를 제공해 주는 것은 매우 중요한 일이다. 그러므로 과도한 간섭보다는 적절한 관심을 표현하는 부모가 되어야 한다.
- 공감하는 능력을 길러 주자. 공감이란 남의 감정, 의견, 주장 따위에 대하여 자기도 그렇다고 느낌, 또는 그렇게 느끼는 기분이다. 현대의 아이들이 공감능력이 낮은 이유는 외동, 미디어의 과다한 사용, 입시 위주의 학업분위기 등으로 인해 공감능력이 발달할 수 있는 여러 가지 경험이 부족하기 때문이다. 또래들과 어울리는 동안 서로 다양한 상황에서 갈등을 경험하고, 그 갈등을 해결하기 위해 상대방의 입장에서 생각해 보는 과정에서 공감능력은 향상된다. 그러므로 다양한 체험들과 그 체험 속에서의 다양한 갈등을 경험할 수 있는 기회를 제공해 주어야 한다.
- 자녀와 소통하는 부모가 되자. 자녀가 나이가 들수록 부모와 대화하기가 어렵다고 한다. 다른 세대를 살아가고 있기 때문에 공감대 형성이 어렵고, 너무나 바쁜 일상을 보내고 있기 때문에 부모, 자식 간의 대화가 마련되기 어렵기 때문이다. 그러므로 부모는 먼저 자녀의 말을 경청하고, 자녀의 이야기에 공감해 주는 것이 자녀와의 소통의 시작이 된다.
- 가족 행사를 함께 계획하고 참여하자. 부모, 자녀 간의 유대를 강화시키기 위해 다양한 가족행사를 함께 계획하고 결정하며 적극적으로 참여하는 것은 매우 중요한 일이다. 가족이 함께 계획하고 참여하는 것은 바쁜 일상을 접어 두고, 세대 간의 서로 다름을 인정하는 것으로 경청하는 자세가 반드시 필요하다. 부모와 자녀가 함께 가족 행사를 계획하고 결정하고 참여하는 과정에서 민주적인 가족문화를 형성할 수 있을 것이다.

부모가 자녀들이 반듯하고 건강하게 자라길 바란다면 자신의 백 마디의 말로 종용하기보다는 자녀가 늘 바라보며 닮아 가는 좋은 본보기를 보여 주는 것이 더 효과적일 것이다.

(2) 밥상머리교육

최근 학교폭력 문제가 사회 문제로 대두되면서 현대를 살아가는 가족이 함께 시간을 보낼 수 있는 식사시간을 재조명한 밥상머리교육에 관심이 쏟아지고 있다. 교육과학기술부를 중심으로 시작된 '밥상머리교육' 캠페인은 국가적인 차원에서 가정의 역할과 기능을 중요시했다는 점에서 매우 의미가 있다. 밥상머리교육의 정의는 '가족이 모여 함께 식사를 하면서 대화를 통해 가족 사랑과 인성을 키우는 것'이다(서울대학교 학부모정책연구센터, 2012).

세계의 부호들이 많이 있는 우수한 민족이며, 한국인들과 유사한 면이 많아 항상 우리가 지향하고자 하는 교육의 선두에 유태인이 있다. 흔히 유태인의 인성교육은 밥상머리에서 시작된다고 한다. 유태인의 식탁은 자녀의 인격 형성에 매우 중요한 장소로 이무리 비뻐도 지녁민큼은 집에시 식사를 하려고 하며, 이 저녁 식사 자리에서 하루를 정리하고 서로에게 그날의 일들을 함께 나누고자 한다. 이 공간은 아이들이 자유롭게 질문하는 토론의 장이다. 이를 통해 아이들은 자신이 언제나 존중받고 있으며 가족 서로를 배려하고 있고 배려받고 있다는 사실을 온몸으로 느낄 수 있으며 중요한 산교육이 된다.

우리나라도 어렸을 때 유태인과 달리 다소 일방적이며 훈육이 앞서는 방법으로 밥상머리에서 아버지께서 일러 주시던 여러 가르침들이 성인이 되어서 인성의 주춧돌이 된 경험들이 있다. 우리가 아버지 어머니께 받았던 밥상머리교육을 현대의 아이들에게 맞춤형으로 조금은 자유로운 식사문화를 이루어 본다면 아무리 바쁜 일상이라도 아이들과 함께하는 밥상머리에서 아이들의 생각이 자라나고, 항상 존중받고 사랑받는 존재라는 것을 충분히 느끼게 해 줄 수 있다.

이미 해외에서도 밥상머리교육의 효과는 알려져 있다. 아베 노보루(阿部昇) 교수의 연구에 의하면, 일본 시골지역인 아키타 현이 전국 학력평가에서 가장 높은 점수를 받은 이유가 '밥상머리교육'의 영향이라고 한다. 분석 결과, 이 지역은 다른 지역에 비해 가족과 함께 식사하는 횟수가 많은 아이가 문제해결능력이 뛰어난 것으로 나타났다. 학교에서 일어난 일을 가족에게 이야기하는 아이는 전국학력평가에서 높은 정답률을 보였다.

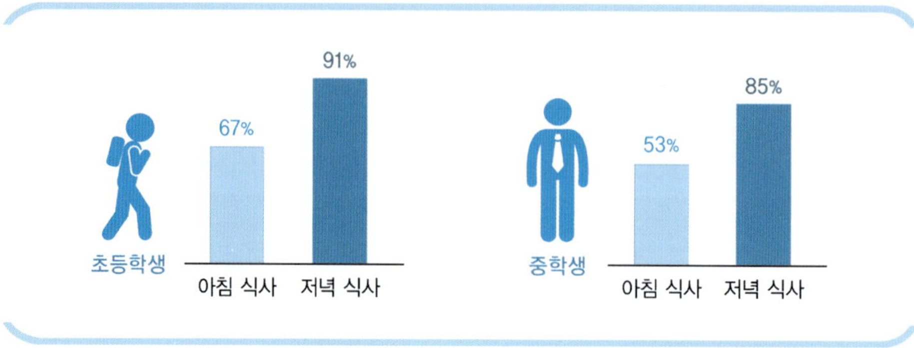

그림 11-4. **일본 아키타 현의 학생들이 가족과 식사하는 비율**

이 외에도 미국 컬럼비아대학교 약물오남용예방센터의 연구 결과에 따르면, 가족과의 저녁 식사 횟수가 3회 이하인 그룹은 일주일에 5~7회 가족과 저녁 식사를 하는 그룹에 비해 C 학점 이하를 받는 학생 수가 1.5배 이상 많았다. 그리고 미국 일리노이대학 연구 결과에 따르면, 학업성적이 우수한 7~11살의 120명 남녀 어린이를 조사한 결과, 공통적으로 가족식사를 하는 데 많은 시간을 보내고 있었다. 편모, 결손가족이라 해도 가족식사를 하는 아이들의 성적이 더 우수하다는 결과가 나오기도 했다. 밥상머리교육의 조건에 대해 살펴보면 〈표 11-5〉와 같다(이현아, 2014).

표 11-5. **밥상머리교육의 조건**

구분	내용
가족시간 확보	밥상머리교육은 가족시간 확보에서 시작된다. 자녀들은 학업 중심, 부모들은 일 중심으로 시간을 배분하는 것이 가족식사 시간 확보의 가장 어려운 과제일 것이다. 일 중심으로 틀에 박혀 버린 생활구조를 전환하여 가족이 한자리에 모여 식사를 할 수 있는 최소한의 시간을 마련하려는 노력이 필요하다.
식사 공유	가족이 또 다른 말로 식구(食口)라고 하는 것은 함께 밥을 먹는 관계이기 때문이다. 식사를 함께 한다는 것은 지역과 시간을 초월하여 유대감을 표현하는 매개체일 것이다. 즉, 음식을 공유하는 것은 그들 사이의 유대감을 강화시킨다는 점에서 매우 중요하다. 또한 규칙적이고 반복적이며 일상적이라는 점에서 매우 효과적인 교육의 장이 된다.

구분	내용
대화와 소통	가족끼리 식사하면서 서로의 일과에 대해 대화를 나누고 감정을 공감하는 소통의 시간을 보낼 때, 한 가족의 구성원으로서 소속감, 친밀감, 유대감을 느낄 수 있다.
가족 사랑과 인성	밥상머리교육의 궁극적인 목적은 가족식사를 통해 가족 간의 사랑을 느끼고 그 안에서 인성을 배우는 것이다. 이런 점에서 가족이 함께 둘러앉은 밥상머리는 가족이 사랑을 나누고 인성을 키우는 교육의 장이 되는 것이다.

여러 선행연구에서 밥상머리교육이 유아의 자아존중감과 조망수용능력발달에 영향을 미친다는 연구 결과와 인지발달, 정서발달, 사회성발달, 신체발달, 자녀의 학교적응에 긍정적인 영향을 미친다는 선행연구 결과들(이현아, 2014; Eisenberg et al., 2004; CASA, 2011)을 살펴볼 때, 밥상머리교육이 아이들의 식습관 형성 교육을 넘어선 교육적인 효과가 있음을 알 수 있다.

표 11-6. **효과적인 밥상머리교육**

- 일주일에 두 번 이상 가족식사의 날을 가진다.
- 정해진 장소에서 정해진 시간에 함께 모여 식사한다.
- 가족이 함께 식사를 준비하고 함께 먹고 함께 정리한다.
- TV는 끄고 전화는 나중에 한다.
- 대화를 할 수 있도록 천천히 먹는다.
- 하루 일과에 대해 서로 이야기를 나눈다.
- "어떻게 하면 좋을까?"식의 열린 질문을 던진다.
- 부정적인 말은 피하고 공감과 칭찬을 많이 한다.
- 아이의 말을 중간에 끊지 말고 끝까지 경청한다.
- 행복하고 즐거운 가족식사가 되도록 노력한다.

3) 자신을 위한 인성교육

(1) 자아존중감

자아존중감이란 평가적인 개념으로서 자신에 대한 긍정적, 부정적인 태도이며, 자신에 대한 만족과 호감도인 동시에 다른 사람과 비교하여 자신에 대해 지각하는 가치감이다(Brinthaupt & Erwin, 1992). 왓킨(Watkin, 1978)은 자아존중감에 대해서 개인의 자기 자신에 대한 평가로서 일상의 대화나 성격 면에 있어 개인의 사회적 행동과 역할을 결정하는 중심 특성이라고 정의했다. 또한 자아존중감은 자아개념과 혼용하여 사용하는 경우도 있으나 선행연구들의 정의를 살펴보면 자아존중감은 자기 평가적인 개념이며, 이와 비교하여 자아개념(self-concept)은 능력, 태도, 느낌을 포함한 자신에 대한 주관적인 인식개념으로 자아존중감을 포괄하는 설명적인 개념이다.

아동·청소년시기에 달성하고자 하는 목표에 다다르지 못하여 실패를 경험하게 되면 그들을 둘러싸고 있는 외부환경으로부터 잦은 지적과 비난을 받게 된다. 이때 느꼈던 누적되었던 실패감이 스스로에 대한 부정적인 이미지를 갖게 되고 결과적으로 낮은 자아존중감을 가지게 한다.

학교폭력 관련 연구들에서 주로 학교폭력 가해 또는 피해를 경험한 아동·청소년의 특성으로 낮은 자아존중감을 지적하고 이들의 10년 후 자아존중감도 낮게 나타났다. 학교내 폭력경험은 아동·청소년의 자아존중감에 부정적 영향을 미치고, 낮은 수준의 자아존중감은 결과적으로 학교부적응으로 이어진다고 볼 수 있다.

(2) 생명존중 자살 예방교육

여성가족부와 통계청이 발표한 '2020년 청소년 통계'에 따르면, 2019년 기준 9~24세 청소년의 사망원인 1위는 '고의적 자해(자살)'인 것으로 조사되었다. 사실 많은 자살사고는 다른 사고로 위장되는 경우가 있으므로 더 많을 수도 있다. 이런 청소년기의 극단적인 선택이 자살로 이어지는 것은 우울증과 관련이 깊다고 알려져 있다.

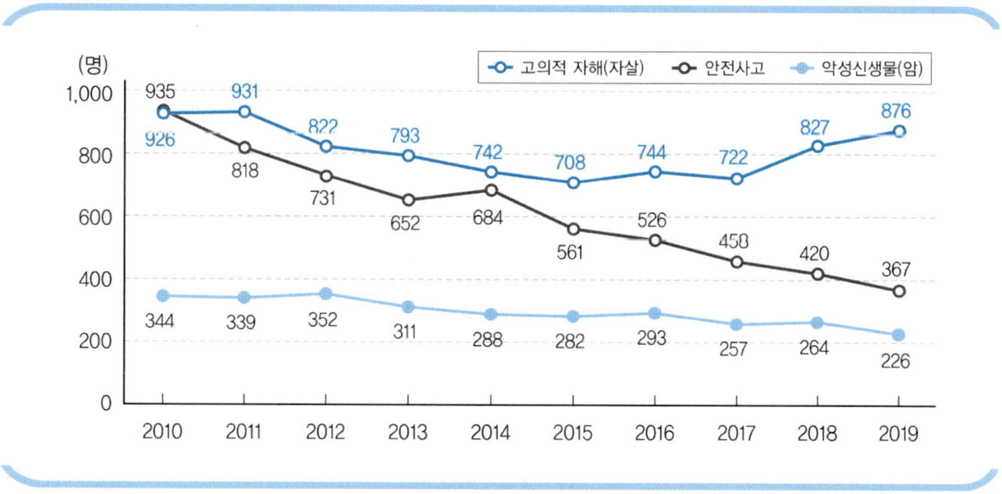

그림 11-5. 청소년 사망원인

출처: 통계청, 여성가족부(2021). 2021 청소년 통계.

청소년의 자살 원인을 조사한 결과, 자살하고 싶었던 이유는 우울증, 외상 후 스트레스장애, 불안장애, 품행장애 등의 정신병리, 학업스트레스, 학교폭력과 왕따, 건강한 성인들과의 접촉 부족 등이 있다. 청소년들은 미성숙하기 때문에 이러한 부정적 감정을 조절하거나 다스리지 못하고 파괴적 행동으로 나타나는데, 파괴적 행동이 자신을 향할 때 충동적 자살시도로 이어질 수 있다. 청소년 자살의 특징은 〈표 11-7〉과 같이 나타난다.

표 11-7. **청소년 자살의 특징**

구분	내용
음식	잘 먹는 사람이 안 먹거나, 안 먹던 사람이 폭식을 하는 경우, 갑작스러운 체중변화
수면	잠이 너무 늘어서 하루 종일 잠을 자려고 하거나 낙제를 하는 경우, 학교에 가지 않으려고 하는 경우
학업	학교에 잘 다니던 아이가 결석을 하거나 낙제를 하는 경우, 학교에 가지 않으려고 하는 경우
외모	자기 외모에 전혀 관심을 기울이지 않고 지저분하게 다니며 그것을 자각하지 못하는 경우
활동	좋아하던 일에 대해서도 흥미를 잃는 경우
고립	또래들과 거리를 두고 혼자 있으려는 경우

성인들의 자살이 삶에 대한 포기의 표출과 비교하여 청소년기의 자살은 가정이나 사회 등 가까운 이들에게 무의식중에라도 도움을 요청하기 위한 처절한 몸부림이다. 수많은 고민 중 자살의도를 직·간접적으로 주변에 알리는 경우가 많다. 관심을 가지고 손을 내밀어 준다면 자살의 위기를 지혜롭게 이겨 낼 수 있다. 자살의도를 알리는 단서들은 〈표 11-8〉과 같다.

표 11-8. **자살의도를 알리는 단서들**

구분	내용
직접적 암시	"죽고 싶다", "더 이상 지탱할 수 없어", "더 이상 사는 것이 의미 없어"
간접적 암시	"내가 없어지는 것이 훨씬 나아", "나는 아무 짝에도 쓸모 없어"
행동적 단서	주변을 정리정돈하거나 유서를 써 놓는다. 평소 아끼던 물건들을 친구들에게 나누어 준다. 알코올이나 약물 남용이 심해진다. 전에 좋아하던 활동에 흥미를 보이지 않는다. 학교에서 불안해하며 공부를 제대로 못한다.
육체적, 정서적 단서	식욕부진, 수면시간 증가 또는 감소, 우울증

청소년 자살을 예방하기 위해서는 가르침이나 훈계보다 가정에서 대화하는 시간을 마련하여 생명을 소중히 여기는 가치관을 심어 주며, 청소년의 고민에 귀 기울이며

혼자만의 고민이 아님을 느끼게 하고, 청소년을 이해하고 지지하는 분위기를 조성해 주는 것이 중요하다. 아프리카 속담 중에 “아이 하나를 키우는 데는 마을 전체가 필요하다”는 말이 있다. 그만큼 아이를 하나 키우는 일은 개인의 일이 아니라 사회 전체의 책임이며, 과제인 것이다. 청소년의 건강한 성장을 위해서 지속적인 사회 전반의 세심하고 따뜻한 배려와 지지가 필요하다.

4) 타인을 향한 인성교육

우리의 일상생활이 산업화, 기계화, 자동화 등 너무나 많은 편리함이라는 명목으로 인간이 우선시되려고 만든 문명의 이기(利器) 때문에 오히려 인간의 존재가 경시되고, 인성을 무시하는 사회가 되었다. 이로 인해 인간의 존엄성을 위해하는 수많은 범죄와 도덕성 타락이 난무한 실정이다. 사회 전반적인 각성과 동시에 아직은 미성숙한 청소년들과 배움을 시작하고 있는 아동 · 청소년들에게는 올바른 인성교육 함양만이 우리 사회의 존립을 지킬 수 있는 방법일 것이다.

다른 사람들과 더불어 살아가기 위해서 꼭 필요한 특성으로는, 사회구성원들의 다양성을 수용하고, 타인에 대한 배려와 나눔의 정신이 중요하다. 학교교육 현장에서 인성교육이 제대로 이루어지도록 하기 위해서는 교사 간, 학생 간, 교사와 학생 간, 그리고 나아가 가정에서나 사회에서도 서로 존중하고 누구나 언제 어디서나 서로 존중하고 열린 대화가 활발하게 전개되어야 하며, 다음 몇 가지 전제조건을 충족해야 한다(백순근, 2013). 첫째, 구성원 개개인의 자율성을 상호존중해야 한다. 둘째, 구성원 개개인의 특성과 의견의 차이가 ‘맞거나 틀린 것’이 아니라 ‘서로 다른 것’이라는 것을 명확하게 인식하고 존중해 주어야 한다. 셋째, 구성원들의 의사소통능력을 신장시켜 주어야 한다. 모든 구성원들이 주어진 상황과 맥락에 적절하게 의사소통을 할 수 있는 능력을 길러 주어야 한다. 또한 전통적인 강의 위주의 수업방식을 지양하고 토론식 수업이나 협력학습 등이 활성화되도록 해야 한다.

(1) 소통

소통(疏通)이란 서로 오해가 없이 막히지 아니하고 잘 통한다는 뜻이다. 현대사회는 굳이 타인과 소통하려고 하지 않고, 소통하지 않아도 살아가는 데 직접적인 문제가 발생하지는 않는다. 즉, 점점 혼자됨을 유지하려고 하고, 외부와 단절된 생활을 하게 된다. 소통이 원활한 사회에서는 문제가 발생하더라도 서로에게 상처를 주는 강압적인 규제나 제압이 없어도 자율적으로 서로를 감싸 안아 문제를 해결할 수 있을 것이다.

먼저 가정에서 부모와의 소통, 학교에서 교사와의 소통을 강화하여 청소년의 고민을 들어주고 공감하며 함께 고민하는 자세가 중요하다. 부모와 교사는 먼저 자녀를 존중하는 성실한 태도, 자녀의 입장에서 이해하는 공감적 자세, 자녀의 이야기를 비판하거나 평가하지 않는 수용의 정신 등 적극적 경청의 자세로 자녀의 고민을 들어주고 공감할 필요가 있다.

적극적 경청의 자세로 청소년에게 너에게 주의를 기울이고 있으며, 너를 존중하고 너의 관점을 존중한다는 정보를 줌으로써 고민에 대해 주위의 성인들이 적극적으로 개입하고 있고 보호하고 치유하고 지원할 것이라는 것을 알려 줄 수 있다. 겔다드와 겔다드(Kathryn Geldard & David Geldard, 1997)의 적극적 경청의 자세에 대하여 살펴보면 〈표 11-9〉와 같다.

표 11-9. 적극적 경청의 자세

구분	내용
청소년의 신체언어와 보조 맞추기	청소년의 목소리 톤과 말하는 속도에 맞추어 주면 상담자와의 관계 증진에 도움이 된다. 이는 청소년이 상담자와 함께하고 있고, 주의 깊게 자신을 경청하고 있다고 느낄 뿐만 아니라 잠시 후에는 청소년 자신이 상담자와 함께하고 있고, 오히려 상담자를 자신이 경청하는 것으로 역전될 수 있다.
최소한의 반응하기	'듣는 사람'이 주의를 기울이고 있다는 것을 '말하는 사람'인 청소년에게 알려 줄 때 사용한다. 예를 들어, '아하~~', '으흠', '그래', '맞아' 등이나 '네가 말하는 것을 듣고 있다', '이해한다' 등의 표현이다. 이때 주의할 점은 긍정적이든 부정적이든 판단적인 의미를 나타내서는 안된다. 이것은 청소년의 발언을 제지시킬 수 있으며, 혹은 상담자의 동의를 얻거나 잃지 못하는 것을 피하기 위해 청소년으로 하여금 자신의 이야기를 왜곡시키게 할 수 있다.
반영해 주기	내용(content) 반영과 감정(feeling) 반영을 해 줄 수 있는데, 내용 반영에는 단지 앵무새처럼 청소년이 했던 말을 되풀이하는 것이 아니라 의역(意譯)하는 것으로 말한 내용 중에서 중요한 부분을 골라 상담자가 이해한 자신의 말을 짧고 명료하게 표현해 주는 것이다. 감정을 반영하는 것은 "네가 슬프구나", "네가 화가 난 것처럼 보이는구나", 또는 "네가 실망한 것 같구나" 등과 같이 감정 단어들을 사용하여 청소년으로 하여금 자신의 인식을 일깨워 주어 명확한 생각을 하게 함으로써 미래에 관한 보다 건설적인 선택을 돕는 역할을 한다.
요약하기	종종 청소년들은 자신의 이야기를 늘어놓음으로써 스스로 혼동을 겪을 수도 있다. 이때 상담자는 되풀이해 주는 것이 아니라 혼란스러운 많은 정보들 가운데 가장 중요한 것들을 골라내어 명확한 정리를 해 주는 것이다. 결국 문제의 해결책을 찾는 방향으로 인도해 주는 것이다.

소통은 사람들의 마음을 움직여서 우리의 생활을 윤택하게 변화시킨다. 예를 들어, 브라질의 한 병원에서는 헌혈을 하고 나면 QR 코드가 새겨진 반창고를 주는데, 이 QR 코드를 찍으면 혈액으로 도움을 받은 사람들의 감사 메시지를 볼 수 있다. 메시지가 담긴 영상들은 사람들의 마음을 움직였고 일주일 만에 800명이 헌혈에 동참하도록 했다고 한다. 이처럼 소통은 혼자서는 해낼 수 없는 일들을 기적처럼 가능하게 하며 우리 사회가 함께 안고 있는 사회적 문제, 갈등을 해결할 수 있는 출발점이 된다.

학교폭력의 가장 큰 원인이 되는 것은 소통부재이며, 가장 큰 문제해결의 열쇠도

소통이다. 교실안에서도 가해자, 피해자, 방관자 모두가 소통할 수 있다면 학교폭력이 미연에 방지될 것이다. 타인과의 세련된 관계를 맺게 하는 능력은 두 가지 서로 다른 감성능력인 자기관리와 감정이입이 성숙할 때 가능해진다. 이런 토대가 있어야 '대인관계능력'이 원활해진다. 이것은 타인과의 관계에서 효율성을 높여 주는 원동력이 된다. 이 능력이 부족하면 사회적 인간관계에서 부적당한 언행을 하게 되고, 개인 사이에 원하지 않는 상황이 발생하게 된다. 학교폭력에서는 특히, 감정이입이 부족하여 가해자, 피해자, 방관자 모두 상대방의 입장, 감정을 이해하지 못하기 때문에 폭력의 강도가 잔인해지며, 언어폭력 양상이 더욱 두드러지는 것이다. 서로가 하나라는 공동체 의식을 가지고 소통한다면 학교폭력을 예방하는 데 큰 도움이 될 것이다.

표 11-10. 바람직한 대화법

구분	내용
적극적 경청하기	• 자녀의 말, 행동에 대해 입장을 바꾸어 생각해 보기 • 선입견, 편견을 갖지 않고 듣고 이해하기 • 몸짓, 표정 등 비언어적인 메시지에 귀 기울이기
열린 질문	• 말을 중간에 끊지 말고 끝까지 경청하기 • '어떻게 하면 좋을까?' 식의 열린 질문하기 • 부정적인 말은 피하고, 공감과 칭찬을 많이 하기
긍정적 대화	• 상대에게 도움이 되는 긍정적인 말을 하기 • 존중받고 있다고 느끼도록 아이의 말에 집중하기 • 옳고 그름을 따지지 말고 항상 격려하고 공감하기

(2) 배려

배려의 의미는 도와주거나 보살펴 주려고 마음을 쓴다는 뜻이다. 성자 바바 하리 다스(Baba Hari Das)의 글을 인용해 보면, 앞을 못 보는 사람이 밤에 물동이를 머리에 이고, 한 손에는 등불을 들고 길을 걸었다. 그와 마주친 사람이 물었다. "정말 어리석군요. 앞을 보지도 못하면서 등불은 왜 들고 다닙니까?" 그가 말했다. "당신이 나와 부딪

히지 않게 하려고요. 이 등불은 나를 위한 것이 아니라 당신을 위한 것입니다" 이처럼 배려는 남을 위한 것인 동시에 나를 위한 것이다. 배려의 시작은 역지사지(易地思之), 즉 상대방의 입장에서의 사고가 되어야만 가능하다. 이것은 조망수용능력의 개념과도 관련이 있다.

조망수용능력은 역할 취득(role-taking)이라고도 하며, 타인의 입장에 놓인 자신을 상상하는 것에 의해 타인의 의도나 태도, 감정, 욕구 등을 추론하는 능력을 말한다. 타인에 대한 조망수용능력이 높으면 자신에 대한 이해뿐만 아니라 타인에 대한 이해를 높일 수 있으며, 타인의 욕구에 민감하고 효율적으로 의사소통하게 되어 인간관계도 호전될 수 있다(이주희 외, 2011). 사회적 조망수용능력은 자신과 타인을 객체로 이해하고, 타인의 관점에서 자신의 행동을 인지함으로써 타인의 의도, 태도, 감정을 추론할 수 있게 해 준다고 한다. 셀먼(Selman)의 다른 사람에 대한 조망수용능력의 발달단계를 살펴보면 〈표 11-11〉과 같다.

표 11-11. 셀먼의 사회적 조망수용이론

발달단계	연령	특징적 현상
0단계: 미분화된 조망수용	3~6세	타인의 생각이나 기분을 인지할 수 있으나 모든 행위자들은 자신과 동일한 방식으로 그 상황을 이해한다고 생각한다.
1단계: 사회정보적 조망수용	4~9세	타인의 조망이 자신의 조망과 유사하거나 상이하다는 것을 인지하기 시작한다. 그러나 아직까진 자신과 타인의 관점을 정확하게 구별하지는 못한다.
2단계: 자기반성적 조망수용	7~12세	자신의 조망과 타인의 조망을 이해하고 타인의 조망으로부터 자신의 생각과 감정을 심사숙고할 수 있다.
3단계: 제3자적 조망수용	10~15세	중립적인 제3자적 조망에서 자신과 타인의 행동을 고려할 수 있다. 그 사회의 평균적 구성원들이 갖는 보다 더 일반화된 조망을 이해할 수 있다.
4단계: 사회적 조망수용	14~성인	자기-타인 상호작용에 대한 일반화된 사회적 조망을 지니고 있고 사회체계 속에 반영되어 있는 집단조망이 존재한다는 것을 인식한다. 따라서 법률과 도덕은 개인이 고려해야 하는 어떤 합의된 집단조망에 의존한다는 것을 이해한다.

배려심 증진을 위한 체험 중심의 인성교육 강화를 위해 교육청 및 여러 기관의 실천적인 움직임이 시작되고 있다. 교육청에서는 올바른 생활예절 및 학교생활규칙을 통해 인성교육을 실천하고 있다. 단위학교별 계획에 따라 예절교육체험센터, 학생교육원 내 예절원 등을 활용한 예절교육 프로그램을 운영하고 있으며, 교육부 · 문화체육관광부 · 여성가족부에서는 인성 회복을 위해 청소년 등을 대상으로 인(仁)과 효(孝)에 기반한 예절교육을 추진하고 있다.

또한 교육부 · 문화체육관광부에서는, 첫째, 체육수업의 내실화 및 학교스포츠클럽 운영 등 학교체육의 활성화에 힘쓰고 있다. 이는 스트레스의 해소와 동시에 바른 인성 및 협동심, 질서의식 등을 길러 줄 수 있는 체육수업을 강화하고, 방과 후, 점심시간, 토요일 등을 활용하여 학급 및 스포츠클럽 대항, 교내 스포츠 대결을 통해 학교폭력 예방과 인성교육 함양에 이바지하고 있다. 둘째, 예술교육을 통한 존중과 배려, 감성 등 인성 함양의 기회를 확대하고 있다. 학교예술교육 지원 확대를 통해 학생들의 감성과 풍부한 정서 함양에 힘쓰며, 회화, 기악, 디자인, 영상 등 다양한 예술분야 학생동아리를 지원하는 예술동아리 지원사업을 추진하여 청소년의 스트레스 해소와 공동체 의식 고취에 힘쓰고 있다.

그리고 교육부 · 산림청에서는 숲체험 등 자연과 함께하는 체험형 프로그램 확대를 추진하고 있다. 식물관찰, 숲속 명상 등 숲에서의 다양한 체험활동을 실시하고 학생들에게 학교내 · 외의 자연을 통해 스트레스 감소 등 정서적 안정과 자기성찰의 기회를 제공하고 있다.

참고문헌

강유미(2011). 학교폭력에 대한 실태분석 연구. 고려대학교 교육대학원 석사학위논문.

강진령(2010). 인성교육의 본질과 기본방법. **21세기 교육의 큰 두 개의 축: 창의력 교육과 인성교육(우종옥 역음).** 서울: 교육과학사.

경찰청(2013). 경찰통계연보.

고성혜, 이완수, 정진희, 송말희(2003). 학교폭력 가해학생 선도: 교육 프로그램 모형 개발. 여성가족부 청소년보호위원회

고정곤, 이영희, 김의석, 김운삼, 류혜원, 김지영(2014). **유아사회교육.** 경기: 양서원.

곽금주(2008). 한국의 왕따와 예방프로그램. **한국심리학회지: 사회문제, 14**(1), 255-272.

곽영길(2007). 학교폭력피해에 대한 인식과 경험에 관한 연구: 서울시 고등학생을 중심으로. 동국대학교 대학원 박사학위논문.

관계부처합동(2012). 학교폭력근절 종합대책(2012.02.06.).

관계부처합동(2016). 학교폭력 예방 및 대책 2016년도 시행계획.

교육과학기술부(2012). 학교폭력근절종합대책.

교육과학기술부(2012). 학교폭력예방 및 대책에 관한 법률. Q&A를 통한 법률의 이해. 학교폭력근절과.

교육부(2012). 인성교육 실태조사.

교육부(2012). 학교폭력근절 종합대책.

교육부(2013). 학교폭력 사안처리 및 초기대응 절차.

교육부(2015). 2015년 인성교육 포럼: 인성교육 5개년 종합계획 공청회.

교육부(2020). 제4차 학교폭력 예방 및 대책 기본계획.

교육부, 이화여자대학교 학교폭력예방연구소(2022). 학교폭력 사안처리 가이드북.

구본용, 박제일, 이은경, 김홍준, 이기숙, 권현용(2008). **학교폭력 피해학생 치유프로그램 지도자용 지침서.** 교육과학기술부.

국가교육과정정보센터(2015). 2015개정 교육과정. 교육부. http://ncic.go.kr.

권준수, 김재진, 남궁기, 박원명, 신민섭, 유범희, 윤진상, 이상익, 이승환, 이영식, 이헌정, 임효덕(2015). **정신질환의 진단 및 통계편람.** 서울: 학지사.

권화숙, 권성민, 김근희, 김미진, 김선, 박현숙, 윤혜영, 이은희, 임미혜(2020). **부모교육.** 경기:

수양재.

김건희(2021). 학교폭력 피해학생을 위한 사후 프로그램의 이수경험 분석. 이화여자대학교 교육대학원 석사학위논문.

김경석, 김선향, 김영옥, 김진희, 박혜경, 박찬선, 이병학, 이은해, 임영아(2013). **학교폭력상담 이론과 실제.** 경기: 양서원.

김경식, 이현철(2007). 청소년 비행이 영향 요인. **교육사회학 연구.** 17(2), 1-22.

김국현(2002). 인성교육에서의 인성 개념. **도덕윤리교육연구,** 1, 41-62.

김규태, 방경곤, 이병환, 윤혜영, 우원재, 김태연, 이용진, 엄재춘(2015). **학교폭력예방의 이론과 실제.** 경기: 양서원.

김난주(2013). 학교폭력 예방에 관한 연구: 학교폭력예방 및 대책에 관한 법률을 중심으로. 동의대학교 대학원 박사학위논문.

김대규, 권경택, 김승묵(2006). **교양인을 위한 리더십.** 서울: 학문사.

김동주(2021). 학교폭력 주변인의 방어 · 방관 행동과 관련 변인 간의 관계에 대한 메타분석. 연세대학교 대학원 석사학위논문.

김미란(2018). 학교폭력예방 및 대책에 관한 법률에 대한 사후적 입법평가. 고려대학교 대학원 석사학위논문.

김미숙(2012). 가톨릭 고등학교 인격교육의 활성화 방향 연구: 동아리활동을 중심으로. 가톨릭대학교 문화영성대학원 석사학위논문.

김병현(2016). 부모 대상 학교폭력 예방 그룹코칭 프로그램의 효과. 광운대학교 대학원 석사학위논문.

김상곤, 배진형, 한정숙, 김희영(2013). 영국, 미국, 노르웨이, 독일의 학교폭력 예방과 문제해결을 위한 대처방안 분석연구. **학교사회복지, 25**, 333-364.

김성회(2009). **자기계발을 위한 주장훈련의 이론과 실제.** 서울: 학지사.

김소영, 노강욱(2013). **학교폭력의 이해.** 서울: 창지사.

김승국, 김옥기(1991). **사회성숙도검사.** 서울: 중앙적성출판사.

김영화(2011). **사춘기 뇌가 위험하다.** 서울: 해피스토리.

김영화(2012). **학교폭력 · 청소년문제와 정신건강.** 경기: 도서출판 한울.

김왕열(2006). 학교폭력의 실태와 대처방안에 관한 연구. 남부대학교 경찰행정대학원 석사학위논문.

김은영, 김대곤, 김미영, 김이영, 박정연, 심정묘, 이행기, 임용숙, 정다운, 최병태(2016). **인성과 리더십.** 경기: 양성원.

김이영, 배헌석, 이우언(2016). **인간이해를 위한 심리학.** 경기: 양성원.

김이영, 백경숙, 전재선, 최윤희, 한용기, 홍성훈(2014). **교육심리학**. 경기: 양서원.

김이영, 최윤희(2015). 부모의 스마트폰에 대한 인식이 유아의 문제행동과 자기효능감에 미치는 영향: 부모와 유아의 스마트폰 사용을 매개로. **유아교육 · 보육복지연구, 19**(1), 139-158.

김지선, 백지숙(2015). 청소년의 스마트폰 중독수준이 학교생활적응에 미치는 영향. **청소년 시설환경, 12**(3), 37-47.

김진한, 박선환, 박숙희, 우지향(2013). **학교폭력의 예방과 대책**. 경기: 공동체.

김창군, 임계령(2010). 학교폭력의 발생원인과 대처방안. **법학연구, 38**, 173-198.

김현택 외(2003). **현대심리학의 이해**. 서울: 학지사.

김혜숙, 최동욱(2013). **학부모상담 길잡이**. 서울: 학지사.

나혜연(2016). 고등학생의 스마트폰 과다사용이 사이버볼링 행동에 미치는 영향: 학교폭력태도, 폭력성의 매개효과를 중심으로. 명지대학교 대학원 석사학위논문.

남궁달화(1999). **인성교육론**. 서울: 문음사.

남궁달화(2010). 인성교육이란 무엇을 하는 것인가. **21세기 교육의 큰 두 개의 축: 창의력 교육과 인성교육(우종옥 역음)**. 서울: 교육과학사.

남재봉(2007). 청소년의 지위특성과 비행. **사회과학연구, 24**(2), 1-34.

노성호(2004). 학교폭력의 실태와 문제점. 한국범죄방지재단.

노연순(2014). 학교폭력 실태 및 예방에 관한 연구. D교육청 학교폭력 가해자 특별교육기관 'S'센터를 중심으로. 배재대학교 교육대학원 석사학위논문.

대안교육종합센터(2004). 위탁생 적응교육 프로그램. 2004 교육인적자원부 지원 대안교육 프로그램 개발.

동아일보, 2013년 7월 4일자 보도

문영희, 강동욱(2015). 학교폭력 예방 및 대책에 관한 법률의 성격에 대한 검토 및 그 개정방향. **법과정책연구, 15**(1), 97-123.

문용린 외(2006). **학교폭력 예방과 상담**. 서울: 학지사.

문용린 외(2008). **학교폭력 위기개입의 이론과 실제**. 서울: 학지사.

박경숙, 윤점룡, 박효정(1989). **기초학습기능검사**. 특수교육. 서울: 한국교육개발원.

박기민(2000). 우리나라 학교폭력 예방에 관한 연구: 중고생의 학교폭력실태를 중심으로. 경희대학교 행정대학원 석사학위논문.

박병문(2005). 제7차 도덕과의 인격교육론적 분석 및 개선방안 연구: 중학교 도덕교과서 중심으로. 부산대학교 교육대학원 석사학위논문.

박보경(2015). 청소년의 공감능력, 의사소통, 정서조절 능력과 학교폭력 간의 관계. 계명대학교 대학원 석사학위논문.

박상호(2015). 청소년지위비행 경험이 학교폭력 가해행동에 미치는 영향. 중앙대학교 행정대학원 석사학위논문.

박선환, 박숙희, 이주희, 정미경, 김혜숙(2010). **정신건강론**. 경기: 양서원.

박소영(2015). 유아의 스마트미디어 사용실태 및 과다사용에 영향을 미치는 변인 연구. 가톨릭대학교 대학원 박사학위논문.

박수연(2021). 초등학교 중학년의 자아존중감과 학교생활적응에 미치는 효과. 광주교육대학교 교육대학원 석사학위논문.

박영목(2010). **독서교육론**. 서울: 박이정.

박진우(2016). 부모양육태도와 자아존중감, 학교폭력의 관계. 아주대학교 교육대학원 석사학위논문.

박효정(2012). 노르웨이의 학교폭력 실태와 대책, 그리고 한국교육에의 시사점. 한국교육개발원 현안보고, 제1호.

박효정(2014). 외국의 학교폭력 예방 프로그램 운영실태. 한국교육개발원 현안보고, 제4호.

배성희(2012). 독서능력 향상을 위한 독서토론 모형 개발 및 적용. 부산대학교 대학원 석사학위논문.

백순근(2013). 인성교육의 핵심은 상호 존중과 열린 대화. 한국교육개발원 현안보고, 제3호.

사단법인 한국여성상담센터(2019). 학교 성폭력 가해자 재발방지 프로그램 매뉴얼 개발연구: 학교내 성희롱 교원대상으로. 서울특별시교육청.

서미경(2007). 중학생 학교폭력 예방프로그램의 효과연구. 성산효대학원대학교 석사학위논문.

서민영, 임은미(2010). 유아 및 초등 저학년 아동의 인터넷 게임 중독경향과 인성특성의 관계. **아동교육, 19**(4), 163-175.

서울대학교 학부모정책연구센터(2012). 밥상머리교육 매뉴얼. 교육과학기술부. 서울대학교 학부모정책연구센터.

서울특별시 자녀안심운동 서울협의회(2000). 청소년문제행동의 이해.

석말숙, 구용근(2014). 청소년의 가정폭력 경험이 스마트폰 중독에 미치는 영향: 자아 존중감과 자기통제력의 매개효과. **한국가족복지학, 15**(4), 905-928.

성윤숙, 구본호, 김현수(2020). 학교폭력 예방 어울림 프로그램의 효과적 적용방안 탐색. **청소년학연구, 27**(2), 363-383.

성폭력방지 및 피해자보호 등에 관한 법률. 법률 제14063호 일부개정 2016.03.02.

소유경, 노주선, 김영신, 고선규, 고윤주(2002). 한국어판 부모, 교사 ADHD 평가 척도의 신뢰와 타당도 연구. **신경정신의학, 41**(2), 283-289.

손은주(2008). 위기청소년의 부모교육과 상담사례연구. 총신대학교 상담대학원 석사학위논문.

송명자(1995). **발달심리학**. 서울: 학지사.

송재홍, 김광수, 박성희, 안이환, 오익수, 은혁기, 정종진, 조붕환, 홍종관, 황매향(2013). **학교폭력의 예방 및 대책**. 서울: 학지사.

양옥승(2006). 3-6세 유아의 자기조절력 측정척도 개발. **미래유아교육학회, 13**(2), 161-187.

양재일(2014). 학교폭력 방관자 변화를 위한 자기효능감 향상 프로그램 개발. 명지대학교 대학원 석사학위논문.

여성가족부(2012). 청소년 유해환경 접촉 종합실태 조사.

여성가족부(2016). 2016년 인터넷 · 스마트폰 이용습관 진단조사.

여성가족부(2016). 청소년 통계.

연성진(2000). 폭력에 대한 국민의식조사. 한국형사정책연구원연구보고서.

염영미(2012). 학교폭력 가해청소년과 학교폭력 가해·피해 청소년의 특성연구. **미래청소년학회지, 8**(3), 117-136.

오경희(2013). 학교폭력 예방을 위한 유아기 인성교육에 관한 탐색: "돌봄"의 특성을 중심으로. **유아교육학논집, 17**(4), 323-347.

오인수(2010). 괴롭힘을 목격한 주변인의 행동에 영향을 미치는 심리적 요인: 공감과 공격성을 중심으로. **초등교육연구, 23**(1), 45-63.

우종옥(2010). **21세기 교육의 큰 두 개의 축: 창의력 교육과 인성교육**. 서울: 교육과학사.

유구종(2012). 유아교육기관 스마트폰, 태블릿 PC 활용 프로그램 개발 및 유아의 과학적 사고에 미치는 효과. **열린유아교육연구, 17**(3), 85-110.

윤태현(2017). 학교폭력예방 및 대책의 실효성 제고 방안: 학교폭력예방 및 대책에 관한 법률검토를 중심으로. 한양대학교 법학전문대학원 박사학위논문.

이명우, 신효정, 김태선, 송은미, 김소라, 이윤아(2005). 경찰사이버전 체제운영을 위한 학교폭력 가해자 상담모형 개발. 한국청소년상담원.

이수정(2006). **최신범죄심리학**. 서울: 북카페.

이우언, 김이영, 배헌석, 이은진(2003). **아동발달의 이해**. 대구: 도서출판 정신재활.

이은영(2004). SER사회과 인성덕목체계의 타당성 연구. 경인교육대학교 교육대학원 석사학위논문.

이재욱(2012). 학교폭력의 원인과 해결방안: 학교폭력예방 및 대책에 관한 법률의 실효성 검토와 법교육의 중요성 인식을 중심으로. 고려대학교 교육대학원 석사학위논문.

이정관(2017). 학교폭력 예방을 위한 부모의 역할과 가정교육의 필요성 연구. **신학과 실천, 54**, 393-416.

이정란, 양옥승(2002). 자기조절의 개념과 발달. **교육연구, 10**, 53-78.

이정림, 도남희, 오유정(2013). **영유아의 미디어 매체 노출실태 및 보호대책**. 서울: 육아정책연구소.

이지은(2015). 갈등해결중심 학교폭력 예방프로그램이 초등 통합학급 학생들의 갈등해결전략사용과 학교폭력에 대한 태도 및 장애학생 수용태도에 미치는 영향. 이화여자대학교 교육대학원 석사학위논문.

이창호, 김경희, 장상아(2013). **스마트폰 확산에 따른 청소년보호방안연구**. 세종: 한국청소년개발원.

이철주(2014). 실천지향의 인성 개념 탐구. **윤리교육연구, 34**, 317-337.

이춘재, 곽금주(2000). **학교에서의 집단 따돌림: 실태와 특성**. 서울: 집문당.

이현경(2011). **온전함에 이르는 대화**. 서울: 샨티.

이현아(2014). 가족식사가 자녀의 학교적응에 미치는 영향: 학부모 인식을 중심으로. **가족자원경영과 정책, 18**(3), 103-116.

임재연(2006). **학교폭력 상담매뉴얼**. 서울: 학지사.

장휘숙(2001). **아동발달**. 서울: 박영사.

전아영(2013). 부모 자녀간의 의사소통과 학교폭력의 관계에서 청소년활동의 매개효과. 중앙대학교 대학원 석사학위논문.

전예화, 최미현, 천희영, 서현아, 황해익, 오경녀(2010). **유아사회교육의 이해**. 경기: 양서원.

전종천(2012). 디지털 미디어 시대의 청소년의 이해: 인터넷 미디어 중독성, 폭력성, 상업성. 2012년 교원상담 역량강화를 위한 생활지도 직무연수. 경상남도 밀양교육지원청.

정명선(2010). 청소년의 주의집중 및 공감 향상을 위한 주제제시 형식의 집단미술치료효과. 대구대학교 대학원 박사학위논문.

정수정(2012). 독일의 학교폭력 대처 방안. 학교교육개발원.

정옥경(2001). 학교폭력의 실태연구.

정옥분(2002). **아동발달의 이해**. 서울: 학지사.

정진희(2009). 학교기반 학교폭력 예방프로그램의 효과성 분석에 관한 연구. 한양대학교 대학원 석사학위논문.

정창우, 손경원, 김남준, 신호재, 한혜민(2014). 학교급별 인성교육 실태 및 활성화 방안. 교육부.

정태성(2021). 초등학교 고학년의 사이버 폭력 예방 프로그램의 효과 연구: 사이버 어울림 프로그램을 중심으로. 공주교육대학교 교육대학원 석사학위논문.

정해창 외(1996). **인간성의 회복**. 경기: 한국정신문화연구원.

정향기(2017). 학교폭력 예방제도의 문제점과 개선방안에 관한 법적 연구. 동아대학교 대학원 박사학위논문.

정현주, 이호준, 김하나(2012). **학교폭력 가/피해자 부모교육 프로그램 개발**. 서울: 한국청소년상담복지개발원.

정현주, 정은주, 김경숙(2013). 중학생 예술동아리 자치활동 수혜자들의 프로그램 만족도 및 인성변화 자각도 분석. **학습자중심교과교육연구, 13**(4), 397-416.

조선희, 엄애용, 전경숙(2012). 청소년의 흡연 및 음주 형태와 사회경제적 수준과의 관계. **보건의료산업학회지, 6**(4), 13-25.

조순옥 외(2003). **유아사회교육**. 서울: 창지사.

조영달(1997). **현장교육의 개혁과 학원폭력의 방지**. 서울: 공보처.

지성애(2003). 유아의 자아 존중감 척도 개발에 관한 연구. **아동교육학회, 7**(1), 43-67.

지은림, 도승이, 이윤선, 박소연, 주언희, 김해경(2012). 인성지수개발 연구. 교육부 정책연구보고서.

진홍섭(2003). 인성교육을 위한 인성덕목의 요인분석. 인천교육대학교 교육대학원 석사학위논문.

천세영 외(2012). 인성교육 비전 수립 및 실천 방안 연구. 교육과학기술부 정책연구.

청소년보호법. 법률 제14067호 일부개정 2016.03.02.

청소년폭력예방재단(2012). 2012년 독일초청 세미나, 독일의 학교폭력 예방 및 대책.

청소년폭력예방재단 학교폭력문제연구소(2014). **학교폭력예방의 이론과 실제**. 서울: 학지사.

최미숙, 최선미(2013). 밥상머리교육활동이 유아의 자아존중감 및 조망수용능력에 미치는 영향. **생태유아교육연구, 12**(3), 81-103.

최성애, 조벽, 존 가트맨(2011). **내 아이를 위한 감정코칭**. 서울: 한국경제신문.

최영(2006). 인성교육을 위한 도덕교육적 접근. 전남대학교 교육대학원 석사학위논문.

최영자(2019). 청소년이 지각한 부모애착 수준이 학교폭력에 미치는 영향, 공주교육대학교 교육대학원 석사학위논문.

최지영(2021). 초등학교 고학년 학교폭력 가해 아동 개인상담 사례 연구. 배재대학교 교육대학원 석사학위논문.

통계청, 여성가족부(2014). 2014 청소년 통계.

통계청, 여성가족부(2021). 2021 청소년 통계.

학교안전사고 예방 및 보상에 관한 법률. 법률 제13947호 일부개정 2016.02.03.

학교폭력예방 및 대책에 관한 법률. 법률 제13576호 일부개정 2015.12.22.

학생사이버폭력 예방 및 대응 실무협의체(2021). 함께 실천하는 사이버폭력 예방: 학생 사이버폭력 예방·대응 가이드.

한국교육학술정보원(2019). 2019년 사이버 어울림 프로그램 초등 기본(역량).

한국교육학술정보원(2019). 2019년 사이버 어울림 프로그램 초등 심층(유형).

한국교육학회(1998). **인성교육**. 서울: 문음사.

한국정보문화진흥원(2002). 2002 국민정보생활 현황조사.

한국정보화진흥원(2011). 스마트폰 중독 진단 척도 개발연구.

한국정보화진흥원(2012). 스마트미디어중독 특성 및 중독 해소 개입 전략 개발 연구.

한국청소년개발원(2006). **청소년문제론**. 서울: 교육과학사

한국청소년정책연구원(2013). **청소년의 스마트폰 이용 어떻게 볼 것인가**. 육아정책연구소.

한국초등상담교육협회(2013). **학교폭력의 예방과 상담**. 서울: 학지사.

한국학교폭력상담협회(2013). **학교폭력상담 이론과 실제**. 경기: 양서원.

한림대학교(2015). 2014∼2015년 상반기 학생실태 조사. 자살과 학생생활연구소.

한홍무, 염태호, 신영우, 김교현, 윤도준, 정근재(1986). Beck Depression Inventory 의 한국판 표준화 연구: 정상집단을 중심으로. **신경정신의학**, **25**(3), 487-500.

홍경선(2014). **학교폭력의 예방과 대책**. 경기: 공동체.

홍금자, 이경준(1998). 학교폭력의 실정과 학교사회사업가의 개입. 학교사회사업, **한국학교사회사업학회**, 62-91.

황경익(2012). 남·여 고등학생의 학교폭력에 따른 방관적 태도 차이. 단국대학교 대학원 석사학위 논문.

황성현(2010). 청소년 지위비행에 관한 비행이론 비교연구. **청소년학 연구**, **17**(5), 49-68.

황한이(2022). 피해 청소년을 위한 격려 프로그램 개발 및 효과. 목포대학교 대학원 박사학위 논문.

Achenbach, T. M. (1991). *Manual for the child behavior checklist/4-18 and 1991 profile.* Burlington, Vt: Unversity of Vermont.

Achenbach, T. M., & Edelbrock, C. (1983). *Manual for the child behavior checklist and revised child behavior profiles.* Burlington: University of Vermont.

Ainsworth, M. D. S. (1973). The development of infant-mother attachment. In B. M. Caldwell, & H. N. Ricciuti (Eds.), *Review of child development research,* Vol. 3. Chicago: University of Chicago Press.

Bandura, A. (1969). *Principles of behavior modification.* New York: Holt, Rinehart and Winston.

Bandura, A. (1997). *Self efficacy The exercise of control.* New York: Freeman.

Bowlby, J. (1958). The nature of the child's tie to his mother. *International Journal of psychoanalysis, 39*, 350–373.

Brinthaupt, T. M., & Erwin, L. J. (1992). Reporting about the self: Issues and implications. In T. M. Brinthaupt & R. P. Lipka (Eds.), T*he self: Definitional and methodological issues* (pp. 137-171). State University of New York Press.

Buck, J. (1948). The H-T-P technique, a qualitative and quantitative method. *Journal of clinical Psychology, 4,* 317-396.

Burns, R., & Kaufman, S. (1970). *Kinetic Family Drawings(K-F-D): An introduction to understanding children through kinetic drawings.* New York: Brunner/Mazel.

CASA(2011). *The importance of family dinner Ⅶ.* New York: Columbia University.

Cohen, J. (1988). *Statistical power analysis for the behavioral sciences*(2nd ed.), Hillsdale, NJ: Lawrence Erlbaum Associates.

Cooker, P. G., & Cherchia, P. J. (1976). Effects of communication skill training on high school students ability to function as peer group facilitators. *Journal of counseling Psychology, 23*(5), 464-467.

DuPaul, G. J. (1991). Parent and teacher rations of ADHD symptoms: Psychometric properties in a community based sample. *Journal of Clinical Child Psychology, 20,* 245-253.

Eisenberg, M., Olson, R., Neumark-Sztainer, D., Story, M. & Bearinger, L. (2004). Between family meals and psychosocial well-being among adolescents. *Archives of Pediatric and Adolescent Medicine, 158,* 792 -796.

Eisenberg, N. (1992). *The caring child.* Cambridge, MA: Harvard University Press.

Eisenberg, N., Champion, C., & Ma, Y. (2004). Emotion-related regulation: An young construct. *Merrill-Palmer Quarterly, 50*, 236-259

Eron, L. D. (1997). The development of antisocial behavior from learning perspective. In D. Stoff, & J. D. Maser (Eds.), *Handbook of antisocial behavior.* NY: Wiley.

Geldard, K., & Geldard, D. (1997). *Counselling children: A practical introduction.* London: Sage Publications.

Gerrig, R. J., & Zimbardo, P. G. (2004). **심리학과 삶.** [Psychology and life] (박권생, 김문수, 박태진, 성현란, 이종한, 최해림, 홍기역 역). 서울: 시그마프레스(원저출판: 2001).

Gross, J. J. (1998). Antecedent-and response-focused emotion regulation: divergent consequences for experience, expression, and physiology. *Journal of personality and social psychology, 74*(1), 224-237.

Harlow, H. F. (1977). Birth of the surrogate mother. In W. R. Klemm (Ed.), *Discovery processes in modern biology* (pp. 133-150). Huntington, NY: Krieger.

Hirschi, T. (1969). *Causes of Delinquency.* Berkeley. CA: University of California Press.

Hoffman, M. L. (1987). The contribution of empathy to justice and moral judgment. In N. Einsenberg & J. Strayer (Eds.), *Journal of Personality and Social Psychoanality and Social Psychology, 5*, 45-57.

Kazdin, A. E. (1987). *Child psychotherapy: Developing and identifying effective treatments.* Elmsford, NY: Pergamon Press.

Kohlberg, L. (1984). *The psychology of moral development: The nature and validity of moral stage.* San Francisco: Harper & Row.

Mayer, J. D., & Salovey, P. (1997). What is emotional inelligence? In P. Salvoy & J. D. Mayers(eds.), *Emotional development and emotional intelligence: Emotional Implication.* NY: Basic Books.

Merton, R. K. (1938). Social structure and anomie. *American Sociological Review, 3,* 672-682.

Moffit, T. E. (1993). Adolescence limited and life course persistent antisocial behavioral: A developmental taxonomy. *Psychological Review, 100*, 674-701.

Oliver, W. (1994). *Violent social world of black men.* New York: Lexington Books.

Olweus, D. (1978). *Aggression in the school: Bullies and whipping boys.* Oxford: Hemisphere.

Olweus, D. (1984). Aggressors and their victims: Bullying at school. In N. Frude, & H. Gault. (Eds.), *Disruptive behavior in school.* New York: John Wiley.

Olweus, D. (1993). *Bullying at school: What we know and what we can do.* Cambridge, MA: Blackwell.

Olweus, D., & Limber, S. P. (2010). The Olweus Bullying Prevention Program: Implementation and evaluation over two decades. In S. R. Jimerson, S. M. Sweater, & D. I. Espelage.(Eds.), *The Handbook of school bullying: An international perspective*(pp. 377-402). NY: Routledge.

Parker, J. G., & Asher, S. R. (1987). Peer relation and later personal adjustment: Are low-accepted children at risk?. *Psychological Bulletin, 102*, 357-389.

Perry, D. G., Perry, L. C., & Rasmussen, P. (1986). Cognitive social learning mediators of aggression. *Child Development, 57,* 700-711.

Piaget, J. (1965). *The moral judgement of the child* (M. Gabain, Trans.) New York: Free Press.

Salmivalli, C., Lagerspetz, K., Björkqvist, K., Österman, K., & Kaukiainen, A. (1996). Bullying as a group process: Participant roles and their relations to social status within the group. *Aggressive Behavior, 22*(1), 1-15.

Senna, J., & Siegel, L. (2000). *Juvenile Delinquency: Theory, Practice and Law*(7th ed.), Stamford(CT): Wadsworth.

Stephenson, P,. & Smith, D. (1989). Bullying in two English comprehensive school. In E. Roland and E. Munthe (Eds.), *Bullying: An international perspective*. London: Fulton.

Taylor, H. G., & Fletcher, J. M. (1990). Neuropsychological assessment of children. In G. Goldstein & M. Hersen (Eds.), *Handbook of psychological assessment*(2nd ed.)(pp.228-255). New York: Pergamon Press.

Thiersch, H. (1995). *Lebenswelt und Moral. Beiträge zur moralischen Orientierung sozialer. Arbeit*. Weinheim & München: Juventa.

경찰청 안전드림 홈페이지(http://www.safe182.go.kr).

한국정보화진흥원(http://www.iapc.or.kr).

찾아보기

ㅎ

기타

저자 소개

■ 김이영

계명대학교 대학원 심리학박사(임상 및 상담심리 전공)
현, 수성대학교 유아교육과 교수
〈저서〉 영유아발달, 정신건강론, 인간이해를 위한 심리학 외 다수

■ 김용성

계명대학교 대학원 교육학박사(교육심리 및 공학 전공)
현, 경북과학대학교 유아교육과 겸임교수
〈저서〉 교육학개론 외 다수

■ 문은주

경북대학교 대학원 교육학박사(상담심리 전공)
현, 수성대학교 유아교육과 교수
〈논문〉 대학생용 감사프로그램 개발, 격려 집단상담 프로그램의 효과에 대한 메타분석 외 다수

■ 이기용

경북대학교 대학원 교육학박사
현, 안동대학교 교육공학과 교수
〈저서〉 평생교육경영론, 중등예비교사를 위한 교직실무, 다문화사회와 교육 외 다수

■ 이안근

원광대학교 대학원, 우석대학교 대학원, 문학박사, 교육학박사
현, 원광보건대학교 유아교육과 교수

■ 이은희

성신여자대학교 대학원 교육학박사(유아교육학 전공)
현, 대전보건대학교 유아교육과 교수
〈저서〉 유아과학교육, 유아교육개론, 아동생활지도 외 다수

학교폭력 예방 및 학생의 이해

1판 1쇄 인쇄 — 2022년 7월 11일
1판 1쇄 발행 — 2022년 7월 15일

저　　자 - 김이영 김용성 문은주 이기용 이안근 이은희
발 행 인 - 강성민
발 행 처 - 수양재
주　　소 - 경기도 파주시 검산로 173번길 29-20
전　　화 - 031-946-3863(代)
팩　　스 - 031-946-3864
이 메 일 - syjpub@naver.com
출판등록 - 2016년 6월 3일 제 406-2016-000069 호

ISBN 979-11-89457-22-8

정가 23,000원